Simon Martin Neumair, Dieter Matthew Schlesinger
Tourismuspolitik

Simon Martin Neumair,
Dieter Matthew Schlesinger

Tourismuspolitik

—

DE GRUYTER
OLDENBOURG

ISBN 978-3-11-066387-7
e-ISBN (PDF) 978-3-11-066389-1
e-ISBN (EPUB) 978-3-11-066395-2

Library of Congress Control Number: 2021941937

Bibliografische Information der Deutschen Nationalbibliothek
Die Deutsche Nationalbibliothek verzeichnet diese Publikation in der Deutschen
Nationalbibliografie; detaillierte bibliografische Daten sind im Internet über
http://dnb.dnb.de abrufbar.

© 2021 Walter de Gruyter GmbH, Berlin/Boston
Umschlaggestaltung: Gettyimages / zoff-photo
Satz: le-tex publishing services GmbH, Leipzig
Druck und Bindung: CPI books GmbH, Leck

www.degruyter.com

Geleitwort

Dr. Michael Frenzel
Copyright © Svea Pietschmann / BTW

Liebe Leserinnen und Leser,

an der Bedeutung des Reisens als menschlichem Grundbedürfnis, das Sehnsüchte deckt und weckt, haben auch noch so schwere Krisen nichts geändert. Dafür ist der Tourismus als Bestandteil von Freizeit, aber auch Berufsalltag zu tief im Bewusstsein und Leben der Menschen verankert. Dies gilt auch für die Corona-Pandemie, welche die größte Krise auslöste, die der Tourismus in den letzten Jahrzehnten zu verkraften hatte: Im Jahr 2020 brachen Inlandstourismus und Umsatz des deutschen Gastgewerbes um 40 % gegenüber dem Vorjahr ein. In der deutschen Tourismuswirtschaft stehen 1,2 Mio. Arbeitsplätze auf dem Spiel.

Doch der Tourismus wird auch diese Krise überwinden. Denn die Reiselust der Menschen ist nach wie vor hoch und wird nach der erschöpfenden Pandemie möglicherweise sogar noch größer als vorher sein. So wird die Tourismuswirtschaft ihre Rolle als gewichtiger Wirtschaftsfaktor, der ganzen Regionen zu Einkommen und Beschäftigung verhilft sowie als Friedensbranche, die Völkerverständigung und interkulturellen Dialog fördert, behaupten.

Die Tourismusbranche unternimmt alles, um Mobilität und Reisen auch künftig in attraktiver Art und Weise zu ermöglichen und ihren Beitrag zu Wohlstand und Frieden in Deutschland wie der Welt zu leisten. Doch ein Punkt steht auch fest: Erfolg und Stärke der Tourismuswirtschaft sind keine Selbstläufer, sondern von Seiten der Politik – erst recht, aber nicht nur in Krisenzeiten – zu fördern und aufrechtzuerhalten, damit die Branche auch in Zukunft auf der Erfolgsspur bleibt.

Tourismus ist daher ein politisch beeinflusstes und politikabhängiges Phänomen. Gleichwohl ist die Tourismuspolitik als Summe aller Maßnahmen öffentlicher Institutionen zur Bestimmung von Entwicklung und Gestaltung des Tourismus – gemessen an seinem hohen wirtschaftlichen und sozialen Stellenwert – in Politik und Gesellschaft zu wenig präsent. Dies mag zum einen daran liegen, dass dem Tourismus von Region zu Region eine höchst unterschiedliche sozioökonomische Bedeutung zu Teil

https://doi.org/10.1515/9783110663891-201

wird. Zum anderen ist dies dem Querschnittscharakter dieser sehr heterogenen Branche geschuldet, die sich aus unterschiedlichsten Bereichen (Beherbergung, Gastronomie, Beförderung, Reisevermittlung und -veranstaltung, Einzelhandel, touristische Dienstleister etc.) zusammensetzt und deren politische Zuständigkeiten über viele fachliche Ressorts (Wirtschaft, Umwelt, Verkehr, Gesundheit & Soziales, Entwicklung etc.) verstreut sind. Umso wichtiger ist es, dass Tourismus heute nicht mehr zu sehr von seinen Einzelteilen und -aspekten, sondern als Ganzes gedacht wird. Es bedarf daher mehr denn je einer ganzheitlichen Tourismuspolitik, die durch koordiniertes und reibungsloses Vorgehen – nicht nur in Deutschland, sondern auch innerhalb Europas und weltweit – überzeugt, das Zusammenspiel zwischen Tourismuswirtschaft und Politik in Verbindung mit Wissenschaft und Technik verbessert sowie gleichzeitig wirtschaftliche, soziale und ökologische Relevanz und Bedeutung der Branche betont und ihr Ansehen aufwertet.

Eine solche Politik sollte mehr als bisher in uns einen starken Partner sehen, um gemeinsam alle Anstrengungen zum Wohle einer Branche mit herausragendem wirtschaftlichen wie gesellschaftlichen Wert zu unternehmen. Im Gegenzug werden wir alles dafür tun, um dieses Vertrauen auch zu rechtfertigen.

Unsere größte Herausforderung liegt derzeit sicher im Management der Corona-Pandemie: Durch ausbleibende Gäste und Umsätze sind in der Tourismusbranche viele Strukturen deutlich geschwächt, manche sogar zerbrochen. Ihren Wiederaufbau muss die Politik finanziell wie institutionell unterstützen. Was dabei – zumindest in Deutschland – völlig vergessen oder verweigert wurde, waren politische Lösungen, die mit und trotz Corona ein Maximum an öffentlichem Leben, Mobilität und Freizeit zulassen oder garantieren. Dies darf sich nicht wiederholen. Denn eine neue Pandemie lässt sich für die Zukunft nicht ausschließen, darf uns aber nicht mehr unvorbereitet treffen. Das jetzt Gelernte muss dann schnell abrufbar sein anstatt wieder im Nebel zu stochern. Dies gilt gerade für politische Entscheidungen. Was benötigt wird, ist ein von passenden politischen Rahmenbedingungen flankierter, genereller und an Best Practices ausgerichteter Notfallplan, der individuell-situationsspezifische Abänderungen zulässt. Sicherheit und Gesundheit werden für den reisenden Bürger zwar eine noch gewichtigere Rolle als heute spielen, dürfen aber keine Überregulierungen seitens der Politik hervorrufen.

Trotz der verheerenden (Nach)wirkungen der Pandemie dürfen auch die beiden großen Vor-Corona-Themen, nämlich ein mit Augenmaß betriebener Klimaschutz sowie der Overtourism – auch wenn wir im Moment eher vom „Undertourism" sprechen – nicht aus den Augen verloren sowie Lösungen zugeführt werden. Dafür lässt sich der Wiederaufbau nach Corona durch entsprechendes Mitdenken und Innovationen entlang der touristischen Wertschöpfungskette durchaus nutzen. Denn jede noch so schwere Krise bietet auch Chancen für Wandel und Veränderungen.

An dieser Stelle leistet vorliegendes Buch einen wichtigen Beitrag: Kompakt, aber dennoch mit dem notwendigen Tiefgang arbeitet es nicht nur Aufgaben und Herausforderungen der Tourismuspolitik und deren praktische Bezüge anschaulich heraus, sondern illustriert auch eindrucksvoll ihre vielseitigen Querschnitts- und Wechselwirkungen. Es greift fundiert die o. g. aktuellen Problemlagen auf und schildert praktikable Lösungswege dafür. Es stellt daher gleichermaßen für Studenten, Touristiker und Politiker eine sehr empfehlenswerte Lektüre dar.

Ihr Dr. Michael Frenzel
Präsident des Bundesverbands der Deutschen Tourismuswirtschaft (BTW)
Im Frühjahr 2021

Vorwort

In postindustriellen Gesellschaften gehört der Tourismus heute zu einem nicht mehr wegzudenkenden Repertoire von Freizeit und Beruf. Seine wirtschaftliche Bedeutung ist nicht hoch genug einzuschätzen, denn die Tourismuswirtschaft stellt einen der ökonomischen Leitsektoren des 21. Jh. dar, der vielen Regionen zu Beschäftigung und Einkommen verhilft.

In diesem Zusammenhang ist es umso verwunderlicher, dass die Tourismuspolitik, welche die rechtlichen, wirtschaftlichen und sozialen Rahmenbedingungen zur Gestaltung, Entwicklung und Entfaltung des Tourismus setzt oder zumindest beeinflusst, in vielen Ländern nicht nur ein politisches Randdasein führt, sondern wegen des Querschnittscharakters des Tourismus (z. B. Beherbergung, Gastronomie, Reisewirtschaft, Transport, Einzelhandel u. a.) manchenorts, auch in Deutschland, als eigenständiges Politikresort gar nicht existiert.

Es ist ausgerechnet das Corona-Virus, welches den Tourismus ins Mark getroffen und vielerorts durch ihn geschaffene Einkommen und Arbeitsplätze vernichtet hat und auf den hohen Stellenwert der Tourismuswirtschaft hinweist, da viele während der Pandemie ergriffene Schutzmaßnahmen sowie Beschränkungen eine unmittelbare tourismuspolitische Relevanz entfalten. Doch auch jenseits der Pandemie war Tourismus schon immer nicht nur ein ökonomisches oder soziologisches, sondern auch ein politisches bzw. politisch beeinflusstes Phänomen. Viele touristische Einrichtungen (Tourismusämter, -verbände und -organisationen) inklusive der entsprechenden Berufsfelder sind mittelbar oder unmittelbar mit Staat und Politik verwoben. Zahlreiche tourismusrelevante Handlungsfelder (z. B. Umwelt & Tourismus, Gesundheit und Soziales & Tourismus, Tourismusförderung, Raumplanung, Reisefreiheit, Sicherheit im Tourismus, Entwicklung & Tourismus u. a.) werden von der Politik bestimmt und geformt. Auch der (rechtliche) Radius, in dem sich private Tourismusunternehmen bewegen, wird von der Politik abgesteckt.

Das vorliegende Buch schließt eine wichtige Lücke in der Tourismuswissenschaft. Denn seit dem grundlegenden Werk des Tourismusforschers Jörn Mundt aus dem Jahr 2004 gibt es im deutschsprachigen Raum kein Lehrbuch mehr, das sich einer umfassend und detailliert analytischen Beleuchtung dieses bedeutenden Politikfeldes verschrieben hat. Vielmehr greifen jüngere Veröffentlichungen nur Teilgebiete der Tourismuspolitik, insbesondere staatliche oder private Organisationen unterschiedlicher politischer Maßstabsebenen, auf oder näheren sich dem Thema eher aus einem volkswirtschaftlichen Blickwinkel. Vorliegendes Lehrbuch geht das Thema Tourismuspolitik hingegen aus einer holistischen politikwissenschaftlich fundierten sowie praktisch orientierten Perspektive an und beseitigt ein Defizit, indem es die Analyse politischer Entscheidungsprozesse sowie Handlungslogik und -kalkül unterschiedlicher Akteurs- und Interessengruppen aufgreift, die auf die tourismuswirtschaftlichen Geschehnisse einwirken. Der Schwerpunkt liegt dabei auf der nationalen Tourismus-

https://doi.org/10.1515/9783110663891-202

politik, wobei im gesamten Verlauf des Buches immer wieder auch Beispiele aus anderen Ländern zum Tragen kommen.

Nach einem einleitenden Kapitel über Stellenwert, Legitimation und Aufgaben der Tourismuspolitik allgemein (Kap. 1) wird – unter Verwendung der Erkenntnisse der Politischen Ökonomie – das tourismuspolitische Umfeld, bestehend aus Staat, Interessengruppen und Parteien, analysiert (Kap. 2). Dem schließen sich – differenziert nach staatlichen und privaten Trägern – die Ebenen der Tourismuspolitik (international, supranational, national, regional, lokal-kommunal) an (Kap. 3). Kap. 4 thematisiert den Zusammenhang zwischen Tourismus und tourismusrelevanten Politikfeldern (Umwelt, Gesundheit & Soziales, Wirtschaft & Finanzen, Raumplanung, Sicherheit, Entwicklung), bevor in Kap. 5 mit den Themen Overtourism, Klimawandel und Corona-Pandemie aktuelle und spezifische sowie einzelne politische Fachbereiche übergreifende Themenfelder bearbeitet werden. Kap. 6 zeigt abschließend auf, mit welchen Maßnahmen die Politik helfen kann, den Tourismus resilienter gegenüber krisenhaften Entwicklungszusammenhängen zu machen.

Das Buch adressiert als Zielleserschaft Studierende und Forschende der Tourismuswissenschaften, leistet aber auch einen Beitrag zur politischen Bildung. Auch tourismuswirtschaftlichen Praktikern und Akteuren will es eine Lektüre zum Verständnis tourismuspolitischer Rahmenbedingungen und Prozesse sein und damit eine fundierte Entscheidungshilfe für die Lösung touristischer Managementaufgaben liefern.

Simon Martin Neumair und Dieter Matthew Schlesinger im Frühjahr 2021

Inhalt

Verzeichnis der Exkurse

https://doi.org/10.1515/9783110663891-203

Abbildungsverzeichnis

https://doi.org/10.1515/9783110663891-204

Tabellenverzeichnis

https://doi.org/10.1515/9783110663891-205

1 Tourismuspolitik als politische Querschnittsaufgabe

> Wirtschaftlich ist der Tourismus ein Riese [...] politisch ein Zwerg.
> (Walter Freyer zit. nach Burmeister 1998, S. 29)

In postindustriellen Gesellschaften ist der Tourismus heute ein unverzichtbarer Bestandteil von Freizeit und Beruf und macht einen unerlässlichen Beitrag zur individuellen Selbstentfaltung sowie zum Erhalt gesellschaftlicher Stabilität aus. Zudem verkörpert er in vielen Volkswirtschaften einen unabdingbaren Wirtschaftszweig, der insbesondere wirtschaftlich benachteiligten Regionen zu Beschäftigung und Einkommen verhilft.

Weltweit entfallen zehn Prozent der globalen Wirtschaftsleistung und jeder elfte Arbeitsplatz auf die Tourismusbranche. Die Tourismuswirtschaft ist daher eine der Leitökonomien des 21. Jahrhunderts. Ferner erzeugt sie dauerhafte Wirkungen auf Raum, Landschaft und Umwelt (vgl. Neumair et al. 2019, S. 1; Bieger 2010, S. 280).

Umso erstaunlicher ist es, dass die Tourismuspolitik zur **Gestaltung und Entwicklung des Tourismus** sowie zur Setzung der rechtlichen, wirtschaftlichen und gesellschaftlichen Rahmenbedingungen zu seiner Entfaltung als Wirtschaftssektor in vielen Ländern nur wenig ausgeprägt ist. Sie fristet eher ein politisches Randdasein und markiert einen **„blinden Flecken" der Politik**. Indes kommt die hohe Bedeutung von Tourismuspolitik alleine schon dadurch zur Geltung, dass sie auf einen Wirtschaftssektor aufmerksam macht, dessen Bedeutung wegen seines Querschnittscharakters (u. a. Gastgewerbe, Transport, Einzelhandel etc.) häufig unterschätzt wird, obwohl er in vielen Ländern und Regionen Arbeitsplätze schafft und Wohlstand ermöglicht.

1.1 Tourismus und Politik

Aufgrund der Interdisziplinarität von **Tourismus**[1] werden für diesen je nach Blickwinkel und Zielsetzung wissenschaftlicher Untersuchungen unterschiedliche Definitionen herangezogen. Als heute allgemein anerkannt gilt die Definition der UN-Welttourismusorganisation (UNWTO):

> Tourismus umfasst die Aktivitäten von Personen, die an Orte außerhalb ihrer gewohnten Umgebung reisen und sich dort zu Freizeit-, Geschäfts- oder bestimmten anderen Zwecken nicht länger als ein Jahr ohne Unterbrechung aufhalten (UNWTO 1993).

---

[1] Etymologisch leitet sich der Begriff Tourismus aus dem griechischen „τορνος" (= tornos) und aus dem französischen „tour" ab. Während ersteres für ein zirkelähnliches Werkzeug steht, meint letzteres soviel wie Rundgang oder Umlauf. Zusammengenommen ergibt sich das Verständnis von einer kreisartigen Bewegung weg vom Heimat- hin zu einem zeitweiligen Aufenthaltsort und wieder retour (vgl. Hinterholzer/Jooss 2013, S. 2 f.).

https://doi.org/10.1515/9783110663891-001

Zentrales Element des Tourismus ist das **Reisen**. Dabei emanzipiert sich das touristische Reisen von anderen Arten der Ortsveränderung durch die folgenden konstitutiven Elemente (vgl. Neumair et al. 2019, S. 3):

- Die **Ortsveränderung** von Personen zu einem anderen Ort jenseits der normalen Umgebung mit unterschiedlichen Verkehrsmitteln, ohne dass eine Mindestentfernung oder das Überschreiten regionaler und/oder nationaler Grenzen vorausgesetzt werden.
- Der **vorübergehende Aufenthalt** an diesem Ort in Betrieben der Hotellerie oder Parahotellerie, aber auch in Privatunterkünften bei Verwandten, Bekannten oder Freunden. Der Aufenthalt ist zeitlich befristet und es besteht die Absicht zur Rückkehr.
- **Motiv der Reise:** Tourismus ist eine freiwillige Aktivität und Touristen gelten als Konsumenten.

Die Spannweite des Tourismus beginnt mit dem **Tagesausflugs- bzw. Naherholungstourismus** im weiteren Umfeld des Wohnorts, der noch keine Übernachtung beinhaltet, gefolgt vom **Kurzzeittourismus** mit höchstens vier Übernachtungen (z. B. ein Städtetrip oder Wellnessaufenthalt im Rahmen eines verlängerten Wochenendes). Den Kontrast dazu bildet der **Langzeittourismus** mit einer Dauer von mindestens vier Wochen (z. B. Kreuzfahrten, Überwinterungsaufenthalte, mehrwöchige Exkursionen). Zwischen diesen beiden Gegenpolen ist der **Kernbereich des Tourismus** mit mindestens fünf und höchstens 27 Übernachtungen angesiedelt (vgl. Neumair et al. 2019, S. 4).

Oft in Kombination werden die Begriffe Tourismus und Freizeit verwendet, die zwar sachlich, zeitlich und räumlich eng miteinander verknüpft, aber keineswegs absolut deckungsgleich sind. **Freizeit** schließt Tourismus im Sinne eines zeitlich begrenzten „Gegenalltags" an einem anderen Ort mit ein, nicht jede touristische Aktivität (z. B. geschäfts- oder gesundheitsbezogenes Reisen) ist allerdings mit Freizeit gleichzusetzen. Die Bandbreite nicht-freizeitbezogener Tourismusformen reicht vom **klassischen Kurtourismus** (z. B. einem mehrwöchigen Kur- oder Reha-Aufenthalt) bis zum **Bildungs- und Tagungstourismus** (z. B. Teilnahme an Veranstaltungen von Bildungs- und Schulungsinstitutionen), bei denen noch eine gewisse Freizeitkomponente zur Entspannung und Abwechslung enthalten ist. Beim reinen, nicht-privaten **Dienst- und Geschäftsreiseverkehr** (z. B. Akquisition und Betreuung von Kunden, geschäftspartnerische Kontaktpflege, Messebesuche) entfällt diese zur Gänze (vgl. Neumair et al. 2019, S. 3 f.).

Die Gestaltung und Entwicklung der maßgeblichen Rahmenbedingungen des Tourismus obliegt der Tourismuspolitik. Diese wird – wie jede andere Form von Politik – im **öffentlichen Raum**, in dem sowohl über die Verteilung von Gütern als auch über die Regeln zu deren Verteilung in Form von Gesetzen und Verordnungen entschieden wird, verhandelt, beschlossen und umgesetzt.

Für **Politik**, die das „Einnehmen von Positionen und das Ringen um Kompromisse" (Stahl 2014, S. 16) verkörpert, besteht keine allumfassende, allgemeingültige Definition, da die Verwendung eines bestimmten Politikbegriffs sich stets an einem auf die soziale Realität bezogenen subjektiven Erkenntnisinteresse ausrichtet (vgl. Zentrum für Demokratie Aarau 2015). Ein neutrales, weithin akzeptiertes Verständnis von Politik versteht darunter

> jenes menschliche Handeln, das auf die Herstellung und Durchsetzung allgemein verbindlicher Regelungen und Entscheidungen (d. h. von „allgemeiner Verbindlichkeit") in und zwischen Gruppen von Menschen abzielt (Patzelt 2013, S. 22).

Damit steht Politik für die gestalterische Ordnung einer Gemeinschaft und die Lenkung des individuellen Verhaltens ihrer Mitglieder (vgl. Ramb 2019). Eine solche Gemeinschaft wird als **Staat** (vgl. Kap. 2.1), d. h. „die Gesamtheit der öffentlichen Institutionen, die das Zusammenleben der Menschen in einem Gemeinweisen gewährleistet bzw. gewährleisten soll" (Schultze 2015a, S. 624), bezeichnet.

Die **Mehrdimensionalität von Politik** wird durch den aus der angelsächsischen Politikwissenschaft stammenden Dreiklang von „polity", „policy" und „politics" deutlich (vgl. Zentrum für Demokratie Aarau 2015; Böhret et al. 1988, S. 7; Alemann et al. 1994, S. 210 ff.; Abbildung 1.1):

- **Polity** meint den Handlungsrahmen bzw. dauerhafte, nur schwer änderbare Formen und inhaltliche Dimensionen, in denen Politik abläuft. Dazu gehören Verfassung, Recht, Normen und alle den politischen Prozess ordnende Institutionen. In demokratischen Systemen ist dies deckungsgleich mit dem Begriff **Öffentlichkeit**, da Regeln öffentlich und für jedermann zugänglich sind.
- Als **Policy** versteht sich die normativ-inhaltliche, stets auf Ziele, Aufgaben und Problemlösungen bezogene Dimension, die sich an den vielfältigen, teilweise gegensätzlichen und widersprüchlichen gesellschaftlichen **Interessen** orientiert und den Gestaltungsraum von Politik daher mit Konflikten auflädt.
- Mit **Politics** ist die prozessuale Dimension gemeint, welche auf die Interaktionen zwischen den am Politikgeschehen beteiligten Akteuren und ihren widerstreitenden Interessen (wer nimmt in welcher Form an Willensbildungs- und Entscheidungsprozessen teil?) rekurriert und in der sich die Durchsetzung, Ablehnung oder Kompromissfindung in Bezug auf politische Ideen und Programme vollzieht, welche von den politischen Parteien (vgl. Kap. 2.3) vertreten werden. Diese müssen sich dafür wiederum in gewissen Abständen dem Votum der Wähler stellen, um sich mit einem politischen Mandat ausstatten zu lassen. Auf dieser Ebene spielen **Macht** und sämtliche Aspekte von **Herrschaft** die entscheidende Rolle.

Das Besondere an der Tourismuspolitik ergibt sich aus dem **Querschnittscharakter des Tourismus**, der in viele Lebensbereiche hineinwirkt. Denn es handelt es sich um keine eindeutig definierte, klar abgrenzbare, sondern sehr heterogene Branche,

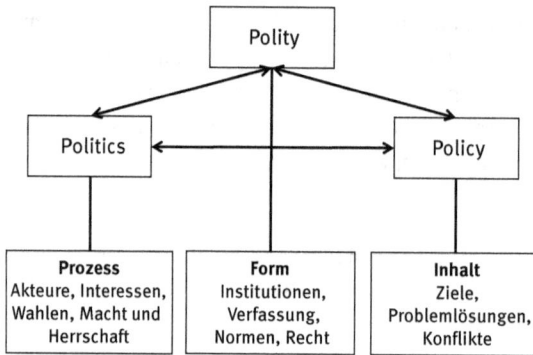

Abb. 1.1: Dimensionen von Politik
Quelle: Eigene Darstellung.

welche sich aus einer Vielzahl von Leistungen unterschiedlichster Wirtschaftsbranchen (Beherbergungsbetriebe, Gastronomie, Verkehrs- und Transportgesellschaften, Reiseveranstalter und -mittler etc.) rekrutiert (vgl. Hänsch 2012, S. 4). Daher muss sich die Tourismuspolitik mit sämtlichen Aspekten und Facetten der Politik auseinandersetzen, auch wenn mancher politischer Akteur sich auf den ersten Blick gar nicht mit touristischen Fragestellungen befasst oder möglicherweise gar andere Ziele verfolgt. Grundsätzlich kann daher nicht von „der" oder „einer" Tourismuspolitik gesprochen werden, da diese das politische System an etlichen Stellen streift bzw. umgekehrt von den verschiedensten Politikbereichen tangiert wird. So ist Tourismuspolitik z. B. Wirtschaftspolitik, wenn sie wirtschaftsförderliche Wirkungen entfaltet. Sie ist Gesundheitspolitik, wenn verschiedene Reise- und Urlaubsformen dem gesundheitlichen Wohlergehen dienlich sind. Sie ist Entwicklungspolitik, wenn der Aufbau eines Tourismussektors den Entwicklungsprozess in ärmeren Ländern forciert. Sie ist Umweltpolitik, wenn sie umweltbelastende Formen und Auswirkungen des Reisens einzuschränken sucht etc. Tourismuspolitik ist damit **Teil einer umfassenden Gesellschaftspolitik**.

Eine eigenständige „Fachpolitik Tourismus" existiert daher nicht, da tourismuspolitische Fragen den unterschiedlichsten Fachpolitiken zu- und untergeordnet sind. Allerdings lässt sich festhalten, dass die Aufgabe der Tourismuspolitik in der Erschließung von im Tourismus liegenden Entwicklungschancen bzw. strukturbildenden Kräften und gleichzeitig in der Vermeidung bzw. Verringerung negativer tourismusbedingter Folgen liegt (vgl. Mundt 2004, S. 17 und 481; Scherhag 2019; Freyer 2015, S. 453; Müller 2011, S. 87; Lun et al. 2014, S. 62; Petermann 1998, S. 168; Breidenbach 2002, S. 155).

1.2 Stellenwert der Tourismuspolitik

Tourismuspolitik verkörpert einen noch **sehr jungen Politikbereich**. So waren die Ursprünge des Tourismus im 19. Jh. durch einen hohen Grad an Freizügigkeit charakterisiert. Pilger- und Wallfahrten, Badereisen, Alpenwanderungen und -besteigungen oder wissenschaftliche Expeditionen liefen weitgehend frei von staatlichen Regulierungen ab. Die Krisen und Kriege des 20 Jh. einerseits sowie die ökonomischen Auswirkungen des modernen Tourismus auf Verkehrsinfrastruktur und Beherbergungsgewerbe andererseits weckten in den westlichen Gesellschaften das Interesse, Struktur und Entwicklung des Tourismus intervenierend zu beeinflussen, das – bedingt durch den wirtschaftlichen Aufschwung nach dem Zweiten Weltkrieg – wieder nachließ. Ab Mitte der 1960er Jahre kam es aufgrund eines verstärkten internationalen Wettbewerbs und Sättigungserscheinungen erneut zu tourismuspolitischen Interventionen. In den 1970er und 1980er Jahren gerieten die durch den Tourismus verursachten ökologischen Probleme verstärkt in den Fokus der Tourismuspolitik, was die Entwicklung zu einem umweltverträglichen sowie ab den 1990er Jahren nachhaltigen Tourismus (vgl. Exkurs 1) begünstigte. Heute steht die Sicherung der Wettbewerbsfähigkeit touristischer Destinationen unter besonderer Berücksichtigung einer nachhaltigen Entwicklung im Vordergrund (vgl. Kaspar 1991, S. 140 f.; Müller 2011, S. 89 f.; Bieger 2010, S. 276; Lun et al. 2014, S. 64).

Tourismuspolitik ist als **Querschnittsdisziplin**, die – wie Abbildung 1.2 zeigt – bei unterschiedlichen **Wissenschaften** (Politologie, Soziologie, Wirtschaftswissen-

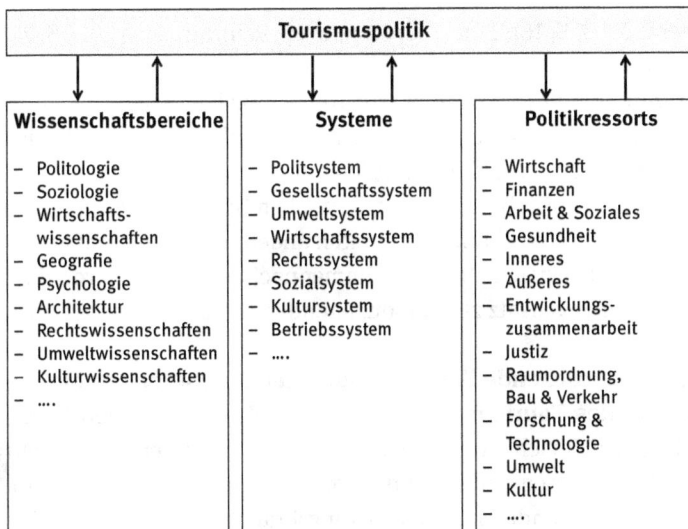

Tourismuspolitik		
Wissenschaftsbereiche	**Systeme**	**Politikressorts**
– Politologie	– Politsystem	– Wirtschaft
– Soziologie	– Gesellschaftssystem	– Finanzen
– Wirtschafts-	– Umweltsystem	– Arbeit & Soziales
wissenschaften	– Wirtschaftssystem	– Gesundheit
– Geografie	– Rechtssystem	– Inneres
– Psychologie	– Sozialsystem	– Äußeres
– Architektur	– Kultursystem	– Entwicklungs-
– Rechtswissenschaften	– Betriebssystem	zusammenarbeit
– Umweltwissenschaften	–	– Justiz
– Kulturwissenschaften		– Raumordnung,
–		Bau & Verkehr
		– Forschung &
		Technologie
		– Umwelt
		– Kultur
		– ....

Abb. 1.2: Querschnittsaufgabe Tourismuspolitik
Quelle: Lun et al. 2014, S. 62, verändert und erweitert.

schaften, Geografie etc.), **Systemen** (Wirtschaft, Umwelt, Recht etc.) und **Politikressorts** (Wirtschafts-, Finanz-, Sozial-, Außen-, Umwelt-, Raumordnungspolitik etc.) angesiedelt ist.

Die große Anzahl von Politikbereichen, die im Zusammenhang mit der Tourismuspolitik eine Rolle spielen, geht mit einem breiten Spektrum an Anspruchs- und Einflussfaktoren (ökonomische, ökologische, soziale, kulturelle etc.) einher, welche auf die Tourismuspolitik wirken und zwischen denen sie vermitteln muss. Auf kaum einem anderen politischen Feld sind inhaltliche Weite und Kompetenzverteilung daher so breit gefächert wie im Tourismus (vgl. Freyer 2015, S. 450 und 457; Kahlenborn et al. 1999, S. 2).

Trotz der hohen und breit aufgestellten Bedeutung des Tourismus und seiner politischen Aufgeladenheit gehört die Tourismuspolitik in vielen Gesellschaften aber nicht zu den bewegenden politischen Grundthemen, sondern verkörpert vielmehr

> etwas spezielles, nur Fachleute oder direkt davon betroffene Interessengruppen angehendes politisches Handeln, das sich mehr im Verborgenen als im Lichte der Öffentlichkeit abspielt (Mundt 2004, S. 10).

Die Folge davon ist, dass

> Tourismuspolitik für die meisten Menschen so interessant [ist] wie Fragen des Länderfinanzausgleichs oder die Bundesbeteiligung an Hochschulneubauten (Mundt 2004, S. 11).

Die Ursachen für die **geringe Beachtung der Tourismuspolitik** und den Mangel an gesellschaftlicher Aufmerksamkeit sind vielfältig (vgl. Mundt 2004, S. 8 ff., 77, 90 f. und 2013, S. 483; Smeral 2003, S. 161; Lun et al. 2014, S. 63; Rein/Strasdas 2017, S. 24; Petermann 1998, S. 169):

– Das **Alltagsverständnis vieler Menschen von Tourismus** beinhaltet nur das in der Freizeit unternommene Reisen und auch dort nur Urlaubsreisen. Nur Wenige sind sich darüber im Klaren, dass dieser tatsächlich alle Aktivitäten von Personen an einem anderen Ort außerhalb ihrer gewöhnlichen Umgebung nicht nur zu Freizeit-, sondern auch Geschäfts- und bestimmten anderen Zwecken umfasst.
– Unterschwellig herrscht bei vielen Menschen immer noch der Eindruck vor, dass der Tourismus – z. B. im Gegensatz zum Produzierenden Gewerbe – etwas **Nicht-Notwendiges** darstellt.
– Die nur **zögerlich voranrückende Wahrnehmung der zunehmenden ökonomischen Bedeutung des Tourismus** lässt diesen im Bewusstsein von Bevölkerung und politischen Entscheidungsträgern immer noch unterrepräsentiert erscheinen. Speziell in Deutschland spielt der Tourismus im Vergleich zum Produzierenden Gewerbe oder anderen Dienstleistungsbranchen immer noch eine **nachgeordnete wirtschaftliche Rolle**.
– Auch wenn es im internationalen Tourismus eine Reihe von marktdominierenden Großunternehmen gibt, handelt es sich bei den meisten Anbietern touris-

tischer Leistungen für gewöhnlich um **kleine und kleinste Unternehmen** mit unterschiedlichsten Angebotsportfolios, was der Branche einen insgesamt sehr **heterogenen Charakter** – sie umfasst u. a. das Transport-, Gastronomie- und Beherbergungsgewerbe sowie verschiedenste Dienstleister wie z. B. Einzelhandel und Freizeiteinrichtungen – verleiht. Entsprechend schwer tut sich die Tourismusbranche als Ganzes, gemeinsame Interessen zu formulieren und erst recht in den politischen Prozess wirkungsvoll einzubringen.

– Da es sich beim Tourismus historisch betrachtet um ein **relativ junges Phänomen** handelt, lässt er sich nicht ohne weiteres den traditionellen, im politischen System institutionell verankerten Politikbereichen wie Finanz-, Wirtschafts-, Arbeits- und Sozialpolitik etc. zuordnen. Es besteht, insbesondere in Deutschland, häufig **keine eindeutige politische Kompetenz- und Aufgabenzuweisung** im Sinne eines eigenständigen Politikressorts. Jene organisatorischen Einheiten, die sich speziell mit tourismuspolitischen Fragestellungen beschäftigen, weisen einen untergeordneten Status und eine geringe Personalausstattung auf.

– Tourismus erweist sich als **kompliziertes Politikfeld**, dessen Bandbreite nicht ohne weiteres erkennbar ist. Das Ausmaß, mit dem in die Tourismuswirtschaft eingegriffen wird, ist oft nur indirekt sichtbar, lässt sich häufig nur schwer beurteilen oder wird nicht bewusst wahrgenommen.

– Aufgrund **begrenzter Verarbeitungskapazitäten** fallen tourismusrelevante Fragen in den institutionalisierten politischen Foren, vor allem den nationalen und regionalen **Parlamenten**, bei der Problemagenda weit hinter andere Themen zurück.

– Im Zuge von **Deregulierung und Privatisierung** haben viele westliche Gesellschaften ihr tourismuspolitisches Engagement und die entsprechenden finanziellen Mittel für die Tourismusförderung reduziert. Innerhalb der Europäischen Union kommt hinzu, dass die EU-Kommission die reine und ausschließliche Förderung des Tourismus als wettbewerbsverzerrende sektorale Strukturpolitik betrachtet.

– Für den Wähler besitzen tourismuspolitische Themen und die entsprechenden parteipolitischen Positionierungen – mit Ausnahme von Regionen, in denen der Tourismus den tonangebenden Wirtschafts- und Beschäftigungsfaktor verkörpert – i. d. R. **keinen wahlentscheidenden Charakter.**

Derweilen ist die **Bedeutung der Tourismuspolitik** für die betroffenen Akteure nicht hoch genug einzuschätzen, da die Entwicklung des Tourismus in sehr starkem Ausmaß von der Politik abhängig ist. So sind die Grundlagen und Rahmenbedingungen für den Tourismus politischer Natur. Denn ohne die Garantie von Mobilität und Freizügigkeit, wie sie in demokratisch-liberalen Systemen grundlegende Bürgerrechte verkörpern, ist das Reisen ebenso wenig möglich wie ohne eine adäquate ökonomische Grundlage. Ferner beeinflussen die politischen Akteure aufgrund des Querschnittscharakters des Tourismus als Wirtschaftsbranche die touristische Entwicklung jederzeit auch ohne Vorliegen einer explizit ausformulierten Tourismuspolitik (vgl. Mundt 2004, S. 1; Lun et al. 2014, S. 63).

Länder mit hoher ökonomischer Bedeutung des Incoming Tourismus besitzen oftmals ein eigenes Tourismusressort oder -ministerium, was gleichermaßen als Ausdruck des politischen Willens sowie Beleg für den Ausbau des Tourismus gilt (z. B. Ägypten, Bulgarien, Brasilien, Griechenland, Israel, Kroatien, Malta, Marokko, Mexiko, Philippinen, Südafrika).

Derweilen ist es für eine erfolgreiche Tourismuspolitik aber gar nicht notwendig, ein eigenständiges Tourismusministerium zu betreiben, auch wenn dies die hohe Bedeutung des Tourismus dokumentiert. Wichtiger ist es, eine eindeutig definierte und klar abgrenzbare Abteilung bzw. Referat zu unterhalten, das mit der Tourismuspolitik generell befasst ist. Die Tourismusagenden können daher genauso gut im Wirtschaftsministerium (z. B. Chile, Dänemark, Deutschland, Kanada, Kolumbien, Estland, Finnland, Lettland, Litauen, Neuseeland, Niederlande, Norwegen, Peru, Portugal, Schweden, Schweiz, Slowenien, USA), im Außenministerium (z. B. Australien, Frankreich, Ungarn), im Umweltministerium (z. B. Österreich), im Energieministerium (z. B. Spanien), im Kultusministerium (z. B. Großbritannien, Italien, Rumänien, Russland, Südkorea, Türkei), im Verkehrsministerium (z. B. Irland, Slowakei) oder im Sportministerium (z. B. Polen) angesiedelt sein (vgl. OECD 2018, S. 34; Kagermeier 2016, S. 200; Job et al. 2005, S. 621; Kap. 3.5.1).

Die **Intensität bzw. der Grad der Ausprägung der Tourismuspolitik** hängen generell von drei Faktoren ab (vgl. Freyer 2015, S. 453):

- **Wirtschaftliche Verfassung:** In Ländern mit Zentralverwaltungs- bzw. Planwirtschaft fällt die staatliche Funktion für den Tourismus wesentlich ausgeprägter als in marktwirtschaftlich-kapitalistisch verfassten Staaten aus.
- **Allgemeiner wirtschaftlicher Entwicklungsstand:** In sich in der Entwicklung befindlichen Ländern oder Regionen genießt die Tourismuspolitik einen höheren Stellenwert als in entwickelten Gebieten, da der Tourismus aufgrund besonderer geografischer Voraussetzungen und in Ermangelung alternativer wirtschaftlicher Entwicklungsmöglichkeiten dort häufig den dominierenden Wirtschaftssektor verkörpert.
- **Touristischer Entwicklungsstand:** In der Auf- und Ausbauphase des Tourismus spielt die Tourismuspolitik eine größere Rolle als in späteren Phasen eines bereits etablierten Tourismus.

Ein Indikator für die Intensität der Tourismuspolitik sind Anzahl und Vielfalt tourismuspolitischer Institutionen (staatliche, halbstaatliche, verbandsmäßig organisierte, private Stellen und Einrichtungen), die mit dem – gemessen an der Anzahl von Touristen und Tourismusunternehmen – touristischen Entwicklungsstand einer Gesellschaft einhergehen (vgl. Abbildung 1.3).

Unter **tourismuspolitische Institutionen** fallen z. B. Ministerien und deren Referate auf unterschiedlichen räumlichen Verwaltungsebenen, touristische Kommu-

**Institutionen der
Tourismuspolitik**

Viele,
differenziert

**Hoch entwickelter
Tourismus**

Pull-Funktion der
Tourismuspolitik

Push-Funktion der
Tourismuspolitik

Wenige,
undifferenziert

**Tourismus im
Anfangsstadium**

**Stand der
touristischen
Entwicklung**

Wenige Touristen,
wenige touristische
Unternehmen

Viele Touristen,
viele touristische
Unternehmen

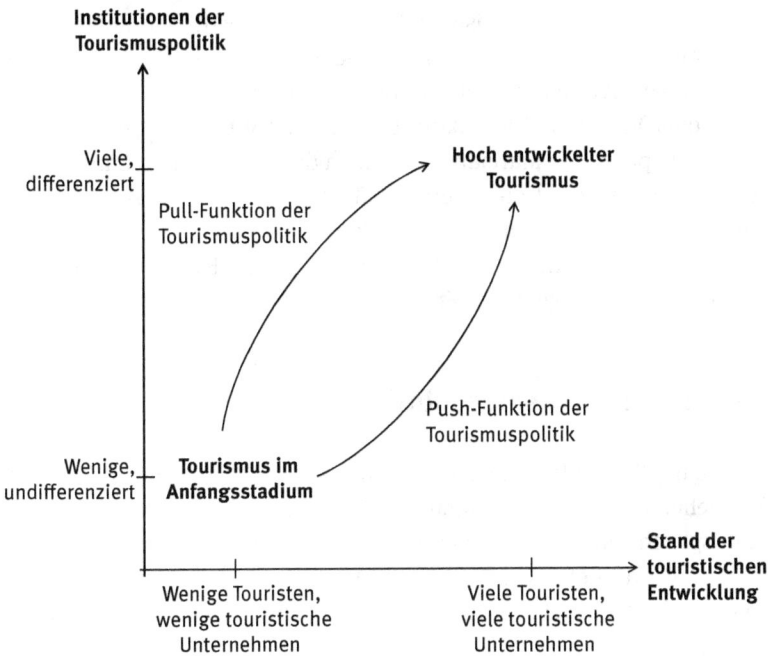

Abb. 1.3: Tourismuspolitischer Organisationsgrad und touristische Entwicklung
Quelle: Freyer 2015, S. 455, verändert.

nal- und Regionalverbände, Tourismusämter und -vereine, Branchen- und Unternehmensverbände sowie Nichtregierungsorganisation (NGOs). **Touristische Unternehmen** können privat oder staatliche organisiert sein und lassen sich entsprechend dem Grad ihrer Verbundenheit mit dem Tourismus bzw. der Abhängigkeit von ihm wie folgt einteilen (vgl. Neumair et al. 2019, S. 125):
– Betriebe mit **rein touristischer Nutzung** (z. B. Beherbergung),
– Betriebe mit **überwiegend touristischer Nutzung** (z. B. Bergbahnen),
– Betriebe mit **teilweiser touristischer Nutzung** (z. B. Restaurants),
– Betriebe mit **untergeordneter touristischer Nutzung** (z. B. Lebensmittelgeschäfte, Ärzte, Friseure etc.).

In der **Anfangsphase des Tourismus** (wenige Touristen und Tourismusunternehmen) besteht nur eine geringe Anzahl undifferenzierter tourismuspolitischer Institutionen. Am gegenüberliegenden Pol der touristischen Entwicklungsskala befindet sich eine hoch entwickelte Tourismuswirtschaft (viele Touristen und Tourismusunternehmen) mit einer beträchtlichen Zahl differenzierter Einrichtungen der Tourismuspolitik.

Die Entwicklung zum **hoch entwickelten Tourismus** lässt sich über zwei tourismuspolitische Pfade beschreiten. Entweder übt die Tourismuspolitik eine **Pull-Funk-**

tion aus, indem sie durch aktive Tourismusplanung der touristischen Entwicklung vorausgeht. Beispiele liefern eine tourismusfreundliche Raum- und Bauplanung oder die Gewährung tourismusbezogener Subventionen zum Bau von Hotels und Freizeiteinrichtungen oder Verkehrsinfrastruktur. Die **Push-Funktion** hingegen ist eher reaktiv, d. h. tourismuspolitische Maßnahmen hinken der touristischen Entwicklung hinterher. Die Politik reagiert auf die externen Effekte (vgl. Kap. 1.3) einer steigenden touristischen Nachfrage z. B. durch die Erweiterung und Intensivierung der Verkehrsinfrastruktur oder Maßnahmen der Besucherlenkung im Falle unerwünschter massentouristischer Entwicklungen (vgl. Freyer 2015, S. 454).

1.3 Legitimation der Tourismuspolitik

In marktorientierten Wirtschaftssystemen sollten staatliche Eingriffe in das wirtschaftliche Geschehen die Ausnahme darstellen. Es herrscht die Überzeugung, dass der Markt den Ausgleich von Angebot und Nachfrage regelt und eine staatliche Intervention nur dort gerechtfertigt erscheint, wo die Marktkräfte versagen oder höhere politische Interessen (z. B. Umweltschutz, Schaffung gleichwertiger Lebensbedingungen) im Spiel sind.

Marktversagen liegt vor, wenn bestimmte Güter und Dienstleistungen in zu hoher oder niedriger Menge, Preisen oder Qualität produziert werden und über den Markt aus ökonomischer, ökologischer, sozialer etc. Sicht gesellschaftlich unerwünschte Ergebnisse zu erwarten sind. Ein derartiges Marktversagen weist dem Staat regulierende Eingriffe in das Marktgeschehen zu. Formen von Marktversagen, wie sie auch im Tourismus auftreten und nach tourismuspolitischen Korrekturen verlangen, sind u. a. (vgl. Bieger 2010, S. 271 f.; Freyer/Müller 2014, S. 12 f.; Smeral 2003, S. 169 ff.; Bochert 2014, S. 25 ff.):

- **Externe Effekte**, d. h. unkompensierte Auswirkungen ökonomischen Handelns auf die Wohlfahrt unbeteiligter Dritter (vgl. Kap. 2.1.2.1). In der Tourismuswirtschaft treten positive externe Effekte z. B. in Form von Imagebildung, touristischer Multiplikatorprozesse oder Aufwertung von Standorten auf. Negative externe Effekte kommen u. a. in Form von Umwelt- und Verkehrsbelastungen zum Tragen.
- **Öffentliche Güter**, von deren Nutzung niemand ausgeschlossen werden kann und eine Nichtrivalität im Konsum vorliegt, d. h. für die eine Bezahlung ökonomisch irrational wäre (vgl. Kap. 2.1.2.1 und 6). Im Tourismus liegt dieser Fall z. B. beim Tourismusmarketing, der Intakthaltung einer natürlichen Landschaft oder der Bereitstellung einer touristischen Infrastruktur vor.
- **Unvollkommene Information:** Touristische Dienstleistungen sind häufig mit Unsicherheit behaftet und der Reisende, der sie oft weit weg von seiner gewöhnlichen Umgebung bezieht und sich in einer besonderen Abhängigkeit von ihnen befindet, erwartet Sicherheit und erscheint schutzbedürftig (vgl. Kap. 4.5).

Zusätzlich zu diesen Typen von Marktversagen gesellen sich in der Tourismuswirtschaft ausgeprägte **Innovationsschwächen**, die auf der stark durch kleine und mittlere Betriebe geprägten Branchenstruktur beruhen.

Bei Marktversagen wird unterstellt, dass ein wohlwollender, optimal und neutral agierender Staat willens und in der Lage ist, derartige Probleme durch korrigierende Eingriffe zu beheben. Was aber wenn der Staat oder seine Akteure ebenfalls versagen, weil sie eigene Interessen verfolgen oder sich eines schwerfälligen, hohe Kosten verursachenden Bürokratieapparates (vgl. Kap. 4.3.2 und 6) bedienen mit der Konsequenz, dass nicht, zum falschen Zeitpunkt oder mit ungeeigneten Instrumenten eingegriffen wird **(Staatsversagen)?** An dieser Stelle setzt die **Politische Ökonomie** (vgl. Kap. 2.2.1) an, welche das Verhältnis zwischen Staat und Interessengruppen, deren Einbindung in den politischen Prozess und – ganz allgemein formuliert – die Zusammenhänge zwischen Politik und Ökonomie analysiert.

Neben diesen theoretisch-ökonomischen Begründungen der Tourismuspolitik ergibt sich ein weiterer Legitimationsansatz daraus, dass es sich beim Tourismus um ein **multiples Querschnittsphänomen** (vgl. Kap. 1.2) handelt, das an verschiedenen, übergeordneten Berührungspunkten einer Gesellschaft angesiedelt ist und dort einen entsprechenden politischen Handlungsdruck erzeugt. So gibt es mehrere Faktoren, welche die **politische Einflussnahme** auf den Tourismus rechtfertigen (vgl. Freyer 2015, S. 451 f.; Freyer/Müller 2014, S. 14 f.; Kaspar 1991, S. 141 f.; Bundesrat 2018, S. 16):

– **Hoheitlich-politische Faktoren:** Tourismus setzt das Reisen von und in verschiedenste Länder voraus, von denen aber nicht alle bereit sind, ihre Grenzen für auswärtige Gäste und die einheimische Bevölkerung zu öffnen. Nur wenn der Staat für Besucher wie Bewohner eine generelle Mobilität und Freizügigkeit gewährt, besteht die Möglichkeit des (uneingeschränkten) Tourismus, wobei Sicherheits- und Gesundheitsprobleme jederzeit zu Reisebeschränkungen führen können.

– **Wirtschaftliche Faktoren:** Politische Implikationen ergeben sich ferner dadurch, dass der Tourismus wichtige ökonomische Wirkungen wie Wertschöpfung und Beschäftigung erzeugt. In wirtschaftlich benachteiligten Regionen, welche für andere Wirtschaftsbranchen ungünstige Standortbedingungen verzeichnen, fungiert der Tourismus oftmals als ökonomische Initialzündung. Im internationalen Tourismus treten außenwirtschaftliche Effekte in Form von Deviseneinnahmen und -ausgaben hinzu, was über die Reiseverkehrs- und Leistungsbilanz die Stellung eines Landes im Welthandel beeinflusst. In hoch entwickelten Volkswirtschaften dagegen gerät der Tourismus wegen seiner geringen Produktivität gegenüber anderen Branchen unter immer größeren Druck auf dem Arbeitsmarkt, was die stetig anwachsende Anwerbung von Arbeitskräften aus Niedriglohnländern erfordert.

– **Unternehmerische Faktoren:** Die Tourismuswirtschaft besteht zum überwiegenden Teil aus kleinen und mittleren Unternehmen, weshalb die Mittelstandsförderung zum Erhalt der touristischen Wettbewerbsfähigkeit einen wichtigen Ankerpunkt der Tourismuspolitik markiert.

- **Fiskalische Faktoren:** Da der Tourismus eines Landes immer stark von dessen Fiskalpolitik abhängig bzw. geprägt ist, stellen fiskalpolitische, insbesondere die Festlegung und Variierung der Mehrwertsteuersätze in tourismusrelevanten Branchen, auch tourismuspolitische Maßnahmen dar.
- **Natürlich-ökologische Faktoren:** Natur, Landschaft, Klima und Topografie machen das grundlegende, ursprüngliche Angebot touristischer Destinationen aus und beeinflussen die Tourismuspolitik und ihre Instrumente. Erhalt und Förderung der natürlichen Umwelt stellen eine unabdingbare touristische Rahmenbedingung dar und korrespondieren darüber hinaus mit einem gestiegenen gesellschaftlichen Umweltbewusstsein.
- **Soziale Faktoren:** Eine verbesserte Einkommens- und Freizeitsituation der Urlaubs- und Erholungssuchenden auf der einen sowie die Verbesserung der Lebensbedingungen in den touristischen Destinationen auf der anderen Seite lassen eine Tourismuspolitik als zweckmäßig und notwendig erscheinen. Ferner befördern die insbesondere in urbanen Räumen veränderten Lebensbedingungen und deren negative Auswirkungen durch gestiegene physische und psychische Belastungen die Ausbreitung tourismuspolitischer Maßnahmen, indem die Gesellschaft generell ein gesteigertes Interesse an verbesserten Erholungsbedingungen hat. Daher ist Reisen ein der Lebensqualität zugutekommender Bestandteil des Konsumverhaltens, welcher der Erholung, Regeneration, Bildung sowie Völkerverständigung dient. Es liegt daher im übergeordneten gesellschaftlichen und politischen Interesse, möglichst viele gesellschaftliche Gruppen am Tourismus teilhaben zu lassen.
- **Kulturelle Faktoren:** Die Attraktivität touristischer Destinationen kann ganz erheblich auf menschlich geschaffenen Attraktionen und kulturellen Qualitäten (historische Stätten, Ortsbilder, Museen, Traditionen und Brauchtümer) beruhen, sodass Kulturförderung zur Attraktivitätssteigerung materieller und immaterieller Lebenswelten eine wichtige Komponente der Tourismuspolitik ist, weil sie in hohem Maße auch dem Tourismus zugutekommt.
- **(Verkehrs-)technische Faktoren:** Verkehrs- und Mobilitätsinnovationen begünstigen die Erschließung neuer touristischer Destinationen und machen eine Tourismuspolitik in diesen Gebieten erforderlich.
- **Sicherheitspolitische Faktoren:** Terroranschläge, Pandemien, Unfälle oder Naturkatastrophen rufen die Tourismuspolitik zur Krisenprävention, -bewältigung und -nachsorge sowie zu Kontrollmaßnahmen auf den Plan.

1.4 Aufgaben und Herausforderungen der Tourismuspolitik

Es ist Aufgabe der Tourismuspolitik, die in einer Gesellschaft gewünschte Entwicklung des Tourismus inhaltlich zu koordinieren und mit entsprechenden Institutionen und Instrumenten durchzusetzen. Umfassend lässt sie sich definieren als

> Summe aller Maßnahmen öffentlicher Institutionen, die direkt oder indirekt […] die Gestaltung oder Entwicklung des Tourismus bestimmen (Mundt 2004, S. 12).

Die **direkte Tourismuspolitik** steht für alle staatlichen Maßnahmen, welche sich hauptsächlich oder ausschließlich auf den Tourismus beziehen, d. h. die Tourismuswirtschaft direkt beeinflussen (z. B. über steuerliche Behandlung oder Fördervergabe). Die **indirekte Tourismuspolitik** umfasst dagegen alle Maßnahmen, welche nicht in erster Linie auf den Tourismus abzielen, ihn aber indirekt als Wirtschaftszweig maßgeblich betreffen (z. B. Schulferienregelungen, Bebauungspläne).

Mit diesem in o. g. Definition enthaltenen Gestaltungsauftrag knüpft die Tourismuspolitik an einen zentralen Aufgabenbereich der **Tourismusgeografie** an. Deren Anliegen ist es nämlich,

> räumliche Struktur-, Prozess- und Interaktionsmuster, die aus dem Handeln der unterschiedlichen touristischen Akteure resultieren, zu erfassen, zu beschreiben und zu erklären. Diese gilt es schließlich zu interpretieren, um den mit der Bearbeitung raumrelevanter touristischer Fragestellungen betrauten Akteuren praktische Handlungsempfehlungen aufzuzeigen (Neumair et al. 2019, S. 10).

Mit „Handlungsempfehlungen" ist eben jene **Gestaltungsdimension der Tourismuspolitik** angesprochen. Denn aufgrund der vielfältigen Wechselbeziehungen zwischen den touristischen Akteuren und deren räumlichen Umfeld ist der Tourismus Gegenstand von staatlichen Maßnahmen zur Gestaltung von (vgl. Berg 2014, S. 39)

- **spezifischen Marktsegmenten des Tourismus und deren wesentlichen Wirkungen:** Hotellerie und Gastgewerbe, touristische Verkehrsträger etc.,
- **touristischen Destinationen:** Städte, Gemeinden, Regionen, Inseln, Küstenabschnitte etc.,
- **Bedingungen einzelner touristischer Akteure:** Unternehmen der engeren und der ergänzenden Tourismuswirtschaft sowie der touristischen Randwirtschaft, Reisende und Bereiste.

Eine andere Definition sieht Tourismuspolitik als

> a set of regulations, rules, guidelines, directives and development/promotion objectives and strategies that provide a framework within which the collective and individual decisions directly affecting tourism development and the daily activities within destinations are taken (Ritchie/ Crouch 2003, S. 148).

Demnach ist die Tourismuspolitik um die Formung eines Umfelds bestrebt, in dem optimale Bedingungen für touristische Leistungsträger bei gleichzeitiger Minimierung negativer Einflüsse auf Gesellschaft und Umwelt gegeben sind und dies die Planung und Entwicklung touristischer Leistungsträger erleichtert. Die daraus abgeleiteten Regelungen und Instrumente adressieren das Verhalten der Akteure sowie den Umgang mit natürlichen, finanziellen, personellen und rechtlichen Ressourcen (vgl. Schuler 2014, S. 44).

Wie bei anderen Politikbereichen lassen sich auch die **tourismuspolitischen Instrumente** nach ihrer Eingriffsintensität drei verschiedenen Stufen zuordnen (vgl. Bandi Tanner 2018, S. 164 f.):

- **Schwache Eingriffsintensität** (freiwillig): Aufmerksam Machen und Informieren ausgewählter Zielgruppen über spezifische Themen,
- **mittlere Eingriffsintensität:** Setzung von Anreizen zur Herbeiführung eines gewünschten Verhaltens durch Anreize wie Fördermittel, Beratungen oder Steuererleichterungen,
- **hohe Eingriffsintensität:** Unumgängliche Regulierungen in Form von Geboten und Verboten.

Unabhängig vom genauen Verständnis, das dem Begriff Tourismuspolitik zugrunde gelegt wird, kommt der **Kooperation zwischen den verschiedenen Entscheidungsträgern** der Tourismuspolitik eine zentrale Bedeutung zu: Da sich touristische Leistungen aus vielen unterschiedlichen Produktionsfaktoren zusammensetzen, welche den verschiedensten Branchen entstammen (z. B. Beherbergungs-, Gastronomie-, Einzelhandels-, Transportgewerbe etc.), für die wiederum unterschiedliche staatliche Verantwortungsbereiche zuständig zeichnen, ist eine Kooperation in **horizontaler Hinsicht** zwischen den zuständigen Amtsträgern der gleichen lokalen (z. B. Tourismusämter von Städten und Gemeinden), regionalen (z. B. Städte- und Gemeindebünde) oder nationalen Ebene (z. B. Ministerien und deren Tourismusreferate) erforderlich. Gleichzeitig sind die Regelsetzungen auf diesen verschiedenen Hierarchieebenen auf einen gemeinsamen Nenner zu bringen. In **vertikaler Hinsicht** spielt das **Subsidiaritätsprinzip**(vgl. Kap. 2.1.1) in diesem Zusammenhang eine essentielle Rolle, da die nächsthöheren Behördenebenen nur für jene Belange zuständig sein sollen, welche sich auf der jeweils unteren Ebene nicht zielführend regeln lassen.

Wichtige **Herausforderungen**, mit denen die Tourismuspolitik konfrontiert ist, liegen in folgenden **Problem- bzw. Handlungsfeldern** (vgl. Bundesrat 2018, S. 7 ff.; Hinterholzer/Jooss 2013, S. 103 ff.):

- **Umwelt:** Hohe landschaftliche Qualitäten aufgrund einer intakten Umwelt und eines geeigneten Klimas verkörpern wichtige touristische Rahmenbedingungen und machen die Attraktivität touristischer Destinationen aus. Der Staat muss Natur und Landschaft als Kernvoraussetzungen für den Tourismus erhalten und gleichzeitig ökologisch gerechte und klimafreundliche Reiseformen fördern (vgl. Kap. 4.1 und Kap. 5.2).

- **Gesundheit und Soziales:** Tourismus dient der gesundheitlichen Reproduktion sowie der Erholung und Regeneration. Der Staat muss daher auch einkommensschwachen Bevölkerungsschichten oder behinderten bzw. mobilitätsbeschränkten Personengruppen die Teilnahme am Tourismus ermöglichen (vgl. Kap. 4.2). Darüber hinaus gilt es zu stark bereiste Bevölkerungsschichten durch entsprechende Maßnahmen gegen den Overtourism (vgl. Kap. 5.1) zu schützen.
- **Wirtschaftsförderung:** Die Förderung insbesondere kleiner und mittlerer Unternehmen, wie sie für die Unternehmensstruktur der Tourismuswirtschaft typisch sind, sowie der Abbau von Bürokratie und Regulierungsdichte, die in der Branche mittlerweile als großes Problem wahrgenommen werden (vgl. Kap. 4.3.2), aber auch spezielle tourismusrelevante Fördermaßnahmen (vgl. Kap. 4.3.3) sowie Staatshilfen für Tourismusunternehmen (vgl. Kap. 4.3.4) dienen dem Auf- und Ausbau sowie der Sicherung der Tourismuswirtschaft.
- **Ausbildung:** Da sich in der Tourismuswirtschaft der Mensch im Mittelpunkt befindet, steht und fällt der touristische Erfolg mit der Qualifikation, Motivation und Innovationskraft der Mitarbeiter. Der Staat hat entsprechende Initiativen zum Ausbildungserhalt und -ausbau zu setzen (vgl. Kap. 4.3.5).
- **Steuern, Gebühren und Beiträge:** Wie für jede Wirtschaftsbranche ist die Fiskalpolitik auch im Tourismus von Bedeutung, für den in den meisten Ländern spezifische Gebühren und Steuern (z. B. Kurtaxen) bestehen (vgl. Kap. 4.3.6).
- **Raumordnung und -planung:** Der Tourismus erzeugt vielfältige Auswirkungen auf die Umwelt sowie die wirtschaftliche Entwicklung und die Attraktivität von Standorten. Der Staat muss daher auf die Entwicklung des Tourismus als standortgebundenen Wirtschaftsfaktor mit seinen vielfältigen Raumnutzungsansprüchen fördernd oder bremsend Einfluss nehmen (vgl. Kap. 4.4).
- **Verkehr und Mobilität:** Fortbewegung ist ein zentrales Element im Tourismus, denn sie dient der Raumüberwindung zwischen touristischen Quell- und Zielregionen. Der Staat hat die Mobilität zwischen den einzelnen Zielen und Orten einer Reise zu ermöglichen (vgl. Kap. 4.4.4).
- **Herstellung grundsätzlicher Rahmenbedingungen:** Der Staat muss für Sicherheit beim Reisen (vgl. Kap. 4.5) garantieren sowie ein ungehindertes Reisen (u. a. Visaerteilung, touristenfreundliche Aufenthaltsregelungen etc.) gewährleisten (vgl. Exkurs 9). Gleichzeitig ist es aber auch Aufgabe des Staates, der reisebedingten Verbreitung von Risiken, wie z. B. während der Corona-Pandemie, entgegenzuwirken (vgl. Kap. 5.3).
- **Entwicklungszusammenarbeit:** Durch die Gewährung von Unterstützung beim Auf- und Ausbau einer Tourismuswirtschaft leistet der Staat einen bedeutenden Beitrag zur Entwicklungsförderung in ärmeren und wirtschaftlich benachteiligten Ländern (vgl. Kap. 4.6).

Abweichend von obigen Problem- bzw. Handlungsfeldern, bei denen der Staat eher eine aktive Rolle spielt, zieht er sich beim Thema **Verbraucherschutz** auf die Setzung eines rechtlichen Rahmens zurück, in dem das vertragliche Zusammenspiel von Reisenden und touristischen Unternehmen geregelt ist. Primäres Ziel ist es, Reisenden (Verbrauchern) in angemessenem Umfang zur Durchsetzung ihrer Interessen zu verhelfen – teilweise mit Unterstützung von Verbraucherschutzverbänden (vgl. Kap. 2.2.4). Niederschlag findet dies in entsprechenden Gesetzen, Verordnungen und Richtlinien zur Beherbergung, Beförderung und sonstigen touristischen Dienstleistungen. Diese Themen sind allerdings vorrangig Gegenstand des **Tourismusrechts** und weniger der Tourismuspolitik.

Heute besteht eine weitgehende Einigkeit darin, dass nur **interdisziplinäre Denkansätze** und die **Beachtung der unterschiedlichsten Politikbereiche** (Wirtschafts-, Sozial-, Finanz-, Außen-, Raumordnungs-, Umwelt-, Verkehrs-, Justizpolitik etc.) eine erfolgreiche Tourismuspolitik ausmachen (vgl. Kap. 1.2). Umgekehrt muss eine **ganzheitliche Tourismuspolitik** aber in der Lage sein, verschiedene gesellschaftliche Bereiche zu beeinflussen, was in der Praxis aber dadurch erschwert wird, dass eine sich über unterschiedliche Ressorts und Politikbereiche erstreckende Zuständigkeitsaufteilung eine allgemeine, übergeordnete Tourismuspolitik fast unmöglich macht.

Abbildung 1.4 zeigt, dass sich eine allseitige Tourismuspolitik als Politikmix unterschiedlicher Träger und politischer Teilbereiche versteht, die sich als **Module eines ganzheitlichen Modells der Tourismuspolitik** begreifen lassen. Trotz dieser allumfassenden Betrachtung ist bei ihrer konkreten Umsetzung stets eine wirtschaftliche Schwerpunktsetzung auszumachen (Primat der Ökonomie) (vgl. Freyer 2015, S. 463).

Eine erfolgreiche und moderne Tourismuspolitik muss neben der thematischen Orientierung auch **zukunftsorientiert** ausgestaltet sein. Es kommt ihr die Aufgabe zu, aufgrund der Analyse vergangener (gestern) und gegenwärtiger Entwicklungen (heute) Prognosen über zukünftige Entwicklungen (morgen) abzuleiten, um zur Erreichung eines gewünschten Zustands in der Zukunft bereits heute tourismuspolitische Instrumente zu ergreifen. Dies kann einen aktiv-fördernden (z. B. Ausbau eines nachhaltigen bzw. qualitätsorientierten Tourismus) oder passiv-verhindernden Charakter (z. B. Zurückdrängung des Massentourismus) haben (vgl. Freyer 2015, S. 465).

Grundsätzlich gilt für eine effektive Tourismuspolitik, dass (vgl. Kolbeck/Rauscher 2020, S. 39):

- diese nicht nur auf der obersten politischen Ebene verankert sein sollte, sondern alle Regierungsebenen mit verschiedentlichsten Kompetenzverteilungen und Autonomiegraden durchdringen muss,
- die Rollen- und Funktionsverteilung unter den Beteiligten im öffentlichen und privaten Sektor klar geregelt ist und sich deren Interaktion effizient gestalten und steuern lässt,
- bei der Entwicklung, Formulierung und Realisierung einer Tourismusstrategie alle Beteiligten einzubinden sind und miteinander in Dialog treten,
- dem Zusammenspiel mit angrenzenden Politikbereichen Rechnung zu tragen ist.

Tourismuspolitik & Wirtschaft

- Wirtschaftsförderung
- Marketing
- Arbeitsmarkt
- Außenwirtschaft
- Wirtschaftsstruktur
- Vermögens- und Einkommensstrukturen

Tourismuspolitik & Gesellschaft

- Wertvorstellungen
- Konsumverhalten
- Akzeptanz/Legitimation
- Bevölkerungs- und Siedlungsstruktur
- Finanzen
- Soziales und Gesundheit
- Verkehr
- Raumplanung und Raumordnung

Internationale Tourismuspolitik

- Rahmenbedingungen in Quell- und Zielländern
- globale und supranationale Tourismuskonzepte
- Tourismus und Entwicklung

Tourismus als **Politikmix** von

- Nationalstaaten
- Regionen
- Gebietskörperschaften
- privaten Trägern
- Verbänden

Tourismuspolitik & Umwelt

- Umweltwahrnehmung und -einstellung
- Umweltbelastung und -tragfähigkeit
- Umweltverträglichkeit
- Ressourcenverfügbarkeit
- Preis für Umweltgüter
- Umweltgütesiegel

Tourismuspolitik & Individuum

- freie Entfaltung
- freie (Markt-)Wirtschaft
- politische Freiräume
- Reisefreiheit/Freizügigkeit

Tourismuspolitik & Freizeit

- Freizeitverhalten und -gestaltung
- Kultur
- Sport
- Konsum und Shopping

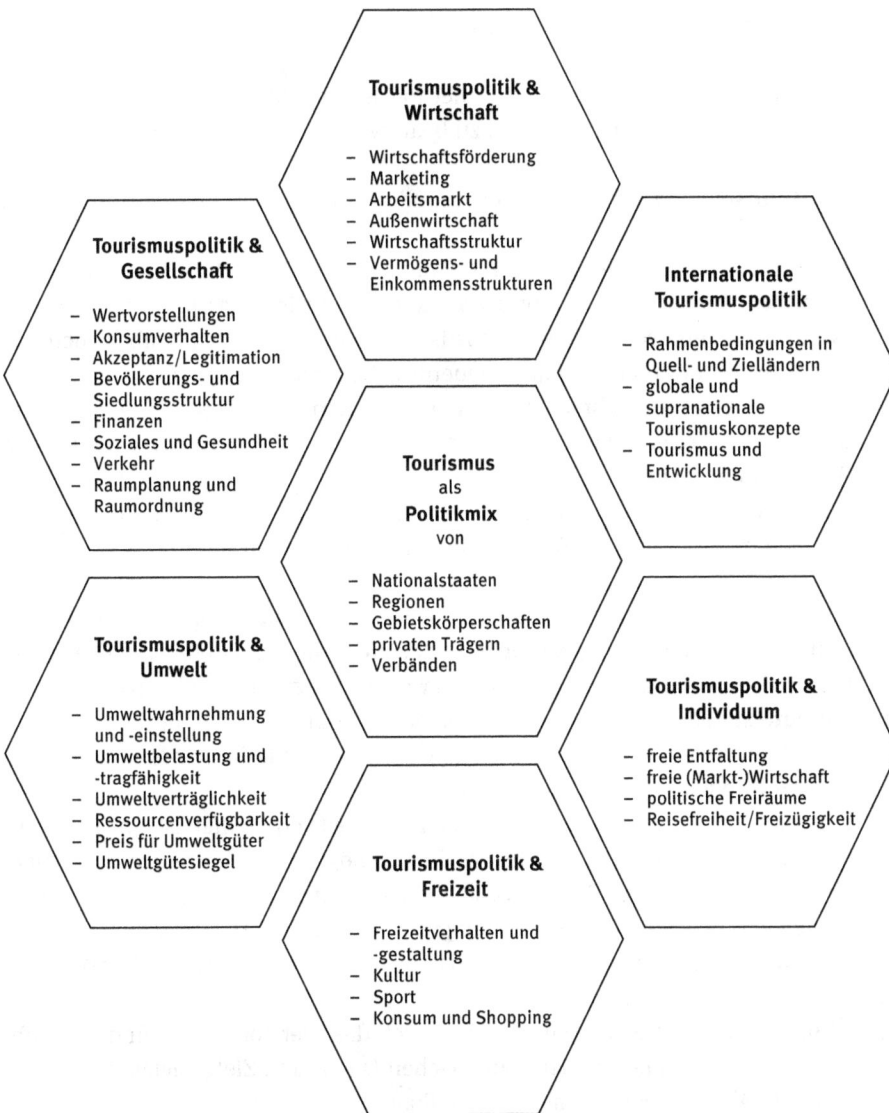

Abb. 1.4: Ganzheitliches Modell der Tourismuspolitik
Quelle: Freyer 2015, S. 464; Kahlenborn 1999, S. 4, verändert.

1.5 Tourismuspolitische Ziele und Strategien

Bei der Entwicklung und Umsetzung einer tourismuspolitischen Strategie sind folgende Grundsatzfragen zu stellen und zu beantworten (vgl. Kolbeck/Rauscher 2020, S. 39):
- Soll Tourismus überhaupt stattfinden und wenn ja, in welchem Ausmaß soll er gefördert werden?
- In welche Richtung soll sich der Tourismus entwickeln (z. B. Megatrends, gesellschaftliche Entwicklung, politische Situation, natürliche Ressourcen u. a.)?
- Wie sind die unterschiedlichen touristischen Leistungsträger einzubeziehen und zu steuern (z. B. Arbeitszeiten, Besteuerung, Genehmigungsprozeduren u. a.)?
- Wie ist mit den Unternehmen des touristischen Kernbereichs sowie des ergänzenden und des touristischen Randbereichs, den Touristen selbst sowie der lokalen Bevölkerung zu verfahren?
- Wie lässt sich die Abstimmung zwischen den staatlichen, halbstaatlichen sowie privaten Institutionen der Tourismuspolitik gestalten und regeln?

Eine umfassend und ganzheitlich angelegte Tourismuspolitik verlangt auf oberster Ebene nach der Formulierung von **Grundsatzzielen**, die sich auf unteren Ebenen im Sinne einer Zielpyramide mehr und mehr in weitere **Teilziele**[2] verfeinern oder einzelnen **Planungsebenen** (in föderalen Systemen z. B. Bund, Länder, Bezirke, Gemeinden) zuordnen lassen. Auf der untersten Ebene können diese dann in **konkrete Maßnahmen und Instrumente** umgesetzt werden.

Dem globalen Entwicklungsziel der Nachhaltigkeit verpflichtet, ist eine **nachhaltige Tourismusentwicklung** abzuleiten, die die möglichst gleichzeitige und gleichberechtigte Erreichung der Grundsatzziele einer dauerhaften ökonomischen, soziokulturellen und ökologischen Entwicklung verfolgt (vgl. Exkurs 1). Darauf aufbauend lassen sich folgende übergeordnete tourismuspolitische Grundsatzziele feststellen (vgl. Freyer 2015, S. 483 ff.):
1. **Ökonomische Ziele** liegen darin begründet, dass der Tourismus für die Bewohner und Unternehmen in den touristischen Quell- und Zielgebieten ertragreich sein soll. Als **Teilziele** kommen u. a. in Frage:
   - Erreichung einer hohen touristischen Wertschöpfung,
   - Vermeidung touristischer Monokulturen,
   - Erhöhung von regionalem Pro-Kopf-Einkommen und Beschäftigung,
   - Förderung kleiner und mittlerer Unternehmen,

---

2 Wie alle ökonomischen Ziele sind auch die tourismuspolitischen Ziele im Hinblick auf Wirtschaftlichkeit und Rationalität umzusetzen, d. h. sie sind entweder mit möglichst geringem Mitteleinsatz zu erreichen oder es lässt sich mit vorgegebenen Mitteln eine möglichst optimale Zielerreichung bewirken (vgl. Freyer 2015, S. 466).

- Erhöhung der touristischen Auslastung,
- Forcierung eines qualitativen anstelle eines rein quantitativen touristischen Wachstums.

2. **Soziokulturelle Ziele** beziehen sich auf die Teilnahme möglichst vieler gesellschaftlicher Gruppen am (inter)nationalen Tourismus sowie die Förderung und Erhaltung kultureller Güter. **Teilziele** sind u. a.:
   - Abbau von Reiseverkehrsbeschränkungen,
   - Zuschüsse zur Überwindung von Reisen entgegenstehenden Einkommensproblemen,
   - Förderung des Jugendaustauschs und der Völkerverständigung,
   - Familienförderung und Errichtung von Familienurlaubseinrichtungen,
   - Verträglichkeit des Tourismus mit der Sozialstruktur sowie den kulturellen Werten und Gebräuchen der bereisten Gesellschaften,
   - Restaurierung von Bauwerken.

3. Die immer mehr an Bedeutung zunehmenden **ökologischen Ziele** richten sich auf den Schutz der natürlichen Ressourcen (Fauna & Flora, Luft, Gewässer etc.) touristischer Destinationen. Als **Teilziele** lassen sich u. a. anführen:
   - Umweltverträglichkeit des Tourismus,
   - Ressourcenschonung,
   - Umweltschonende und sparsame Flächennutzung,
   - Abfallvermeidung und -verwertung.

Exkurs 1: Nachhaltigkeit und Tourismus

Anfang der 1990er Jahre setzte sich in der Weltgemeinschaft die Erkenntnis durch, dass die **dauerhafte und stabile Entwicklung einer Gesellschaft** nur dann möglich ist, wenn ökonomische, ökologische sowie soziokulturelle Bedingungen integrativ und unter Beachtung ihrer zeitlichen sowie räumlichen Wirkung betrachtet und möglichst gleichzeitig und gleichberechtigt angegangen werden. Konkret sind die Schlüsselfaktoren Schutz der natürlichen Umwelt (z. B. Tragfähigkeit der Ökosysteme, Energieeffizienz, Emissionsminimierung), wirtschaftliche Leistungsfähigkeit und gesellschaftliche Solidarität (z. B. Lebensqualität, Gesundheit, Partizipation, Bildung) raumzeitlich in Einklang zu bringen.

Jede Maßnahme, die einen der drei **Schlüsselfaktoren** einseitig begünstigt, führt dazu, dass die anderen an Bedeutung verlieren, was Konflikte hervorruft. Dies verdeutlicht auch die Gegenüberstellung der Konzepte einer schwachen vs. starken Nachhaltigkeit. Ersteres versucht, die Schlüsselfaktoren mehr oder weniger im Gleichklang zu betrachten und lässt zu, ökologische, ökonomische und soziale Ressourcen gegeneinander aufzuwiegen. So können z. B. Naturressourcen zur Schaffung von Human- oder Sachkapital genutzt werden. Letzteres hingegen priorisiert den Umweltschutz als Basis des Lebens und sieht zur Umsetzung wirtschaftlicher und sozialer Ziele nur einen engen ökologischen Entwicklungskorridor vor. Diese einseitige Betonung führt die Idee einer stabilen Entwicklung ad absurdem, wenn z. B. Umweltschutzmaßnahmen die Energiekosten steigen lassen und dann sowohl Betriebe wie Haushalte diese Kosten nicht mehr stemmen können. Somit besteht die Schwierigkeit, die Schlüsselfaktoren gleichzeitig, ausgewogen sowie dauerhaft zu berücksichtigen, was in immer wiederkehrende Zielkonflikte mündet.

Angestoßen durch die Nachhaltigkeitsdiskussion kam es – wie in anderen Wirtschaftsbereichen – auch im Tourismus zu einer Beachtung und Verankerung dieses Leitbilds. Kernelemente eines **nachhaltigen Tourismus** sind die Beachtung seiner wirtschaftlichen Wirkungen wie Einkommens- und Beschäftigungseffekte unter Berücksichtigung von Realisierbarkeit und Rentabilität, Minimierung der Beeinträchtigung der natürlichen Umwelt (Umweltschutz), Bewahrung lebenswerter natürlich-kultureller Lebensräume sowie Umgang mit tourismusbedingten soziokulturellen Effekten, wobei soziale Gerechtigkeit sowie der Schutz des kulturellen Erbes im Vordergrund stehen. Eine Möglichkeit der Operationalisierung dieser Ziele stellt u. a. der **Nachhaltigkeitskatalog** der UNWTO (Global Code of Ethics; vgl. Kap. 3.2.1.1) bzw. der Tourism Sustainability Group der Europäischen Kommission dar.

Die Nachfrage nach einem nachhaltigen Tourismus muss von den Touristen ausgehen, wofür Destination und Tourismusbetriebe ein Angebot unterbreiten müssen. **Gästeseitig** manifestiert sich dies im Konzept des Sanften Tourismus und weiteren verwandten Ansätzen, denen gemeinsam ist, dass sie einerseits die Ziele einer spürbaren wirtschaftlichen Wertschöpfung und der Zufriedenheit der Touristen verfolgen, andererseits aber hohe Ansprüche an die ökologischen und soziokulturellen Auswirkungen des Reisens stellen. Als neuere Ausprägung gilt der „Slow Tourism", der Authentizität, Naturerlebnis, Genuss und Tradition in den Vordergrund stellt. Im Sinne touristischer Wettbewerbseinheiten kommt **Destinationen** die Aufgabe zu, Wirkung von Maßnahmen einzelner touristischer Leistungsträger durch ein koordiniertes Vorgehen abzustimmen und zu verstärken. Den **Tourismusbetrieben** fällt mit Unterstützung von Verbänden und Zertifizierern die Aufgabe zu, nachhaltige Angebote zu schaffen, zu implementieren und zu kommunizieren.

Quellen: Haas/Schlesinger 2007, S. 12 ff.; Neumair et al. 2019, S. 71 ff.; Rein/Strasdas 2017, S. 24 f. und 31 ff.; Zukunftsinstitut 2016, S. 83 ff.

Von den tourismuspolitischen Zielen wird erwartet, dass sie **realisierbar** (erreichbar), **konsistent** (Adäquanz von Zielen und Mitteln) und **kompatibel** (sich gegenseitig bedingend) sind. Letzteres ist aber häufig nicht gegeben, vielmehr können zwischen der Tourismuspolitik und anderen politisch-gesellschaftlichen Bereichen **Zielkonflikte** auftreten, z. B. (vgl. Freyer 2015, S. 487):

- mit der **allgemeinen Wirtschaftspolitik**, wenn andere Wirtschaftssektoren (z. B. Landwirtschaft, Industrie, Einzelhandel) weniger als der Tourismus gefördert werden,
- mit der **Umweltpolitik**, wenn der Tourismus landschaftsverändernde oder -zerstörende Ausmaße oder Formen annimmt,
- mit der **allgemeinen Gesellschaftspolitik**, wenn der Tourismus der soziokulturellen Entwicklung eines Landes zuwiderläuft (z. B. Prostitution, Drogenkonsum, Spielcasinos),
- mit der **individuellen freien Entfaltung der bereisten Bevölkerung**, wenn der Tourismus Umweltbeeinträchtigungen, Lärmbelästigungen oder Verkehrsüberlastungen hervorruft.

Neben möglichen Konflikten lässt sich in der touristischen Entwicklung generell auch ein **Auseinanderklaffen von Zielen und Wirklichkeit** beobachten. Dies liegt u. a. an (vgl. Müller 2011, S. 99):

- der **Unverbindlichkeit der Ziele:** In marktliberal ausgerichteten Ländern kommt tourismuspolitischen Konzepten häufig nur der Charakter von Orientierungshilfen, nicht aber von verbindlichen Weisungen zu,
- dem **Übergewicht wirtschaftlicher Aspekte:** Forschung, Theorie, berufliche Bildung und Politik werden in der Tourismuswirtschaft gleichermaßen vom Primat der Ökonomie dominiert, soziale und ökologische Erwägungen tauchen dagegen oft nur am Rande auf,
- der **Dominanz kurzfristigen Gewinnstrebens:** Wie in anderen Wirtschaftsbranchen steht auch im Tourismus das kurzfristige Gewinn- und Umsatzdenken zu Lasten anderer Teilziele im Vordergrund,
- der **Zersplitterung der tourismuspolitischen Träger:** Die Zuständigkeiten für den Tourismus entfallen auf die unterschiedlichsten Bereiche und Branchen, welche häufig nur ihre Eigeninteressen im Blick haben,
- der **Interessenskongruenz zwischen Behörden und gewerblicher Wirtschaft:** Die Wirtschaft, insbesondere das Baugewerbe, beeinflusst behördliche und politische Entscheidungsträger im Tourismus in erheblichem Ausmaß, da sich in vielen Tourismusdestinationen Ämter und Behörden oft aus gewerblichen Kreisen rekrutieren,
- **unbekannten und unzweckmäßigen Steuerungsinstrumenten:** Insbesondere unteren Verwaltungsebenen (z. B. Gemeinden) sind anderenorts ergriffene tourismuspolitische Instrumente nur wenig bekannt oder werden falsch eingesetzt.

Exkurs 2 listet die Ziele der deutschen und schweizerischen Tourismuspolitik auf, die beide trotz des ähnlichen touristischen Entwicklungstands beider Länder zum Zeitpunkt ihrer Formulierung unterschiedliche Prioritäten aufwiesen.

In der tourismuspolitischen Praxis überwiegen aufgrund ihrer fundamentalen Bedeutung oftmals die ökonomischen Zielsetzungen **(Primat der Ökonomie)**. Entsprechend wird Tourismuspolitik überwiegend als Wirtschaftspolitik betrieben.

Die schwerpunktmäßige Integration der Tourismus- in die Wirtschaftspolitik isoliert den Tourismus aus seinem übergeordneten gesellschaftlichen Kontext und verstellt den Blick darauf,

> dass der Tourismus – auch und gerade als Wirtschaftsfaktor – auf mittlere und längere Sicht nur dann gedeihen kann, wenn bei seiner Entwicklung neben ökonomischen auch ökologische und soziale Aspekte – gleichgewichtig – systematisch mitbedacht und berücksichtigt werden (Petermann 1998, S. 168).

Exkurs 2: Tourismuspolitische Ziele Deutschlands und der Schweiz

Das erste tourismuspolitische Programm der **BRD** wurde 1975 von der damaligen sozial-liberalen Regierungskoalition auf den Weg gebracht. Darin wird der Tourismuspolitik die Aufgabe zugewiesen,

> zur Sicherung einer kontinuierlichen und zielgerichteten Entwicklung des Fremdenverkehrs in der Bundesrepublik Deutschland Ziele und Schwerpunkte, Prioritäten und Belastungsgrenzen festzulegen. Die Konsequenzen sollen mit allen Betroffenen intensiv erörtert werden, um über die materielle, regionale und institutionelle Gestaltung der deutschen Fremdenverkehrspolitik einen Konsens zu erzielen (Deutscher Bundestag 1975, S. 5).

Diese Erklärung ist auch heute noch die Grundlage der deutschen Tourismuspolitik und gibt nach wie vor deren grundlegenden Ziele vor. Sie werden in den jeweils einmal je Legislaturperiode erscheinenden tourismuspolitischen Berichten der Bundesregierung (vgl. Kap. 3.4.3) – der aktuellen oder veränderten touristischen Entwicklung entsprechend – konkretisiert, angepasst und durch stärker maßnahmenorientierte Unterziele ergänzt, ohne diese jedoch grundsätzlich auf den Prüfstand zu stellen. In der 18. Legislaturperiode (2013 bis 2017) galten die folgenden fünf tourismuspolitischen Schwerpunkte:

Verbesserung der touristischen Rahmenbedingungen: Abbau von Wettbewerbsverzerrungen, Verbesserung regionaler Wirtschaftsstrukturen, Mittelstandsförderung, Regelung der Sommerferien u. a.

Erhöhung der touristischen Leistungs- und Wettbewerbsfähigkeit: Vermarktung von Deutschland als Urlaubsdestination, Fortbildung, Projekte zur Innovations- und Qualitätsförderung u. a.

Bereitstellung und Förderung der touristischen Infrastruktur: Ausbau der Verkehrsinfrastruktur, nachhaltige Mobilität u. a.

Qualitätssteigerung im Tourismus: Personalförderung, Weiterbildung, Nachwuchssicherung u. a.

Förderung von Tourismus im ländlichen Raum: Integrierte ländliche Entwicklung, Maßnahmen zu touristischen Umnutzungen, Förderung ländlich-touristischer Initiativen (z. B. Urlaub auf dem Bauernhof) u. a.

Neben diesen grundlegenden Zielstellungen lag ein besonderer Schwerpunkt der 18. Legislaturperiode auf dem Thema Barrierefreiheit im Tourismus und dem Aufbau eines bundeseinheitlichen Zertifizierungssystems für barrierefreies Reisen.

Das grundlegende Tourismusprogramm der **Schweiz**, das ebenso noch heute Gültigkeit besitzt, stammt aus dem Jahr 1979. Das übergeordnete Ziel der Tourismuspolitik ist demnach die

> Gewährleistung einer optimalen Befriedigung der vielfältigen Bedürfnisse für Menschen aller Volksschichten im Rahmen leistungsfähiger touristischer Einrichtungen und einer intakten Umwelt. Dabei sind die Interessen der ortsansässigen Bevölkerung zu berücksichtigen (Beratende Kommission des Fremdenverkehrs des Bundesrates 1979, S. 58).

2010 hat der Bundesrat die Wachstumsstrategie für den Tourismusstandort Schweiz als umfassende strategische Grundlage der Tourismuspolitik beschlossen. Darin sind folgende sog. Wachstumsziele enthalten:

Verbesserung der Rahmenbedingungen für Tourismusunternehmen: Verstärkte Koordination der Tourismuspolitik auf Bundebene, Erweiterung unternehmerischer Spielräume und Kostensenkung durch Abbau komplexer Regulierungen sowie Vereinfachung von Verfahren und Prozessen, Unterstützung des Strukturwandels, Stärkung des touristischen Arbeitsmarktes u. a.

Steigerung der Attraktivität des touristischen Angebots: Weiterentwicklung von Innovations-, Kooperations-, Investitions- sowie Qualitätsförderung, Nutzung von Impulsen aus der Austragung von Großevents (z. B. Olympische Spiele, Weltmeisterschaften sowie weiterer Sportgroßanlässen, Welt- oder Landesausstellungen) u. a.

Stärkung des Marktauftritts: Steigerung der internationalen Marktpräsenz und -bearbeitung durch die vom Bund finanzierte touristische Landeswerbung (Schweiz Tourismus) u. a.

Berücksichtigung der Grundsätze einer nachhaltigen Entwicklung: Neben der wirtschaftlichen Leistungsfähigkeit auch Beachtung der ökologischen (z. B. Energieeffizienz, erneuerbare Energien, Emissionsminimierung) und sozialen Verantwortung (z. B. Lebensqualität, Gesundheit, Solidarität, Partizipation, Bildung) u. a.

Nutzung der Chancen der Digitalisierung: Digitale Transformation touristischer Geschäftsmodelle und -prozesse sowie Marktbearbeitung u. a.

Vergleicht man die tourismuspolitischen Ziele beider Länder, fällt die in Deutschland gegebene Überbetonung der wirtschaftlichen Dimension des Tourismus bei gleichzeitiger Unterrepräsentierung ökologischer und sozialer Aspekte im Sinne eines nachhaltigkeitsorientierten Tourismus auf. Das Schweizer Tourismuskonzept war dagegen bereits in seiner ersten Fassung von 1979 ein Vorreiter einer nachhaltigen Tourismuspolitik, indem es – lange bevor der Nachhaltigkeitsbegriff en vogue wurde – von Anfang an eine ganzheitliche Betrachtungsebene zugrunde legte und die tourismuspolitisch gleichsam bedeutenden wirtschaftlichen, sozialen und ökologischen Facetten des Tourismus betonte.

Quellen: BMWi 2013 und 2017a; Freyer 2015, S. 488 ff.; Müller 2011, S. 96 ff.; SECO 2017.

Dennoch dominieren in der Praxis ökonomische Perspektiven, deren Zielsetzungen sich in Konsumziele und wirtschaftliche Expansionsziele (Wirtschaftsziele) unterscheiden lassen. Während **Konsumziele** dem Umstand Rechnung tragen, dass der Tourismus über die physische und psychische Reproduktion sowohl Wohlbefinden als auch Produktivität der einheimischen Bevölkerung sichert, beziehen sich **Wirtschaftsziele** auf den Tourismus in seiner Gesamtheit, d. h. seine Funktionen als strategischer Wirtschaftsfaktor oder Devisenbringer. Stellt man diese beiden Ziele der länderspezifischen Problemsituation der Tourismusbranche, welche sich mit der Dichotomie „Schutz versus Förderung" abbilden lässt, gegenüber, lassen sich vier grundsätzliche **tourismuspolitische Strategien** ableiten (vgl. Abbildung 1.5).

Typisch für solche Länder, welche ihre knappen natürlichen Ressourcen schonen müssen, ist eine **Exportstrategie**, die – wie lange Zeit von ostasiatischen Ländern betrieben – auf die Förderung des Tourismusexports angelegt ist. Sie setzt darauf, dass die eigene Bevölkerung die Befriedigung ihrer Erholungs- und Reisebedürfnisse im Ausland sucht.

In den ehemaligen Ostblockstaaten sowie in Frankreich nach 1945 stand die Sicherstellung der Erholungsmöglichkeiten von breiten Teilen der Bevölkerung im Vordergrund. Diese **Entwicklungsstrategie** ist daher auf den Aufbau von Tourismuskapazitäten gerichtet.

	Qualitätsstrategie	Wachstumsstrategie
Wirtschafts- **zielen**	Einschränkung des touristischen Wachstums, nachhaltige Entwicklung *Qualitätstourismus*	Ausbau des Tourismus als strategischer Leitsektor, Erweiterung der touristischen Infrastruktur *Massentourismus*
	Exportstrategie	**Entwicklungsstrategie**
Konsum- **zielen**	Förderung des Tourismus außerhalb des eigenen Landes zur Schonung inländischer Ressourcen *Tourismusexport*	Aufbau erster touristischer Kapazitäten *Individualtourismus*
	Schutz	**Förderung**

Dominanz von ... (vertical, left axis)

Dominanz von ...

Abb. 1.5: Grundtypen tourismuspolitischer Strategien
Quelle: Bieger 2010, S. 266, verändert.

In Ländern, die wie die Mittelmeeranrainer auf wirtschaftliche Wertschöpfung und Beschäftigung durch Tourismus setzen, gleichzeitig aber die negativen Folgen einer Überhand nehmenden Entwicklung des Tourismus (Massentourismus) zu spüren bekommen, zielt die Tourismuspolitik auf die Begrenzung des touristischen Wachstums oder die Entwicklung bzw. Stärkung eines Qualitätstourismus **(Qualitätsstrategie)** ab (vgl. Exkurs 3).

Exkurs 3: Qualitätstourismus als Strategie der Tourismuspolitik

Von zentraler strategischer tourismuspolitischer Bedeutung ist die Frage, ob ein Wachstum im Tourismussektor über Quantität oder Qualität zu erzielen ist. Gilt es also die Anzahl an Ankünften und Übernachtungen bei annähernd gleichbleibenden Erträgen pro Gast zu steigern oder sind erstere zu begrenzen und dafür die Erträge bzw. Wertschöpfung pro Gast zu erhöhen? Mit dem verstärkten Aufkommen der negativen Effekte des Massentourismus (vgl. Kap. 5.1) und dem Widerstand der lokalen Bevölkerung gegen den weiteren Ausbau des Tourismus, aber auch aufgrund des Umstands, dass viele Touristen selbst eine Überfüllung der Reiseziele als Minderung ihrer Urlaubsqualität betrachten (vgl. Kap. 5.1.1), gewinnt eine qualitativ ausgerichtete Tourismusstrategie (Qualitätsstrategie) an Bedeutung.

Da die touristische Dienstleistungsqualität vom Gast als Bündel einzelner Teilleistungen subjektiv wahrgenommen und bewertet wird, müssen für eine erfolgreiche Qualitätsstrategie die unterschiedlichen touristischen Leistungsträger, wie z. B. Hotels, Restaurants, Einzelhandel, Eventanbieter, Transportunternehmen etc., an einem Strang ziehen, gleichzeitig aber auch Prozesse, von denen die Kundenzufriedenheit bzgl. einer Destination abhängt (wie z. B. Reiseplanung, Informationsbeschaffung, Marketing, Personalschulung, Feedbackmöglichkeiten etc.), sowie das Erscheinungsbild und Image der Destination stringent und im Sinne der Erwartungshaltung des Gastes ausgerichtet sein.

Damit wird die Destination zur zentralen Ebene der Umsetzung einer Qualitätsstrategie. Diese soll sich zu einer **Qualitätsdestination** entwickeln, d. h. ein signifikanter Anteil der Akteure der Destination muss sich unter Leitung eines professionellen, unternehmerisch denkenden Destinationsmanagements zielgruppenorientiert und thematisch versiert aufstellen und dem Gast ein glaubwürdiges und abgestimmtes Leistungsbündel anbieten.

Der Umstand, dass eine Destination – von Kreuzfahrtschiffen, speziellen Hotelresorts oder bestimmten Tourismusformen (z. B. Safaris) abgesehen – i. d. R. aus vielen Akteuren mit unterschiedlichen Vorstellungen besteht, hat zur Folge, dass eine Strategie und die damit verbundenen Standards nicht verbindlich vorgegeben werden können. Es lässt sich lediglich eine strategische Stoßrichtung definieren und versuchen, möglichst viele Akteure von dieser zu überzeugen. Zur Realisierung ist vorab die Frage zu klären, welches Gästesegment die Destination anstrebt und mit welchen Leistungen und Produkten diese angesprochen werden sollen. In diese Segmente ist dann langfristig zu investieren.

Anstelle der bisher überwiegend verfolgten Ausrichtung auf das ursprüngliche touristische Angebot rücken dabei das abgeleitete und immaterielle Angebot einer Destination[3] in den Vordergrund. Es gilt ein klar differenziertes, bedeutungsvolles sowie einheitlich gesteuertes Leistungsspektrum zu schaffen. Oftmals, wenn auch nicht zwingend geht diese Entwicklung mit einem erhöhten Preis- und Prestigeniveau einher. Kennzeichen einer Qualitätsdestination liegen somit erstens in einer gezielten und gewollten Begrenzung der Gästezahlen (Abkehr vom Massentourismus und einer quantitativen Strategie) und zweitens der Schaffung einer wertvermittelnden Marke als Leistungsversprechen zur Erhöhung der Wertschöpfung pro Gast (Aufbau einer Qualitätsstrategie), wie das Beispiel Botswana (vgl. Exkurs 14) zeigt.

Im Kontext eines zunehmenden Wettbewerbs entspricht eine konsequent umgesetzte Qualitätsstrategie der stetig steigenden Erwartungshaltung sowie den wachsenden Bedürfnissen der Gäste und fördert deren Loyalität gegenüber der Destination.

Quellen: Engl 2017, S. 179 ff.; Neumair et al. 2019, S. 113 ff.; Leschinsky 2009, S. 229 ff.; BMWFJ 2012; Tirol Tourism Research 2020; Scinexx 2007.

---

3 Das **ursprüngliche Angebot** umfasst die originäre Ausstattung eines Raumes. Dazu zählen die natürlichen (z. B. Klima, Landschaft, Vegetation, besondere landschaftliche Erscheinungen) und soziokulturellen Gegebenheiten (Kunst und zeitgenössisches Kulturleben, Altertümer, Orts- und Stadtbilder, Kulturdenkmäler, Ausstellungen, historische Orte und Gedenkstätten, Geburts- und Wohnhäuser bekannter Persönlichkeiten, urtümliches Brauchtum und Volksleben, Volksfeste, Wallfahrten, Festspiele etc.) sowie die allgemeine Infrastruktur (z. B. Ladensortimente, Öffnungszeiten, Verkehrsmittel, Entsorgungseinrichtungen, Unterhaltungs- und Sportangebote, infrastrukturelle und wirtschaftliche Einrichtungen). Da das ursprüngliche Angebot allein einen Ort nur selten zu einer touristischen Destination etabliert, bedarf es eines weiteren, **abgeleiteten Angebots,** das die touristische Infrastruktur (betriebliche Beherbergung, Verpflegung, touristisches Transportwesen, Reiseberatung und -organisation, überbetriebliche Tourismusorganisation), Freizeitinfrastruktur (Sport- und Kultureinrichtungen, Veranstaltungen, Wander- und Radwege, Fahrrad- und Sportgeräteverleih, Organisation von Dorf- und Stadtführungen, Shoppingmöglichkeiten, Outletcenter, Freizeitparks etc.) sowie spezielle touristische Angebote (Einrichtungen des Kur- und Bäderwesens, Messen, Tagungen, Events etc.) umfasst. Das **immaterielle Angebot** (sog. Zusatzleistungen), wie z. B. Attraktivität oder Image einer Destination, Erlebnisse oder Glücksmomente, rundet das Angebot einer Destination ab (vgl. Neumair et al. 2019, S. 102 ff.).

Solche Länder, die wie viele Entwicklungs- und Schwellenländer den Tourismus als strategischen Wirtschaftssektor etablieren wollen oder müssen, setzen auf eine **Wachstumsstrategie**, d. h sie verfolgen eine Tourismuspolitik, die den Ausbau von Tourismuskapazitäten und die Förderung der touristischen Wettbewerbsfähigkeit zum Gegenstand hat. Dies gilt auch für hoch entwickelte Länder, in denen es auch wirtschaftsschwache, meist peripher gelegene Regionen gibt, für welche der Tourismus oft die einzige wirtschaftliche Alternative darstellt (vgl. Bieger 2010, S. 264 ff.).

So unterschiedlich diese Strategien im Einzelnen auch sind, zeichnen sich doch länderübergreifend einige gemeinsame Tendenzen in allen Tourismuspolitiken ab. Dazu gehören z. B. (vgl. OECD 2018, S. 41):

- Die Verschiebung des tourismuspolitischen Schwerpunktes weg von rein quantitativ-ökonomischen hin zu Qualitäts- oder Nachhaltigkeitsdimensionen, die auch ökologische und soziale Maßstäbe einschließen (vgl. Exkurs 1),
- der Umgang mit der steigenden Anzahl von Touristen, welche die Grenzen der Tragfähigkeit touristischer Destinationen („Overtourism") strapazieren (vgl. Kap. 5.1),
- die zunehmende Berücksichtigung der Digitalisierung in der Tourismuswirtschaft (vgl. Kap. 4.3.2 und 6),
- die mehr und mehr in den Fokus rückenden Themen Sicherheit und Schutz von Touristen (vgl. Kap. 4.5).

2 Das tourismuspolitische Umfeld: Staaten, Interessengruppen und Parteien

Das tourismuspolitische Umfeld beschreibt den Rahmen, in dem der Tourismus als Wirtschaftstätigkeit stattfindet. Dabei handelt es sich um das Spannungsfeld aus dem **Staat** (vgl. Kap. 2.1), **politischen Parteien** (vgl. Kap. 2.3) sowie privaten Akteuren. Denn anders als in vielen Politikbereichen, in denen vor allem staatliche Träger die Ziele setzen und über Maßnahmen entscheiden, wird die Tourismuspolitik auch von privaten Trägern und deren Vereinigungen bzw. **Interessensgruppen** (vgl. Kap. 2.2) bestimmt, welche durch Bündelung, Mobilisierung und Organisierung von Interessen auf den Staat als tourismuspolitischen Schlüsselakteur Einfluss nehmen. Das tourismuspolitische Umfeld weist damit einen hohen Grad an **Korporatismus** auf, d. h., dass zur Realisierung des Allgemeinwohls Interessensgruppen in den Prozess der politischen Willensbildung sowie der Vorbereitung und Findung von Entscheidungen über institutionalisierte Aushandlungssysteme und in gleichberechtigter Form eingebunden, d. h. in den politischen Prozess inkorporiert sind (vgl. Behrends 2001, S. 131).

2.1 Die Rolle des Staates

In der Tourismuspolitik spielt der Staat eine ambivalente Rolle. Auch wenn es in manchen Ländern, auch in Deutschland, keine explizite oder eigenständige Tourismuspolitik gibt, weist diese aufgrund des Querschnittscharakters des Tourismus dennoch eine gewisse **Omnipräsenz** (vgl. Kap. 2.1.1) auf. Ferner lassen sich mehrere schwerpunktmäßige staatliche **Handlungsfelder** auf dem Gebiet der Tourismuspolitik identifizieren (vgl. Kap. 2.1.2 bis 2.1.5).

Bei einem Staat handelt es sich um das

> (Sub-)system der Gesellschaft, in dem (1) die gesamtgesellschaftlich verbindlichen Entscheidungen gefällt werden, das (2) als öffentliche Verwaltung die Entscheidungen implementiert und administriert und (3) als Rechtssystem die Konflikte reguliert, die aus den getroffenen Entscheidungen folgen (Schultze 2015a, S. 625).

Die konstitutiven Merkmale eines Staates sind (vgl. Schultze 2015a, S. 624):
- seine **Territorialität**, d. h. ein Staatsgebiet mit klaren und allgemein anerkannten Grenzen,
- ein **Staatsvolk**, d. h. eine Vereinigung von Menschen, die innerhalb des Staatsgebiets lebt (Bürger),

https://doi.org/10.1515/9783110663891-002

-   eine **Herrschaftsordnung** mit innerer (staatliches Gewaltmonopol) und äußerer Souveränität (Anerkennung durch andere Staaten).

Staaten können unterschiedlich aufgebaut und strukturiert sein: Zu differenzieren ist einerseits zwischen Staaten mit absoluter, d. h. unbegrenzter Macht, und Staaten, in denen der politischen Macht durch Verfassung, Rechtsstaat und Gewaltenteilung Grenzen gesetzt sind, sowie andererseits zwischen Einheits- bzw. Zentralstaaten und föderal organisierten Bundesstaaten und Staatenbünden (vgl. Schultze 2015a, S. 624).

2.1.1 Die Allgegenwart der Tourismuspolitik

Geht man in einer Gesellschaft von einer durchgängigen und konsequenten **Markt-orientierung** aus, dürften staatliche Institutionen in der Tourismuswirtschaft auf den ersten Blick kaum eine aktiv gestaltende Rolle spielen. In marktwirtschaftlichen Systemen ist ferner das **Subsidiaritätsprinzip** zu beachten. Dieser ursprünglich in der Sozialphilosophie und der Katholischen Soziallehre vertretene Grundsatz postuliert die Suche nach einem Niveau der Entscheidungsfindung, welches sich mit den Fähigkeiten sowie der Selbstbestimmung und -verantwortung des freien Individuums deckt. Nur dort, wo die Möglichkeiten des Einzelnen bzw. einer Gruppe nicht ausreichen, die Aufgaben ihrer Daseinsgestaltung zu lösen und auch Privatunternehmen dazu nicht imstande sind, soll der Staat subsidiär eingreifen und dies auch nur, soweit möglich, von der untersten Ebene aus. Die nächsthöhere Instanz hat immer erst dann zu intervenieren, wenn die darunterliegende überfordert ist (vgl. Weidenfeld 2010, S. 151; Mundt 2013, S. 479).

Unter diesen Bedingungen würde sich im Tourismus die explizite Zuständigkeit des Staates darauf beschränken, die Rahmenbedingungen für räumliche Freizügigkeit auf dem eigenen Territorium sowie durch entsprechende Verträge mit anderen Staaten auch auf deren Gebiet sicherzustellen. Wirtschaftspolitisch wäre im Wesentlichen nur auf die freie Konvertibilität der Währung sowie die Nichtbeeinträchtigung der Reisetätigkeit, z. B. durch Devisenverkehrsbeschränkungen, zu achten.

Die Realität sieht jedoch ganz anders aus: Es existiert wohl keine touristische Teilbranche, die von staatlichen Regulierungen unbetroffen ist. In nahezu allen touristischen Bereichen sind direkte oder indirekte Einflüsse durch staatliche oder dem Staat angehörende Institutionen zu beobachten. Die Bandbreite reicht von lokalen Tourismusämtern, welche Städte oder Gemeinden im Rahmen des Destinationsmanagements entweder selbst betreiben oder an denen sie maßgeblich beteiligt sind, bis zu staatlich gestützten Tourismusorganisationen, welche auf überregionaler oder nationaler Ebene das gesamte Land oder einzelne Regionen als touristische Destinationen bewerben. Daneben unterhält der Staat Flughäfen, Bahn- und Fluggesellschaften, betreibt Hotels, Kureinrichtungen und Bäder oder hält Anteile an Reisekonzernen. Zumindest beim ankommenden bzw. Inlandstourismus (Incoming

Tourismus) kann daher von einer **öffentlichen Tourismuswirtschaft** gesprochen werden[4].

Ferner wird der Staat auch dann bereits tourismuspolitisch aktiv, wenn ihm bei seinen ergriffenen Maßnahmen der Tourismus nicht einmal in den Sinn kommt (vgl. Kap. 4.3.3.3). Dies gilt vor allem für die öffentliche Infrastruktur, welche ursprünglich wohl aus anderen als aus touristischen Erwägungen (z. B. zur Abwicklung des Güterhandels und Personenverkehrs) errichtet wurde, gleichzeitig aber – wenn auch möglicherweise unbedacht – die Voraussetzung für eine touristische Entwicklung ausmacht, denn ohne Straßen, Flughäfen, Häfen, Bahnhöfe auch kein Tourismus. Selbiges gilt auch für die Bereiche Naherholung (z. B. Parks, Naturschutzgebiete, Nationalparks, Bäder, Freizeiteinrichtungen) oder Kultur (z. B. Museen, Schlösser, Theater, Opernhäuser). Auch hier fördern Maßnahmen zur Instandhaltung oder Ausweitung immer automatisch auch den Tourismus, selbst wenn dies gar nicht dem ursprünglichen Anliegen entspricht (vgl. Mundt 2013, S. 483 f. und 2004, S. 116 und 123; Bieger 2010, S. 272). Der Staat wird damit zum **Schlüsselakteur der Tourismuspolitik**.

2.1.2 Staatliche Funktionen und Instrumente der Tourismuspolitik

Grundsätzlich kommt dem Staat bei der touristischen Entwicklung eine Vielfalt unterschiedlicher Funktionen zu (vgl. Abbildung 2.1), aus denen sich **tourismuspolitische Instrumente** (vgl. Althof 2001, S. 166 ff.), d. h. konkrete Maßnahmen zur Erreichung der Ziele der Tourismuspolitik, ableiten lassen:

- Im Rahmen der **Produktionsfunktion** nimmt er die Bereitstellung öffentlicher Güter im Tourismus wahr (vgl. Kap. 2.1.2.1). Das **Produzieren** umfasst kommunikative (z. B. Tourismuswerbung, Destinationsmarketing), distributive (z. B. Tourismusförderung), infrastrukturelle (z. B. Erhalt und Ausbau touristischer Infrastrukturen wie Wander- und Radwege, Skipisten oder Loipen) oder sicherheitsbezogene Instrumente im Tourismus (öffentliche Sicherheit).
- Mit der **Ordnungs- und Regelungsfunktion** stellt er für einen längeren Zeitraum die rechtlichen, wirtschaftlichen und gesellschaftlichen Rahmenbedingungen für die Tourismuswirtschaft sicher und greift in die touristischen Abläufe ein. Das **Ordnen und Regeln** lässt sich in ordnungspolitische (z. B. Regulierung des touristischen Angebots, Ordnung der touristischen Nachfrage, Förderung von Markttransparenz, Preiskoordinierung, Verbraucherschutz) so-

---

4 In den Bereichen des Auslandstourismus bzw. Outgoing Tourismus (Reisemittler und -veranstalter, Fluggesellschaften) fällt die Regulierungsintensität geringer aus bzw. dominieren privatwirtschaftlich organisierte Unternehmen, an denen der Staat aber direkt oder indirekt beteiligt sein kann (vgl. Mundt 2004, S. 482).

wie prozesspolitische Instrumente (z. B. touristische Struktur- und Betriebsför-
derung, steuerliche und arbeitsmarktpolitische Maßnahmen) unterteilen (vgl.
Kap. 2.1.2.2).
-   Aufgrund der **Förderungsfunktion** (Tourismusförderung) ergreift der Staat Maß-
    nahmen zu Entwicklung, Sicherung und Ausbau des Tourismus. Das **Fördern**
    lässt sich in direkte (z. B. Investitionsförderung, Subventionen) und indirekte
    Instrumente der Tourismusförderung (z. B. Infrastrukturförderung, Urlaubsrege-
    lungen und -förderung) unterteilen (vgl. Kap. 2.1.2.3).
-   Die **Planungsfunktion** (Tourismusplanung) weist dem Staat die Beplanung be-
    reits existierender oder zukünftiger touristischer Räume auf unterschiedlichen
    Maßstabsebenen zu. **Planen** bedeutet insbesondere die geplante funktionsrele-
    vante Ausweisung und Abgrenzung touristischer Gebiete sowie die Steuerung der
    Entwicklungspotenziale des Tourismus mit den Instrumenten der Raumordnung
    (vgl. Kap. 2.1.2.4 und 4.4.3).

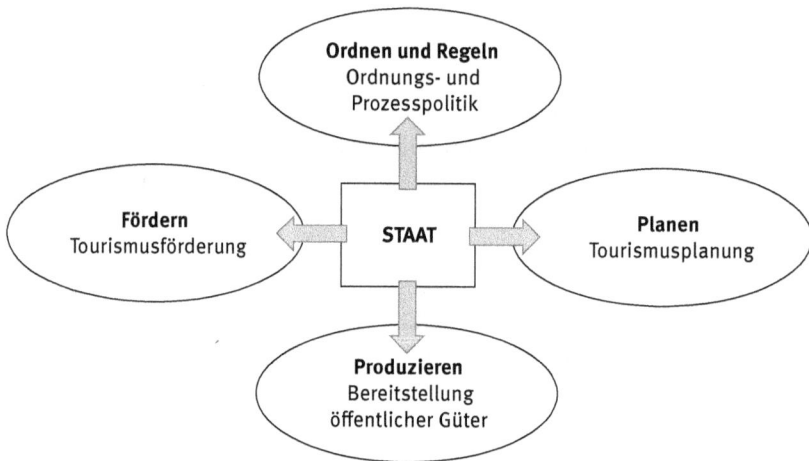

Abb. 2.1: Staatliche Handlungsfelder im Tourismus
Quelle: Eigene Darstellung in Anlehnung an Bieger 2010, S. 281.

Die dargestellte Gliederung ist je nach touristischem Politikfeld (vgl. Kap. 4) zu adaptieren und kann dann i. d. R. andere Systematiken und Instrumente aufweisen.

2.1.2.1 Bereitstellung öffentlicher Güter

Unter einem **Gut** versteht man ein materielles oder immaterielles Mittel zur menschlichen Bedürfnisbefriedigung. Güter stiften Nutzen, Menschen schätzen sie wert und
streben daher nach ihnen. Alle Güter lassen sich nach zwei Kriterien systematisieren
(vgl. Mankiw/Taylor 2012, S. 278; Bochert 2010, S. 9; Fritsch et al. 2005, S. 361 f.):

- **Ausschließbarkeit vom Konsum:** Kann jemand von der Nutzung eines Gutes über Eigentumsrechte bzw. das Verlangen eines Preises ausgeschlossen werden?
- **Rivalität beim Konsum:** Können sich Personen beim Konsum des Gutes gegenseitig stärken oder behindern?

Im touristischen Angebot befinden sich sowohl private (Ausschließbarkeit und Nutzungsrivalität) als auch öffentliche Güter, bei denen nicht gleichzeitig (vollständige) Ausschließbarkeit und Nutzungsrivalität gegeben sind (vgl. Abbildung 2.2; Kap. 6).

Güterart		Ausschließbarkeit	Nutzungsrivalität	Beispiele aus Tourismus und Freizeit
Privatgut		ja	ja	Sitzplatz im Flugzeug, Hotelzimmer
Öffentliche Güter	Clubgut	ja	nein	Konzert, Strandbad oder Golfplatz bei nicht zu hoher Auslastung
	Allmendegut	nein	ja	Parkbank, öffentlich zugängliche Loipe, Badesee
	Kollektivgut	nein	nein	Image & Tourismusmarketing, Landschaft, öffentliche Sicherheit, Beschilderung

Abb. 2.2: Differenzierung touristischer Güter
Quelle: Eigene Darstellung in Anlehnung an Mundt 2004, S. 117; Bochert 2014, S. 47 ff.

Anders als private Güter, die der Markt ohne staatliche Eingriffe in der gesellschaftlich erwünschten Menge herstellt, werden öffentliche Tourismusgüter, welche in die Produktionsfunktionen vieler touristischer Anbieter einfließen, vom Markt nicht oder nicht in ausreichendem Umfang produziert und haben keinen Marktpreis. Gilt das Ausschlussprinzip nicht, wie es bei Allmende- und Kollektivgütern der Fall ist, treten beim Vorliegen externer Effekte, d. h. bei Auswirkungen ökonomischer Handlungen auf die Wohlfahrt anderer Wirtschaftssubjekte (vgl. Kap. 1.3), externe Kosten **(negative Externalitäten)** oder Nutzen **(positive Externalitäten)** auf, für die beim Verursacher keine Kompensationen anfallen. Im Falle positiver externer Effekte ist mit **Trittbrettfahrern** („free rider") zu rechnen, welche von einer Leistung profitieren, ohne dafür eine adäquate Gegenleistung erbringen zu müssen. So lange sich diese von der unentgeltlichen Nutzung des betrachteten Gutes nicht oder nur unter sehr hohen Kosten bzw. Aufwand ausschließen lassen, fällt für alle Akteure der Anreiz, sich freiwillig an den Kosten für die Produktion des betreffenden Gutes zu beteiligen, sehr gering aus. Dies bedeutet gleichzeitig, dass, weil es keinen Marktpreis gibt, sich kein privates Unternehmen finden wird, das ein begründetes Interesse verspürt, ein solches Gut herzustellen (vgl. Smeral 2003, S. 172). Dies muss der Staat erledigen, denn es liegt Marktversagen (vgl. Kap. 1.3) vor. Eine Ausnahme stellt die Bereitstellung öffentlicher Güter durch private Unternehmen dar, sobald diese dadurch von indirekten Effekten profitieren können (vgl. Exkurs 4).

Exkurs 4: Bereitstellung öffentlicher Güter durch private Unternehmen

Eine durchaus anzutreffende, wenn auch in theoretischer Hinsicht zunächst paradox erscheinende Sonderform sind durch private Unternehmen bereitgestellte öffentlicher Güter. Dies klingt auf den ersten Blick widersprüchlich, da eine Ausschließbarkeit von der Nutzung nicht möglich ist, weshalb sich kaum (direkte) Erträge erzielen lassen. Private Unternehmen bieten diese daher nicht oder nicht in ausreichendem Umfang an.

Die Bereitstellung öffentlicher Güter durch private Unternehmen wird aber dann lohnenswert, wenn indirekte Erträge zu erzielen sind. Dies ist dann gegeben, wenn sich dadurch z. B. eine Steigerung der Gesamtattraktivität und damit verbunden eine Inwertsetzung anderer touristischer Einrichtungen und/oder Betriebe erreichen lässt.

Ein Beispiel hierfür ist das Spuren öffentlich zugänglicher Loipen durch einen Hotelier, wodurch eine Wintersportdestination attraktiver wird und dieser eine bessere Auslastung erzielen und ein breiteres Gästesegment (Langläufer) ansprechen kann. Festivals, Clubs und Bars könnten private Sicherheitskräfte bestellen, um die öffentliche Sicherheit der Gäste zu verbessern und damit ein attraktiveres Nachleben zu ermöglichen. Die Pflege und Gestaltung öffentlicher Räume oder der Unterhalt von Wanderwegen durch private Initiativen (z. B. Vereine) verbessern die Attraktivität und das Image einer Destination. Eine Erhöhung der Bekanntheit ließe sich zudem durch Social-Media-Angebote erreichen.

Vor allem für touristische Leitbetriebe einer Destination kann das Investment in öffentliche Güter vorteilhaft sein, indem die gesamte Destination davon profitiert. Ein positiver Nebeneffekt für den privaten Betrieb könnte zudem darin liegen, dass sich öffentliche Güter durch private Bereitstellung nach individuellen Präferenzen gestalten lassen und nicht – über Umlagen finanziert – von staatlicher Seite vorgegeben sind.

Klassische Beispiele für öffentliche Güter aus der Tourismuswirtschaft sind die Tourismusförderung bzw. das Destinationsmanagement (z. B. durch Werbemaßnahmen) oder die touristische Infrastruktur (z. B. Errichtung neuer oder Ausbau bestehender Wander- und Fahrradwege oder Langlaufloipen). Geht der einzelne touristische Unternehmer davon aus, dass seine Wettbewerber dafür ihren Beitrag entrichten, muss es ihm am günstigsten erscheinen, selbst nicht zu zahlen. Wenn alle anderen Anbieter auf dieselbe Idee kommen, lassen sich die Güter Tourismusförderung und -infrastruktur nicht produzieren. Falls der einzelne Hotel- und Gaststättenbetreiber annehmen muss, dass alle anderen nicht zahlen, würde sich ein freiwilliger Beitrag als nachteilig entpuppen, da die Güter dann aufgrund ihrer geringen Ausmaße keine Wirkung entfalten könnten und der individuelle Nettonutzen damit negativ wäre (vgl. Kap. 6). Unabhängig davon, ob die anderen Wettbewerber für die Bereitstellung der Güter zahlen oder nicht, erscheint das sog. Trittbrettfahren so oder so als die individuell vorteilhaftere Alternative. Gehen alle touristischen Anbieter diesen Weg, wird es nicht zur Erstellung der Güter kommen (Marktversagen). In diesem Fall erscheint die Bereitstellung besagter Güter seitens der öffentlichen Hand und eine Finanzierung aus Steuermitteln gerechtfertigt. Für die Entscheidung darüber bildet – anders als bei privaten Gütern, über welche der Markt aufgrund individueller Präferenzen dezentral bestimmt – ein kollektiver, an politische Institutionen geknüpfter Willensbildungs-prozess die elementare und obligatorische Voraussetzung (vgl. Smeral 2003, S. 173; Mundt 2004, S. 119).

Der Staat muss sich in einer solchen Situation allerdings fragen lassen, ob die Anwendung des Nichtausschließbarkeitsprinzips wirklich unausweichlich ist. An die-ser Stelle kommen sog. **Clubgüter** als Untervariante öffentlicher Güter (vgl. Abbil-dung 2.2) ins Spiel. Sie weisen zwar keine Nutzungsrivalität im strengen Sinn auf, allerdings hängt die Qualität des touristischen Nutzens, der sich aus ihrem Konsum erzielen lässt, durchaus mit der Anzahl der Mit-Nutznießer zusammen, weshalb von einer psychologischen bzw. indirekten Nutzungskonkurrenz die Rede ist (vgl. Bochert 2014, S. 48; Mundt 2004, S. 119).

Bei allen öffentlichen Tourismusgütern, welche der Staat kostenlos anbietet, stellt sich die Frage, ob sich durch die Anwendung des Ausschlussprinzips über die Ein-führung von Preisen (z. B. Nutzungsgebühren, Eintrittspreise; vgl. Kap. 6) Kollektiv- und Allmendegüter nicht in Clubgüter umfunktionieren lassen, deren Produktion für private Unternehmen damit interessant würde. Falls dies möglich ist, der Staat die be-treffenden Güter aber dennoch kostenlos anbietet, hält er sich nicht an das marktwirt-schaftliche Gebot der Zurückhaltung und verdrängt die Privatwirtschaft (vgl. Bochert 2014, S. 71 f.). Dass der Staat aber dennoch öffentliche Tourismusgüter und -leistun-gen produziert, ist darauf zurückzuführen, dass sich das Ausschlussprinzip vielfach nicht anwenden lässt, z. B. wenn (vgl. Smeral 2003, S. 173):

– seine Durchführung mit hohen, wirtschaftlich unvertretbaren Transaktionskos-ten einhergeht, sodass die Kosten für den Ausschluss die durch ihn vermiedenen Nutzenentgänge übertreffen,
– der Verzicht auf den Ausschluss politisch motiviert ist, indem z. B. touristische Infrastruktur- oder Werbemaßnahmen als Förderung benachteiligter Gebiete zu begreifen sind,
– ein Ausschluss wegen technischer Voraussetzungen unmöglich ist (z. B. bei der öffentlichen Sicherheit in touristischen Destinationen).

Zu beachten ist, dass der Staat neben öffentlichen auch private Tourismusgüter zu Marktpreisen erstellt, indem er selbst in die **Rolle des Unternehmers** schlüpft, wie z. B. als Messbetreiber oder Reiseverkehrsunternehmer, d. h. Eigner von Flug- oder Bahngesellschaften, als Reiseveranstalter, aber auch als Hotelier (vgl. Exkurs 5), oder zum unternehmerischen Vorreiter wird, falls private Unternehmen in Ermangelung fachlicher Kenntnisse oder wegen zu niedriger Gewinnerwartungen an der betreffen-den Güterproduktion kein Interesse verspüren (vgl. Mundt 2004, S. 123).

Exkurs 5: Der Staat als Hotelier –
Hotel Bellevue Palace in Bern und das Grandhotel Petersberg bei Bonn

Das im Besitz der Schweizerischen Eidgenossenschaft befindliche Fünf-Sterne-**Hotel Bellevue Palace** in Bern ist das offizielle Gästehaus der Schweizer Bundesregierung. Gemeinsam mit dem Bundesparlament (curia confoederationis helveticae) befindet es sich auf einer Felsterrasse oberhalb des Aare-Ufers am Südrand der Altstadt und bietet ein eindrucksvolles Alpenpanorama auf das Berner Oberland (u. a. Eiger, Mönch und Jungfrau).

Als Bern im Jahr 1848 zur Bundeshauptstadt der Schweiz gewählt wurde, benötigten die verschiedenen Staatsorgane und Verwaltungen eine entsprechende Infrastruktur und Räumlichkeiten, wodurch ein rasanter Bauboom einsetzte.

Die Gäste der Regierung wohnten zunächst im „Falken", der von dem Offenbacher Hotelier Friedrich Osswald betrieben wurde. Dieser erkannte die Zeichen der Zeit und errichtete am Westflügel des Bundeshauses das größere und noblere Hotel Bellevue, das 1865 seine Türen öffnete. Osswalds Söhne waren es dann, die 1910 beschlossen, die Hotel Bellevue AG zu gründen und anstelle umfangreicher Modernisierungen und Erweiterungen ein neues und durch den Erwerb von Nachbarliegenschaften noch größeres Hotel zu bauen, das am 27. November 1913 als Bellevue Palace seine Pforten öffnete.

Nach zwei überstandenen Weltkriegen schrieb das Hotel in den 1970er Jahren aufgrund der Weltwirtschaftskrise und rückläufiger Übernachtungen rote Zahlen und drohte in die Hände ausländischer Investoren zu fallen. Um dies zu verhindern, erwarb die Schweizer Nationalbank 1976 die Aktienmehrheit, baute diese in den Folgejahren auf über 99 % aus und sicherte somit den Fortbestand des Hotelbetriebs. Im Jahr 1994 machte sie das Hotel der Eidgenossenschaft zum Geschenk, wodurch der Bund zum Eigentümer der Bellevue AG wurde.

Dass der Staat im Hintergrund als Betreiber und Eigentümer fungiert, macht sich im normalen Hotelbetrieb nicht bemerkbar. Es handelt sich um eine der ersten Adressen in Bern – zu den Gästen gehörten u. a. Winston Churchill, Michail Gorbatschow, Jawaharlal Nehru, Nelson Mandela, Elisabeth II, Fidel Castro –, die wegen ihrer neoklassizistischen Bauweise und seiner Aussicht schon für sich eine Sehenswürdigkeit der Stadt Bern ist.

Seit 2007 wird das Hotel von der Victoria Jungfrau Collection in Pacht geführt, die weitere Hotels in Interlaken und Crans Montana betreibt. Mit heute jährlich über 40.000 Gästen und mehr als 800.000 Besuchern ist das Hotel für hohe (Staats-)gäste der Schweiz vom politischen Parkett nicht mehr wegzudenken.

Ebenfalls im Staatseigentum befindlich ist das **Grandhotel Petersberg** im Siebengebirge bei Bonn/ Königswinter. Ende des 19. Jh. ließ der 4711-Parfümfabrikant Ferdinand Mühlens das herrschaftliche Gebäude hoch über dem Rhein errichten. Mehrmals umgebaut und vergrößert, zwischenzeitlich als Lazarett genutzt und nach Ende des Zweiten Weltkriegs von US-Truppen beschlagnahmt, kam das Haus im Herbst 1949 zu Berühmtheit, als Bundeskanzler Konrad Adenauer dort mit den Alliierten das Petersberger Abkommen aushandelte. Von 1954 bis zur Hauptstadtverlagerung von Bonn nach Berlin 1999 war es das offizielle Gästehaus der deutschen Bundesregierung. Seitdem finden dort wichtige internationale Anlässe und Konferenzen (z. B. zwei Afghanistan-Konferenzen sowie die Petersberger Klimadialoge) statt. Eigentümer sind das Bundesfinanzministerium und die Bundesanstalt für Immobilienaufgaben, die das Hotel erfolglos privatisieren wollten. Nach umfassenden Renovierungs- und Modernisierungsarbeiten wurde die Steigenberger Hotel AG Frankfurt a. M. mit der Führung (Steigenberger Grandhotel & Spa Petersberg) beauftragt.

Quellen: VJC 2019a und b; Swiss Info 2013; Olonetzky 1998; Swiss Deluxe Hotels 2013; Manager Magazin 2018; Generalanzeiger Bonn 2017; Usleber 2019.

2.1.2.2 Touristische Ordnungs- und Prozesspolitik

Innerhalb der Wirtschaftspolitik zur Ordnung und Steuerung der Wirtschaft lassen sich zwei grundlegende Bereiche unterscheiden: Ordnungspolitik zur Prägung und Gestaltung der gewünschten Wirtschaftsordnung und Prozesspolitik zur Steuerung und Beeinflussung der einzelnen wirtschaftlichen Abläufe und ihrer Ergebnisse (vgl. Thieme 2002, S. 323).

Die **Ordnungspolitik** zielt darauf ab,

> die institutionellen Rahmenbedingungen für das individuelle, einzelwirtschaftliche Handeln so zu gestalten, dass ein gesamtwirtschaftlich integrierter Prozess zustande kommt und die wirtschaftlichen Ziele der Gesellschaft bestmöglich verwirklicht werden (Thieme 2002, S. 323).

Daher ist es ihre umfassende Aufgabe,

> ein dauerhaftes System von – überwiegend rechtlich verankerten – Regeln zu schaffen, anzuwenden und im Wirtschaftsleben durchzusetzen, also im Wesentlichen einen funktionsfähigen Rechtsrahmen zu setzen (Thieme 2002, S. 324).

Zu den Gestaltungsbereichen der Ordnungspolitik gehören u. a. Eigentums-, Haushalts-, Unternehmens-, Markt-, Wettbewerbs-, Finanz-, Geld-, Außenwirtschafts- und Sozialverfassung. Ordnungspolitische Instrumente sind Verhaltensregeln für die Entscheidungsträger von Unternehmen, öffentlichen und privaten Haushalten sowie den Staat selbst als Träger der Wirtschaftspolitik. Sie treten in Form von Empfehlungen („moral suasion") oder zwingenden Rechtnormen (Gesetze, Ge- und Verbote) auf (vgl. zur Übersicht Kap. 4.1.2.2).

In dezentral organisierten marktwirtschaftlichen Systemen soll die Ordnungspolitik so ausgestaltet sein, dass Eingriffe in das Wirtschaftsgeschehen nur dann erfolgen sollen, wenn die Selbststeuerung durch den Markt nicht oder nicht ausreichend funktioniert, sodass der freie Wettbewerb zwischen den Marktteilnehmern nicht die gesellschaftlich erwünschten Ergebnisse erzielt (vgl. Woll 2008, S. 754; Thieme 2002, S. 323 f.).

In solchen Systemen gilt für den Tourismus, dass der Staat, sofern er keine eigenständig-explizite Tourismuspolitik beabsichtigt, lediglich die **Rahmenbedingungen für eine funktionierende Tourismuswirtschaft** sicherstellt. Hierzu gehören u. a. (vgl. Freyer 2015, S. 459 f.):
– Freier Wettbewerb und Reiseverkehr (so wenig Devisen-, Zoll- und Passvorschriften wie möglich),
– freie Entfaltung der Individuen,
– freies, uneingeschränktes Zusammenkommen von Menschen (Reisefreiheit).

Bei Vorhandensein einer eigenständig formulierten Tourismuspolitik treten ordnungspolitische Eingriffe in die Tourismuswirtschaft in weitergehender Form auf (vgl. Kaspar 1991, S. 152 ff.; Freyer 2015, S. 494):

- **Regulierung des touristischen Angebots:** Konzessionierung, Beaufsichtigung und Kontrolle des Beherbergungs- und Gaststätten-, Verkehrs- und Reisevermittlungsgewerbes, Ge- und Verbote im Hinblick auf touristisch bedingte Umweltemissionen, bau-, sanitäts- und gewerbepolizeiliche Maßnahmen u. a.,
- **Ordnung der touristischen Nachfrage:** Schul- und Betriebsferienregelungen, Förderung des Tourismus durch staatliche Vorschriften, ggf. (wenn zwingend nötig) Regulierung der Einreise durch Pass- und Visavorschriften sowie der Ausreise aus devisenpolitischen Gründen, Aus- und Einreisestopps aus sanitärpolizeilichen Gründen, sozial-kommunikative Mittel zur Beeinflussung der öffentlichen Meinung und Aufbau informellen Drucks (z. B. staatliche Appelle zur Verbringung der Ferien im eigenen Land),
- **Konsumentenschutz** durch entsprechendes Reisevertragsrecht,
- **Förderung von Marktposition und -transparenz:** Staatlich geförderte Werbekampagnen und Marktforschung im Tourismus,
- **Koordinierung der Preise für touristische Leistungen:** Maßnahmen gegen touristische Preiskartelle und -absprachen.

Im Gegensatz zur Ordnungspolitik greift die **Prozesspolitik** tiefer in die wirtschaftlichen Prozesse ein. Sie umfasst

> alle diejenigen Maßnahmen, mit denen innerhalb des ordnungspolitischen Rahmens die für ökonomische Entscheidungen relevanten Daten beeinflusst werden (Klump 1992, S. 5).

Prozesspolitische Instrumente setzen entweder an einzelnen Wirtschaftssubjekten unmittelbar-direkt, z. B. in Form von Preiskontrollen oder Subventionen **(einzelwirtschaftliche Prozesspolitik)**, oder an übergeordneten Größen mittelbar-indirekt, z. B. durch Zins-, Steuer-, Zollsätze etc. **(gesamtwirtschaftliche Prozesspolitik)**, an, welche den Charakter von Plandaten haben, auf die der einzelne wirtschaftliche Akteur bei seiner Planung nach eigenen Ermessensspielräumen reagiert und daher indirekt gesteuert wird (vgl. Woll 2008, S. 754).

Prozesspolitische Eingriffe im Tourismus sind vor allem wegen seines Querschnittscharakters (vgl. Kap. 1.2) nötig, durch den verschiedene Wirtschaftsbranchen miteinander verknüpft sind. Anders als in vielen anderen Wirtschaftszweigen machen sich aufgrund der wechselseitigen Abhängigkeiten Störungen innerhalb dieses Systems nicht nur im Tourismus, sondern auch in anderen Wirtschaftsbereichen bemerkbar (vgl. Mundt 2004, S. 128).

Beispiele für Instrumente einer touristischen Prozesspolitik sind u. a. (vgl. Kaspar 1991, S. 155; Bieger 2010, S. 269; Freyer 2015, S. 497 ff.):

- **Förderung ausgewählter touristischer Strukturtypen** (z. B. bestimmter Formen der Hotellerie oder der touristischen Organisation),
- **finanzielle Unterstützung touristischer Betriebe** (z. B. Modernisierung in der Hotellerie, Nachwuchsförderung im Gastgewerbe),

- Beiträge zur **Tourismuswerbung** und **Betriebsberatung,**
- **steuerliche Maßnahmen** (z. B. Einkommen-, Körperschaft-, Mehrwert-, Grunderwerbsteuer) und **Gebühren** (z. B. Kurtaxen, Fremdenverkehrsabgaben),
- **arbeitsmarktpolitische Maßnahmen** (z. B. Arbeitsförderung, Eingliederungshilfen, Lohnkostenzuschüsse).

In der tourismuspolitischen Praxis sind Ordnungs- und Prozesspolitik nicht immer trennscharf voneinander abzugrenzen, da sich bestimmte tourismuspolitische Ziele sowohl durch Aufstellen und Absichern von Rahmenbedingungen als auch direkte Prozesseingriffe erreichen lassen können.

2.1.2.3 Tourismusförderung

Auch wenn in vielen Gesellschaften der Staat kein ausgeprägtes Interesse am Tourismus als komplexen Lebensbereich zeigt, ist er wegen seiner wirtschaftlichen Wirkungen doch sehr um seine Förderung bedacht (vgl. Mundt 2004, S. 135) und verfolgt sowohl verschiedene allgemeine als auch sach- und regionalspezifische ökonomische Zielsetzungen (vgl. Kap. 1.5 und 4.3.1).

Grundsätzlich erstreckt sich die staatliche Tourismusförderung auf drei Teilbereiche (vgl. Kompetenzzentrum Tourismus des Bundes 2019):

- **Innovationsförderung:** Neue oder verbesserte touristische Produkte und Leistungen sowie Technologien, Prozesse und Organisationsformen in der Tourismuswirtschaft,
- **Infrastrukturförderung:** Ausbau und Modernisierung touristischer Infrastruktur, Maßnahmen zur Qualitätssicherung und Nachhaltigkeit des touristischen Angebots,
- **Strukturförderung:** Behebung regionaler wirtschaftlicher und sozialer Ungleichgewichte, Bewältigung des Strukturwandels.

Die Instrumente der staatlichen Tourismusförderung können **direkter** (z. B. Förderung tourismusrelevanter Investitionen und Existenzgründungen, steuerliche Maßnahmen, Schulungs-, Beratungs- und Qualifizierungsmaßnahmen) oder **indirekter Art** (z. B. infrastrukturelle Verbesserungen, Urlaubsregelungen, Sozialtourismus) sein (vgl. Kap. 4.3.3). Sie adressieren i. d. R. nur kollektive Güter (vgl. Kap. 2.1.2.1), die für die regionale und lokale touristische Entwicklung eine tragende Rolle spielen (z. B. Wander- und Radwegenetze, Strandanlagen, Skiabfahrten, Langlaufloipen, Einrichtungen für den Tagungs-, Kongress- und Messetourismus), für deren Finanzierung sich private Investoren aufgrund geringer Rentabilität oder einer zu großen Investitionshöhe einzelner Projekte nicht oder nur schwer finden lassen.

Auch ein Zusammenschluss mehrerer Tourismusunternehmen zu einer gemeinsamen Finanzierung und Durchführung von Projekten kommt aufgrund der meist dünnen finanziellen Decke der überwiegend kleinen und mittleren Unternehmen der

Tourismuswirtschaft sowie des Anfallens hoher Transaktionskosten meistens nicht in Frage. Hier kann der Staat als Investor mit einer anderen Sichtweise einspringen, indem er touristische Investitionsobjekte nicht isoliert, sondern im regionalwirtschaftlichen Kontext betrachtet. Sie generieren im Privatsektor (Hotellerie, Gastronomie, Einzelhandel, Transport etc.) für die wirtschaftliche Entwicklung einer touristischen Destination bedeutende Umsätze. Die steigenden öffentlichen Einnahmen in Form von Steuern und Gebühren wiederum machen eine staatliche Investition zur Tourismusförderung im Sinne von Umwegerentabilitäten bezahlt, die – z. B. über die Steigerung des Bekanntheitsgrades, positive Imageeffekte oder die Verbesserung der Lebensqualität – die touristische Wertschöpfung indirekt beeinflussen (vgl. Mundt 2004, S. 137 f.). Exkurs 6 veranschaulicht dies am Beispiel Dubais.

Exkurs 6: Dubai Inc.

Spektakuläre Gebäude (z. B. Hotel Burj al Arab oder das höchste Gebäude der Welt), eine Vielzahl von Einkaufs- und Freizeitmöglichkeiten, die strategisch günstige Lage zwischen Europa und Asien, ein attraktives Geschäftsumfeld sowie laut Eigenwerbung 360 Sonnentage im Jahr und ein arabisches Flair machen Dubai zu einer beliebten und sicheren internationalen Geschäfts- und Erholungsdestination.

Eine Besonderheit dieser Destination liegt in der inoffiziellen Bezeichnung „Dubai Inc." (Inc. = incorporated = Aktiengesellschaft). Diese steht für die Unternehmen, die sich überwiegend im Besitz und/oder unter der Leitung der Herrscherfamilie bzw. von Mitgliedern der Regierung von Dubai befinden und umfasst u. a. Dubai World oder Dubai Holdings. In touristischer Hinsicht sind u. a. folgende Unternehmen besonders hervorzuheben:

– **Aswaaq** (Shopping Mall),
– **Atlantis The Palm** (Hotel samt Vergnügungsanlage),
– **Dubai Airports** (Betrieb der Flughäfen in Dubai),
– **Dubai Duty Free Establishment** (Duty-Free-Geschäfte),
– **Dubai Golf** (Betreiber von Golfanlagen),
– **Dubai Properties Group** (Projektentwicklung sowie Portfolio- und Asset-Management für DubaiLand, The Walk at JBR and Culture Village),
– **Dubai World Trade Centre** (Ausrichter für Veranstaltungen und Ausstellungen),
– **Emirates Group** (Luftfahrtkonzern),
– **Jumeirah Group** (Luxushotels und -resorts),
– **Nakheel** (Immobilienentwickler von Palm Islands, Dubai Waterfront etc.).

Dieses Konglomerat wird um weitere Unternehmen mit direktem oder indirektem Bezug zum Tourismus (z. B. Lebensmittelunternehmen) ergänzt. Durch die enge Verzahnung von Staat bzw. Regierung sowie Unternehmen ergeben sich interessante Möglichkeiten, einen ganzheitlichen Blick auf die Destination und deren Entwicklung zu werfen. So ließen sich z. B. vergünstigte Übernachtungen in den „eigenen" Hotels mit Mehrausgaben der Touristen in den „eigenen" Shopping Malls oder Sport- und Freizeitanlagen verrechnen. Zudem könnten die Angebote auch mehr Touristen in die Destination locken und somit die Fluggesellschaft unterstützen.

Quellen: Newsweek 2006; Mayo et al. 2010; Bloomberg 2020.

Zu den Aufgaben der Tourismusförderung gehört auch die **Unterstützung touristischer Kooperationen** (vgl. Kap. 4.3.3.2) und schließlich ist der Staat nicht nur im Bereich der touristischen Wirtschaftsförderung aktiv, sondern stärkt im Rahmen des **Sozialtourismus** auch das touristische Engagement seiner Bürger (vgl. Kap. 4.2.2). Auch die Schaffung bzw. Förderung von Strukturen, in denen auf der lokal-kommunalen, d. h. untersten politischen Ebene sog. **Destinations-Management-Organisationen** den touristischen Alltag organisieren (vgl. Kap. 3.6) stellt ein genuines Anliegen staatlicher Tourismusförderung dar.

2.1.2.4 Tourismusplanung

Im Rahmen der Tourismusplanung hat der Staat über die Beplanung existierender oder die Ausweisung zukünftiger touristischer Räume zu entscheiden, ohne dass es für touristische Planungsprozesse eine spezielle behördliche Planungsinstanz gäbe. Oberflächlich besteht in marktwirtschaftlichen Systemen ein Widerspruch zwischen der freien Entfaltung der Marktkräfte einerseits und staatlichen Planungen andererseits. Doch letztlich rekurriert **Planung** ganz einfach auf zukünftige Ereignisse, die eben geplant werden wollen, um auf sie hinarbeiten zu können. Sie ist das „systematische Vorgehen zur Entwicklung von Handlungszielen und -abfolgen über einen längeren Zeitraum" (Fürst 2001, S. 11). So kommt auch die Privatwirtschaft nicht ohne Planung aus, die letztlich nichts anderes meint als die „naturgemäß spekulative Antizipation von Marktsituationen" als „Voraussetzung für die Führung von Unternehmen" (Mundt 2004, S. 190). Pläne machen komplexe Zusammenhänge transparent, beeinfluss- und in gewissem Ausmaß auch beherrschbar. Sie sind laufend zu überprüfen und veränderten Umfeldbedingungen dynamisch anzupassen, weshalb sie sich innerhalb des Planungszeitraums eher als Hypothesen denn als feste Handlungsanweisungen charakterisieren.

Die Notwendigkeit von Planung im Tourismus leitet sich vor allem daraus ab, dass dieser eine vom Raum abhängige bzw. in ihm stattfindende Aktivität darstellt und daher **Fläche** benötigt. Diese ist aber ein nicht vermehrbares Gut, das häufig zum Gegenstand von Nutzungskonflikten wird, da Räume unterschiedlichen Funktionen zuzuordnen sind. Erholungs- und Urlaubsräume harmonieren beispielsweise nicht mit industrie- oder verkehrsbelasteten Räumen. Dem Staat fällt damit die Aufgabe der funktionalen Ausweisung von Räumen und der entsprechenden Zuordnung auf unterschiedlichen Verwaltungsebenen (national bis lokal) zu (vgl. Mundt 2004, S. 191 f.).

Die rechtlich-politische Grundlage für die Zuweisung und Entwicklung von Funktionsräumen stellt auf der obersten Ebene staatlichen Handelns die **Raumordnung** (vgl. Kap. 4.4.1) dar. Sie ist die „institutionalisierte räumliche Planung auf nationalstaatlicher Ebene" (Langhagen-Rohrbach 2005, S. 4). Die Raumordnungspolitik, deren Fokus auf die Raum-, Flächennutzungs- und Siedlungsstrukturen gerichtet ist, die anhand bestimmter Kriterien (z. B. räumliche Ausgewogenheit, Versorgung mit Infrastruktur) bewertet werden, verfolgt den Anspruch, in allen Teilräumen eines Landes gleichwertige, d. h. wirtschaftlich, sozial und kulturell ausgewogene Lebensverhält-

nisse herzustellen. Dafür kann der Tourismus mit seinen vielseitigen Entwicklungs-
potenzialen, insbesondere in wirtschaftlich benachteiligten ländlichen Räumen, eine
Möglichkeit darstellen, sofern die entsprechenden natur- und/oder kulturräumlichen
Bedingungen erfüllt sind.

Die Raumordnung stellt aber auch ganz allgemein die Voraussetzung für eine touristische Entwicklung und Entfaltung dar, indem Erholungs- von anderen Funktionsräumen dauerhaft abgegrenzt, ausgewiesen, vom Verkehr zugänglich gemacht und
von Erholungssuchenden bzw. Touristen aufgesucht werden können (vgl. Karl 2012,
S. 242; Mundt 2004, S. 193).

Auf der regionalen Ebene fällt der **Regionalplanung** (vgl. Kap. 4.4.1 und 4.4.3.2)
die Aufgabe zu, die anzustrebende räumliche Ordnung und Entwicklung überge-
meindlicher Regionen festzulegen. Es gilt die abstrakt formulierten Grundsätze der
für das gesamte Land geltenden Raumordnung zu verfeinern und detailliert umzusetzen. In Bezug auf den Tourismus heißt dies (vgl. Becker 2007, S. 391):
– Exakte Ausweisung und Abgrenzung touristischer Gebiete,
– Benennung touristischer Schwerpunktzentren,
– Aufzeigen touristischer Entwicklungslinien,
– Auflistung von Entwicklungsschwerpunkten für den Ausbau der touristischen Infrastruktur und des Beherbergungsgewerbes,
– Vermeidung negativer Auswirkungen auf den Tourismus seitens anderer Vorha-
  ben,
– Erarbeitung von Lösungen für touristische Projekte in Kooperation mit den Ge-
  meinden.

So wichtig die Ausweisung touristischer Funktionsräume auch erscheinen mag, gewinnt in der modernen Tourismusplanung heutzutage die Anpassungsplanung in
punkto Behebung von Fehlentwicklungen sowie Steigerung der Attraktivität des touristischen Angebots in bestehenden gegenüber der Planung zur Erschließung und
Entwicklung neuer, zusätzlicher touristischer Destinationsräume an Bedeutung.

Auf der lokalen bzw. Gemeindeebene stellt der **Flächennutzungsplan** (vgl.
Kap. 4.4.3.3) als erste Stufe der Bauleitplanung das Kernstück für die räumliche Planung des gesamten Gemeinde- oder Stadtgebietes dar, indem er mittel- bis langfristig
grundsätzliche Aussagen über die Flächennutzung in einer Kommune trifft. Es folgt
auf der zweiten Stufe der unmittelbar und gegenüber jedermann rechtsverbindliche
Bebauungsplan (vgl. Kap. 4.4.3.3), der genau vorgibt, wie eine Fläche exakt bebaut
werden darf (vgl. Langhagen-Rohrbach 2005, 72 ff.). Von seinen Festlegungen sind
auch alle touristischen Baumaßnahmen (z. B. Beherbergungsunterkünfte, Freizeit-
und Kongresszentren, Schwimmbäder etc.) betroffen.

Grundsätzlich werden durch die aufgeführten Instrumente der Raumordnung
und -planung keine finanziellen Planungsmittel bereitgestellt. Diese können aber
wiederum in Form bestimmter, den Tourismus beeinflussender Formen der **Infra-
strukturplanung** fließen wie z. B. (vgl. Freyer 2015, S. 506):

- Ausbau des Verkehrswegenetzes zur Erschließung touristischer Destinationen,
- Errichtung öffentlicher Einrichtungen (z. B. Parkanlagen, Schwimmbäder, Zentren für den Messe- und Kongresstourismus, Kuranlagen etc.),
- Förderung privater Maßnahmen (z. B. Bau und Modernisierung von Hotels oder privat betriebener Freizeiteinrichtungen).

2.2 Die Rolle privater Interessengruppen

In den Bereichen des politisch-ökonomischen Systems, in welchen Entscheidungen durch Verhandlungen zustande kommen, stellen Interessengruppen zentrale Handlungsträger dar. Sie sind fest in die Politik inkorporiert, d. h. eingebunden **(Korporatismus)**, sodass ein politisches Leben ohne sie nahezu undenkbar ist. Ein solches System, das diese bei allen politischen Vorhaben mit einbezieht, erweist sich auch aus Sicht der Politik als zweckmäßig, weil sich dadurch gesellschaftliche Konflikte bereits im Vorfeld politischer Entscheidungen beilegen oder zumindest entschärfen lassen:

> Man steht in ständigem Kontakt untereinander und muss in neuen Situationen nicht erst nach den richtigen Gesprächspartnern suchen, sondern weiß sofort, mit wem darüber zu reden und zu verhandeln ist (Mundt 2004, S. 102).

Dies gilt auch für die Tourismuspolitik, wo Interessengruppen auf allen Ebenen Interessen bündeln und verstärkt nach außen kommunizieren, um tourismuspolitische Entscheidungen zu beeinflussen (vgl. Frey/Kirchgässner 2002, S. 193; Hänsch 2012, S. 6).

2.2.1 Funktionen und Formen privater Interessengruppen

Interessengruppe bzw. -vereinigung ist der allgemeinste Begriff für **Zusammenschlüsse von Gruppen**, welche sich ganz allgemein über **gemeinsame Einstellungen bzw. Zielvorstellungen ihrer Mitglieder** definieren, um diese in den politischen Prozess einzubringen, aber auch gegenüber anderen Interessenvereinigungen zu vertreten. In Staat und Gesellschaft kommt ihnen eine bedeutende Funktion zu, „indem sie Missmut und Frustrationen ebenso kanalisieren wie die Vertretung handfester wirtschaftlicher oder materieller Interessen" (Mundt 2004, S. 65). Alternative, jedoch spezifischere Begriffe sind **Lobby** oder **pressure group**, im deutschen Sprachraum vor allem **Verein** oder **Verband** (vgl. Kap. 2.2.4; Mundt 2004, S. 69).

Interessengruppen stellen das **institutionelle Bindeglied zwischen Wirtschaft und Politik** dar und sind fester Bestandteil demokratischer Gesellschaftssysteme. Die Interessen werden entweder in direkten Verhandlungen untereinander („Collective Bargaining") oder indirekt durch die Beeinflussung politischer Entscheidungsprozesse durchgesetzt[5], wodurch Interessengruppen ein quasi-politischer Charakter zukommt (vgl. Neumair 2008, S. 69 f.).

Dass es in einer Gesellschaft vielfältige, teils konfliktäre Interessen gibt, deren Einspeisung in den politischen Prozess als legitim zu erachten ist, geht aus der Interessensvermittlungstheorie des **Pluralismus** hervor: Der Staat wächst mit der Gesellschaft und das Gemeinwohl ergibt sich aus der Auseinandersetzung zwischen verschiedensten Interessengruppen. Dass deren Fähigkeiten, sich politisch einzubringen, ganz unterschiedlich verteilt sein können, ist ein Ergebnis des **Neokorporatismus,** der explizit zum Ausdruck bringt, dass nur spezifische Interessenvereinigungen über einen privilegierten Zugang zur Macht verfügen (vgl. Hofmann et al. 2015, S. 125 ff.).

Das Verhältnis zwischen Politik und Interessengruppen wird wissenschaftlich auf Basis der **Politischen Ökonomie** analysiert, welche bestrebt ist, politische Prozesse sowie die wechselseitige Abhängigkeit zwischen Wirtschaft und Politik durch neoklassische wirtschaftswissenschaftliche und -politische Methoden und Verhaltensmodelle zu verstehen und zu analysieren. Sie kombiniert wirtschafts- und gesellschaftspolitische Beweggründe für staatliche Interventionen, ist im interdisziplinären Raum zwischen Wirtschafts- und Politikwissenschaften angesiedelt und zerfällt in eine Vielzahl unterschiedlichster Subdisziplinen, welche sich von verschiedensten Standpunkten aus sich überlappenden Fragestellungen nähern[6] (vgl. Behrends 2001, S. 2; Obinger et al. 2003, S. 3 f.).

Grundsätzlich lassen sich bzgl. der Chancen zur Verwirklichung von Interessen folgende Formen von Interessenvereinigungen unterscheiden (vgl. Mundt 2004, S. 66 f.):

- **Produzentengruppen** werden die besten Erfolgsaussichten zur Durchsetzung ihrer Interessen eingeräumt. Da sie über knappe Produktionsressourcen verfügen, können sie die Leistungserstellung zeitweise aussetzen und besitzen damit eine Vetomacht. Gleiches gilt auch für spezialisierte, an Schaltstellen der Wertschöpfungskette sitzende Berufsgruppen (z. B. Piloten, Lokführer, Fluglosten, Stellwerksmitarbeiter etc.).
- **Konsumentengruppen** sind dagegen wesentlich schwächer aufgestellt, da ihr einziges Druckmittel der Konsumverzicht ist, welcher sich wegen Größe und Heterogenität der Gruppe i. d. R. aber schwer durchsetzen lässt.
- **Altruistische Gruppen** (z. B. Umwelt- und Sozialverbände) können vereinzelt, insbesondere bei emotional aufgeladenen Themen, eine bedeutende Rolle spielen.

---

5 Es gibt auch unpolitische Interessengruppen, welche, wie z. B. Tennis-, Kegel- oder Golfclubs, anderen Zielen als der Vertretung der Mitgliederinteressen nach außen nachgehen (vgl. Hofmann et al. 2015, S. 119).

6 Z. B. Ökonomische Theorien der Demokratie, der Bürokratie, des politischen Unternehmers, der politischen Organisation, der Regulierung, des Rent Seekings, der Institutionen etc.

2.2.2 Strategien der Interessenvertretung und -durchsetzung

Interessengruppen versuchen, Entscheidungen, die andere zu treffen haben (z. B. Parlament, Regierung, Ministerialbürokratie), im Sinne ihrer Mitglieder zu beeinflussen. Dafür stehen ihnen zwei strategische Alternativen zur Verfügung: Die interne und externe Beeinflussung. Welche Strategie den Vorzug erhält, hängt sowohl von der Art der zu beeinflussenden Entscheidung als auch von der Organisations- und Konfliktfähigkeit der Interessenvereinigung (vgl. Kap. 2.2.3) ab.

Die **interne Beeinflussung** vollzieht sich abseits des Lichts der Öffentlichkeit, die i. d. R. erst dann von derartigen Vorgängen Kenntnis erlangt, wenn vertrauliche Informationen nach außen gelangen oder die Interessen der vertretenen Kreise unzureichend berücksichtigt werden (vgl. Pillmayer/Scherle 2014, S. 111). Hierbei ist zuvorderst das **klassische Lobbying**[7], d. h. der „systematische und ständige Versuch [...], auf den politischen Entscheidungsprozess Einfluss zu nehmen" (Nohlen 2015, S. 363), zu nennen. Im engeren Sinne bezieht sich Lobbying auf das persönliche Gespräch zur Beeinflussung von Abgeordneten im Vorraum des parlamentarischen Plenums (Lobby), im weiteren Sinn werden davon auch politische Parteien und die Ministerialbürokratie erfasst. In diesem Zusammenhang treten Interessevereinigungen nicht als blanke Bittsteller auf, die etwas erbitten wollen, ohne dafür nicht auch etwas als Gegenleistung anzubieten. Damit sind in erster Linie Sachkenntnisse und Informationen gemeint, welche sie sich relativ einfach verschaffen können und die sowohl für die Entscheidungen der Politik im Rahmen des Gesetzgebungsprozesses wie auch das Handeln der öffentlichen Verwaltung wichtige Voraussetzungen (z. B. Kenntnisse über die Auswirkungen staatlicher Maßnahmen auf den eigenen Wirtschaftsbereich oder Betroffenheit bestimmter Wählerschichten) darstellen. Die Informationen werden so gefiltert, dass sie den eigenen Zielen dienlich sind. Ihre Weiterleitung erfolgt nur bei entsprechenden Gegenleistungen seitens des Staates bzw. der Politik. Anderenfalls wird die Vermittlung ausgesetzt (vgl. Neumair 2008, S.70; Frey/Kirchgässner 2002, S. 201; Marschall 2018, S. 68).

Zur Erklärung von Lobbying eignen sich die Erkenntnisse der Politischen Ökonomie (vgl. Kap. 2.2.1). Vor diesem Hintergrund stellt sich Lobbying als **sozialer Tausch auf einem Markt für politische Renten** dar. Diese verkörpern Einkommen, welche von politischen oder bürokratischen Akteuren ohne direkte Gegenleistung bewilligt werden. Bei den Tauschpartnern handelt es sich auf Seiten der Rentennachfrager um Renten maximierende Interessengruppen bzw. Verbänden sowie Gewinn maximierende Einzelpersonen. Auf Seiten der Rentenanbieter befinden sich Wählerstimmen maximierende politische sowie Budget maximierende bürokratische Akteure. Im Mit-

---

7 Grundsätzlich lassen sich drei Formen von Lobbying unterscheiden (vgl. Michalowitz 2007, S. 73): Kollektive Interessenvertretungen auf Basis formeller oder informeller Verbindungen, direktes Lobbying durch eigene Interessenvertretungen („In-Haus-Vertretungen"), kommerzielles Lobbying durch Einschaltung von Politikberatungsagenturen.

telpunkt des **Lobbying-Struktur-Modells** (vgl. Abbildung 2.3) stehen, dem Prinzip des „do ut des" folgend, die Tauschgüter, die auf dem Markt gehandelt werden. Dabei geht es um politische Renten (z. B. Schaffung günstiger Rahmenbedingungen, staatliche Fördermaßnahmen, günstige Gesetzeslagen), Informationen oder Finanzen, welche von den Rentenanbietern im Gegenzug zum Erhalt bestimmter Tauschgüter der Rentennachfrager wie Spenden, Wählerstimmen, Informationen oder Verzicht auf wirtschaftliche Macht- und Druckausübung gewährt werden (vgl. Pillmayer/Scherle 2014, S. 113 f.). Abbildung 2.3 fasst diese Vorgänge zusammen.

Zur internen Beeinflussung rechnet auch die Strategie der **personellen Durchdringung**, indem eigene Leute in Parteien, Regierungen, Verwaltungen, Parlamenten und Ausschüssen positioniert werden und somit unmittelbaren Zugang zu den Schaltstellen von Entscheidungsprozessen genießen. Umgekehrt locken private Interessengruppen z. B. mit gut dotierten Verbandsposten, um politische Eliten an die eigenen Interessen zu binden, wobei hier allerdings der Geruch von Vorteilsnahme aufkommen kann. Interne Beeinflussung findet ferner durch **finanzielle Unterstützung einzelner Parteien** (z. B. in Form von Spenden) statt, die dafür umso empfänglicher sind,

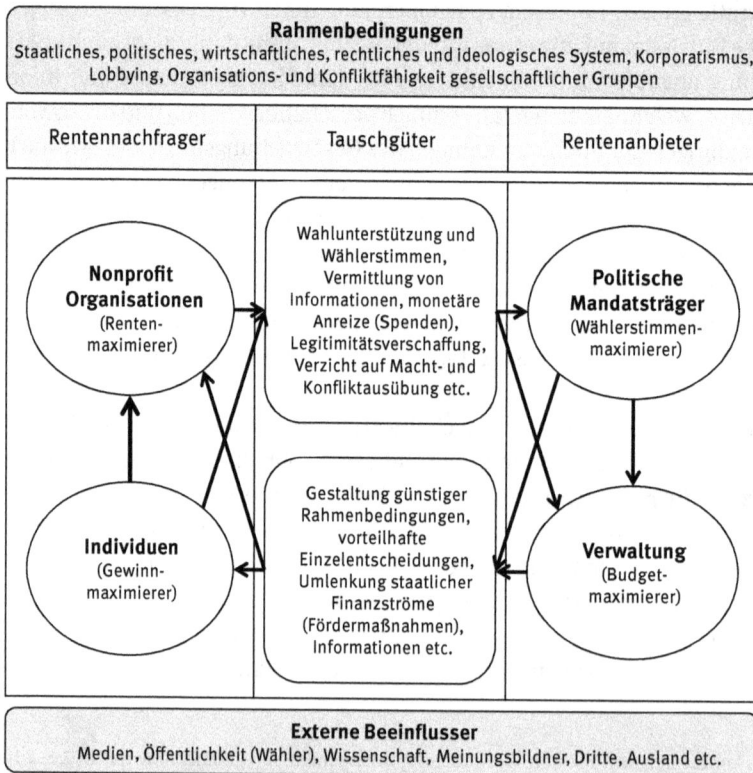

Abb. 2.3: Lobbying-Struktur-Modell
Quelle: Pillmayer/Scherle 2014, S. 113, verändert.

je geringer ihre Einnahmen aus Mitgliederbeiträgen ausfallen, wobei sich hier bereits u. U. eine rechtliche Grauzone auftun kann. Ähnliches gilt für **Drohungen**, im Falle von organisierten Interessen zuwiderlaufenden Entscheidungen die finanzielle und/oder materielle Unterstützung zu entziehen (vgl. Marschall 2018, S. 68 ff.). Wird dagegen die Drohung einer öffentlichkeitswirksamen Kampagne gegen die politischen Entscheidungsträger ausgesprochen, ist bereits der Weg der öffentlichen Beeinflussung beschritten.

Interessenvereinigungen können zur Vermittlung ihrer Anliegen auch zur Erzeugung von **öffentlichem Druck** in Form offener Kampagnen („Going public") greifen **(externe Beeinflussung)**. Ziel ist die Platzierung eigener Interessen auf der öffentlichen Agenda und damit die Lenkung der öffentlichen Meinung in eine gewisse Richtung. Adressat des „Going public" sind damit nicht direkt die politisch-administrativen Entscheidungsträger, sondern eine entsprechend sensibilisierte Öffentlichkeit, über die der Entscheidungsprozess beeinflusst und kanalisiert werden soll. Hierfür bildet die gezielte Einflussnahme auf Berichterstattung und Meinungsbildung in den Massenmedien die Voraussetzung, was gleichzeitig ein profundes Wissen über die Funktionslogik des Mediensystems und eine professionell-moderne Öffentlichkeitsarbeit erfordert, die sich neben den Massenmedien auch eigener Medien, insbesondere Social-Media-Strategien, bedient, um in das politische System entsprechend hineinzuwirken (vgl. Marschall 2018, 70 f.).

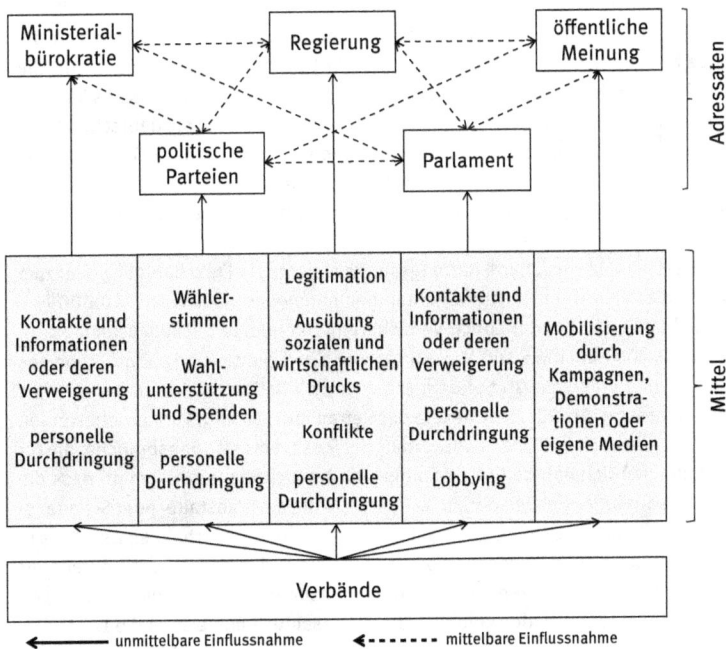

Abb. 2.4: Adressaten und Strategien der Beeinflussung
Quelle: Marschall 2018, S. 71, verändert.

Auch **Wahlappelle bzw. die ideologische Unterstützung einzelner Parteien** oder die Drohung von deren Aussetzung können Regierung bzw. diese bildende Parteien zum positiven Einlenken im Hinblick auf die eigenen Interessen bewegen (vgl. Neumair 2008, S. 70; Frey/Kirchgässner 2002, S. 201). Abbildung 2.4 veranschaulicht Adressaten und Strategien der Beeinflussung seitens Interessengruppen.

Exkurs 7 zeigt zwei Beispiele für eine erfolgreiche **Lobbyarbeit der Reise- und Tourismusbranche**, die sich aufgrund des Querschnittscharakters der Branche und der darauf zurückzuführenden Zersplitterung politischer Zuständigkeiten nicht immer einfach gestaltet.

Exkurs 7: Lobbying in der Tourismuswirtschaft: „Mövenpick-Steuer" und Thomas-Cook-Pleite

Im Rahmen des Wachstumsbeschleunigungsgesetzes der von 2009 bis 2013 amtierenden schwarz-gelben Bundesregierung wurde im Jahr 2010 der Mehrwertsteuersatz für Hotelübernachtungen in Deutschland von 19 % auf 7 % gesenkt. Hintergrund war, dass damals in allen anderen EU-Staaten außer Großbritannien und Dänemark vergünstigte Mehrwertsteuersätze galten und damit für die deutsche Hotellerie ein Wettbewerbsnachteil beseitigt werden sollte. Zudem war es das Ziel, so Modernisierungsprozesse in Gang und Wachstumsimpulse zu setzen. Die entsprechende Gesetzesänderung wurde immer wieder mit der Millionenspende eines damaligen Miteigentümers der Mövenpick-Hotelgruppe an FDP und CSU in Verbindung gebracht, sodass auch von der sog. **Mövenpick-Steuer** die Rede ist.

Im September 2019 ging der britische Reiseveranstalter **Thomas Cook** insolvent. Es waren die allgemein rückläufige Nachfrage nach Pauschalreisen, der für Unsicherheit sorgende Brexit, die Schwäche des britischen Pfundes, niedrige Gewinnmargen u. a., auf welche das Aus des ältesten Reiseveranstalters der Welt zurückzuführen ist. Von der Insolvenz waren auch die deutschen Tochtergesellschaften des Konzerns (u. a. Thomas Cook GmbH, Thomas Cook Touristik GmbH, Bucher Reisen & Öger Tours GmbH, Neckermann Reisen, Air Marin und Thomas Cook Signature) betroffen, die – in den Abwärtsstrudel hineingezogen – kurze Zeit später ebenfalls den Betrieb einstellen mussten.

Die auf 110 Mio. Euro beschränkte versicherte Haftungssumme reichte zur Entschädigung aller zum Insolvenzzeitpunkt mit den deutschen Tochterunternehmen unterwegs gewesenen 140.000 Reisenden bei weitem nicht aus. Die bei der Zurich-Versicherung hinterlegte Deckungssumme geht auf das Jahr 1994 (damals 200 Mio. DM = 100 Mio. Euro) zurück und wurde mit der Einführung des Euro 2001 auf 110 Mio. Euro heraufgesetzt. Seitdem gab es trotz Inflation und Wachstum des Reisemarktes keinerlei Anpassung. Als 2017 per Gesetz der Betrag auf 300 Mio. Euro erhöht werden sollte, scheiterte dies an einer erfolgreichen Lobbyarbeit der Reiseveranstaltungsbranche, die für den Fall der Aufstockung deutlich höhere Prämienzahlungen befürchtete. Hinzukommt, dass die Höchstgrenze – ebenfalls auf Druck der Reisebranche – nicht pro Reiseveranstalter oder Schadensfall gilt, sondern für alle möglichen Schäden, die auf einen Versicherer innerhalb eines Jahres in der versicherten Sparte zukommen. Mit anderen Worten: Hätte die Zurich-Versicherung bereits vor der Thomas-Cook-Pleite bei einem anderen Reiseveranstaltungsunternehmen Schäden zu tragen gehabt oder wären danach weitere Schäden gefolgt, wäre die gesamte Summe unter die 110-Millionen-Euro-Grenze gefallen. Da die versicherte Summe keinesfalls für die Begleichung aller mit der Insolvenz in Zusammenhang stehenden Kosten ausreichte, entschloss sich die Bundesregierung Ende 2019, die restlichen Schäden der Reisenden zu übernehmen.

Quellen: Wirtschaftswoche 2019; Handelsblatt 2018; Spiegel Online 2010 und 2019; SZ 2019c; FAZ 2019b; Welt 2019e; Tagesspiegel 2019.

2.2.3 Organisations- und Konfliktfähigkeit

Welche der beiden Strategien (interne oder externe Beeinflussung) zum Einsatz kommt, hängt neben dem zu entscheidenden Thema und der Frage nach der am Entscheidungsprozess mitwirkenden Akteure (Gesetzgebungsprozess unter Beteiligung des Parlaments, Verordnungen der Regierung oder einzelner Ministerien, Einbindung übergeordneter Ebenen wie z. B. der Europäischen Union u. a.) von der Größe und wirtschaftlichen Bedeutung von Interessengruppen sowie vor allem deren Organisations- und Konfliktfähigkeit ab.

Die Artikulation und Durchsetzung von Interessen sind zunächst eine Frage der Organisation, denn nicht alle Interessen lassen sich gleichermaßen organisieren. Der Erfolg hängt maßgeblich mit der Größe der betroffenen Interessenvereinigung sowie der Organisationsfähigkeit der Interessen zusammen:

> Sie ist die Voraussetzung dafür, dass man überhaupt eine reale Chance hat, die eigene Melodie in der politischen Arena konkurrierend mit verschiedenen Chören oft divergierender Absichten und Kompositionen zu Gehör zu bringen (Mundt 2004, S. 66).

Die **Organisationsfähigkeit** bezieht sich auf die Mobilisierung ausreichender motivationaler und materieller Ressourcen, die zur Etablierung einer Interessengruppe erforderlich sind und sich als spezifisches Bedürfnis einer sozial eindeutig abgrenzbaren Gruppe interpretieren lassen. Die erfolgreiche Organisierung und Vertretung von Interessen stellt ein öffentliches Gut (vgl. Kap. 1.3, 2.1.2.1 und 6) dar, weil alle Beteiligten der Gruppe bzw. eines Wirtschaftszweiges von dieser Maßnahme profitieren und niemand davon ausgeschlossen werden kann. Daher besteht für einzelne Individuen wenig Anreiz, dieser Gruppe beizutreten und sich politisch und/oder finanziell in ihr zu engagieren. Durch dieses **Trittbrettfahrerproblem** (vgl. Kap. 2.1.2.1) gestaltet sich die Organisation von Interessen schwierig, sodass im Extremfall niemand zum Beitritt zu einer Gruppe bereit sein wird (vgl. Neumair 2008, S. 70). Die effektive Organisierbarkeit und Vertretung von Interessen ist nach der auf Mancur Olson (1965, S. 165) zurückgehenden **Logik kollektiven Handelns** daher nur dann gegeben, wenn eine der nachfolgenden Bedingungen erfüllt ist:
- Die Zahl potenzieller Mitglieder ist so klein, dass Trittbrettfahrer entlarvt und bestraft werden können.

– Besteht ein staatlicher Mitglieds- und Beitrittszwang für eine Interessensgruppe, so ist diese stabil[8].

– Mitglieder der Gruppe erhalten positive selektive Anreize, die nur ihnen zugutekommen[9].

– Voigt (1992, S. 113) fügt noch den Grad der persönlichen Betroffenheit hinzu: Je höher der Grad individueller Relevanz und Betroffenheit ist, desto mehr steigt die Chance, das Organisationsdilemma zu überwinden.

Für die erfolgreiche Vertretung und Durchsetzung von Interessen bedarf es neben der Organisationsfähigkeit noch einer zweiten Voraussetzung, der **Konfliktfähigkeit**. Sie betrifft die politische Durchsetzungspotenz von Interessengruppen. Diese müssen in der Lage sein, ihre Anliegen wirksam zu artikulieren, indem sie den Ablauf wirtschaftspolitischer Prozesse stören oder für ihre Gegenseite Probleme schaffen können. Wichtig ist dabei, dass sie dazu mehrmals – im Idealfall immer – in der Lage sind. Das Ausmaß der Konfliktfähigkeit gibt dann letztlich die Größenordnung der politischen Einflusschancen vor. Allerdings hängt dies immer auch von der Aufstellung der Interessenvereinigung sowie ihrer Kapazitäten und Ressourcen ab. Nicht alle sind in der Lage, auf die gesamte Bandbreite interner und externer Beeinflussungsstrategien zurückzugreifen. Ressourcenintensive Maßnahmen kommen nur dann in Betracht, wenn die entsprechenden Mittel zur Verfügung stehen. Ferner ist die Konfliktfähigkeit dann als besonders hoch einzustufen, wenn Interessenvereinigungen sich über den Mechanismus von Mitgliedschaften in die Lage versetzt sehen, der Gesellschaft wichtige Leistungen zu entziehen (vgl. Marschall 2018, S. 72).

Grundsätzlich besitzt eine wirtschaftliche Interessengruppe in Bezug auf ihre Interessen umso mehr Durchsetzungsmacht (vgl. Frey/Kirchgässner 2002, S. 201):

– je mehr Mitglieder sie zählt,
– je straffer sie organisiert ist,
– je mehr Nichtmitglieder sie mobilisieren kann,
– je leichter ihr der Zugang zu den Massenmedien fällt,
– je mehr finanzielle Ressourcen sie hat,
– je größer ihre Marktmacht ist.

In Forschungen zur Verbändedemokratie wird immer wieder die Vermutung geäußert, dass die interne Beeinflussung effektiver als die Erzeugung öffentlichen Drucks ist. Während erstere eher kooperativ angelegt ist, geht letztere immer mit Konfrontation einher, die – ohne es zu beabsichtigen – u. U. beträchtlichen Widerstand mobilisiert und sich daher als schlecht zu kalkulieren erweist. Hinzukommt, dass mit unsicheren

---

8 z. B. öffentlich-rechtliche Körperschaften mit Mitgliedszwang wie Industrie- und Handelskammern.
9 z. B. spezifische Informationen, Versicherungsschutz oder sozialpsychologische Leistungen durch Freundschaftspflege in einer Interessengruppe.

Variablen, z. B. Art und Ausmaß der massenmedialen Berichterstattung, zu rechnen ist (vgl. Marschall 2018, S. 72 f.).

2.2.4 Verbände als tourismuspolitische Interessengruppen

In der Diskussion um organisierte Interessen fallen meistens die Begriffe Verein und Verband. Der **Vereinsbegriff** ist unmittelbar rechtlich geregelt, indem das Zivilrecht ein explizites Vereinsrecht vorsieht. Demnach handelt es sich bei einem Verein um eine dauerhaft zusammengeschlossene Gruppe von Personen mit eigenem Namen und einer einem bestimmten Zweck dienlichen Satzung. Der juristisch nicht relevante **Verbandsbegriff** meint dagegen den Zusammenschluss von natürlichen oder juristischen Personen, der über den Kreis seiner Mitglieder hinausreichende Ziele verfolgt.

Während ein Verein vor allem Leistungen für seine Mitglieder erbringt, d. h. im Inneren agiert, ist ein Verband bestrebt, auch nach außen zu wirken, d. h. die Interessen seiner Mitglieder in der Öffentlichkeit zu vertreten und zu versuchen, diese bestmöglich gegenüber staatlich-politischen Entscheidungsträgern durchzusetzen.

> Ein Verband, der politisch etwas für seine Klientel erreichen will, muss poltern. Die Mitglieder registrieren das natürlich, denn die Verbände rechtfertigen ihre Existenz gerade auch dadurch, dass sie von ihrer Lobbyarbeit eindringlich berichten. Gleichzeitig vernimmt man den Hohn und die Kritik an der Regierung. Das Bild formt sich daraus: Die Politik ist gegen uns (Bochert 2010, S. 104).

Die **Struktur eines Verbands** ist mit Ausnahme eines Spitzenverbandes, der als lose Zusammenfassung mehrerer großer Verbände gebildet wird, um sich in wichtigen Fragen schnell und unbürokratisch einen Standpunkt zu bilden, i. d. R. langfristig angelegt und wird professionell gemanagt. Durch die Bündelung von möglichst vielen und großen Einzelakteuren wird ein Verband mächtig und finanzstark, was bei der Durchsetzung gegenüber anderen Gremien hilfreich ist. Je homogener seine Zielsetzungen sind, umso einflussreicher und erfolgreicher ist ein Verband bei der Durchsetzung seiner Interessen.

Die meisten Verbände sind als Verein, Körperschaft des öffentlichen Rechts oder öffentlich anerkannter Wirtschaftsverband organisiert. Inzwischen sind zahlreiche Verbände sowohl in punkto Organisationsstruktur als auch rechtlicher Ausrichtung ähnlich strukturiert wie privatwirtschaftliche Unternehmen. Häufig werden sie in Form einer GmbH geführt, möglich sind auch kleinere Aktien- und Kommanditgesellschaften. Fast immer sind sie haftungsbeschränkt (vgl. Neumair et al. 2019, S. 143).

Die Arbeit von Verbänden findet im politischen Raum statt, wobei es grundsätzlich um die Vertretung der gemeinsamen Interessen eines ganzen Wirtschaftszweiges, nicht der einzelner Unternehmen geht, d. h. unternehmerische Belange treten hinter die einer gesamten Branche zurück (vgl. Mundt 2013, S. 492).

Die rechtliche Grundlage zur Bildung von Vereinen und Verbänden jedweder Art bildet die sog. **Koalitionsfreiheit,** welche international in Art. 11 der Konvention zum Schutz der Menschenrechte und Grundfreiheiten der UN, in Deutschland in Art. 9 Abs. 3 GG, festgeschrieben ist.

Bezogen auf die in Kap. 2.2.1 vorgenommene Unterscheidung von Interessengruppen in Produzenten-, Konsumenten- und altruistische Gruppen lässt sich feststellen, dass – wie in den meisten anderen Wirtschaftsbranchen – auch im Tourismus **Produzentenverbände,** welche die Interessen der verschiedenen touristischen Leistungsanbieter vertreten, dominant sind. Grundsätzlich stehen ihnen folgende **Möglichkeiten zur Vertretung und Durchsetzung ihrer Interessen** zur Verfügung (vgl. Luft 2010, S. 180 f.):

–   **Gezielte Interventionen** gegenüber politischen Institutionen, Parteien sowie öffentlichen Verwaltungen, wobei Teilnahme und Mitarbeit in entsprechenden Fachkommissionen oder Verwaltungsabteilungen (Referate) einen großen Vorteil darstellen können,

–   **Ziel- und passgenaues Lobbying** gegenüber politischen Entscheidungsträgern,

–   **Meinungsbildung,** d. h. Sensibilisierung der breiten Öffentlichkeit für die verbandspolitischen Interessen durch PR-Aktionen, intensive Medienkontakte, Demonstrationen etc., mit denen es eine aktive Auseinandersetzung der Bevölkerung mit den Belangen der Tourismuswirtschaft aufzubauen und damit ein vertieftes Tourismusbewusstsein zu entwickeln gilt,

–   **Kontaktpflege und Zusammenarbeit** mit übergeordneten tourismuswirtschaftlichen Verbänden und Organisationen,

–   **Beeinflussung der fachlichen Aus- und Weiterbildung** der in der Tourismuswirtschaft beschäftigten Personen,

–   Förderung, Abhaltung und Unterstützung **touristischer Veranstaltungen** von überörtlicher Reichweite.

Innerhalb der im Tourismus tonangebenden **Produzentenverbände** lassen sich drei grundlegende Formen unterscheiden (vgl. Mundt 2013, S. 493 ff. und 2004, S. 79 ff. und 88):

1. Verbände privatwirtschaftlicher Unternehmen in der Tourismusbranche: Diese versuchen, über o. g. Kanäle auf politische Entscheidungen im Sinne ihrer Mitglieder Einfluss auszuüben, ohne selbst die Übernahme öffentlicher Ämter anzustreben. Letzteres überlassen sie den Parteien (vgl. Kap. 2.3), mit denen sie allerdings über deren Mitglieder eng verwoben sind. Über ihre Anliegen verhandeln derartige Verbände sowohl im öffentlichen Raum der Parlamente als auch in der Öffentlichkeit verborgenen und verschwiegenen Partei- und Politikerzirkeln. Am Ende steht häufig jener Kompromiss bzw. Interessenausgleich, der dann später seine Legitimation durch die entsprechenden parlamentarischen Mehrheiten erfährt.

Innerhalb solcher Verbände können schwerwiegende **Interessenkonflikte** zwischen den Mitgliedern (z. B. zwischen Reiseveranstaltern und -mittlern, Massen- und Studienreisevermittlern, inhabergeführten Reisebüros und Reisekonzernen) auftreten, was die Formulierung gemeinsamer Interessenhaltungen deutlich erschweren und die Durchsetzungsfähigkeit des gesamten Verbandes empfindlich schmälern kann. Ferner sind derartige Verbände eher konservativ, d. h. Veränderungen gegenüber eher skeptisch eingestellt, und tendieren dazu, sich am Status quo oder noch weiter rückwärts zu orientieren sowie Innovationen und Reformen zu boykottieren. Das Ergebnis ist ein hohes Maß an Starrheit, da einmal eingeschlagene Pfade nur ungern verlassen werden. Ein flexibles und innovatives Vorgehen ist daher nicht ihre Sache. Dies kann gravierende Konflikte hervorrufen, wenn eine professionell organisierte, in die tourismuspolitischen Aushandlungssysteme integrierte Verbandsspitze aufgrund ihres besseren Wissenstandes über politische Konstellationen sowie das tourismuswirtschaftliche Umfeld progressivere Positionen vertreten will als es das Mitgliedervotum des Verbandes zulässt.

2. Öffentliche Tourismusverbände: Die Mitglieder dieser Verbände sind für gewöhnlich keine touristischen Privatunternehmen, sondern **öffentliche Körperschaften** wie Gemeinden, Landkreise oder Bezirke. Ihr Interesse gilt der Förderung lokaler Zusammenarbeit und insbesondere der Vermarktung lokal-regionaler touristischer Leistungsangebote. Ihre Vorsitzenden sind zumeist Bürgermeister bzw. Landräte der vertretenen Gemeinden bzw. Landkreise. Auf der nächsthöheren Ebene bilden diese Verbände und bedeutende touristische Destinationen **überregionale Tourismusverbände**, deren Vorsitzende wichtige Regierungs- oder parlamentarische Ämter bekleiden, sodass die tourismuspolitischen Verbandsvorstellungen stets auf höheres Gehör stoßen.

Die Notwendigkeit öffentlicher Tourismusverbände ergibt sich aus den Misslichkeiten der Verwaltungsapparate öffentlicher Gebietskörperschaften, die niemals in der Lage wären, die Aufgaben eines solchen Verbandes zu erfüllen. Es ist der komplexe Querschnittscharakter des Tourismus als Wirtschaftsbranche, der ein hohes Maß an Teamarbeit, betriebswirtschaftlicher Kompetenz und fachlicher Expertise aus verschiedensten Bereichen wie Beherbergung, Gastronomie, Verkehr, Einzelhandel etc. in den Tourismusregionen verlangt, mit dem reine Verwaltungsbeamte des öffentlichen Dienstes mit ihrer starren Vollzugshandlung überfordert wären.

Wegen des Wegfalls von Einschränkungen des öffentlichen Dienstrechts ist es solchen Verbänden im Gegensatz zu Einrichtungen der öffentlichen Verwaltung, deren Beschäftigte – aus Sicht der Bürger – häufig als „Exoten" (Verwaltungswirte, Pädagogen, Juristen etc.) gelten, einfacher möglich, qualifiziertes Personal zu rekrutieren und flexibel mit Ressourcen umzugehen. Auch funktioniert es wesentlich schneller und einfacher, einen entsprechenden Verband zu gründen als an der jeweiligen Stelle eine öffentliche Körperschaft zu implementieren, was sich darüber hinaus als gänzlich unmöglich erweist, wenn dabei regionale, überregionale oder gar nationale Grenzen zu überschreiten sind. Auch bindet ein Verband weniger personelle und finanzielle Ressourcen als i. d. R. dem kameralistischen Haushaltsrecht sowie den leistungsabträglichen Personalprinzipien des öffentlichen Dienstes unterworfene Institutionen, deren häufig mehrstufiger Organisationsaufbau eine rationale Kompetenzzuordnung erschwert oder gar gänzlich verhindert und die sich ferner – von außen oft nur schwer durchschaubar – von der Politik in Ermangelung fachlicher Anforderungen häufig nicht ausreichend überwachen lassen. Vom Eigennutzprinzip geleitete Verwaltungsbürokraten können daneben die geringen Sachkenntnisse von Politikern zur Maximierung von Budget und Kompetenzen ausnutzen. Weitgehend geschützt vor staatlichen Kontrollmechanismen, nur wenigen übergeordneten Instanzen zur Rechenschaft verpflichtet und darüber hinaus keinem nennenswerten Arbeitsplatzrisiko unterworfen, müssen sie sich für die negativen Folgen ihrer Aktivitäten der Öffentlichkeit gegenüber allenfalls nur eingeschränkt verantworten. Akteure von Verbänden, die häufig Organisationsstrukturen wie in der Privatwirtschaft aufweisen, müssen dagegen die Risiken ihres Handelns sorgfältiger abwägen und werden daher öfter zu einer korrekten Aufgabenerfüllung als Bürokraten verleitet, was ihre gesellschaftliche Legitimation erhöht.

Schlussletztlich lässt sich ein Verband – im Gegensatz zu einer behördlichen Einrichtung – im Bedarfsfall rasch umstrukturieren oder gar wieder auflösen. Das politische Verbandsgewicht bleibt indes unangetastet, da der Verbandsvorsitz zumeist mit führenden Kommunal- oder Regionalpolitikern besetzt ist.

Als öffentliche Tourismusverbände und ebenfalls im politischen Raum verankert, agieren auch **Kurort- und Bäderverbände**, die als Repräsentanten eines Teilbereichs des Gesundheits- und Sozialsystems aber etwas abweichende Interessen verfolgen und daher auch über andere politische Ansprechpartner verfügen als die übrigen öffentlichen Verbände.

Eine **Sonderform** in der öffentlichen Verbandslandschaft stellen auf Initiative der öffentlichen Verwaltung gebildete und größtenteils durch öffentliche Mittel finanzierte Tourismusverbände dar, welche öffentliche Güter (vgl. Kap. 1.3, 2.1.2.1 und 6), insbesondere das Tourismusmarketing von Destinationen, produzieren, gleichzeitig aber auch die Funktion der Interessenvertretung für ihre Mitglieder wahrnehmen, indem sie die Anliegen touristischer Destinationen im politischen Verhandlungsprozess platzieren.

3. Mischformen übergreifender Verbände: In diesen Verbänden sind alle in der Tourismuswirtschaft agierenden Verbände vertreten, um die **gemeinsamen, allumfassenden Interessen aller Leistungsanbieter der gesamten Tourismusbranche** wirksam zu artikulieren. Ihre Notwendigkeit speist sich daraus, dass aufgrund der begrenzten Zeit- und Verarbeitungskapazitäten politischer Entscheidungsträger nicht jeder einzelne Fach- oder Regionalverband seine Interessen vorbringen kann und sich das Gewicht eines Verbandes in der politischen Szene durchaus nach der Größe und Anzahl der darin repräsentierten Gruppen bemisst.

Konsumentenverbände, also Interessenvertretungen von Touristen, spielen in der Tourismuspolitik aufgrund der konstitutiven Merkmale des Tourismus (Ortsveränderung, Aufenthaltsdauer und Konsummotiv; vgl. Kap. 1.1) eine untergeordnete Rolle. Aufgrund des vorübergehenden Aufenthalts in einer Destination besitzen Touristen oftmals weder eine aktives noch ein passives Wahlrecht und können sich somit nur bedingt politisch engagieren. Zudem fällt wegen der Dominanz des Konsummotivs das Interesse, sich aktiv in den politischen Gestaltungsprozess einzubringen, eher gering aus, da sich unerwünschte Bedingungen einer Reise oder Destination beim nächsten Urlaub relativ einfach umgehen lassen – sei es, dass eine andere Reiseform oder eine alternative Destination ausgewählt wird. Aus diesen Gründen wird sich eine Konsumentengruppe nur dann etablieren, wenn ein hohes Involvement der Touristen vorliegt, d. h. wenn eine Destination regelmäßig besucht und/oder die Reise einen längeren Zeitraum umfasst bzw. hohe finanzielle Mittel und/oder (Urlaubs)Zeit aufgewendet werden. Oft überschneiden sich diese Ansprüche mit den Motiven altruistischer Gruppen (z. B. in Bezug auf Umwelt- oder Verbraucherschutz), dennoch lassen sich folgende Formen von Konsumentengruppen unterscheiden:

- **Reisebezogene Konsumentengruppen** (z. B. ADAC, Fahrgastverband PRO BAHN e. V.),
- **destinationsbezogene Konsumentengruppen** (z. B. Deutscher Alpenverein),
- **aktivitätenbezogene Konsumentengruppen** (z. B. Slow Food®, Interessenvertretungen von Dauercampern, Zweitwohnsitzbesitzern etc.),
- **verbraucherschutzbezogene Konsumentengruppen** (z. B. söp – Schlichtungsstelle für den öffentlichen Personenverkehr e. V. oder zur Durchsetzung von Verbraucherrechten im Flugverkehr wie z. B. EUclaim Deutschland GmbH).

Im Tourismus existieren nicht nur Verbände zur Wahrung der Interessen von Produzenten und Konsumenten, sondern auch **altruistische Verbände**. Sie tauchen in jüngerer Zeit verstärkt auf und verfolgen weder die Interessen touristischer Unternehmen noch öffentlicher Einrichtungen, sondern sammeln und artikulieren die Anliegen jener Gruppen, die in den bisher geschilderten Verbandsformen unberücksichtigt bleiben. Meist handelt es sich um **Umwelt- oder Sozialverbände** in Form von **Nichtregierungsorganisationen (NGOs)**, welche die ökologischen (z. B. Umweltbelastungen und -schäden) oder sozialen Verwerfungen des Tourismus (z. B. wirtschaftliche Kolonialisierung, politische Stabilisierung menschenrechtsverletzender Regime) anprangern. Sie üben, wie der Konflikt um eine Skischaukel am Riedberger Horn in den Allgäuer Alpen (vgl. Exkurs 8) zeigt, einen teils erheblichen Einfluss auf Politik und Verhalten touristischer Unternehmen aus. Unterschieden wird dabei zwischen **Nichtproduzentengruppen**, die sich komplexen, vielschichtigen Themen (z. B. Greenpeace, WWF, Amnesty International, Tourism Concern) und **Einthemengruppen**, welche sich singulären, sehr spezifischen Problemen (z. B. Kinderprostitution, Ausweitung des Flugverkehrs) verschrieben haben.

Exkurs 8: Brennpunkt Riedberger Horn: Das Ringen um den Alpenplan

Das Riedberger Horn ist ein 1.787 m hoher, bei Bergsportlern beliebter Berggipfel in den Allgäuer Alpen, an deren südlichen und westlichen Ausläufern sich zwei Skigebiete erstrecken. Um diese für Skitouristen attraktiver zu machen, entstand der Plan, sie mit einer Skischaukel zu verbinden. Im September 2016 stimmte im Rahmen eines Bürgerbegehrens eine Mehrheit von 72 % der lokalen Bevölkerung in den Gemeinden Obermaiselstein und Balderschwang (Landkreis Oberallgäu), in denen die Skigebiete Grasgehren und Balderschwang liegen, dem Vorhaben zu, weil davon vor allem positive wirtschaftliche Impulse zu erwarten waren. Dem Bürgerbegehren ging ein Kabinettsbeschluss der Bayerischen Staatsregierung voraus, der besagte, dass eine Änderung des Alpenplans (vgl. Kap. 4.4.2) erfolgen könne, wenn die Bürger vor Ort dies beschließen würden. Zudem wurde eine Förderung des Projekts durch das bayerische Wirtschaftsministerium in Aussicht gestellt.

Der **Alpenplan** teilt die bayerischen Alpen in drei Zonen ein. Damit sind wirtschaftliche Entwicklung und Naturschutz innerhalb eines klaren Rahmens unter einem Dach organisiert. Zusammenhängende Biotope sollen so eigentlich vor lokalen Begehrlichkeiten geschützt werden und Gemeinden und Bauherren erhalten langfristige Planungssicherheit für ihre Vorhaben. 1976 wurde der Alpenplan Teil des Bayerischen Landesentwicklungsprogramms, mit dem der Ausbau der bayerischen Regionen geplant und geregelt wird. Der Alpenplan stellt somit ein wirkungsvolles Instrument des Naturschutzes im Alpenbereich dar. Eingriffe in die höchste Schutzzone C sind in aller Regel unzulässig, da diese dem Naturschutz und der naturnahen Erholung vorbehalten ist.

Um die touristische Entwicklung durch die Skischaukel zu ermöglichen, gruppierten Regierung und Landtag 2017 die benötigten Flächen (80 ha) aus der Schutzzone C aus und als Ausgleich eine andere 304 ha große in die Schutzzone C ein. Eine Freigabe der Planungen durch das Landratsamt in Sonthofen hätte somit den Weg für den Bau der Skischaukel frei gemacht. In Folge dessen formierte sich allerdings aus einer ganzen Reihe von Gründen ein von Alpin- und Umweltverbänden (u. a. Alpenverein, Landesbund für Vogelschutz, BUND Naturschutz, Kreisjagdverband) getragener Widerstand gegen das Projekt.

Zunächst wurde befürchtet, dass durch den erstmalig vorgenommen Flächentausch Begehrlichkeiten bei ähnlichen Vorhaben geweckt und dann durch Bezugnahme auf das Riedberger Horn solche Umwidmungen geschützter Flächen in den Alpen gängige Praxis werden könnten, was das Schutzkonzept des Alpenplans insgesamt gefährden würde. Zudem kam die Frage auf, ob das Projekt vor dem Hintergrund des Klimawandels noch zukunftsfähig ist. Da die Skigebiete mit 1.000 bis 1.600 m Höhe recht niedrig liegen, gelten sie als wenig schneesicher. Ein Skibetrieb dürfte daher nur mit künstlicher Beschneiung und seinen negativen Umweltwirkungen (u. a. hoher Wasser- und Energieverbrauch) möglich sein. Im Extremfall wäre damit zwar ein einzigartiges Schutzgebiet touristisch erschlossen, aber nicht nutzbar und womöglich andere, sanftere Nutzungsformen gefährdet.

Gästeseitig fand das Projekt ebenfalls nur bedingt Zuspruch. Zunächst dürfte auch das neue Skigebiet mit dann 44 Pistenkilometern keinen besonderen zusätzlichen Nachfrageschub auslösen, da diese Größe immer noch nicht mit Top-Ski-Destinationen der Alpen mit 100 bis 600 Pistenkilometern oder dem nahegelegenen Kleinwalsertal mit 130 Pistenkilometern auf bis zu 2.224 m Höhe konkurrieren könnte. Ferner ergaben Befragungen von Naturschutzverbänden, dass sich zumindest Wanderer mehrheitlich gegen den Ausbau aussprachen. Weiterhin wurde in Rahmen eines geologischen Gutachtens festgestellt, dass die Bodenbeschaffenheit am Riedberger Horn das geplante Ausbauvorhaben gemäß internationaler Alpenkonvention nicht zulässt.

Vor diesen Hintergrund reichten einige Alpin- und Umweltverbände Klage beim Bayerischen Verwaltungsgerichtshof gegen die Änderung des Alpenplans ein. Anfang 2018, eine Woche nach Inkrafttreten der Novelle des Landesentwicklungsplans, erklärte Bayerns Ministerpräsident Markus Söder den Verzicht auf die Skischaukel für mindestens zehn Jahre. Stattdessen fördert die bayerische Staatsregierung nun mit 20 Millionen Euro u. a. ein „Zentrum Naturerlebnis Alpin", Elektrobusverbindungen zwischen den Skigebieten sowie die Modernisierung der bestehenden Liftanlagen. Auch die Digitalisierung in der Region wird vorangetrieben. Nachdem es im Herbst 2018 zu einer Koalition von CSU und Freien Wählern, die dem Vorhaben kritisch gegenüberstanden, kam, wurde das Riedberger Horn im April 2019 wieder in die höchste Schutzzone C des Alpenplans eingestuft.

Quelle: AllgäuHIT 2016; Bayerische Staatskanzlei 2019; BN 2020; DAV 2020; Freundeskreis Riedberger Horn 2020; Gipfelfieber 2018; Kreisgruppe Kempten-Oberallgäu 2020; LBV 2020; TouriSpo 2019; Wirtschaftsleben Schwaben 2016.

2.3 Die Rolle von Parteien

Da Gesellschaften keine statischen Gebilde, sondern dynamische Systeme sind, befinden sich ihre gesellschaftlichen Interessenlagen und deren politische Artikulation in einem ständigen Wandel, in dem politische Parteien eine bedeutende Rolle spielen. Sie gelten als **Interessenvertretungen für jeweils einzelne Teile bzw. Schichten der Gesellschaft**, ragen in den politischen Entscheidungsprozess hinein und müssen sich in demokratischen Systemen in gewissen Abständen dem Votum der Wähler stellen (vgl. Mundt 2004, S. 51).

2.3.1 Merkmale und Aufgaben von Parteien

Die Existenz politischer Parteien setzt voraus, dass es in einer gruppenmäßig differenzierten Gesellschaft Interessenverhältnisse gibt, in denen sich Parteien durch das Selbstverständnis auszeichnen, ein Teil des Ganzen zu sein. Sie vertreten Teilinteressen, sind aber dennoch um Totalität bestrebt, indem sie nach Wegen zur allgemeinen Durchsetzung ihrer Partikularinteressen suchen. Daher gelten sie auf der einen Seite als umso erfolgreicher, je homogener und glaubwürdiger sie bei der Repräsentierung ihrer Interessen auftreten. Auf der anderen Seite brauchen sie dazu eine ausgedehnte Unterstützung, d. h. in Demokratien eine parlamentarische Mehrheit, was ihnen Zugeständnisse und die Verwässerung ihrer Ziele abringt und damit eine geringere Geschlossenheit sowie verminderte Durchsetzungspotenz bedingt. Diese Dreifachdialektik zwischen Teil und Ganzem, Spezifischem und Generellem sowie nach innen ragendem Zusammenhalt und nach außen gerichtetem Vermögen zur Eingehung von Koalitionen ist das charakteristische Spezifikum politischer Parteien in unterschiedlichen historischen Kontexten. Sie drücken Interessenkonflikte aus, welche sie gleichsam lösen wollen, aber auch bestrebt sind, sie zu artikulieren, zu instrumentalisieren und politisch zu organisieren (vgl. Schultze 2015b, S. 445 f.).

Systemneutral, d. h. unabhängig von der Ausrichtung des politischen Systems, betrachtet sind bei Parteien **Herrschafts-, Regierungs- und Machtaspekte** hervorzuheben. Im Parteienpluralismus erfahren zusätzlich **Wettbewerbs- und Werbungsaspekt** als elementare Bestandteile des Parteienbegriffs eine besondere Betonung. Dabei werden Parteien vor allem als Wähler- und Regierungsparteien verstanden und definiert als

> an organization concerned with the expression of popular preferences and contesting control of the chief policy making offices of government (Rose 1976, S. 2 f.).

In Deutschland weist Art. 21 GG den Parteien abstrakt eine **Mitwirkung am politischen Willensbildungsprozess** zu. Das Parteiengesetz wird konkreter und spricht von einer **Teilhabe in sämtlichen Bereichen des öffentlichen Lebens**. Damit gemeint sind (vgl. Marschall 2018, S. 110):
– die Einflussnahme auf die öffentliche Meinung,
– die Mitwirkung an der politischen Bildung,
– die Unterstützung der Beteiligung von Bürgern am politischen Leben und – bei gegebener Befähigung – deren Vorbereitung zur Übernahme öffentlicher Ämter,
– die Teilnahme an Wahlen,
– die Beeinflussung der politischen Entwicklung von Regierung und Parlament,
– die Einspeisung ihrer Ziele in den staatlichen Willensbildungs- und Entscheidungsprozess,
– die Gewährleistung einer lebendigen Verbindung zwischen Bevölkerung und Staatsorganen.

2.3.2 Unterschiede zu anderen Interessengruppen

Während es privaten Interessengruppen, z. B. in Form von Vereinen oder Verbänden (vgl. Kap. 2.2.4), in erster Linie um die Vertretung der Interessen ihrer Mitglieder geht, müssen Parteien zusätzlich die Funktionen der **Interessensaggregation bzw. -integration** ausüben, da sie direkt (als Regierung) oder indirekt (als Opposition) in den Prozess autoritativer Allokationsentscheidungen des politischen Systems involviert sind oder zumindest eine Beteiligung daran anstreben (vgl. Schultze 2015b, S. 446). Ferner haben vollwertige Parteien zur Sicherung ihrer Mehrheitsfähigkeit und Wahrung ihrer Wahlchancen im Gegensatz zu privaten Interessengruppen eher **übergeordnete Positionen** zu vertreten, indem sie in ihrer Programmatik nicht nur zu einzelnen Themenbereichen, sondern zum Gesamtspektrum politischer Fragen Stellung beziehen müssen. Letztere können sich hingegen auf eine eingeschränkte Themenbandbreite und partikulare Interessen spezialisieren und müssen sich nicht dem Wählervotum stellen, sondern zumeist nur kleinen Bevölkerungskreisen gegenüber verantworten und deren Interessen über die verschiedensten Kanäle durchsetzen, ohne dabei öffentliche Ämter zu bekleiden. Eben dieses Streben nach Ämtern bzw. nach Regierungsbeteiligung zeichnet i. d. R. wiederum Parteien aus.

Das Gesetz spricht Parteien im Gegensatz zu privaten Interessenvereinigungen ferner bestimmte **Privilegien**, z. B. in den Genuss staatlicher Parteienfinanzierung zu kommen, und **Risiken**, z. B. verboten zu werden, zu. Zentral sind weiterhin die **Verpflichtung zur Teilnahme an Wahlen** sowie die **Ernsthaftigkeit ihrer Zielsetzungen**, was weniger auf die programmatischen Inhalte, sondern vor allem auf die tatsächliche Willensbereitschaft zur politischen Mitwirkung und -gestaltung rekurriert (vgl. Marschall 2018, S. 111; Hofmann et al. 2015, S. 132 f.).

2.3.3 Tourismuspolitische Positionen

Sieht man von Regionen ab, in denen der Tourismus eine dominante Rolle als Wirtschafts- und Beschäftigungsfaktor spielt oder es über touristische Großprojekte zu befinden gilt, kommt in Industriegesellschaften den tourismuspolitischen Positionen der Parteien keine allzu große Bedeutung zu bzw. werden diese nur untergeordnet wahrgenommen. Dies gilt es recht für Länder mit einem föderalen Staatsaufbau, bei dem – wie das Beispiel Deutschland zeigt – die Kompetenzen für die Tourismuspolitik ohnehin nicht auf der nationalstaatlichen, sondern darunter liegenden Ebenen verankert sind (vgl. Kap. 3.4.1 und 3.5). Dennoch gibt es bei den tourismuspolitischen Positionen in der **deutschen Parteienlandschaft** markante Unterschiede. Ein allgemeiner Konsens besteht nur darin, dass alle Parteien anerkennen, dass der Tourismus eine der wichtigsten Wachstumsbranchen ist. Gemeinsamkeiten bestehen ferner überwiegend in der Anerkennung der Notwendigkeit eines barrierefreien Tourismus sowie des Ausbaus der Digitalisierung und der Stärkung der Touristen- bzw. Verbraucherrechte. Das war es dann aber auch schon mit den Übereinstimmungen.

Bei Betrachtung von Tabelle 2.1 fällt auf, dass sich übergeordnete politische Positionen auch in der Tourismuspolitik niederschlagen. So setzen sich konservative und liberale Parteien (CDU, CSU, FDP) in erster Linie für die touristischen Leistungsträger und vor allem die kleinen und mittleren Unternehmen der Branche ein. Linke Parteien (SPD, Grüne, Linke) machen sich eher für staatliche Umverteilungen und Förderungen, Verbesserung der Lohn- und Arbeitsbedingungen der im Tourismus Beschäftigten, Sozialtourismus sowie einen ressourcenschonenden und umweltverträglichen Tourismus stark. Als einzige Partei fordert die AFD die Einrichtung eines eigenständigen Tourismusministeriums (in Bayern) sowie Aufrechterhaltung und Ausbau von Grenzkontrollen zur Stärkung des touristischen Sicherheitsempfindens.

Tab. 2.1: Auswahl tourismuspolitischer Positionen der deutschen Parteien 2017/18

Partei	Programmpunkte (Auswahl)
CDU/CSU (Fraktionsgemeinschaft)	– Stärkung der mittelständisch geprägten Tourismuswirtschaft – Entlastung für Reiseunternehmen – Förderung der touristischen Auslandsvermarktung Deutschlands – Förderung der touristischen Leistungsträger durch Grundlagenuntersuchungen und Modellprojekte – Stärkung des Tourismus im ländlichen Raum – Mehr Transparenz und Rechtssicherheit für Kunden und Anbieter – Barrierefreier Tourismus – Sharing Economy – Sicherheit für Fluggäste – Reisesicherungsfonds – Beschleunigung von Verkehrsprojekten – Investitionen im Nahverkehr
SPD	– Föderale und ressortübergreifende Vernetzung der Tourismuspolitik – Stärkere Verzahnung touristischer Förderprogramme von EU, Bund und Ländern – Verbesserung der Infrastruktur für den Tourismus – Nachhaltigkeit im Tourismus – Stärkung der Auslandsvermarktung Deutschlands – Fachkräfteoffensive und Mindestausbildungsvergütung – Stärkung des Verbraucherschutzes durch einheitliche Qualitätskriterien – Barrierefreier Tourismus – Sicherheit beim Reisen – Digitalisierung im Tourismus
Grüne	– Förderung natur- und klimaverträglicher Reisearten im ländlichen Raum (z. B. Wander- und Sporttourismus, Sanfter Tourismus) – Förderung von Natur- und Nationalparks als Tourismusziele – Förderung von Klimaanpassungsstrategien – Gütesiegel für CO_2-armes Reisen – Besserer Schutz von Naturparks und Biosphärenreservaten – Bessere Anbindung touristischer Destinationen an ÖPNV und Bahn (Ausbau der Taktsysteme, Streckenreaktivierung, europäisches Nachtzugkonzept) – Ausbau der Angebote für Fahrradtourismus – Neuregelung der Insolvenzabsicherung – Förderung von Regionalvermarktung – Verbesserung der Internetpräsenz kleiner und mittlerer Betriebe – Verbesserungen im Verbraucherschutz (u. a. Stärkung von Fluggastrechten, Möglichkeit von Gruppenklagen) – Transparenz der Betreiber und Finanzierung von Buchungs- und Bewertungsportalen – Ausbau der Digitalisierung – Barrierefreier und sozialverträglicher Tourismus

Tab. 2.1: (Fortsetzung)

Partei	Programmpunkte (Auswahl)
FDP	– Stärkung des Mittelstands – Intelligente Verkehrs- und Mobilitätskonzepte im Tourismus – Ausbau digitaler Netze – Bürokratieabbau (vor allem Vereinfachung von Dokumentationspflichten) – Stärkung der dualen Berufsausbildung im Tourismus – Verbesserung der Rahmenbedingungen für Luftverkehrsunternehmen
Linke	– Sozial gerechter und ökologischer Tourismus – Förderung von Familienreisen – Förderung von Kinder- und Jugendreisen bei Alleinerziehenden – Verbindlichkeit jährlicher Schul- und Klassenfahrten – Barrierefreier Tourismus – Keine Ausbeutung der Bevölkerung in den bereisten Ländern, Kampf gegen Prostitution und Kinderarbeit – Förderung des Tourismus in strukturschwachen ländlichen Regionen – Höhere Löhne und Gehälter für Beschäftigte der Tourismuswirtschaft – Insolvenzabsicherung für Reisende – Investitionen in Tourismusprojekte im Osten
CSU (Bayern)	– Förderung von Unternehmensneugründungen im Tourismus – Investitionen in touristische Infrastruktur, Hotel- und Gastronomiegewerbe, Natur- und Gesundheitstourismus – Förderung der Aus- und Weiterbildung in touristischen Berufen – Ausbau des ÖPNV
AFD (überwiegend Bayern)	– Beseitigung von Wachstumshemmnissen – Ausbau des deutschen Incoming Tourismus – Zusammenschluss einzelner touristischer Destinationen zu größeren Tourismusgebieten – Erhaltung von Naturparks und Biosphärenreservaten und deren Wert für den Tourismus – Intakthaltung ländlicher Räume als Voraussetzung für naturbasierten Tourismus – Ausbau der Digitalisierung – Sicherheit bei Insolvenz von Fluggesellschaften – Schaffung eines eigenständigen Tourismusministeriums als handlungsfähige und koordinierende tourismuspolitische Instanz – Stärkung des Sicherheitsempfindens von Touristen durch Grenzkontrollen – Förderung des Gesundheitstourismus

Quellen: Arbeitskreise der parlamentarischen Fraktionen und deren Anträge, Grundsatz- und Wahlprogramme (Bundestagswahl 2017 sowie Landtagswahl Bayern 2018).

3 Ebenen der Tourismuspolitik

In der Tourismuspolitik werden Entscheidungen und Maßnahmen von unterschiedlichen **tourismuspolitischen Trägern** getroffen, die sich hinsichtlich ihrer **Organisationsform** wie folgt unterscheiden lassen (vgl. Freyer 2015, S. 467 ff.):

- Als **Staatliche Träger** gelten öffentliche Entscheidungs- sowie Exekutivorgane, wie z. B. internationale Organisationen, Ministerien und deren Tourismusreferate, Tourismusämter, Gebietskörperschaften (Kommunen und Regionen) und deren Vereinigungen (z. B. Städte- und Gemeindeverbünde).
- Unter den **privaten Trägern** befinden sich Berufs- und Branchenvereinigungen privater Unternehmen der Tourismuswirtschaft.
- **Mischformen** sind z. B. Tourismusvereine und -verbände, die sowohl privatwirtschaftliche Interessen im Sinne ihrer Mitglieder verfolgen als auch gemeinwirtschaftlichen Zielen verpflichtet sind.

Diese tourismuspolitischen Träger sind auf unterschiedlichen **politischen Maßstabsebenen** angesiedelt. Sie reichen von der internationalen (vgl. Kap. 3.2) über die supranationale, d. h. europäische (vgl. Kap. 3.3), die nationale (vgl. Kap. 3.4) bis hin zur regionalen (vgl. Kap. 3.5) und kommunalen bzw. lokalen Ebene (vgl. Kap. 3.6).

3.1 Gliederung und Zusammenspiel politischer Maßstabsebenen

Gliederung und Zusammenwirken von politischen Maßstabsebenen richten sich nach dem gewählten Ausschnitt der Erdoberfläche in Bezug zu einer relativen Raumgröße. Begriffe wie „lokal", „national" oder „global" bezeichnen dabei eine jeweilige Maßstabsebene, um eine vergleichende Vorstellung zu ermöglichen. Die getroffenen Abgrenzungen sind meist unscharf, Ausdruck und Folge politischer Konflikte und Machtverhältnisse sowie stark vom Betrachter abhängig, was dazu führt, dass die verwendeten Begriffe nicht stets eindeutig zu definieren sind. Grob kann folgende Einteilung vorgenommen werden:

- **Global:** Die gesamte Welt betreffend,
- **national:** Innerhalb der Grenzen einzelner Staaten,
- **regional:** Auf großräumige Bereiche (Regionen) bezogen; je nach Ausgangslage können diese eine kontinentale Reichweite oder Teile einer Nation umfassen (letzteres wird hier zugrunde gelegt),
- **international:** Mindestens eine nationale Grenze überlagernd,
- **supranational:** Qualitative Erweiterung des internationalen Bezugsrahmens, z. B. durch Abtretung nationaler Teilsouveränitäten an höherstehende Ebenen,
- **lokal:** Kleinräumige Bereiche der Erdoberfläche bzw. Teile von Staaten oder Regionen.

https://doi.org/10.1515/9783110663891-003

Politische Kompetenzen verteilen sich zwischen den horizontal angeordneten Ebenen **(horizontale Gliederung)**, aber auch innerhalb einer Ebene **(vertikale Gliederung)**. Im horizontalen Gefüge weisen föderal organisierte Staaten i. d. R. drei Ebenen auf: Die Ebene des Gesamtstaates (Bund), die Ebene von Gliedstaaten (Bundeländer bzw. -staaten, Provinzen, Kantone etc.) sowie die kommunale Ebene (Landkreise, Bezirke, Städte und Gemeinden). Kennzeichnend ist, dass die Kompetenzverteilung zwischen den Ebenen verfassungsrechtlich festgelegt ist, es im politischen Tagesgeschäft oft aber notwendig ist, Ebenen übergreifend zusammenzuarbeiten, um gewünschte Ziele (z. B. Bau von Fernstraßen) zu erreichen. Ebenso können gewisse Anliegen und Aufgaben (z. B. Klimaschutz, Freihandel, Sicherheit) den vertraglich basierten Zusammenschluss souveräner Staaten zu supranationalen Gebilden (z. B. der Europäischen Union) oder das Eingehen internationaler Vereinbarungen und Verpflichtungen (z. B. im Rahmen der Vereinten Nationen) erfordern.

Auf jeder politischen Ebene existiert zudem jeweils eine Vielzahl an vertikal angeordneten Strukturen von Akteuren, welche ihre jeweiligen Ziele durchsetzen möchten. Dies führt zu einer starken Ausdifferenzierung der Anzahl an Akteuren (vgl. Abbildung 3.1).

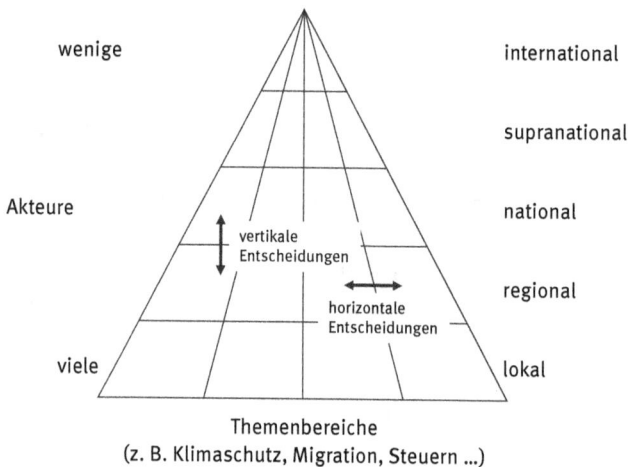

Abb. 3.1: Akteure und Ebenen politsicher Entscheidungen
Quelle: Eigene Darstellung.

In diesem komplexen Beziehungsgefüge aus horizontalen sowie vertikalen politischen Entscheidungsstrukturen **(Mehrebenensystem)** gestalten sich Formulierung und Durchsetzung politischer Ziele als schwierig und verlangen hohe Kooperationskompetenzen sowie strategisches Verhandlungsgeschick. In modernen politischen Systemen finden dabei sowohl eine wechselseitige Top-down- als auch eine Bottom-up-Einflussnahme statt.

3.2 Internationale Tourismuspolitik

Die weltweiten wirtschaftlichen Potenziale des Tourismus lassen sich nur dann konsequent ausschöpfen, wenn **international beschlossene Rahmenbedingungen** die notwendigen Spielräume für Touristen und Unternehmen garantieren. Doch obwohl Tourismus ein globales Phänomen ist, von dem nahezu alle Länder und Regionen der Welt – sei es als Quell- oder Zielgebiet – betroffen sind, ist eine internationale Tourismuspolitik immer noch wenig ausgeprägt, eine „Welttourismuspolitik" bis heute nicht einmal in Ansätzen zu erkennen. Ursächlich dafür zeichnen divergierende Interessen der vom Tourismus verschiedentlich stark profitierenden Gesellschaften, unterschiedliche regionale Erfordernisse und Gegebenheiten sowie die grundsätzlichen Probleme einer übernationalen politischen Konsensfindung. Dennoch wird der tourismuspolitische Handlungsbedarf auf der internationalen Ebene (z. B. bzgl. Nachhaltigkeit, Sicherheit, Abbau von Reise- und Mobilitätsbarrieren) immer deutlicher erkannt, sodass sich mehrere internationale Organisationen, die dem Ziel dienen, „Rechts- und Arbeitsrundlagen für die Zusammenarbeit der Staaten [...] bei grenzüberschreitenden Transaktionen zu gewährleisten" (Woyke 2015, S. 294), zur Förderung und Problembehandlung im Tourismus etabliert haben. Sie kämpfen allerdings mit dem Manko, dass sie nur empfehlenden und beratenden, aber keinen direkt steuernden Charakter aufweisen, da konkrete und unmittelbar wirksame tourismuspolitische Entscheidungen immer an die nationalstaatliche Gesetzgebung der Mitgliedstaaten gebunden sind (vgl. Luft 2010, S. 176; Freyer 2015, S. 511; Berg 2014, S. 42).

3.2.1 Staatliche Institutionen

Unter den staatlichen Institutionen der internationalen Tourismuspolitik befassen sich vor allem bestimmte Unterorganisationen der Vereinten Nationen (UN), insbesondere die Welttourismusorganisation UNWTO (vgl. Kap. 3.2.1.1) und die internationale zivile Luftfahrtorganisation ICAO (vgl. Kap. 3.2.1.3), sowie die Organisation für wirtschaftliche Zusammenarbeit und Entwicklung OECD (vgl. Kap. 3.2.1.2) mit tourismusrelevanten sowie verkehrs- bzw. beförderungsspezifischen Fragestellungen.

3.2.1.1 Welttourismusorganisation (UNWTO)

Die UN-Welttourismusorganisation (United Nations World Tourism Organization UNWTO) ist eine 1975 gegründete Sonderorganisation der UN mit Sitz in Madrid und 159 Mitgliedsstaaten (2021), welche in sechs Weltregionen (Afrika, Amerika, Ostasien und Pazifik, Europa, Mittlerer Osten, Südasien) unterteilt sind, sowie über 500 „Affiliate Members" (private Unternehmen, Verbände, Destinationen, wissenschaftliche Einrichtungen). Als **internationales Forum für Tourismuspolitik** und **Schaltstelle für intergouvermentale Kommunikation** strebt sie nach dem Ziel, einen verantwortungsbewussten, nachhaltigen und universell zugänglichen Tourismus zu etablieren. Sie koordiniert die internationale Kooperation auf nahezu allen Gebieten des Tourismus und steht in engem Austausch mit den federführenden Tourismusorganisationen auf nationaler und internationaler Ebene (vgl. Schulz et al. 2020, S. 499; Freyer 2015, S. 512). Sie selbst versteht sich als

> a driver of economic growth, inclusive development and environmental sustainability and offers leadership and support to the sector in advancing knowledge and tourism policies worldwide (UNWTO 2018a).

Der inhaltliche Schwerpunkt des Arbeitsprogramms der UNWTO liegt auf zwei miteinander verbundenen **strategischen Zielsetzungen** (vgl. BMWi 2019a):

1. **Stärkung der touristischen Wettbewerbsfähigkeit der Mitgliedsstaaten:** Qualitäts- und Innovationsförderung, Abbau von Reisehemmnissen, Unterstützung beim Marketing, Marktvorausschau, touristische Potenzialanalysen, Bereitstellung von Informationen und Statistiken zur Entwicklung des Tourismus sowie zu touristischen Trends u. a.
2. **Sicherung von Nachhaltigkeit und Ethik im Tourismus:** Umweltschutz, Bewältigung des Klimawandels, Armutsbekämpfung, Erhalt von kulturellem Erbe und biologischer Vielfalt, Integration des Tourismus in die regionalwirtschaftliche Entwicklung u. a.

Die **touristische Wettbewerbsfähigkeit** definiert die UNWTO als:

> The competitiveness of a tourism destination is the ability of the destination to use its natural, cultural, human, man-made and capital resources efficiently to develop and deliver quality, innovative, ethical and attractive tourism products and services in order to achieve a sustainable growth within its overall vision and strategic goals, increase the added value of the tourism sector, improve and diversify its market components and optimize its attractiveness and benefits both for visitors and the local community in a sustainable perspective (UNWTO 2019a, S. 13).

In ihren Richtlinien nennt die UNWTO folgende elementare Bausteine von Wettbewerbsfähigkeit (vgl. UNWTO 2019a, S. 13 ff.):

- **Schaffung von Wettbewerbsvorteilen:** Entwicklung touristischer Attraktionen und Ressourcen unter Berücksichtigung von Authentizität und Einzigartigkeit, Schaffung touristischer Mehrwerte durch Qualitätsstandards und -erfahrungen,
- **nachhaltige Orientierung:** Wirtschaftliche Vitalität bei gleichzeitiger ökologischer, sozialer und kultureller Integrität,
- **Stärkung institutioneller Steuerung:** Integration unterschiedlicher Interessengruppen und Akteure in eine Destination-Management-Organisation (DMO) (vgl. Kap. 3.6.2),
- **Vermeidung von Dyssynergien:** Aufdeckung sich überlappender Aufwendungen und Initiativen,

- **Verbreiterung der Vorzüge des Tourismus:** Unterstützung regionaler Wertschöpfung, Förderung kleiner und mittlerer Unternehmen sowie lokalen Handels und Handwerks entlang der touristischen Wertschöpfungskette,
- **Schaffung einer Tourismuskultur** durch Partizipation der lokalen Bevölkerung,
- **Erhöhung der touristischen Erträge:** Verlängerung der Verweildauern, Steigerung der Pro-Kopf-Ausgaben der Touristen, Streuung der Touristenströme etc.,
- **Schaffung einer starken Markenidentität und -treue.**

Zur Evaluierung der Wettbewerbsfähigkeit touristischer Destinationen hat die UNWTO ein eigenes **Zertifizierungssystem** (UNWTO.QUEST) entwickelt, mit dessen Hilfe die touristische Leistungsbereitschaft beurteilt und Verbesserungen eingeleitet werden sollen. Als Schlüsselgrößen gelten dabei strategische Führung, effektive Aufgabenerfüllung sowie effiziente Steuerung. Der Zertifizierungsprozess läuft in drei Phasen ab (vgl. UNWTO 2019a, S. 16):

1. **Beurteilung:** Online-Selbstbeurteilung durch die DMO, gefolgt durch die Auditierung eines externen Prüfers, dessen Bericht durch den UNWTO.QUEST-Beirat zu bestätigen ist,
2. **Prozessverbesserung:** Destinationsspezifischer Aufbau von Kapazitäten unter Anleitung von UNWTO-Teams,
3. **Prüfung:** Prüfungsprozess durch den UNWTO.QUEST-Beirat sowie externe Prüfer und Verleihung des UNWTO.QUEST-Zertifikates mit der Dauer von vier Jahren.

Im Bereich Nachhaltigkeit und Ethik hat die UNWTO 1999 einen Katalog von zehn Artikeln für einen nachhaltigen und verantwortungsbewussten Tourismus **(Global Code of Ethics)** aufgestellt, über deren Umsetzung und Einhaltung ein sog. Weltkomitee für Tourismusethik wacht:

1. Tourism's contribution to mutual understanding and respect between peoples and societies
2. Tourism as a vehicle for individual and collective fulfillment
3. Tourism, a factor of sustainable development
4. Tourism, a user of the cultural heritage of mankind and contributor to its enhancement
5. Tourism, a beneficial activity for host countries and communities
6. Obligations of stakeholders in tourism development
7. Right to tourism
8. Liberty of tourist movements
9. Rights of the workers and enterprises in the tourism industry
10. Implementation of the principles of the global code of ethics for tourism (UNWTO 2019b)

Eine besondere Aufgabe der UNWTO stellt die Sammlung und Bereitstellung aller wichtigen **Daten und Statistiken zum Welttourismus** dar, wobei sie um eine Harmonisierung der nationalen und internationalen Tourismusstatistiken bemüht ist (vgl. Neumair et al. 2019, S. 223). Wichtige Publikationen sind u. a. das Yearbook of Tourism Statistics, das Compendium of Tourism Statistics, die Tourism Highlights oder das World Tourism Barometer. Ferner war die UNWTO zusammen mit der OECD (vgl. Kap. 3.2.1.2) maßgeblich an der Erstellung eines **touristischen Satellitenkontos** (vgl. Kap. 4.3.1) beteiligt, das die Stellung des Tourismus in der Volkswirtschaftlichen Gesamtrechnung beleuchtet.

Die UNWTO besitzt keine direkte politische Funktion, sondern kann lediglich durch die Finanzierung von Untersuchungen und Projekten sowie die Distribution der jeweiligen Ergebnisse auf die globale Tourismusdiskussion Einfluss nehmen sowie punktuell und in Zusammenarbeit mit Organisationen der Entwicklungszusammenarbeit und einzelnen Staaten einen Beitrag zur Entwicklung und Umsetzung tourismuspolitischer Konzepte leisten (vgl. Mundt 2013, S. 499).

Innerhalb der UNWTO verdient die **T20-Initiative** besonderes Augenmerk. Dabei handelt es sich um informelle Treffen und Runden der Tourismusminister bzw. -beauftragten der zur UNWTO gehörenden G20-Staaten. Ziele sind hier die Ausschöpfung des Tourismuspotenzials für die wirtschaftliche Entwicklung und die Unterstützung einer tourismusfreundlichen Wirtschaftspolitik innerhalb der G20[10] (vgl. BMWi 2017a, S. 50).

3.2.1.2 Organisation für wirtschaftliche Zusammenarbeit und Entwicklung (OECD)

Die 1960 gegründete Organisation for Ecomomic Cooperation and Development (OECD) gilt als **„Club" der Industrieländer und deren Interessenvertretung**. Sie betreibt eine Politik, welche auf eine optimale Wirtschafts- und Beschäftigungsentwicklung, die Erhöhung des Lebensstandards sowie finanzielle Stabilität in den Mitgliedsländern gerichtet ist. Nach außen präsentiert sie sich als Diskussions- und Beratungsforum, in dem (z. B. im Rahmen der Weltwirtschaftsgipfel) ein reger Meinungs- und Informationsaustausch über zeitgemäße Wirtschafts- und Währungsprobleme betrieben wird (vgl. Neumair et al. 2012, S. 93).

Neben der allgemeinen Wirtschafts- und Währungspolitik treibt die OECD u. a. auch die **internationale Abstimmung der Tourismuspolitik** unter besonderer Berücksichtigung einer **nachhaltigen Tourismusentwicklung** voran. Ein dafür eigens eingerichtetes Tourismuskomitee nimmt eine **Analyse der ökonomischen Entwicklung der Tourismuswirtschaft in den Mitgliedsländern** und eine **Beurteilung von deren Tourismuspolitiken** vor. Verfolgt wird dabei ein integrierter Ansatz, der den Tourismus mit anderen Politikfeldern wie Wirtschaft, Investitionen, Innovationen,

---

10 Die G20 ist ein seit 1999 existierender informeller Zusammenschluss der 19 wichtigsten Industrie- und Schwellenländer (Argentinien, Australien, Brasilien, China, Deutschland, Frankreich, Großbritannien, Indien, Indonesien, Italien, Japan, Kanada, Südkorea, Mexiko, Russland, Saudi-Arabien, Südafrika, Türkei, USA) sowie der Europäischen Union. Er stellt eine Plattform für die Zusammenarbeit und Beratung bei Fragen des weltweiten Finanzsystems und der Liberalisierung des Welthandels dar. In der jüngeren Vergangenheit rückte zusätzlich die Beseitigung von Ungleichgewichten im Außenhandel, u. a beeinflusst durch die Bewertung von Währungen, in den Vordergrund (vgl. Neumair et al. 2012, S. 120).

Verkehr und Transport, Handel, Wachstum, Beschäftigung, lokale Entwicklungen, Unternehmertum und Mittelstand verknüpft. Das Komitee arbeitet eng mit den Partnerländern und der Privatwirtschaft zusammen und unterhält strategische Partnerschaften mit der UNWTO (vgl. Kap. 3.2.1.1), der EU-Kommission (vgl. Kap. 3.3.3), dem UN-Umweltprogramm (UNEP), der Internationalen Arbeitsorganisation (ILO) sowie dem Asiatisch-Pazifischen Wirtschaftsforum (APEC). Ergebnisse dieser Zusammenarbeit waren u. a. ein Tourismus-Satelliten-Konto (vgl. Kap. 4.3.1) sowie ein Sustainable Tourism Programme (vgl. OECD 2019c).

Des Weiteren veröffentlicht die OECD wichtige **touristische Analysen und Statistiken** (z. B. OECD Tourism Papers, OECD Tourism Trends and Policies). Zusammen mit dem Europäischen Amt für Statistik (EUROSTAT) und Partnerländern veranstaltet sie seit 1994 das Global Forum on Tourism Statistics (GFTS) als einzigartige Plattform für den Erfahrungsaustausch bzgl. der Entwicklung, Erhebung und Verbreitung von Tourismusstatistiken, wobei das Hauptziel in der internationalen Harmonisierung der angewandten Methoden und Daten liegt (vgl. OECD 2019a, b und c). Das 15. GFTS fand vom 28. bis 30. November 2018 im Peruanischen Cusco statt. Themen waren dort (vgl. OECD 2018):

- Regionale und subnationale touristische Strukturen,
- ökonomische Dimensionen des Tourismus,
- nachhaltige Entwicklungsziele im Tourismus,
- innovative Erhebungsquellen und mobile Datenerfassung,
- Messung der Aktivitäten sowie des Einflusses einer gemeinschaftlichen Wirtschaft.

3.2.1.3 Internationale zivile Luftfahrtorganisation (ICAO)

Die durch das Abkommen über die internationale zivile Luftfahrt (Chicagoer Abkommen) 1944 gegründete International Civil Aviation Organisation (ICAO) ist eine in Montreal ansässige UN-Sonderorganisation mit 193 Mitgliedern (2021). Sie verfolgt das Ziel eines **nachhaltigen Wachstums des globalen Systems des Zivilluftverkehrs** (vgl. ICAO 2019).

Zu den wichtigsten Aufgaben der ICAO zählen die **Entwicklung verbindlicher Luftfahrtstandards**, die von den Mitgliedsländern umzusetzen sind, sowie die **Regelung der Hoheitsrechte im internationalen Luftverkehr**. Jeder Staat hat über seinem Hoheitsgebiet die ausschließliche Lufthoheit. Weil der Luftraum in unterschiedlichem Maße zu Überflug-, Start- und Landezwecken genutzt werden kann, sind die Verkehrsrechte über die sog. **Freiheiten der Luft** zwischen zwei Staaten geregelt (vgl. Abbildung 3.2). Das Abkommen beinhaltete zunächst nur die ersten fünf Freiheiten, die letzten vier wurden nachträglich ergänzt (vgl. Oechsle 2006, S. 518).

Da eine Liberalisierung des Linienluftverkehrs durch multilaterale Luftverkehrsabkommen wegen zu großer Interessenkonflikte zwischen den beteiligten Staaten nicht möglich war, wurde vielfach auf bilaterale Verträge zurückgegriffen. Vorreiter sind hier die USA, die mit vielen Staaten sog. **Open-Sky-Abkommen** abgeschlos-

Die Freiheiten der Luft
Erste Freiheit: Recht zum Überfliegen des Hoheitsgebietes des Vertragspartners ohne Aufenthalt 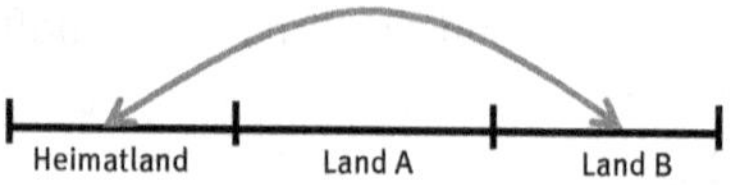
Zweite Freiheit: Recht zur technischen Zwischenlandung im Land des Vertragspartners (z. B. Auftanken, Reparaturen) 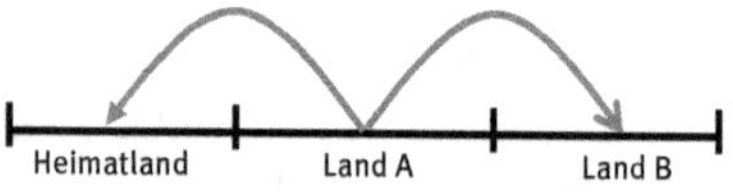
Dritte Freiheit: Recht zur Beförderung von Personen, Fracht und Post aus dem Heimatstaat ins Land des Vertragspartners 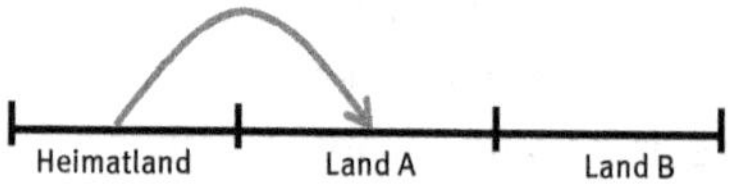
Vierte Freiheit: Recht zur Beförderung von Personen, Fracht und Post aus dem Land des Vertragspartners ins Ausland 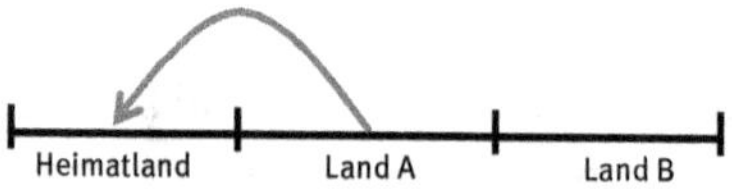
Fünfte Freiheit: Recht zur Beförderung von Personen, Fracht und Post zwischen zwei Vertragsstaaten, wenn der Flug im Heimatstaat beginnt oder endet 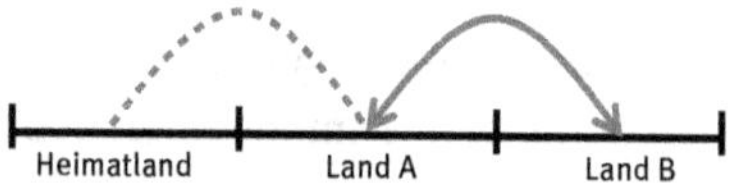
Sechste Freiheit: Recht zur Beförderung von Personen, Fracht und Post aus einem Vertragsstaat in den Heimatstaat und von diesem in einen weiteren Vertragsstaat oder umgekehrt 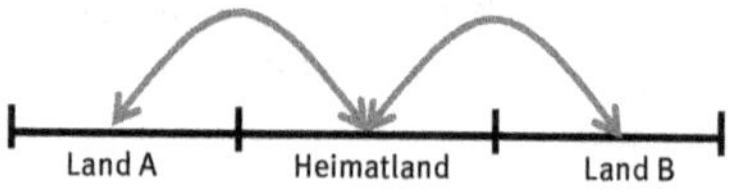
Siebte Freiheit: Recht zur Beförderung von Personen, Fracht und Post zwischen Drittsaaten ohne Verbindung mit dem Heimatstaat 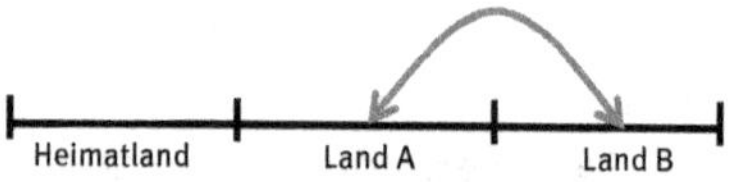
Achte Freiheit: Recht zur Beförderung von Personen, Fracht und Post innerhalb eines Vertragsstaates auf dem Weg in den Heimatstaat oder umgekehrt (aufeinanderfolgende Kabotage) 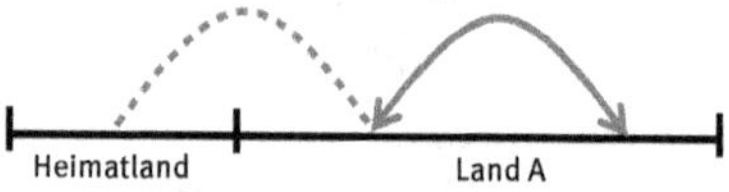
Neunte Freiheit: Recht zur Beförderung von Personen, Fracht und Post innerhalb eines Vertragsstaates ohne Berührung des Heimatstaats (unabhängige Kabotage) 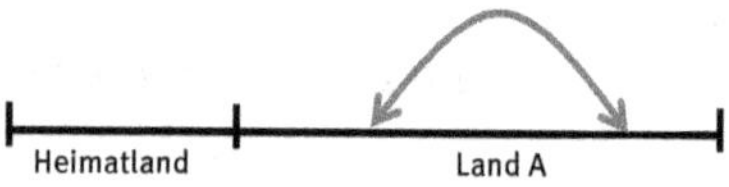

Abb. 3.2: Die Freiheiten der Luft
Quelle: Oechsle 2006, S. 518; verändert und erweitert.

sen haben. Dabei handelt es sich um internationale Verträge zur bilateralen marktwirtschaftlichen Liberalisierung des Zivilluftverkehrs. So erlaubt z. B. das Open-Sky-Abkommen zwischen den USA und der Europäischen Union (EU) aus dem Jahr 2008 jeder US- bzw. EU-Fluggesellschaft, zwischen beliebigen Orten in der EU bzw. den USA zu fliegen.

3.2.2 Private Institutionen

Unter den privaten Institutionen finden sich vor allem **Dach- und Fachverbände** touristischer oder Verkehrsunternehmen, deren Anliegen es ist, die Zusammenarbeit sowie den Informations- und Erfahrungsaustausch zwischen ihren Mitgliedern voranzutreiben, ihre Aktivitäten zu professionalisieren und ihre Interessen im politischen Raum zu wahren (vgl. Berg 2014, S. 46).

3.2.2.1 World Travel & Tourism Council (WTTC)

Das 1990 gegründete und in London ansässige World Travel & Tourism Council (WTTC) ist mit über 170 Mitgliedern (2021) der international bedeutendste **Zusammenschluss internationaler Unternehmen in der Tourismuswirtschaft** (z. B. Hotels, Flug- und Eisenbahngesellschaften, Flughäfen, Reiseveranstalter und -agenten, Kreuzfahrtanbieter, Autovermieter u. a.). Als eine der einflussreichsten Lobbyvereinigungen verfolgt er das Ziel, der Politik die ökonomische Bedeutung der Tourismuswirtschaft zu vermitteln. Die Schwerpunkte des WTTC liegen auf Sicherheits- und Reiseerleichterungen, Krisenbereitschaft, Management und nachhaltigem Wachstum (vgl. WTTC 2019).

3.2.2.2 International Air Transport Association (IATA)

Die in Montreal ansässige International Air Transport Association (IATA) ist der **Weltverband des kommerziellen zivilen Passagier- und Frachtluftverkehrs** mit derzeit (2021) 290 Fluggesellschaften aus 120 Ländern als Mitglieder, die rund 82 % des Weltluftverkehrs abdecken. Ihr Anliegen ist es, die Luftfahrtindustrie zu repräsentieren und zu unterstützen (vgl. IATA 2019).

Zu den Aufgaben der IATA gehören u. a. die Prozessvereinfachung im Flugverkehr (z. B. Standardisierung von Beförderungsdokumenten und Gepäcktransport), Definition und Überwachung von Sicherheitsstandards, Erstellung von Statistiken sowie Bereitstellung von Daten und Informationen als Entscheidungsgrundlage für Regierungen und Fluggesellschaften, Unterstützung für Startup-Fluggesellschaften, Behörden und Flughäfen (vgl. Berg 2014, S. 46).

3.2.2.3 Sonstige

Neben den geschilderten existiert eine Reihe weiterer internationaler Dachverbände aus den Bereichen Beherbergung und Gastronomie, Reiseveranstalter, -mittler und -berater, Transport und Verkehr, Destinationen, Wissenschaft etc. So z. B.:

- **International Hotel & Restaurant Association (IH&RA):** Weltverband des Hotel- und Gastronomiegewerbes,
- **Universal Federation of Travel Agent's Associations (UFTAA):** Internationaler Zusammenschluss von Reisemittlern und -veranstaltern sowie deren nationalen Dachverbänden,
- **International Coalition of Tourism Partners (ICTP):** Internationale Vereinigung touristischer Destinationen und Anspruchsgruppen,
- **World Federation of Hydrotherapy and Climatotherapy (FEMTEC):** Internationale Interessenvertretung öffentlicher und privater Heilbäder,
- **Pacific Asia Travel Association (PATA):** Vertretung asiatisch-pazifischer Regionen als touristische Quell- und Zielgebiete,
- **World Transport Organisation (IRU):** Internationale Vereinigung der Straßenbeförderungsunternehmen,
- **International Association of Scientific Experts in Tourism (AIEST):** Internationaler Zusammenschluss von Institutionen und Forschern aus touristisch relevanten Wissenschaftsbereichen,
- **American Society of Travel Advisors (ASTA):** Internationale Vereinigung von Reiseberatern und -gesellschaften.

3.3 Supranationale (europäische) Tourismuspolitik

Supranationalismus bezeichnet „die freiwillige Aufgabe ehemals nationalstaatlicher Souveränitätsrechte und deren Übertragung an eine übergeordnete Institution" (Fassmann 2001, S. 5). Diese ist mit der Macht ausgestattet, über die Nationalstaaten hinweg bindendes Recht zu setzen und damit in einzelnen Teilbereichen Politik zu gestalten. Im Gegensatz zur intergouvermentalen (zwischenstaatlichen) kommt es bei der supranationalen Zusammenarbeit zur Einschränkung der mitgliedsstaatlichen Kontrollmechanismen gegenüber den supranationalen Organisationen (vgl. Große Hüttmann/Wehling 2013a).

Der Begriff **„supranational"** ist nicht deckungsgleich mit dem Begriff **„international"** (vgl. Kap. 3.2), da ersterer die Überordnung der Kompetenzen und Rechte der supranationalen Organisation beschreibt, während letzterer diese spezifische Qualität nicht aufweist.

Ein Paradebeispiel für supranationale Systeme ist die **Europäische Union (EU)**, „denn sie steht mit ihren Institutionen über den Nationalstaaten und nimmt deren abgetretene Hoheitsrechte wahr" (Fassmann 2001, S. 6). Zwar gibt es weitere supranationale Verbünde wie die Gemeinschaft südostasiatischer Staaten (ASEAN), die Karibische Gemeinschaft (CARICOM), den Gemeinsamen Markt des Südens (MERCOSUR), den Andenpakt oder die Afrikanische Union. Doch ist die EU sowohl bzgl. der Tiefe der Integration als auch der geographischen Reichweite das erfolgreichste supranationale Staatensystem.

Seit den 1950er Jahren wird die politikwissenschaftliche Debatte über die Europäische Integration durch zwei Großtheorien geprägt: Im **Neofunktionalismus** verkörpert die wirtschaftliche Integration das Herz des Europäischen Integrationssystems. Die dort gemachten positiven Erfahrungen strahlen auf andere Bereiche ab (Spill-over-Effekte) und haben eine Kooperation im politischen Bereich zur Folge. Die Europäische Integration folgt dabei keinem Bauplan, z. B. in Richtung eines europäischen Bundesstaats, sondern dem Prinzip „form follows function", d. h. die institutionellen Arrangements der EU resultieren aus den jeweiligen Sachproblemen. Tonangebend sind dabei weniger die Regierungen der Mitgliedsstaaten als vielmehr von diesen unabhängige gesellschaftliche und wirtschaftliche Akteure. Im Gegensatz dazu sieht der **Intergouvermentalismus** die Regierungen als die wesentlichen Akteure an, indem es zur Integration nur dann kommt, wenn sich die großen Mitgliedsstaaten einig sind. Supranationalen Institutionen kommt nur eine nachgeordnete und dienende Funktion zu. Nationale Interessen stehen einer vollständigen politischen Integration entgegen, sodass supranationales Entscheiden und Handeln nur auf spezifische Politikbereiche begrenzt bleiben (vgl. Große Hüttmann/Wehling 2013b).

Die Tourismuspolitik der EU war lange Zeit nicht als eigenständiges Politikfeld konzipiert, sondern wurde lediglich als Unterbereich der EU-Regional- und Umweltpolitik betrieben bzw. der Tourismus nur als Teilsektor des europäischen Binnenmarktes betrachtet. Eine formelle Aufwertung erfolgte erst mit Inkrafttreten des Vertrages von Lissabon im Jahr 2009, welcher die Tourismuspolitik im Kompetenzbereich ergänzender EU-Zuständigkeit verortet. In der Tourismuspolitik besitzt die EU nur eine unterstützende Zuständigkeit, d. h. sie soll die Maßnahmen der Mitgliedsstaaten, insbesondere im Hinblick auf die Wettbewerbsfähig der touristischen Unternehmen, ergänzen. Sie hat – unter strikter Wahrung des Subsidiaritätsprinzips (vgl. Kap. 2.1.1) – die tourismusrelevanten Politiken der Mitgliedsstaaten zu koordinieren und bei Bedarf zu unterstützen (vgl. Kirch 2020, S. 561 f.). Dabei wird zwischen einer allgemeinen (vgl. Kap. 3.3.1) und einer spezielle Tourismuspolitik (vgl. Kap. 3.3.2) unterschieden.

3.3.1 Allgemeine Tourismuspolitik der EU

Mit der allgemeinen Tourismuspolitik verfolgt die EU **beschäftigungs- und wachstumspolitische Zielsetzungen**, wobei ökologische und ethische Dimensionen längst ihren Eingang gefunden haben. Ferner wird der Tourismus als wichtiger Faktor der **kulturellen und politischen Integration** der Mitgliedsstaaten angesehen.

Auch in der EU stellt die Tourismuspolitik eine **Querschnittsaufgabe** (vgl. Kap. 1.2) dar. Wie auf nationaler sind auch auf EU-Ebene tourismuspolitische Maßnahmen den unterschiedlichsten Fachpolitiken bzw. -bereichen (Binnenmarkt, Verkehr, Landwirtschaft, Umwelt, Entwicklungszusammenarbeit, Verbraucherschutz, regionale Strukturen, Kultur, Sport u. a.) bei- oder zugeordnet. Eine Besonderheit liegt allerdings darin, dass ein Großteil der tourismuspolitischen Maßnahmen der EU unter dem Rubrum einer **indirekten Tourismuspolitik** (vor allem Verbraucherschutz, Verkehrs- und Währungspolitik, Grenzregime u. a.) erfolgt, während der Tourismus als eigenes und explizites Politik- und Handlungsfeld im Sinne einer **direkten Tourismuspolitik** erst seit Mitte der 1980er Jahre eine gewisse Rolle spielt (vgl. Kap. 1.4; Mundt 2004, S. 215). Davor war eine eigenständige Tourismuspolitik quasi nicht vorhanden. Erst 1984 wurden erste **fremdenverkehrspolitische Grundsätze** verabschiedet, welche sich zu **fünf Schwerpunkten** (Freizügigkeit und Schutz der Touristen, Verbesserung der Arbeitsbedingungen in der Tourismuswirtschaft, Entwicklung des Verkehrswesens, Förderung der Regionalentwicklung, Erhaltung des europäischen Erbes) verdichten lassen (vgl. Europäische Gemeinschaft 1984).

Symbolisch wurde das Jahr 1990 zum **europäischen Jahr des Tourismus** ausgerufen, das wegen unzulänglicher Vorbereitung an der Öffentlichkeit aber weitgehend unbemerkt vorüberging. Im **Vertrag von Maastricht** über die Europäische Union von 1992 wurden dann erstmals tourismuspolitische Maßnahmen in den Katalog der Gemeinschaftsaktivitäten aufgenommen. Die Verwirklichung des **EU-Binnenmarkts** 1993 erzeugte weiteren tourismuspolitischen Handlungsbedarf (u. a. Deregulierung des Luftverkehrs, Angleichung des Reiserechts, Pauschalreisehaftung von Reisebüros, Aufhebung der Preisbindung für Pauschalreisen, Konzentrationsprozess der Tourismuswirtschaft, Etablierung internationaler Reservierungssysteme), der in entsprechende gemeinschaftsrechtliche, Vorrang gegenüber nationalen Recht genießende Richtlinien mündete. Erst wesentlich später wurden die Roaming-Gebühren für Handygespräche im EU-Ausland weitgehend abgeschafft (vgl. Mundt 2013, S. 499 f.; Freyer 2015, S. 518).

Im Jahr 2002 verabschiedete die EU-Kommission den Ansatz, durch die Förderung der Zusammenarbeit zwischen staatlichen und privaten Akteuren der Tourismuswirtschaft Europa zu einem der wichtigsten touristischen Reiseziele zu machen, woran sich eine ganze Reihe tourismuspolitischer Maßnahmen, Strategien und Impulse anschloss (vgl. Europäisches Parlament 2018):

–   Errichtung eines **Tourismussatellitenkontos** (vgl. Kap. 4.3.1) zur Messung der Stellung des Tourismus in der Volkswirtschaftlichen Gesamtrechnung,
–   Einrichtung einer Website zur **Bewerbung Europas als Reiseziel**,
–   seit dem Jahr 2002 Veranstaltung eines **Europäischen Tourismusforums**,
–   Agenda für einen **nachhaltigen und wettbewerbsfähigen Tourismus** (2007),
–   Belebung des EU-Wachstums durch Umsetzung und Weiterentwicklung der gemeinsamen **Visumpolitik** (2012),
–   Europäische Strategie für mehr **Wachstum und Beschäftigung im nachhaltigen Küsten- und Meerestourismus** (2014).

Als Meilenstein gilt der 2009 in Kraft getretene **Vertrag von Lissabon,** welcher der EU erstmals eine primärrechtlich verankerte Zuständigkeit für den Tourismus zuweist, um günstige Rahmenbedingungen für die in der Tourismuswirtschaft aktiven Unternehmen zu schaffen und die Zusammenarbeit zwischen den Mitgliedsstaaten auf dem Feld der Tourismuspolitik zu unterstützen. Dabei können allerdings nur Maßnahmen in Ergänzung zu den Aktivitäten der Mitgliedsländer ergriffen werden, während eine gesetzliche Harmonisierung ausgeschlossen bleibt (vgl. DRV 2011). Auch gibt es im EU-Haushalt nach wie vor kein eigenes Tourismusbudget.

Auf dem Lissabon-Vertrag aufbauend gilt die Mitteilung der EU-Kommission aus dem Jahr 2010 mit dem Titel **„Europa – wichtigstes Reiseziel der Welt: Ein neuer politischer Rahmen für den europäischen Tourismus"** (vgl. Europäische Kommission 2010) als weiterer tourismuspolitischer Vorstoß. Damit hat die EU einen Aktionsrahmen für eine tiefergehende proaktive Gestaltung europäischer Tourismuspolitik geschaffen, indem sie den Tourismus einen hohen Innovationsbedarf im Kontext von Klimawandel, demographischem Wandel sowie fortschreitender Digitalisierung attestiert (vgl. Kirch 2020, S. 562). Konkret geht es um 21 Maßnahmen, welche sich **vier Schwerpunktbereichen** zuordnen lassen (vgl. BMWi 2019b):
- Steigerung der Wettbewerbsfähigkeit des Tourismus in Europa,
- Förderung eines nachhaltigen und qualitätsorientierten Tourismus,
- Konsolidierung des Images von Europa als Reiseziel hoher Qualität,
- bestmögliche Nutzung von EU-Förderinstrumenten zur Entwicklung des Tourismus.

2015 wurde eine Plattform zur Unterstützung kleiner und mittlerer Tourismusunternehmen bei der Erarbeitung von Digitalisierungsstrategien geschaffen. Weitere Schwerpunkte betreffen die Förderung von Sozialtourismus (vgl. Kap. 4.2.2.2), den Ausbau barrierefreien Reisens (vgl. Kap. 4.2.3) sowie die Tourismusförderung (vgl. Kap. 2.1.2.3). Ein Beispiel für letzteres ist das Werbeportal visiteurope.com, das nach der Erhöhung von Bekanntheit und Attraktivität Europas als touristische Destination trachtet. Daneben kooperiert die EU auch mit großen Schwellenländern wie Brasilien, Indien oder China (z. B. EU-China-Tourismusjahr 2018), um sich für dortige Touristen und Investoren populär zu machen.

Neben ökonomischen und sozialen stehen auch **ökologische Belange** im Fokus. Beispiele sind die Naturschutzinitiativen „Grünes Band Europa" oder der „Iron Curtain Trail", die der grenzüberschreitenden europäischen Erschließung eines Rad- und Wanderwegenetzes entlang dem ehemaligen Eisernen Vorhang dienen. Auch die Förderung eines nachhaltigen Küsten- und Meerestourismus ist ein Thema.

Schließlich hat die EU auch die Schnittstelle zwischen **Kultur und Tourismus** und damit die Erhaltung des kulturellen Erbes in Europa im Auge, was die jährliche Ausrufung europäischer Kulturhauptstädte sowie die Initiative „Europäisches Jahr des Kulturerbes 2018" belegen (vgl. Kirch 2020, S. 563).

Mit all diesen Programmen verfolgt die EU sowohl einen **ordnungspolitischen** (Gestaltung der Rahmenbedingungen) als auch einen **prozesspolitischen Ansatz der Tourismuspolitik** (Förderung von Maßnahmen in den Mitgliedsländern) (vgl. Kap. 2.1.2.2).

Trotz der Vielfalt an Impulsen stellen sich die Fortschritte in Richtung einer gemeinsamen EU-Tourismuspolitik im Vergleich zur Vergemeinschaftung anderer Politikbereiche als eher schleppend heraus. Ursache dafür sind **widerstreitende politische Interessen** zwischen den wohlhabenderen touristischen Quellländern im Norden und den wirtschaftlich schwächeren Zielländern im Süden der EU:

> Die ersteren sehen den Schwerpunkt in Umweltproblemen, die mit dem Tourismus verbunden sind, in Fragen der Respektierung des kulturellen und natürlichen Erbes und in solchen der Dienstleistungsqualität (…), während die letzteren (…) eher an einem quantitativen Wachstum privater Dienstleistungen im Tourismus interessiert sind (Commission of the European Communities 1995, S. 18, übers. v. Mundt 2013, S. 500).

Einen weiteren Stolperstein aus Sicht der Befürworter einer gemeinsamen EU-Tourismuspolitik stellt das **Subsidiaritätsprinzip** (vgl. Kap. 2.1.1) dar, wonach die EU in touristischen Fragen nur dann politisch einschreiten soll, wenn die Mitgliedsländer selbst dazu nicht imstande sind. Während touristische Entsendeländer (auch Deutschland) eher auf dem Subsidiaritätsprinzip beharren, wünschen sich Empfängerländer in Süd- und Osteuropa Förderprogramme der EU zur Entwicklung ihrer touristischen Infrastrukturen (vgl. Freyer 2015, S. 516).

3.3.2 Spezielle Tourismuspolitik der EU

Während die Allgemeine Tourismuspolitik der EU den gesamten Tourismussektor bzw. die allgemeinen Rahmenbedingungen der europäischen Tourismuswirtschaft adressiert (vgl. Kap. 3.2.1), richtet sich die spezielle EU-Tourismuspolitik auf die Touristen und die einzelnen touristischen Regionen bzw. Destinationen.

Im Mittelpunkt der **Maßnahmen zugunsten der Touristen bzw. Urlauber** stehen vor allem Erleichterungen des Grenzübertritts, Gesundheitsschutz, Sicherheit sowie materielle Interessen der Reisenden. Beispiele sind u. a. die Empfehlung zum Brandschutz in Hotels sowie die Richtlinien zu Pauschalreisen und verbundenen Reiseleistungen, zum Erwerb von Teilnutzungsrechten an Immobilien oder zur Qualität von Badegewässern.

Die **Maßnahmen zugunsten der Regionen** beinhalten vor allem Programme zur Tourismusförderung (vgl. Kap. 2.1.2.3). Zur Unterstützung eines nachhaltigen Tourismus und der Attraktivität europäischer Reiseziele kommen den Regionen Förderleistungen aus den EU-Struktur- und -Investitionsfonds zugute (vgl. Europäisches Parlament 2018; Europäische Kommission 2016):

- **Europäischer Fonds für regionale Entwicklung (EFRE):** Finanzierung nachhaltiger tourismusrelevanter Projekte in den Regionen, Förderung kleiner und mittlerer Unternehmen sowie der Infrastruktur,
- **Europäischer Sozialfonds (ESF):** Förderung der Beschäftigungssituation (Schaffung neuer Arbeitsplätze, Berufsausbildung, innerbetriebliche Ausbildung, Chancengleichheit u. a.),
- **Europäischer Landwirtschaftsfonds für die Entwicklung des ländlichen Raums (ELER):** Entwicklung des ländlichen Tourismus zur Diversifizierung der Wirtschaft im ländlichen Raum,
- **Europäische Kohäsionsfonds** zur Finanzierung von Infrastruktur in den Bereichen Umwelt- und Verkehr.

Hinzukommen **spezielle Programme für die Berufsbildung** (z. B. Leonardo-da-Vinci-Programm) sowie grenzüberschreitende touristische Projekte im Rahmen von **Interreg,** das als Programm zur „europäischen territorialen Zusammenarbeit" grenzüberschreitende Kooperationen zwischen Regionen unterstützt, die das tägliche Leben beeinflussen. Ein Schwerpunkt davon betrifft die Weiterentwicklung der wirtschaftlichen und sozialen Zusammenarbeit in benachbarten Grenzregionen durch den Ausbau der Kapazitäten und der gemeinsamen Nutzung von Infrastrukturen u. a. im Tourismus. Exkurs 9 veranschaulicht dies am Beispiel des Interreg-Projekts PUREGIO.

Exkurs 9: Tourismusförderung:
Der Weg vom EU-Programm Interreg zum Projekt PUREGIO Markt

Im Rahmen des Interreg Alpine Space Projekts AlpFoodway wurde der PUREGIO Markt entwickelt. Dieser fand im Juni 2019 erstmalig auf dem Gut Dietlhofen (Landkreis Weilheim) unter dem Motto „Gutes aus dem Landkreis!" statt. Veranstaltet wurde der Markt vom oberbayerischen Landkreis Weilheim-Schongau in Kooperation mit dem Tourismusverband Pfaffenwinkel und der Fakultät für Tourismus der Hochschule München.

Im Rahmen von **Interreg** und mit bis zu 85 % durch den Europäischen Fonds für regionale Entwicklung (EFRE) sowie weitere nationale öffentliche und private Kofinanzierungen ausgestattet, wurde im Jahre 2000 das Programm **„Alpine Space",** welches die transnationale Zusammenarbeit innerhalb des Alpenraums zur Lösung alpiner Probleme zur Aufgabe hat, ins Leben gerufen. Es unterstützt die Zusammenarbeit zwischen wirtschaftlichen, sozialen und ökologischen Akteuren in sieben Alpenländern sowie zwischen verschiedenen institutionellen Ebenen wie Wissenschaft, Verwaltung, Wirtschaft und Politik.

Das Alpine-Space-Teilprogramm **„AlpFoodway"** setzt sich dezidiert zum Ziel, die Esskultur und traditionellen Herstellungsverfahren von Lebensmitteln im Alpenraum hervorzuheben und zu fördern, da das Nahrungserbe eine starke Identitätsquelle für die alpine Bevölkerung darstellt. Es geht dabei über die Produkte hinaus und umfasst produktive Landschaften und traditionelles Wissen über Produktionstechniken, Konsumgewohnheiten sowie die Weitergabe alter Weisheiten. Erreicht werden sollen die Ziele durch innovative Marketing- und Governance-Instrumente wie z. B. Veranstaltungen und touristische Angebote, die authentische Erfahrungen rund um Lebensmittel vermitteln.

Auf Basis des konzeptionellen Überbaus von AlpFoodway wurde das Projekt „**Schaffung authentischer touristischer Erlebnisse auf der Grundlage der bayerischen ICH-Küche**" (ICH = engl. Intangible Cultural Heritage = Immaterielles Kulturerbe) ins Leben gerufen. Projektziel ist es, Gemeinden und Touristen für das Lebensmittelerbe der Region Pfaffenwinkel zu sensibilisieren und ein Netzwerk von Produzenten und Interessenvertretern zu schaffen, das in der Lage ist, dieses effektiv zu fördern sowie Sicht- und Verfügbarkeit von verwandten Produkten und Aktivitäten zu erhöhen. Der Pfaffenwinkel wurde ausgewählt, da er sich zum einen durch seine Spezialisierung auf den Bereich Landurlaub in einer Kulturlandschaft zwischen den bayerischen Seen und Bergen und einer großen Anzahl von Kirchen und Klöstern, zum anderen durch vielfältig vertretene Hersteller traditioneller, regionaler Lebensmittel auszeichnet.

Ein konkreter Projekt-Output ist der PUREGIO-Markt auf dem Gelände des Guts Dietlhofen in Weilheim, auf dem Besuchern 25 heimische Lebensmittelproduzenten und die Vielfalt der Produkte aus der Region nähergebracht werden. So lassen sich Brot, Käse, Joghurt, Wurst, Fleisch, Eier, Nudeln, Bier, Säfte, Marmelade, Honig, Eis und noch vieles mehr ausnahmslos von Produzenten aus dem Landkreis Weilheim-Schongau verkosten und erwerben. Zudem werden Informationen aus erster Hand zur nachhaltigen Herstellung gesunder Lebensmittel, zu alten Getreide- und Obstsorten sowie zur Aufzucht von seltenen Tierarten vermittelt.

Quellen: Interreg Europe 2020; Alpine Space Programme 2020; AlpFoodway 2020a, b und c; Regionalmanagement Weilheim-Schongau 2020.

Sowohl die Maßnahmen der allgemeinen als auch der speziellen Tourismuspolitik der EU lassen sich ohne das Wissen um die quantitativen Daten des Tourismus nicht treffen. Da die Erfassung und Vergleichbarkeit statistischer Tourismusdaten aufgrund unterschiedlicher methodischer Ansätze und Vorgehensweisen in den einzelnen Mitgliedsländern auf große Probleme stoßen, werden EU-weit seit 1996 harmonisierte statistische Daten gesammelt. 2011 schuf die EU einen **gemeinsamen Rahmen zur systematischen Entwicklung, Erstellung und Verbreitung europäischer Tourismusstatistiken** auf Basis der in den Mitgliedsländern erhobenen Daten. 2013 wurde zur Koordination der Datenerhebung und -speicherung eine **virtuelle Beobachtungsstelle** eingerichtet (vgl. Europäisches Parlament 2018).

3.3.3 Kompetenzverteilung innerhalb der EU

Innerhalb der EU sind mehrere Institutionen mit der Tourismuspolitik befasst bzw. von ihr betroffen: In der **Kommission** als Exekutivorgan des politischen Tagesgeschäfts der EU ist die Tourismuspolitik in der Generaldirektion der Kommission für Binnenmarkt, Industrie, Unternehmertum sowie kleine und mittlere Unternehmen angesiedelt. Daneben sind wegen des Querschnittscharakters des Tourismus (vgl. Kap. 1.2) weitere Generaldirektionen (Beschäftigung, Soziales und Integration, Bildung und Kultur, Mobilität und Verkehr, Energie, Entwicklung und Zusammenarbeit, Regionalpolitik und Stadtentwicklung, Justiz und Verbraucher u. a.) direkt oder indirekt bzw. mehr oder weniger mit der Tourismuswirtschaft befasst.

Die Kommission sieht sich in der Rolle eines Moderators, um unterschiedliche Interessen auszugleichen und eine gemeinschaftlich orientierte Tourismuspolitik anzustreben. Dazu organisiert sie z. B. jährliche Konferenzen wie das Europäische Tourismusforum oder den Europäischen Tourismustag. Die Abstimmung zwischen der Kommission und den einzelnen Mitgliedsstaaten erfolgt über den **Beratenden Ausschuss für Tourismus**, in dem z. B. Deutschland über das Bundesministerium für Wirtschaft und Energie vertreten ist (vgl. Mundt 2013, S. 500; BMWi 2019b).

Der **Rat der EU** als Interessenvertretung der einzelnen Mitgliedsländer ist federführend bei der Verabschiedung tourismuspolitischer Grundsätze oder verbindlicher Richtlinien, die in nationales Recht umzusetzen sind (z. B. die Pauschalreiserichtlinie, welche vorsieht, dass sich Reiseveranstalter gegenüber ihren Kunden gegen Zahlungsunfähigkeit oder Insolvenz absichern müssen).

Das **Europäische Parlament** als Legislativorgan der EU setzt sich ebenfalls für eine gemeinsame Tourismuspolitik ein und unterhält einen eigenen **Ausschuss für Verkehr und Tourismus**. Es trifft wichtige Entschließungen (z. B. Bekämpfung von Sextourismus mit Kindesmissbrauch, Digitalisierung von Vertriebswegen, Nachhaltigkeit im Tourismus, Schaffung eines Lables „Destination Europe 2020"), die aber nicht alle vom Rat der EU angenommen werden (vgl. Europäisches Parlament 2018).

Neben den staatlichen nehmen im Rahmen der EU-Tourismuspolitik auch **private Wirtschaftsverbände** Aufgaben wahr (vgl. Freyer 2015, S. 521 f.): Die 1948 gegründete **European Travel Commission (ETC)** ist der europäische Dachverband der nationalen Tourismusorganisationen europäischer Länder mit derzeit (2021) 32 Mitgliedern (z. B. die Deutsche Zentrale für Tourismus DZT) aus 31 Ländern, darunter auch Nicht-EU-Mitglieder. Ferner gehören ihr 14 assoziierte Mitglieder (Marketingplattformen, Datendienstleister, Fluggesellschaften, touristische Verbände, Vermietungsportale u. a.) an. Die ETC versteht sich als Forum zum Ideen- und Erfahrungsaustausch und ist um eine nachhaltige Tourismusentwicklung bedacht (vgl. ETC 2019a und b).

HOTREC (Hotels, Restaurants and Cafés in Europe) ist der Dachverband des europäischen Gastgebergewerbes und vertritt die Interessen von 44 nationalen Mitgliedsverbänden (2021) aus dem Beherbergungs- und Gastronomiegewerbe (in Deutschland z. B. der Deutsche Hotel- und Gaststättenverband DEHOGA), in denen rund zwei Mio. Betriebe, davon 90 % Klein- und Kleinstbetriebe, zusammengeschlossen sind (vgl. HOTREC 2019).

3.3.4 Sonstige

Neben der EU existieren noch weitere supranationale Institutionen in anderen Weltregionen, zu deren Agenden zumindest teilweise auch die Tourismuspolitik zählt. Die **Organization of American States (OAS)** mit ihren 35 Mitgliedsländern aus Nord-, Mittel- und Südamerika befasst sich vor allem mit dem Thema Sicherheit im Tourismus, wozu spezielle Programme und Trainings zur Terror- und Kriminalitätsabwehr in touristischen Destinationen sowie zum Risikomanagement konzipiert wurden (vgl. OAS 2020). Die 21 Mitgliedsstaaten zählende **Asiatisch-Pazifische Wirtschaftsgemeinschaft APEC (Asia Pacific Economic Cooperation)** hat unter ihren 15 Arbeitsgruppen auch eine für Tourismus, die sich für ein besseres Verständnis von Tourismus als wirtschaftlichen Wachstumsmotor sowie ein nachhaltiges Tourismuswachstum in der asiatisch-pazifischen Region einsetzt (vgl. APEC 2020). Die **Caribbean Tourism Organization (CTO)** arbeitet u. a. auf eine starke touristische Zusammenarbeit sowie die Förderung und Vermarktung des Tourismus innerhalb des karibischen Wirtschaftsraums hin (vgl. CTO 2020). Ähnliches gilt für die **Pacific Asia Travel Association (PATA)** in ihrem Wirkungsraum (vgl. PATA 2020).

3.4 Nationale Tourismuspolitik

Auf nationaler Ebene weisen die meisten Länder eine strategisch formulierte Grundlage für die Tourismuspolitik aus, welche sich aus Zielsetzungen und Maßnahmen zu deren Erreichen zusammensetzt. Da die Tourismuspolitik fast überall eine Querschnittsaufgabe (vgl. Kap. 1.2) ist, kommt sowohl der **horizontalen Koordination** zwischen den Politikbereichen als auch der **vertikalen Koordination** zwischen den staatlichen Ebenen entscheidende Bedeutung zu, wobei letztere vom gesamtstaatlichen Ordnungssystem – zentralistisch versus föderalistisch – abhängt. Fester Bestandteil aller nationalen Tourismuspolitiken ist daneben die Tourismusförderung mit dem Schwerpunkt Tourismusmarketing. Auch die Förderung von Digitalisierung und Unternehmertum, insbesondere Mittelstandsförderung, stellen Schwerpunkte dar (vgl. Bundesrat 2018).

3.4.1 Aufgaben

Auf Bundesebene hat sich die Bundesregierung erstmals 1975 mit ihrem ersten tourismuspolitischen Programm zur Tourismuspolitik geäußert (vgl. Exkurs 2). Obwohl die dort formulierten Ziele lediglich aus der Analyse der gesellschaftlichen Realität des Tourismus abgeleitet wurden und nur das widerspiegeln, was die Politik über mehrere Jahrzehnte pragmatisch an tourismusrelevanter Problematik und Verantwortung aufgedeckt sowie an sich gezogen hat und es auch an organisatorischen und strategischen Hinweisen zur Realisierung dieser Ziele mangelt (vgl. Petermann 1998, S. 167), hat dieses Programm – trotz vielfacher Forderungen – bis heute keine wesentliche Fortschreibung erfahren, sodass es auch heute noch die Grundlagen der deutschen Tourismuspolitik vorgibt. Allerdings wurde im Koalitionsvertrag von Union und SPD 2018 erstmals die Erarbeitung einer nationalen Tourismusstrategie vereinbart (vgl. Kap. 3.4.3).

Angesichts des Umstandes, dass die konkrete Förderung, Planung und Entwicklung des Tourismus in Deutschland auf der regionalen Ebene (vgl. Kap. 3.5) verortet ist, d. h. im Verantwortungsbereich der Bundesländer liegt, gibt es auf Bundesebene nur eine sehr schmale Zuständigkeit für die Tourismuspolitik. Sie bezieht sich in erster Linie auf die **Gestaltung der allgemeinen Rahmenbedingungen für die Touris-**

muswirtschaft sowie die **Wirtschafts- und Mittelstandsförderung**, im Rahmen derer aber nur sehr wenige Maßnahmen rein tourismusspezifischer Natur sind, sondern auch den Unternehmen anderer Wirtschaftsbranchen zur Verfügung stehen. Dem Bund obliegt ferner die Zuständigkeit zur Gestaltung **diplomatischer Beziehungen**.

Dabei ist das **Bundesinnenministerium** – in Koordinierung mit anderen Ressorts – für die Aushandlung bi- oder multilateraler Vereinbarungen zur Verbesserung von Reisemöglichkeiten und -erleichterungen sowie der Reisesicherheit zuständig. Zu nennen sind in diesem Zusammenhang z. B. die Regelungen zur Freizügigkeit (vgl. Exkurs 10), Open-Sky-Abkommen (vgl. Kap. 3.2.1.3), aber auch die gegenseitige Anerkennung des nationalen Führerscheins oder die Gültigkeit von Kranken- und Kfz-Haftpflichtversicherungen im Ausland wie z. B. die ehemalige Grüne Karte (internationale Versicherungskarte für den Kraftverkehr), die 2020 durch ein Kennzeichenabkommen abgelöst wurde.

Hinzukommen die Instrumente im Rahmen der **Raumordnung und Raumordnungspolitik** (vgl. Kap. 4.4.1) sowie der Förderung der **Regionalentwicklung**. Deren zentrales Instrument ist die Bund-Länder-Gemeinschaftsaufgabe **„Verbesserung der regionalen Wirtschaftsstruktur" (GRW)**, mit der strukturschwache Regionen gezielt gefördert werden (vgl. Kap. 4.3.3). Sie dient der Förderung von Investitionen in die Privatwirtschaft und die wirtschaftsnahe Infrastruktur. Primär auf die räumliche Strukturverbesserung ausgerichtet, ist der Tourismus zwar nicht das vordergründige Ziel, kann aber über die Unterstützung touristischer Betriebe bei Investitionen sowie Tourismusdestinationen bei Entwicklung und Ausbau der touristischen Infrastruktur ausdrücklich ebenfalls gefördert werden. Schließlich beeinflusst der Bund im Rahmen der **Verkehrspolitik** über die Bundesverkehrswegeplanung das touristische Verkehrsgeschehen (vgl. Kap. 4.4.4).

Exkurs 10: Reisefreiheit

„Jeder hat das Recht, sich innerhalb eines Staates frei zu bewegen und seinen Aufenthaltsort frei zu wählen"

„Jeder hat das Recht, jedes Land, einschließlich seines eigenen, zu verlassen und in sein Land zurückzukehren" (Artikel 13 der Allgemeinen Erklärung der Menschenrechte der UN).

Das Recht auf Reisefreiheit – oft wird auch von **Freizügigkeit** gesprochen – verleiht die Möglichkeit, über Aufenthalt und Wohnort frei zu entscheiden und diesen jederzeit ändern zu können, d. h. sich in einem (Heimat-)Land ohne Hindernisse von einem zum anderen Ort oder sogar von einem ins nächste Land bewegen und sich dort (für begrenzte oder gar unbegrenzte Zeit) aufhalten und ggf. einer Arbeit nachgehen zu dürfen. Eingeschlossen ist auch das Recht, das Land zu verlassen oder wieder aus dem Ausland zurückzukehren. Reisefreiheit ist eine wichtige Voraussetzung für die kulturelle Globalisierung: Je einfacher es ist, in andere Staaten zu reisen, desto wahrscheinlicher findet auch ein Austausch statt.

Praktisch bedeutet Reisefreiheit bzw. Freizügigkeit das Überschreiten von **Grenzen**, an deren Verlauf sich die Ausdehnung des Staatsgebiets von Ländern erkennen lässt. Eigentlich geht es dabei lediglich um das Sichtbarmachen der Grenze, die ein juristischer Begriff ist, der sich nicht auf die Trennung von Menschen und Dingen, sondern von staatlichen Normensystemen bezieht. Diese territoriale Trennung wird auf der Erdoberfläche als Linie markiert, setzt sich unterhalb dieser theoretisch jedoch bis zum Erdmittelpunkt sowie im Luftraum bis zum Weltraum fort.

Weltweiter Vorreiter bei der Freizügigkeit ist die Europäische Union (EU). Jeder EU-Bürger kann ohne Visum in sämtliche Mitgliedsstaaten der EU, des Europäischen Wirtschaftsraums (EU + Island, Liechtenstein, Norwegen) sowie in die Schweiz reisen und sich dort für drei Monate aufhalten. Erforderlich ist lediglich das Vorweisen eines gültigen Ausweisdokuments. Dabei handelt es sich meistens um den Personalausweis, der auch für die Bereisung bestimmter europäischer Nicht-EU-Länder (z. B. Türkei, Georgien, Albanien, Montenegro, Nordmazedonien) ausreicht.

Die meisten Länder der Welt lassen sich dagegen mit einem gültigen Reisepass bereisen bzw. ist dieser die Grundlage für die Erteilung eines **Visums**. Jedes Jahr veröffentlicht die Londoner Beratungsfirma Henley & Partners den sog. **Passport Index**. Dabei handelt es sich um ein auf Daten der International Air Transport Association (vgl. Kap. 3.2.2.2) basierendes Ranking, das zeigt, wie viel Reisefreiheit nationale Reisepässe bieten, d. h. wie frei und uneingeschränkt von Visa- und sonstigen Einreisebeschränkungen sich Staatsangehörige eines Landes mit ihrem Reisepass in der restlichen Welt bewegen können. 2019 z. B. konnten Deutsche in 187 Staaten einreisen, ohne vorab ein Visum beantragt zu haben, was Platz zwei bedeutete. Auf Platz eins lagen Singapur und Japan mit 189. Sehr schlecht schnitten dagegen bestimmte afrikanische und asiatische Länder sowie Krisen- und Kriegsregionen ab. Die letzten fünf Plätze des Rankings belegten Somalia (31 Länder), Pakistan (30 Länder), Syrien (29 Länder), Irak (27 Länder) und Afghanistan (25 Länder).

Visafrei bedeutet nicht nur, kein Visum vor Reiseantritt beantragen zu müssen, sondern auch wenn selbiges bei Ankunft („on arrival") ausgestellt wird. Als visafrei gelten auch Länder, für die vorab ein sog. E-Visum beantragt werden muss und dafür lediglich die Entrichtung einer Visumsgebühr, ein Rückflug oder eine Hotelreservierung vorzuweisen sind. Nicht-visafrei sind Staaten, bei denen bei Einreise das klassische, vorab zu erteilende Botschaftsvisum erforderlich ist.

Der Passport-Index sagt nicht nur einiges über die wirtschaftliche Potenz eines Landes, sondern auch die Güte seiner diplomatischen Beziehungen zu anderen Staaten aus. So korrespondiert die immense Wirtschaftsmacht Chinas nicht mit seinem Rang in der Reisefreiheit, da das Land mit nur 70 Ländern lediglich Rang 74 belegt.

Bei der **Einreise nach Deutschland** gilt für Drittstaatsangehörige grundsätzlich eine Visumspflicht. Ausgenommen von dieser sind Staatsangehörige der EU-Mitglieder sowie solcher Staaten, für die aufgrund der Visa-Verordnung der EU für kurzfristige Aufenthalte von 90 Tagen im Zeitraum von 180 Tagen keine Visumspflicht gilt.

Die Visumserteilung erfolgt durch die deutschen Auslandsvertretungen (Botschaften und Generalkonsulate). Für Aufenthalte bis zu 90 Tagen können diese ein Schengen-Visum, das für den gesamten Schengen-Raum[11] gültig ist, für längere Aufenthalte auch ein nationales Visum erteilen.

Die Freizügigkeit kann bei einer drohenden Gefahr für die freiheitlich-demokratische Grundordnung sowie bei der Bekämpfung von schweren Unglücksfällen, Naturkatastrophen und Seuchengefahr ausgesetzt werden. In diesen Fällen können Grenzkontrollen wieder eingeführt werden, wie das Beispiel der Corona-Krise zeigt (vgl. Kap. 5.3.2.2).

Quellen: Moeder 2019, S. 33; Welt 2016; BpB 2017 und 2019; BMI 2019; Travelbook 2019; Hobe 2014, S. 81.

---

11 Der Schengen-Raum ist ein gemeinsamer Raum, innerhalb dessen der Personenverkehr nicht durch Grenzkontrollen beeinträchtigt wird. Schengen-Mitglieder sind alle EU-Staaten außer Irland und Zypern sowie die Nicht-EU-Mitglieder Island, Liechtenstein, Norwegen und Schweiz. Die EU-Länder Bulgarien, Rumänien und Kroatien wenden den sog. Schengen Acquis nur teilweise an, sodass Personenkontrollen an den Binnengrenzen einstweilen noch stattfinden (Stand 2021).

3.4.2 Bundestag

Seit Ende der 1980er Jahre wird der Tourismuspolitik im Bundestag durch einen eigenen Ausschuss Rechnung getragen, der zunächst als Unterausschuss des Wirtschafts-
ausschusses, später als Vollausschuss tagt. Der **Tourismusausschuss des Bundes-
tags** berät Gesetzesentwürfe, Anträge, Unterrichtungen und Vorlagen, die ihm vom
Plenum federführend oder zur Mitberatung überwiesen werden. Er hat jedoch auch
ein Selbstbefassungsrecht bzw. wird auch auf eigene Initiative hin aktiv, indem er sich
von Experten aus Politik, Wirtschaft, Wissenschaft und Zivilgesellschaft im Rahmen
öffentlicher bzw. nicht-öffentlicher Anhörungen, Fachgesprächen, Arbeitskreisen und
Vor-Ort-Terminen (ggf. auch Delegationsreisen ins Ausland) informieren und beraten
lässt. Ferner wird er regelmäßig über die tourismuspolitischen Aktivitäten der Bundesregierung, wie z. B. die nationale Tourismusstrategie, die Arbeit des Kompetenz-
zentrums Tourismus (vgl. Kap. 3.4.5) oder die tourismuspolitischen Haushaltsansätze
der Ressorts (vgl. Kap. 3.4.4) unterrichtet.

Durch seine Initiativen sowie parlamentarischen Anfragen und Anhörungen
trägt der Tourismusausschuss ganz wesentlich zur Diskussion tourismuspolitischer
Frage- und Problemstellungen bei (vgl. BMWi 2017a; Deutscher Bundestag 2018 und
2019).

3.4.3 Bundesministerium für Wirtschaft und Energie (BMWi)

In Sachen Tourismuspolitik auf nationaler Ebene federführend ist das Bundesministerium für Wirtschaft und Energie (BMWi), in dem es ein eigenes **Tourismusreferat**[12]
gibt, dessen Ziel die Schaffung und Wahrung günstiger Rahmenbedingungen des Tourismus in Deutschland ist. Seine Ansiedlung in der Oberabteilung Mittelstandspolitik
macht deutlich, dass es sich bei der Tourismuswirtschaft um eine weitgehend mittelständische, d. h. durch kleine und mittlere Unternehmen sowie Kleinstbetriebe geprägte Branche handelt.

Seit 2005 gibt es im BMWi einen **Tourismusbeauftragten der Bundesregierung** im Rang eines Parlamentarischen Staatssekretärs, der als Ansprechpartner für
die Tourismuswirtschaft und deren Verbände sowie als Vertreter der tourismuspolitischen Anliegen der Bundesregierung im parlamentarischen Raum fungiert. Die
Abstimmung der tourismuspolitischen Aktivitäten von Bund und Ländern erfolgt
durch den **Bund-Länder-Ausschuss Tourismus** unter Vorsitz des BMWi.

Bereits seit 1977 existiert beim BMWi ein **Beirat für Fragen des Tourismus**, welcher sich aus Vertretern von Unternehmen und Verbänden der Tourismuswirtschaft,

---

12 Dabei handelt es sich um das Referat **VII** (Mittelstandspolitik) **A** (Mittelstandspolitik und Dienst-
leistungswirtschaft) **4** (Tourismuspolitik) (vgl. BMWi 2019c).

Verkehrsträgern, Destinationen und Wissenschaft zusammensetzt und durch seine Fachkompetenz die Meinungsbildung des Ministeriums unterstützt. Zur institutionellen Stärkung der Tourismuspolitik auf Bundesebene hat das BMWi zudem das **Kompetenzzentrum Tourismus des Bundes** geschaffen (vgl. Kap. 3.4.5).

1994 legte die Bundesregierung erstmals den Bericht über die Entwicklung des Tourismus vor. Seitdem erscheint einmal je Legislaturperiode der **tourismuspolitische Bericht der Bundesregierung**, der zu aktuellen Problemen und Entwicklungen in der Tourismuswirtschaft Bezug nimmt. Er führt auch die während der Legislaturperiode vom BMWi ergriffenen tourismuspolitischen Maßnahmen (Gesetze, Initiativen, Kampagnen, Einflussnahmen, Projekte) auf. Während der 18. Legislaturperiode (2013–2017) gehörten dazu u. a. (vgl. BMWi 2017a, S. 28 ff.):

- **Bürokratieentlastungsgesetz** mit Vereinfachungen im Steuer- und Sozialversicherungsrecht,
- **Förderung von Investitionen**, insbesondere im Hotel- und Gaststättenbereich, durch die Kreditanstalt für Wiederaufbau (KfW) und das European Recovery Programme (ERP),
- Regelungen zu **Vermittlung und Vertrieb von Versicherungen**,
- **Wettbewerbspolitische Aspekte:** Z. B. Untersagung von wettbewerbsbeschränkenden Bestpreisklauseln von Hotelbuchungsplattformen wie HRS, Booking.com, Expedia durch das Bundeskartellamt,
- **Fachkräftesicherung:** U. a. Allianz für Aus- und Weiterbildung, Initiative „Passgenaue Besetzung", Kompetenzzentrum Fachkräftesicherung für kleine und mittlere Unternehmen,
- **Änderungen am Telemediengesetz:** Abschaffung der Störerhaftung von Beherbergungs- und Gastronomiebetrieben bei für Gäste zugänglichen WLAN-Netzwerken,
- Novellierung der **Pauschalreiserichtlinie**,
- Bauplanungsrechtliche Zulässigkeit von **Ferienwohnungen**,
- **Einreisebedingungen:** Visaerleichterungen im Hinblick auf den Incoming Tourismus aus China,
- **Wassertourismus:** Kompendium zu touristischen Nutzungsmöglichkeiten und -potenzialen der Bundeswasserstraßen, Renaturierungsinitiative „Blaues Band Deutschland",
- „Reisen für Alle": Ausbau des **barrierefreien Tourismus** in Deutschland,
- Förderung des **ländlichen Tourismus**,
- Projekt **„Kulturtourismus in ländlichen Räumen"**,
- **„Arbeitsmarkt- und Fachkräfteanalyse Tourismus":** Beurteilung der Fachkräftesituation und -verfügbarkeit sowie Ermittlung der Bedarfsstrukturen in ausgewählten Bundesländern,
- „Zukunftsprojekt **Kinder- und Jungendtourismus"**,
- **„Check-in-Energieeffizienz":** Modellvorhaben für wirtschaftlich, ökologisch und sozial tragfähige Konzepte im Beherbergungsgewerbe,

– **Diverse Studien:** „Tagesreisen der Deutschen", „Sharing Economy" (Kurzzeitvermietung von Privatunterkünften), „Wirtschaftliche Bedeutung der Filmindustrie in Deutschland" u. a.

Zur stärkeren Ausschöpfung der Entwicklungschancen der Tourismuswirtschaft wurde im Koalitionsvertrag für die 19. Legislaturperiode eine **nationale Tourismusstrategie** vereinbart. Dort heißt es:

> Wir vereinbaren unter Beachtung der föderalen Grundsätze der Tourismuspolitik (gemeinsam mit den Ländern) und der Kompetenzen des Bundes für die Tourismuswirtschaft einen ganzheitlichen wirtschaftspolitischen Ansatz in Form einer nationalen Tourismusstrategie (Bunderegierung 2019).

2019 wurden vom BMWi die ersten Eckpunkte für eine derartige Strategie erarbeitet (vgl. BMWi 2019d). Als **übergeordnete politische Ziele** werden darin genannt:
– Stärkung der inländischen Wirtschaft,
– nachhaltige Verbesserung der Lebensqualität in Deutschland,
– Sicherung internationaler Stabilität.

Zur Umsetzung dieser grundlegenden Anliegen wurden folgende **tourismusstrategischen Ziele** formuliert:
– Ausschöpfung touristischer Potenziale,
– Stärkung der Wettbewerbsfähigkeit des Tourismusstandortes Deutschland und seiner mittelständisch geprägten Tourismuswirtschaft,
– Schaffung moderner, barrierefreier und nachhaltiger Mobilität,
– Anstreben eines Qualitätstourismus: Schaffung lebenswerter Räume im Einklang mit Natur und Kultur, Erhöhung der Lebensqualität, positive Prägung des Deutschlandbildes im Ausland,
– nachhaltige Stärkung der wirtschaftlichen Entwicklung in anderen Weltregionen sowie von Frieden, Toleranz und Völkerverständigung durch Nutzung touristischer Potenziale,
– Unterstützung einer umwelt- und klimaverträglichen touristischen Entwicklung.

Zur Erreichung dieser Ziele wurden im Hinblick auf die Kompetenzen des Bundes folgende **Handlungsfelder** festgelegt:
– Schaffung und Gestaltung **verlässlicher, bürokratiearmer und wettbewerbssteigernder Rahmenbedingungen** für Deutschland als Tourismusstandort und die nationale Tourismuswirtschaft,
– **Teilhabe am internationalen Wachstum des Tourismus** durch Wahrung der Position Deutschlands als Reisedestination in bestehenden und neu zu erschließenden Quellmärkten für den Incoming Tourismus,
– Vorantreiben der **Digitalisierung in der Tourismuswirtschaft** („Tourismus 4.0") durch flächendeckende Internet- und Mobilfunkversorgung,

- **bedarfsgerechte und nachhaltige Verkehrspolitik** zur besseren verkehrlichen Erschließung touristischer Destinationen unter Berücksichtigung sowohl der Mobilitätsansprüche der Reisenden als auch der negativen Folgen des Reiseverkehrs für Klima, Umwelt und Gesundheit,
- Sicherung von **Beschäftigung und Fachkräfteverfügbarkeit**,
- **Stärkung ländlicher Räume:** Beitrag des Tourismus zu Beschäftigungs- und Einkommensperspektiven sowie zu gleichwertigen Lebensverhältnissen,
- **nachhaltige Entwicklung im und durch Tourismus:** Bewahrung lebenswerter natürlicher und kultureller Lebensräume, Umwelt- und Klimaschutz, Barrierefreiheit als Voraussetzung zur Teilhabe am Tourismus,
- **Stabilität in Entwicklungs- und Schwellenländern** durch Nutzung touristischer Potenziale, verantwortungsvoller Tourismus als Instrument der Entwicklungszusammenarbeit, Verpflichtung gegenüber den Nachhaltigkeitszielen der Vereinten Nationen,
- **koordinierte Zusammenarbeit zwischen Bund, Ländern und Gemeinden**, Wahrnehmung des Tourismus als eigenständiger Wirtschaftsfaktor, Abstimmung tourismusrelevanter Entscheidungsprozesse, erhöhte Transparenz bei der Tourismusförderung.

Neben der Federführung durch das BMWi sind auf Bundesebene weitere Ressorts in die Tourismuspolitik eingebunden.

3.4.4 Sonstige Ministerien

Folgende Bundesministerien sind, dem Querschnittscharakter der Tourismus entsprechend, mehr oder weniger ebenfalls mit tourismuspolitischen Agenden befasst (vgl. Deutscher Bundestag 2018, S. 5 f.; BMWi 2017a, S. 52 ff.):
- **Auswärtiges Amt:** Sicherheit im Reiseverkehr (Reisewarnungen und Sicherheitshinweise, konsularische Nothilfe durch 220 Botschaften, Konsulate und Honorarkonsuln), auswärtige Bildungs- und Kulturpolitik (Vermittlung eines modernen und wirklichkeitsgetreuen Deutschlandbildes im Ausland, Bewerbung Deutschlands als Wirtschafts-, Wissenschafts- und Innovationsstandort), Erleichterung von Visumfragen,
- **Beauftragter der Bundesregierung für Kultur und Medien:** Kulturtourismus (Förderung, Restaurierung und Instandsetzung von Museen, Kultureinrichtungen, Baudenkmälern, Gärten und Parks etc.),
- **Bundesministerium für Arbeit und Soziales:** Berufliche Weiterbildung und Mindestlohn im Gastgewerbe, barrierefreier Tourismus,
- **Bundesministerium für Bildung und Forschung:** Aus- und Weiterbildung im Tourismus, Forschungsprojekte im Tourismus (z. B. Branchenstandards zur stetigen Nachhaltigkeitssensibilisierung von Reisbüros, Entwicklung eines Mobilitäts-

agenten zum effizienten Verkehrsmittelwechsel entlang der Reisekette, Urlaubsreisen im Alter),

- **Bundesministerium für Ernährung und Landwirtschaft:** Förderung des Agro-
  tourismus zur ländlichen Einkommensdiversifizierung (z. B. Urlaub auf dem Bau-
  ernhof), Lebensmittelkennzeichnung,
- **Bundesministerium für Familie, Senioren, Frauen und Jugend:** Urlaubsför-
  derung, Unterstützung von Investitionen in Familienferienstätten, Altenkur- und
  Muttergenesungsheimen sowie Jugendherbergen, Maßnahmen zum Schutz von
  Kindern vor sexuellem Missbrauch,
- **Bundesministerium des Innern, für Bau und Heimat:** Visumfragen, Meldege-
  setz, Erfassung von Ein- und Ausreisen, Raumplanung, Förderung des Baus von
  Sportanlagen,
- **Bundesministerium für Gesundheit:** Gesundheitsaspekte im Tourismus,
- **Bundesministerium für Justiz und Verbraucherschutz:** (Pauschal-)reiserecht,
  Schlichtung im Luftverkehr, Maßnahmen gegen sexuelle Ausbeutung von Kin-
  dern im Tourismus, Teilzeitwohnrechte,
- **Bundesministerium für Umwelt, Naturschutz und Reaktorsicherheit:** Nachhaltige Tourismusentwicklung im Rahmen von Forschungs- und Modellprojek-
  ten,
- **Bundesministerium für Verkehr und digitale Infrastruktur:** Erhalt und Ausbau der Verkehrsinfrastruktur, Digitalisierung und Breitbandförderung, Förderung des öffentlichen Personennahverkehrs, des Rad- und Wassertourismus
  sowie einer nachhaltigen und umweltfreundlichen Mobilität[13], barrierefreie Fortbewegung, Verbraucherschutzrechte im Verkehr,
- **Bundeministerium für wirtschaftliche Zusammenarbeit und Entwicklung:**
  Tourismusförderung als Instrument der Entwicklungszusammenarbeit.

Damit erstreckt sich die tourismuspolitische Zuständigkeit über das gesamte Bundes-
kabinett, was den Querschnittscharakter von Tourismus und Tourismuspolitik unterstreicht.

3.4.5 Staatliche geförderte/organisierte Institutionen

Die seit 1948 bestehende und in Frankfurt a. M. ansässige **Deutsche Zentrale für
Tourismus e. V. (DZT)** ist eine Non-Profit-Marketingorganisation für das Reiseland
Deutschland mit aktuell (2021) 65 Mitgliedsorganen (Körperschaften, Verbände, Stif-
tungen, Anstalten und Vereinigungen von bundesländerübergreifender Bedeutung,
touristische Marketingorganisationen der Bundesländer, Unternehmen) und über-

---

13 Elektromobilität, Verbesserung der Umweltbilanz von Kreuzfahrtschiffen, Klimaschutz im Luftverkehr, Verkehrslärmschutz u. a.

nimmt – gefördert mit jährlich rund 30 Mio. Euro – im Auftrag des Bundes wichtige Funktionen bei der internationalen Vermarktung. Ihr Anliegen ist es, das positive Image von Deutschland als Reisedestination im Ausland zu fördern und den Incoming Tourismus nach Deutschland zu erhöhen. Hierzu unterhält die DZT sechs Regionalmanagementorganisationen mit 31 Ländervertretungen auf fünf Kontinenten.

Die Präsentation Deutschlands als Reiseland durch die DZT erfolgt durch vielfältige Veranstaltungen sowie Teilnahmen an Touristikmessen und Kampagnen. Von Bedeutung sind insbesondere die **jährlich wechselnden Themenkampagnen**[14]. Eine wichtige Aufgabe der DZT ist es ferner, der mittelständischen Tourismuswirtschaft eine Plattform für internationale Werbeaktivitäten zu bieten, denn für die meisten touristischen Unternehmen ist die Teilnahme an Aktivitäten im Ausland nur mit Hilfe der DZT möglich (vgl. Deutscher Bundestag 2018, S. 6; BMWi 2017a, S. 39 f.).

Zur institutionellen Stärkung der Tourismuspolitik auf Bundesebene hat das BMWi das **Kompetenzzentrum Tourismus des Bundes** geschaffen, welches der Beobachtung und Analyse touristisch relevanter gesellschaftlicher, wirtschaftlicher und technischer Entwicklungen sowie der operativen Förderung durch den Bund (u. a. Modellprojekte mit vorausgehendem Ideenwettbewerb, Aufbau eines an den Bedarfsstrukturen der mittelständischen Tourismuswirtschaft ausgerichteten Informationsangebots) dient. Ein wichtiger Baustein ist das Sondermodul „Tourismus 2030", das gemeinsam mit Vertretern der Tourismuswirtschaft und unter wissenschaftlicher Anleitung langfristige Szenearien und Perspektiven für den Tourismus in Deutschland entwirft. Weitere aktuelle Schwerpunkte liegen in der Erfassung sich durch Digitalisierung und Internationalisierung wandelnder Geschäftsmodelle sowie dem Beitrag des Tourismus für lebenswerte Regionen (vgl. BMWi 2017a, S. 36; Kompetenzzentrum Tourismus des Bundes 2020c).

3.4.6 Private Institutionen

Neben den staatlichen Organisationen wird die Tourismuspolitik in Deutschland von vielfältigen Dach- und Fachverbänden sowie Vereinigungen und Interessenvertretungen der privaten Tourismuswirtschaft, deren allgemeine Eigenschaften und Funktionsweise Gegenstand von Kap. 2.2 sind, betrieben, ergänzt und vor allem beeinflusst. Bedeutende Beispiele sind u. a.:

Der **Bundesverband der Deutschen Tourismuswirtschaft (BTW)** in Berlin ist der Dachverband der deutschen Tourismuswirtschaft, der neben großen Unterneh-

---

14 Z. B. 2013: „Junges Reiseland Deutschland – HotSpots, Brandnew, Lifestyle", 2014: „Unesco-Welterbe in Deutschland – Nachhaltiger Natur- und Kulturtourismus", 2015: „Tradition und Brauchtum", 2016: „Faszination Natururlaub in Deutschland", 2017: „Ferienstraßen in Deutschland", 2018: „Kulinarisches Deutschland", 2019: „100 Jahre Bauhaus", 2020: „250. Geburtstag von Ludwig van Beethoven", 2021: „German.Spa.Tradition".

men auch Verbände aus allen Bereichen der Tourismuswirtschaft (Hotellerie und Gastronomie, Luft-, Straßen- und Schienenverkehr, Reiseveranstalter und -mittler, Tourismusmarketing u. a.) vertritt und deren Interessen wahrnimmt. Zu den Kernanliegen des BTW gehören (vgl. BTW 2012):

- Erhöhung von Wirtschaftskraft sowie Ansehen und Bekanntheit der Tourismusbranche,
- bedarfsgerechte und kundenorientierte Infrastrukturgestaltung,
- gerechte und angemessene Wettbewerbsbedingungen (vor allem bzgl. Steuern und Gebühren, Ge- und Verboten),
- mit Augenmaß betriebener Klimaschutz,
- unkomplizierter und unbürokratischer Verbraucherschutz.

Als Anwalt gemeinsamer, übergreifender Interessen der Tourismusbranche versteht sich der BTW gleichermaßen als Interessenvertretung, PR-Sprachrohr sowie Netzwerkplattform seiner Mitglieder. Zu seinen Maßnahmen gehören:

- Verfassung von Positionspapieren und Führung von Hintergrundgesprächen,
- Veranstaltung parlamentarischer Abende und „tourismuspolitischer Frühstücke" zur Herstellung eines direkten Austausches mit Politikern, Abgeordneten sowie Beamten der Ministerialbürokratie,
- Durchführung von Kampagnen (z. B. „Auf Zukunft gebucht – die Tourismuswirtschaft") zur Veranschaulichung von Vielfalt und Wertigkeit der Tourismusbranche,
- Beauftragung wissenschaftlicher Studien zur Prägung des politischen Diskurses im Sinne der Mitglieder,
- Ermittlung der touristischen Konsumlaune als Frühindikator durch einen eigenen Tourismusindex.

Der **Deutsche Tourismusverband (DTV)** vertritt als föderal organisierter touristischer Dachverband der kommunalen, regionalen und landesweiten Tourismusorganisationen die Interessen des öffentlichen Tourismus. Er versteht sich als Service- und Beratungsdienstleister sowie Informationspool für seine Mitglieder und die touristische Öffentlichkeit, als Qualitätsmanager für touristische Einrichtungen und Angebote sowie als Koordinator und Impulsgeber für touristische Aus-, Fort- und Weiterbildung. Im Rahmen des Deutschlandtourismus begreift er sich als Innovations- und Kompetenzzentrum. Zu den rund 100 DTV-Mitgliedern gehören neben den Tourismusorganisationen aller politisch-administrativen Ebenen auch Städte, kommunale Spitzenverbände[15] sowie dem Tourismus nahestehende Fördernde Mitglieder (z. B. der ADAC) (vgl. Berg 2014, S. 53; DTV 2019).

---

15 Deutscher Landkreistag, Deutscher Städtetag, Deutscher Städte- und Gemeindebund.

Der **Deutsche Hotel- und Gaststättenverband** (DEHOGA) vertritt mit mehr als 70.000 Mitgliedern die Interessen des Gaststätten- und Hotelgewerbes (Restaurants, Einrichtungen für Gemeinschaftsverpflegung, System- und Sternegastronomie, Frühstückspensionen, Ferien-, Tagungs- und Luxushotels) mit seinen rund 223.000 meist mittelständischen Betrieben sowie 2,4 Mio. Beschäftigten. Untergliedert ist der Verband in Landes- und Fachverbände sowie thematisch spezialisierte Fachabteilungen (Systemgastronomie, Gemeinschaftsgastronomie, Diskotheken, Bahnhofsgastronomie und Catering). Die Ziele liegen in der Verbesserung der politischen Rahmenbedingungen, z. B. in den Bereichen Arbeitsmarkt- oder Tarifpolitik, Aus- und Weiterbildung, Recht und Steuern, Umweltschutz und Urheberrecht, Entbürokratisierung sowie der Sicherung von Gegenwart und Zukunft des Gastgewerbes. Darüber hinaus bietet der Verband vielfältige Marketingaktionen sowie eine freiwillige Hotelklassifizierung nach bundesweit einheitlichen Kriterien (vgl. DEHOGA 2020).

Der **Deutsche Heilbäderverband (DHV)** vertritt die Interessen seiner Mitglieder nicht nur gegenüber politischen Institutionen auf unterschiedlichen Ebenen (u. a. Ministerien, Behörden, Parlamente von Bund und EU), sondern auch gegenüber Sozialversicherungen und Kostenträgern. Zu den Mitgliedern des DHV gehören die Heilbäderverbände der Bundesländer sowie spezifische Fachverbände (z. B. Deutscher Heilstollenverband, Verband Deutscher Mineralbrunnen, Vereinigung für Bäder- und Klimakunde) (DHV 2019a).

Der **Deutsche Reiseverband (DRV)** in Berlin ist der Spitzenverband der deutschen Reisewirtschaft (vor allem Reiseveranstalter und -mittler) mit ca. 5.000 Mitgliedern. Seine Aufgaben sind u. a. (vgl. DRV 2019):
- Vertretung der Brancheninteressen in Politik, Wirtschaft und Öffentlichkeit,
- Krisen- und Sicherheitsmanagement für die Reisebranche,
- Beratung und Unterstützung der Mitglieder in Sachen Weiterbildung und rechtliche Belange (z. B. Reise- und Wettbewerbsrecht),
- Unterstützung beim digitalen Wandel,
- Sicherung von Fachkräften,
- Einsatz für Ökologie und Klimaschutz,
- Erarbeitung von Branchenstandards für geschäftliche Transaktionen.

Die **Deutsche Gesellschaft für Tourismuswissenschaft e. V. (DGT)** ist ein Kompetenz-Netzwerk von Tourismuswissenschaftlern aus Deutschland, Österreich und der Schweiz mit dem Ziel der Förderung von Tourismuswissenschaft, -wirtschaft und -politik u. a. durch die Fachzeitschrift für Tourismuswissenschaft sowie Tagungen und Seminare mit starkem Praxisbezug, in denen aktuelle Fragen des Tourismus aufgegriffen werden (vgl. DGT 2020).

Aktuelle Entwicklungen werden von spezialisierten Verbänden, wie z. B. nachhaltiger Tourismus durch den **Viabono-Trägerverein e. V.** sowie **Futouris e. V.** oder die digitale Reiseindustrie durch den **Verband Internet Reisevertrieb e. V. (VIR)**, aufgegriffen und vertreten.

3.5 Regionale Tourismuspolitik

Bei einem **föderalistischen Staatsaufbau**, d. h. einer vertikalen Gewaltenteilung und meist ökonomischer Integration bei gleichzeitiger soziokultureller Eigenständigkeit und/oder politischer Autonomie der Gliedstaaten (vgl. Schultze 2015c, S. 188), wie es auch in Deutschland der Fall ist, liegen die konkreten tourismuspolitischen Funktionen und Verantwortlichkeiten auf der regionalen Ebene, d. h. **in den Händen der Bundesländer.**

3.5.1 Aufgaben und Zuständigkeiten

Auf Bundesländerebene ist es die Aufgabe der Tourismuspolitik,

> zielgerichtet herauszuarbeiten und zu verfolgen, was und wie etwas zur Befriedigung touristischer Bedürfnisse der Gesellschaft zu geschehen hat und wie die entsprechenden Zielvorstellungen mit Hilfe systematischer Maßnahmen umgesetzt werden können (Becker 2007, S. 385).

Hierzu gehören u. a. (vgl. Freyer 2015, S. 475; Mundt 2013, S. 508 f.; Becker 2007, S. 385 ff.):
- Entwicklung und Ausbau der **touristischen Infrastruktur,**
- Förderung von **Kurwesen und Sozialtourismus** (vgl. Kap. 4.2.1.2 und 4.2.2),
- **Gewerbeförderung,**
- Unterstützung von **Marketingmaßnahmen und Forschungsprojekten,**
- **Schulferienregelung** zur Entzerrung der Reiseströme und zur Verbesserung der touristischen Auslastung durch Verteilung der Sommerferien über einen längeren Zeitraum,
- im Rahmen der **Raum- und Landesplanung** die Ausweisung von Räumen mit touristischen Funktionen sowie eine umweltverträgliche Tourismusentwicklung (vgl. Kap. 4.4.2),
- Einflussnahme auf die touristische Beförderung durch die **Landesverkehrswegeplanung** (vgl. Kap. 4.4.4),
- **Umsetzung und Durchführung der Gemeinschaftsaufgabe zur Verbesserung der regionalen Wirtschaftsstruktur (GRW):** Entscheidung über räumliche und sachliche Förderschwerpunkte und darüber, welchen Projekten bis zu welcher Höhe Unterstützung zufließt (vgl. Kap. 3.3.1 und 4.3.3).
- **Die Prädikatisierung von Kur- und Heilorten,** d. h. die staatliche Anerkennung aufgrund von Qualitätsstandards und Begriffsbestimmungen des Deutschen Tourismus- und Deutschen Heilbäderverbandes (vgl. Kap. 3.4.6).

Die **Zuständigkeit für die Tourismuspolitik** auf Länderebene ähnelt der auf Bundesebene. Sie liegt meistens bei den Landeswirtschaftsministerien und den jeweiligen Tourismusreferaten (vgl. Tabelle 3.1), deren Ziele in sog. **Tourismus- bzw. Fremden-**

Tab. 3.1: Zuständigkeiten für die Tourismuspolitik auf Bundesländerebene Anfang 2021

Bundesland	Ministerium/Senat	Abteilung	Referat
Baden-Württemberg	Wirtschaft, Arbeit und **Tourismus**	N. N. (im Juni 2021 noch nicht bekannt)	N. N. (im Juni 2021 noch nicht bekannt)
Bayern	Wirtschaft, Landesentwicklung und Energie	7 **Tourismus**	7.1 Grundsatzfragen der **Tourismuspolitik** 7.2 **Tourismus** und Natur, Digitalisierung im **Tourismus** 7.3 **Tourismuswirtschaft, Förderung des Tourismus** 7.4 **Gesundheitstourismus,** Kur- und Heilbäder, **touristische Infrastruktur** 7.5 **Tourismusmarketing,** Camping, Freizeitparks, Reisevermittler und Kongresswesen
Berlin	Wirtschaft, Energie und Betriebe	II Wirtschaftspolitik und Wirtschaftsordnung	II.B Unternehmensservice, Dienstleistungen, Handwerk, Handel, **Tourismus**
Brandenburg	Wirtschaft, Arbeit und Energie	2 Wirtschaftsförderung, Digitalisierung	25 **Tourismus**
Bremen	Wirtschaft, Arbeit und Hafen	1 Wirtschaft	11 Einzelhandel, **Tourismus**
Hamburg	Wirtschaft, Verkehr und Innovation	W Wirtschaftsförderung, Norddeutsche Zusammenarbeit, Außen-, Agrar- und **Tourismuswirtschaft**	WM 3 **Tourismus,** Hamburger DOM, Hafengeburtstag, bezirkliche Märkte
Hessen	Wirtschaft, Energie, Verkehr und Wohnen	II Wirtschaftspolitik, Wirtschaftsförderung	II.5 **Tourismus** und Freizeitwirtschaft
Mecklenburg-Vorpommern	Wirtschaft, Arbeit und Gesundheit	2 Grundsätze der Wirtschaftspolitik, der Industrie und des **Tourismus**	240 **Tourismus**
Niedersachsen	Wirtschaft, Arbeit, Verkehr und Digitalisierung	2 Mittelstand	23 **Tourismus,** Kreativwirtschaft
Nordrhein-Westfalen	Wirtschaft, Innovation, Digitalisierung und Energie	IV (Innovation und Märkte) B (Dienstleistungen und Handel)	IV.B.4 **Tourismus,** Hotellerie, Gastronomie

Tab. 3.1: (Fortsetzung)

Bundesland	Ministerium/Senat	Abteilung	Referat
Rheinland-Pfalz	Wirtschaft, Verkehr, Landwirtschaft und Weinbau	3 Wirtschaftspolitik, Wirtschaftsförderung	8307 **Tourismuspolitik, Tourismusmarketing**
Saarland	Wirtschaft, Arbeit, Energie und Verkehr	E Wirtschafts- und Strukturpolitik	E/2 **Tourismuspolitik, Tourismusförderung**
Sachsen	Wissenschaft, Kultur und **Tourismus**	5 **Tourismus**	51 **Tourismuspolitik,** Destinationsentwicklung, kulturtouristische Vernetzung 52 **Tourismuswirtschaft,** Kultur- und Erholungsorte, touristische Infrastruktur 53 **Tourismusmarketing,** touristische Marktforschung, Nachhaltigkeit im Tourismus
Sachsen-Anhalt	Wirtschaft, Wissenschaft und Digitalisierung	3 Industrie, Außenwirtschaft, **Tourismus** und Digitalisierung	35 **Tourismus**
Schleswig-Holstein	Wirtschaft, Verkehr, Arbeit, Technologie und **Tourismus**	VII.3 Technologie, **Tourismus** und Marketing	33 **Tourismus**
Thüringen	Wirtschaft, Wissenschaft und Digitale Gesellschaft	2 Wirtschaftspolitik, **Tourismus** und Digitale Gesellschaft	24 **Tourismus** und Gastgewerbe

Quellen: Organigramme der jeweiligen Staats- und Landesministerien sowie Senate.

verkehrsprogrammen niedergelegt sind. Hinzukommen – analog zur Bundesebene – aufgrund der Querschnittsfunktion des Tourismus (vgl. Kap. 1.2) weitere Ministerien (insbesondere für die Landesplanung).

Bei genauerer Betrachtung fällt auf, dass in den drei Stadtstaaten (Berlin, Hamburg und Bremen) der Tourismus ministeriell eher unterrepräsentiert bzw. nachgeordnet zu sein scheint oder er sich seine Aufmerksamkeit in den Referaten mit mehreren anderen Politikbereichen teilen muss. Das klassische Urlaubsland Bayern weist dagegen die größte tourismuspolitische Bandbreite in einem Ministerium auf. Als einzige Bundesländer führen Sachsen, Schleswig-Holstein und Baden-Württemberg ebenfalls bedeutende touristische Bundesländer, die Tourismusagenda sogar auf Ministeriumsebene. Die restlichen weisen mehr oder weniger dieselbe Hierarchie auf, wobei in Sachsen als einzigem Bundesland die Zuständigkeit für die Tourismuspolitik nicht im Wirtschafts-, sondern im Wissenschaftsministerium verankert ist.

3.5.2 Landestourismusverbände

Während privatwirtschaftliche Verbände mehr auf Bundesebene organisiert sind (vgl. Kap. 3.4.6) und daher auf Landesebene eher selten anzutreffen sind, haben sich dort neben den Ministerien die Landestourismusverbände bzw. -organisationen (LTO) fest etabliert. Sie üben eine **Zwitterfunktion zwischen privaten und öffentlichen Trägern** aus. Denn zum einen handelt es sich dabei um Vereinigungen öffentlicher Gebietskörperschaften in Form subregionaler oder kommunaler Tourismusverbände, zum anderen übernehmen sie die Interessenvertretungen ihrer Mitglieder, womit sie vergleichbar mit privaten Interessengruppen agieren (vgl. Freyer 2015, S. 475).

Die LTOs arbeiten entweder **gemeinwirtschaftlich** (ohne Gewinnerzielung) oder **eigenwirtschaftlich** (mit Gewinnerzielung) und sind meist in der Rechtsform der **GmbH** (z. B. Bayern Tourismus Marketing GmbH oder Tourismus-Agentur Schleswig-Holstein GmbH) oder des **e. V.** (z. B. Tourismusverband Mecklenburg-Vorpommern e. V. oder Tourismus- und Heilbäderverband Rheinland-Pfalz e. V.) organisiert.

Den LTO fallen folgende Aufgaben zu (vgl. Berg 2014, S. 56):
– **Unterstützung und Förderung** sämtlicher Maßnahmen und Instrumente, welche dem **Tourismus** und der **touristischen Infrastruktur** dienlich sind,
– **Vermarktung des jeweiligen Bundeslandes und seiner Regionen** als touristische Destination im In- und Ausland,
– **Bindegliedfunktion** zwischen den touristischen Leistungsträgern und Verbänden auf regionaler und kommunaler Ebene, Dach- und Fachverbänden sowie politischen Entscheidungsträgern.

Bei den LTOs stellt sich immer wieder die Frage nach deren **Existenzberechtigung** bzw. was sie eigentlich bezwecken sollen. Denn ein Bundesland ist schließlich keine Destination und lässt sich folglich nur schwer bewerben. Wenn z. B. für Bayern Werbung gemacht wird, lässt sich aufgrund seiner touristischen Vielfalt[16] damit eigentlich nichts Einheitliches oder Übergeordnetes in Verbindung bringen. Was vereinen schon die Metropole München mit ihren vielen Sehenswürdigkeiten und Oktoberfest, das Alpenvorland und Allgäu, die bayerischen Schlösser, Klöster und Wallfahrtskirchen, der Nürnberger Christkindlmarkt, die historische Altstadt von Rothenburg ob der Tauber, die Bayreuther Wagnerfestspiele sowie weintouristische Destinationen in Mainfranken zu einem homogenen Bild in den Köpfen der Touristen, sodass sich hier ein gemeinsam zu bewertender Nenner finden ließe?

---

16 Z. B. wirbt Bayern Tourismus mit folgenden Komponenten: Natur & Aktiv, Familienurlaub, Winterurlaub, Wellness in Bayern, Stadt-Land-Kultur, Sightsleeping, Camping, Essen & Trinken, Waldgeflüster, stade Zeiten, Filmkulisse Bayern, Junges Bayern, Herrschaftliches Bayern, Urlaub für alle – barrierefreie Reiseziele, Kurorte & Heilbäder, Urlaub auf dem Bauernhof (vgl. Bayern Tourismus Marketing GmbH 2019).

Aus Sicht der Tourismuspolitik wäre es daher sinnvoller,

> die in den Köpfen der Touristen bereits vorhandenen Destinationen zu fördern, anstatt ein touristisch irrelevantes politisch-administratives Aggregat wie ein Bundesland zu bewerben (Mundt 2013, S. 507).

Die wenigen Mittel, welche der Tourismusförderung generell zustehen, wären damit zweckmäßiger und geeigneter in den Destinationen auf lokal-kommunaler Ebene (vgl. Kap. 3.6), die in der Wahrnehmung der Touristen klar abgrenzbar sind, investiert. Dies würde aber gleichzeitig eine **Kooperation über Landes- und ggf. Staatsgrenzen hinweg** voraussetzen. Gerade an dieser Stelle beginnen aber die Probleme. So scheitert die Schaffung neuer, auch grenzüberschreitender Strukturen am sog. **Kirchturmdenken von Politikern,** denn das Interesse von Regionsoberhäuptern oder Bürgermeistern gilt immer einer positiven wirtschaftlichen Entwicklung der Destination im Einzelnen, um eine Erfolgsbilanz zu präsentieren und dadurch ihre Wiederwahlwahrscheinlichkeit zu erhöhen. Eine Kooperation mit anderen Städten und Gemeinden, wie sie für die Destinationsbildung strikt erforderlich ist, da Touristen nicht in kleinräumigen administrativen Einheiten, sondern in größeren natur- und kulturräumlichen Zusammenhängen denken, ist für sie von nachrangiger Bedeutung (vgl. Neumair et al. 2019, S. 141).

Neben inhaltlichen und sachlichen Entscheidungsaspekten spielen bei LTOs **persönliche Interessen** eine keinesfalls zu unterschätzende Rolle (vgl. Kap. 6). Dies trifft vor allem auf Verbandsfunktionäre zu, deren materielle Existenz vom Fortbestehen ihrer Vereinigung abhängt und die es deshalb als legitim ansehen, neben den Interessen ihrer Mitglieder auch Eigeninteressen zu vertreten, was selbstverständlich öffentlich nicht zugegeben, sondern hinter scheinbar inhaltlichen Argumenten verborgen wird. Nicht selten sichern sich daneben politische Parteien durch die Besetzung von Posten innerhalb von LTOs mit ihren Mitgliedern die Einflussnahme auf tourismuspolitische Entscheidungen, die möglicherweise nach außen keinen Sinn machen, ihnen aber die Möglichkeit bieten, besser an Informationen zu kommen oder altgediente, aber überflüssig gewordenen Politiker auf gut bezahlte Verbandsposten abzuschieben und damit loszuwerden (vgl. Mundt 2013, S. 507 f.).

3.6 Lokal-Kommunale Tourismuspolitik

Tourismuspolitik, insbesondere die Tourismusförderung, stellt keine Pflichtaufgabe von Kommunen bzw. Gemeinden dar. Jedoch können diese stets freiwillig tourismuspolitische Aufgaben übernehmen. Sobald aber der Tourismus eine bedeutende Beschäftigungs- und Einkommensquelle für eine Gemeinde darstellt, werden eigene Instanzen zur Förderung und Koordinierung des Tourismus geschaffen, die auch unter dem Begriff **Destinations-Management-Organisationen (DMO)** auftreten (vgl. Kap. 3.6.2).

3.6.1 Destinationen als Objekt touristischer Alltagspolitik

Auf lokaler Ebene schlägt sich die Tourismuspolitik im **touristischen Alltag** nieder. Zu den Aufgaben auf Gemeindeebene gehören in diesem Zusammenhang (vgl. Freyer 2015, S. 476):

- Die **Förderung der Attraktivität eines Ortes als touristische Destination:** Verbesserung der Infrastruktur und des Freizeitangebots, Erstellung von Bebauungs- und Flächennutzungsplänen (vgl. Kap. 4.4.3.3), Entwicklung von Konzepten für den Verkehr zur, innerhalb und von der Destination (vgl. Kap. 4.4.4), Schutz natürlicher Ressourcen, Beratung von Betrieben und ortsansässiger Bevölkerung für eine optimale Tourismusentwicklung etc.,
- **Gästebetreuung:** Touristenauskünfte, Zimmervermittlung und Zusammenstellung von Pauschalen, vereinheitlichte Zimmerbewertung, Tagungs- und Kongressdienstleistungen, Orts- und Stadtführungen, Veranstaltungsorganisation etc.,
- **Gästegewinnung:** Marketing, Werbung, Öffentlichkeitsarbeit, Verkaufsförderung, Teilnahme an Messen und Veranstaltungen, Kooperation mit Reisemittlern und -veranstaltern etc.

Zentrale Aufgabe ist die Vermittlung eines **geschlossenen Erscheinungsbildes einer touristischen Destination**, in der für unterschiedliche Gästesegmente individuelle **touristische Leistungsbündel** von verschiedenen Anbietern in den Bereichen Beherbergung, Verpflegung, Unterhaltung, Transport etc. produziert sowie gemeinschaftlich angeboten und vermarktet werden, was sie von anderen Destinationen abgrenzt. Aus Sicht der Anbieter stellen sie Wettbewerbseinheiten dar, die folgende Merkmale aufweisen (vgl. Becker 2007, S. 470):

- eine – unabhängig von politischen Grenzen – gegebene **Abgrenzung aus Sicht des Gastes,**
- Verfügbarkeit aller notwendigen **touristischen Einrichtungen,**
- ein **eigenständiges Profil** zur Vermarktung,
- eine **individuelle Ansprache** ausgewählter Gästesegmente,
- ein ausreichend großer **Nachfragermarkt,**
- Vorhandensein einer **zentralen Instanz** für Informationen und Reservierungen,
- hohe **Eigenständigkeit** bei der Gestaltung des Marketing-Mix,
- eine definierbare **Konkurrenz,**
- Identifizierung der **lokalen Bevölkerung** mit der Tourismusentwicklung.

Da der Gast bei der Nutzung einzelner Leistungen innerhalb einer Destination nicht nach deren unterschiedlichen Anbietern differenziert, projiziert er die wahrgenommene Leistungsqualität auf die Destination als Ganzes, an der eine Vielzahl unterschiedlicher Akteure beteiligt ist (vgl. Abbildung 3.3). Es ist daher die große Herausforde-

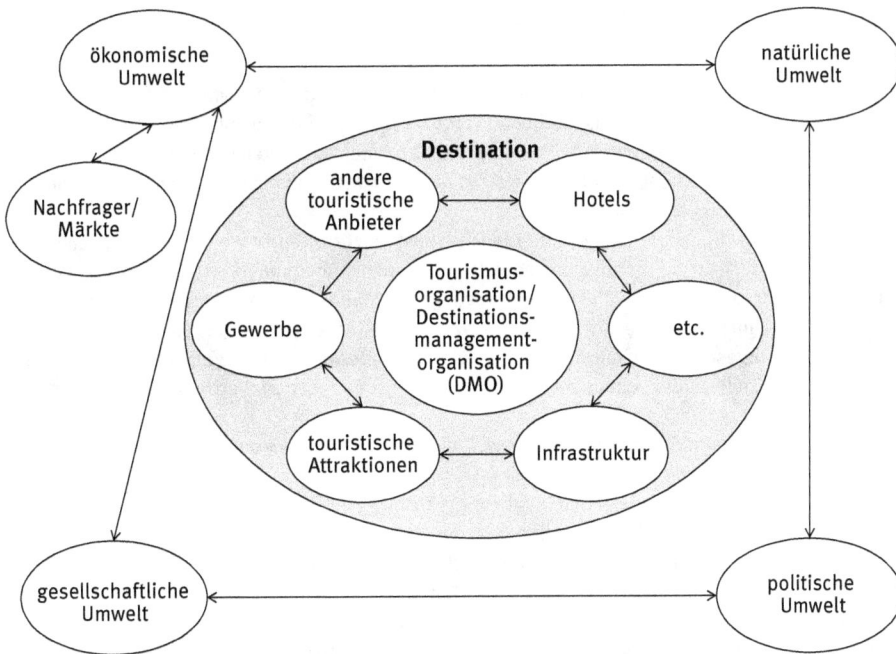

Abb. 3.3: Akteure einer Destination und ihre Abgrenzung
Quelle: Neumair et al. 2019, S. 123.

rung, die touristischen Einzelleistungen einer Destination so gut wie möglich aufeinander abzustimmen und zu koordinieren, um dem Gast ein ganzheitliches Angebot zu vermitteln.

3.6.2 Aufgaben von Destination-Management-Organisationen (DMOs)

Eine erfolgreiche Destination benötigt **Kollektivleistungen,** deren Vorteile sich den touristischen Leistungsträgern vor Ort nicht im Einzelnen zurechnen lassen. Eine Privatisierung kommt daher nicht in Frage, da i. d. R. kein Unternehmer willens ist, für Leistungen zu bezahlen, deren genauen Wert er für den eigenen Betrieb nicht kennt oder nur schwer abschätzen kann. Daher handelt es sich bei derartigen Leistungen um **öffentliche Güter** (vgl. Kap. 1.3, 2.1.2.1 und 6), deren Herstellung meist von der Gemeinde beauftragte Instanzen übernehmen (vgl. Mundt 2013, S. 509). Sie fungieren als Destinations-Management-Organisationen (DMO), welche touristische Alleinstellungsmerkmale entwickeln und profilieren, um die Destination zu einem unverwechselbaren Attraktionsort zu machen. Hilfreich bei deren Ausarbeitung ist das Managementtool des Benchmarkings (vgl. Exkurs 11).

Exkurs 11: Benchmarking im Tourismus

Als Benchmarking bezeichnet man ein Verfahren, bei dem die eigene Organisation bzw. die eigenen Produkte und Dienstleistungen, aber auch Prozesse und Methoden mit einer Referenz verglichen werden, um anschließend Verbesserungsmöglichkeiten abzuleiten und umzusetzen. Die Referenz stellt somit die Benchmark (= Vergleichsmaßstab) dar. Ihrer Auswahl kommt eine zentrale Bedeutung als **Managementinstrument** zu.

Als Benchmarks können der beste einer Branche (Best Practice), Durchschnittswerte der eigenen Branche (ggf. auch im internationalen Kontext) oder branchenübergreifende Lösungen (z. B. zur Erlangung neuer Ideen) dienen. Ziel ist es, Anregungen für das eigene Handeln zu sammeln, indem am Markt bewährte Konzepte und Methoden (**„von den Besten lernen"**) als Maßstab für die Selbstentwicklung angesehen, Leistungslücken (Defizite) aufgedeckt und so das eigene Optimierungspotenzial ermittelt werden, auf deren Grundlage Lösungsstrategien zur Verbesserung der Wettbewerbsposition zu erarbeiten sind.

Von zentraler Bedeutung ist, die Benchmarks nicht nur zu kopieren oder zu imitieren, sondern auch zu adaptieren. Es gilt von den Benchmarks zu lernen, Prozesse zu verstehen und vor dem Hintergrund eigener Ressourcen und Möglichkeiten sinnvolle Lösungen zu implementieren.

Typische Fehler beim Benchmarking liegen in der Verwendung ungeeigneter Kennzahlen. Diese lassen sich in eine strategische (Effektivität der Zielerreichung: „Tun wir die richtigen Dinge?") und eine operative Ebene (Effizienz von Prozessen: „Tun wir die Dinge richtig?") einteilen. Weiterhin ist zwischen quantitativ-absoluten (z. B. Preis, Kosten, Erlöse, Bettenzahl, Übernachtungen, Gästeankünfte), relativen (z. B. Auslastung, Saisonalität) sowie qualitativen Kennzahlen (z. B. Lage, Attraktionen, Positionierung, Image, Kundenzufriedenheit, Mitarbeitermotivation, Innovationskraft) zu unterscheiden.

Der Benchmark-Prozess läuft in folgenden generischen Phasen ab: 1. Auswahl von Untersuchungsgegenständen (Organisation oder bestimmte Leistungselemente), 2. Festlegung von Benchmarks und Kennzahlen, 3. Datenerhebung und Informationsbeschaffung (Leistungsfähigkeit der Benchmark und der eigenen Organisation ermitteln), 4. Identifikation und Interpretation der Leistungsunterschiede, 5. Umsetzung der Ideen sowie 6. Kontrolle der Zielerreichung.

Stellt die Auswahl geeigneter Benchmarks in vielen Branchen eine der gravierendsten Hürden für eine gelungene Analyse dar, so ist gerade der Tourismus in dieser Hinsicht prädestiniert. Zunächst existiert ein transparentes Klassifizierungsschema (z. B. Sterne in der Hotellerie), welches durch diverse touristische Informationsmöglichkeiten ergänzt wird. Zu nennen sind z. B. Reise- und Gastronomieführer (Michelin, Gault Millau u. a.), Magazine (Conde Nast Traveller, Der Feinschmecker u. a.) oder Buchungs- und Bewertungsportale (Tripadvisor, HolidayCheck u. a.). Zusätzlich werden durch die öffentliche Hand auf EU-, Bundes- und Landesebene immer wieder modellhafte touristische Forschungsvorhaben gefördert und die Ergebnisse der Allgemeinheit zur Verfügung gestellt. Öffentlich prämierte touristische Wettbewerbe oder Auszeichnungen, wie z. B. Bundeswettbewerb Tourismusdestinationen, Deutscher Tourismuspreis oder German Brand Award, runden die Informationsmöglichkeiten ab.

Quellen: Rathnow 2014, S. 120 ff.; Held/Hunziker 2009, S. 63.

Die DMO muss die Akteure einer Destination vernetzen sowie ihre Interessen repräsentieren, bündeln und in Einklang bringen, um entsprechende Angebote abzuleiten und die Destination zu stärken. Kernanliegen sind die **Koordination und Vermarktung des Destinationsproduktes**, d. h. des gesamten Bündels an Angebotsfaktoren einer Destination, die **Anbahnung und Unterstützung von Kooperationen unter**

den Leistungsträgern innerhalb der Destination sowie die **Erstellung eines Tourismuskonzeptes** für die Destination, oft verbunden mit einem öffentlichen Auftrag zur Tourismusförderung (vgl. Neumair et al. 2019, S. 141).

DMOs müssen (vgl. Becker 2007, S. 393):

- **bestimmte Zielgruppen** adressieren,
- **Kooperationen** zur Aufgabenteilung mit benachbarten Gemeinden bzw. Destinationen eingehen,
- **gemeinsame Qualitätsstandards** definieren,
- auf einen **ressourcenschonenden Umgang** achten,
- die ortsansässige Bevölkerung an der Entscheidungsfindung teilhaben lassen **(Partizipation).**

Eine wichtige Aufgabe von DMOs besteht in der angebotsseitigen Abgrenzung von anderen Destinationen durch **touristische Leitbilder** (alternativ: Tourismuskonzept bzw. -strategie, Roadmap, Vision, Mission, Leitlinien), welche für die Akteure einer Destination eine Orientierungshilfe darstellen, die Idealvorstellung über die touristische Entwicklung der Destination widerspiegeln und einen Soll-Ist-Zustand, d. h. sowohl die gegenwärtige als auch die zukünftige Situation, beschreiben (vgl. Lehmann/ Heinemann 2009, S. 5; Steinecke/Herntrei 2017, S. 68 ff.). Es handelt sich quasi um eine schriftlich fixierte Absichtserklärung über ein touristisches Konzept, das unterschiedliche Bereiche bzw. Akteure innerhalb einer Destination betrifft (Hotels, Einzelhandel, weitere touristische Akteure, Bürger etc.). Definiert werden neben wirtschaftlichen auch soziale und gesellschaftliche Ziele. Die Zielvorgaben, aus denen sich einzelne Aktionen ableiten lassen, werden von einer Vielzahl an Leistungsträgern umgesetzt. Ein derartiges Leitbild ist dann die Grundlage eines **Markenkonzepts.** Wichtig ist, dass Leitbilder aber immer nur so gut wie ihre Akteure sind. Wird das Leitbild nicht von den meisten Leistungsträgern gelebt, hat es keine markenstärkende Wirkung. Exkurs 12 beschreibt das touristische Leitbild der berühmten Tiroler Top-Destination Kitzbühel.

Exkurs 12: Strategie Kitzbühel 365

Gemeinsam mit dem Aufsichtsrat von Kitzbühel Tourismus wurde 2018 die Strategie Kitzbühel 365 erarbeitet, die folgende thematische Schwerpunkte und Ziele enthält:

Sportstadt & Lifestyle:

Sportliche Aktivitäten und Kitzbühel gehen Hand in Hand. Zurecht nennt man sich die legendärste Sportstadt der Alpen. Durch die umfassende mediale Präsenz des Hahnenkammrennens wird Kitzbühel vor allem als Winterdestination wahrgenommen. Hier herrscht Aufholbedarf in der Kommunikation und dem wirklichen Leben einer ganzjährig attraktiven Destination. Besondere Stärken liegen in der Kitzbüheler Naturlandschaft und dem Wandern, das sich jedoch auch in moderne Formen wie das Trailrunning gießen lässt. Während Gäste, die bereits Kitzbühel besuchten, ein sehr positives Bild der Destination haben, schreckt vor allem Nicht-Gäste das zeitweilige Jet-Set-Image der Destination ab. Für Kitzbühel bedeutet das: Die Arbeit der Leistungsträger in der Destination funktioniert, diese muss jedoch noch mehr nach außen getragen werden.

Der Markenkern – wer sind wir?

Der Markenkern vereint die legendärste Sportstadt der Alpen mit einem unverwechselbaren Lebensgefühl, welches eine Kombination aus Lifestyle, sportlichem Leben und Erleben sowie Kulinarik darstellt. Darauf aufbauend setzen wir strategische Handlungsfelder, deren Entwicklung sich auf diese Säulen stützt.

Unsere Positionierung:

Als legendärste Sportstadt der Alpen vereint Kitzbühel zu allen Jahreszeiten gewachsene Sporttradition mit Innovationsgeist und einem einzigartigen Flair.

Unsere Vision:

Die begehrteste Ganzjahresdestination der Alpen zu sein. Begehrt heißt nicht beliebt. Dabei soll der Qualitätsgedanke im Vordergrund stehen – keine Nivellierung des Preisniveaus nach unten, um sehr viele Gäste anzulocken, sondern Steigerung der Qualität, um die Attraktivität und Wertschöpfung der Region zu sichern. Dies soll sich wie ein roter Faden durch das gesamte Jahr ziehen, ganz im Sinne von Kitzbühel 365. Kitzbühel hat viele Gesichter, diese müssen in konsumierbare und erlebbare touristische Produkte umgewandelt werden, um für den Gast die besondere Kraft, Lebensenergie und Freude der Region Kitzbühel erfahrbar zu machen.

Unsere Mission:

365 Tage im Jahr Spitzenleistungen in der Sportstadt Kitzbühel zu liefern und zu kommunizieren. Kitzbühel Tourismus hat die Mission, die Destination national und international zu vermarkten. Dies soll durch gezielte Produktentwicklung und Kommunikation auf den Märkten erfolgen. Vor Ort sorgt Kitzbühel Tourismus gemeinsam mit jedem einzelnen Dienstleister der Region, dass die Gäste begeisternde und personalisierte Urlaubserfahrungen innerhalb dieser Spitzenleistungen erleben und diese somit selbst zum Testimonial für die Region werden.

Die **strategischen Handlungsfelder** sind zum einem „Kitzbühel Aktiv" (Schwerpunktthemen: Skifahren, Wandern sowie Golf; Potenzialthemen: Langlauf, Trailrunning, Freeriding sowie Biking), zum anderen „Kitzbühel Lifestyle" (Schwerpunktthemen: Tradition, Kulinarik sowie Shopping; Potenzialthemen: Hochzeiten, Mobilität sowie Nachhaltigkeit).

Quelle: Kitzbühel Tourismus 2019.

4 Ausgewählte tourismusrelevante Politikfelder

Dem Querschnittscharakter des Tourismus (vgl. Kap. 1.2) und seinen vielfältigen Wirkungen entsprechend, berührt die Tourismuspolitik die unterschiedlichsten politischen Teilbereiche einer Gesellschaft und stellt eine Kombination aus den verschiedensten wirtschafts- und gesellschaftspolitischen Zielen und entsprechenden Maßnahmen dar. Obwohl sich – gemäß dem Primat der Ökonomie (vgl. Kap. 1.4 und 1.5) – häufig ökonomische Schwerpunktsetzungen ausmachen lassen, deckt die Tourismuspolitik einen weit über die wirtschaftliche Sphäre hinausgehenden Wirkungskreis politischen Handelns ab (vgl. Mundt 2004, S. 11 f.). Dementsprechend kommen in diesem Kapitel neben den wirtschaftlichen auch die ökologischen, sozialen, fiskalischen, planerischen, verkehrlichen, sicherheitsbezogenen sowie entwicklungsökonomischen Aspekte des Tourismus zum Tragen.

4.1 Umwelt und Tourismus

Tourismus ist per se umweltschädlich, sei es durch die Raumüberwindung (z. B. CO_2-Emissionen bei einem Flug) oder die Errichtung und Nutzung der benötigten touristischen Infrastruktur in den bereisten Destinationen. Selbst der touristische Extremfall eines Survival-Trips im nahegelegenen Wald übt zumindest einen Einfluss auf das bereiste Ökosystem aus. Somit ist nur der Tourismus, der nicht sattfindet, umweltfreundlich (vgl. Neumair et al. 2019, S. 71).

Solange aber die Existenzberechtigung des Tourismus an sich nicht in Frage gestellt wird, kann es das Ziel einer umweltbezogenen Tourismuspolitik nur sein, touristisch bedingte Umweltbelastungen bzw. den touristisch induzierten Mehrverbrauch an natürlichen Ressourcen nach Möglichkeit zu reduzieren.

Trotz dieses eindeutigen Zusammenhanges und des stetigen touristischen Wachstums existieren kaum direkt-umweltbezogene Regelungen für den Tourismus. Vielmehr wird die Branche über die allgemein gültigen Rahmenbedingungen der Umweltpolitik, wie z. B. zur Abfallentsorgung, geregelt. Umweltpolitik beeinflusst damit auch die Tourismuspolitik.

4.1.1 Umweltwirkungen des Tourismus

Allgemein steht der Begriff **Umwelt** für die Lebensumwelt, in der sich das Dasein eines Lebewesens abspielt. Sie umfasst die Gesamtheit der **biotischen** (= belebte Natur: Artenvielfalt, Umweltbeziehungen und Wechselbeziehungen von Lebewesen) und **abiotischen Faktoren** (= unbelebte Natur: Luft, Wasser und Boden). Umwelt stellt damit

https://doi.org/10.1515/9783110663891-004

die Gesamtheit aller Faktoren dar, die in Form von Luft, Wasser, Boden einschließlich erneuerbarer und nicht-erneuerbarer Ressourcen, Lärm und Erschütterungen auf den Menschen einwirken bzw. auf die der Mensch seinerseits einwirkt.

Ein **Ökosystem** ist eine aus biotischen und abiotischen Faktoren bestehende Funktionseinheit dar. Das Umweltpotenzial (alternativ: Umweltkapazität oder Naturraumpotenzial) ist das aus der Umwelt resultierende Angebot, welches (z. B. touristisch) genutzt werden kann. Zu beachten ist dabei die **Umweltqualität** (Grad der Funktionstüchtigkeit der Umwelt). Sie ist für die Existenz bzw. das Wohlbefinden von Lebewesen entscheidend (vgl. Schlesinger 2006, S. 8 f.; Haas/Schlesinger 2007, S. 6f). Die Abgrenzung der möglichen Wirkungen auf die Umwelt (Begriffsebenen) können Abbildung 4.1 entnommen werden.

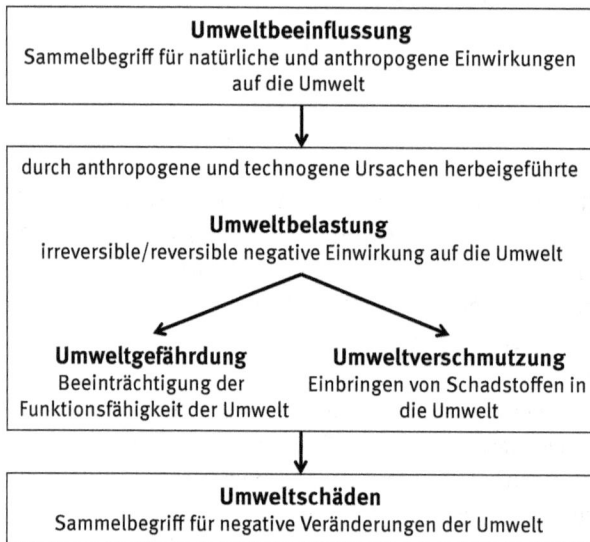

Umweltbeeinflussung
Sammelbegriff für natürliche und anthropogene Einwirkungen auf die Umwelt

↓

durch anthropogene und technogene Ursachen herbeigeführte

Umweltbelastung
irreversible/reversible negative Einwirkung auf die Umwelt

Umweltgefährdung
Beeinträchtigung der Funktionsfähigkeit der Umwelt

Umweltverschmutzung
Einbringen von Schadstoffen in die Umwelt

↓

Umweltschäden
Sammelbegriff für negative Veränderungen der Umwelt

Abb. 4.1: Ebenen des Umweltbegriffs
Quelle: In Anlehnung an Schlesinger 2006, S. 46 und 2011a, S. 85.

Die aus **Umweltbelastungen** resultierenden Folgeerscheinungen (Umweltgefährdung, -verschmutzung oder -schäden) sind überwiegend anthropogen, d. h. vom Menschen verursacht. Wichtige Auslöser bzw. Treiber sind das **Bevölkerungswachstum**, der korrespondierende Bedarf an Nahrungs- und Güterproduktion sowie die resultierende Boden- und Rohstoffnutzung. Ein weiterer zentraler Aspekt liegt im Charakter der **Umwelt als freies bzw. öffentliches Gut** (vgl. Kap. 2.1.2.1; Bieger 2010, S. 271; Bochert 2014, S. 43 ff.; Mundt 2004, S. 117 und 314). Dies führt zu wenig aussagekräftigen Preisen, welche die Knappheit signalisieren und einen Anreiz geben würden, mit dem Gut Umwelt sparsam umzugehen.

Umweltbelastungen hängen maßgeblich aber auch vom Verhalten des Einzelnen ab. Ansatzpunkt ist hierbei die **Umweltwahrnehmung** (im Sinne der Aufnahme bzw. Vermittlung von umweltrelevantem Wissen). Es handelt sich dabei um die kritische Betrachtung der Umwelt und die Erfassung der Umweltbelastungen bzw. -schäden. Interne Faktoren, welche die Umweltwahrnehmung beeinflussen, liegen in Reizen und Empfindungen (z. B. Smog, Lärm). Zu den externen Faktoren gehören z. B. die Umweltstatistik, die Umweltverschmutzungen und -schäden ermittelt und aufbereitet, oder gesellschaftliche Diskussionen (vgl. Haas/Schlesinger 2007, S. 8 und 22).

Die Umweltwahrnehmung ist allerdings kein statisches Konstrukt, sondern variiert zeitlich und thematisch. Ausdruck dafür sind die regelmäßig vom Umweltbundesamt durchgeführten Befragungen zum Thema Umweltschutz. Die Nennung von „Umweltschutz als eines der wichtigsten Probleme in Deutschland" schwankt seit Beginn der Messungen zwischen ca. 10 % und 70 % – und dies bei einer breiten Themenvielfalt wie z. B. Luftverschmutzung, Gewässerschutz, Müllberge, Mülltourismus, Nitrate im Grundwasser, Altlasten, Lärm, Ozonloch und FCKW, Strahlenschutz und Atomkraft, saurer Regen und Waldsterben, Pflanzenschutz- und Arzneimittel. Derzeit stehen vor allem der Klimawandel, Plastikmüll und Artenschutz auf der Agenda (vgl. UBA 2020e).

Die enorme thematische Streuung sowie der schwankende gesellschaftliche Stellenwert des Themas Umweltschutz machen es für die Tourismuswirtschaft und -politik schwer, angemessen sowie zeitnah auf sich wandelnde gesellschaftlichen Anforderungen im Umweltschutz zu reagieren. Die wesentlichen umweltbezogenen **negativen Wirkungen des Tourismus** entlang der Leistungskette zeigt Tabelle 4.1.

Damit die Umweltwahrnehmung zu einem umweltgerechten Verhalten auch im Tourismus führt, ist zunächst die Ausbildung eines **Umweltbewusstseins**, d. h. der Einsicht in die Gefährdung der natürlichen Lebensgrundlagen des Menschen durch diesen selbst, verbunden mit der Bereitschaft zur Reduzierung von Umweltbelastungen, nötig. Allerdings zeigen Studien, dass Umweltbewusstsein und tatsächliches Umwelthandeln oftmals voneinander abweichen (vgl. Müller 2007, S. 44 ff.). Grob lassen sich, basierend auf der **Typologie über den Zusammenhang zwischen Umweltbewusstsein und Umweltverhalten** (vgl. Preisendörfer 1999, S. 98 f.), verschiedene grundsätzliche Typen von Umweltbewusstsein im Tourismus unterscheiden (vgl. Tabelle 4.2; Freyer 2015, S. 621 ff.).

Die Gründe für die Abweichung von Umweltbewusstsein und -handeln („Attitude-behaviour-gap") sind mannigfaltig und können anhand weiterer **Einflussfaktoren auf das Umweltverhalten** erklärt werden (vgl. Haas/Schlesinger 2007, S. 22). Zunächst sind **positive** (z. B. extrinsisch motivierte Kostenersparnis beim Einsatz sparsamer Geräte oder das intrinsisch motivierte gute Gefühl, „das richtige zu tun") oder **negative Verhaltensanreize** (z. B. Strafen oder sozialer Druck) anzuführen. Unter **Verhaltensangeboten** sind umweltfreundliche Alternativen zu verstehen, die ein Umwelthandeln konkret ermöglichen. Hierbei sind vor allem finanzielle oder

Tab. 4.1: Systematik umweltbezogener Wirkungen des Tourismus

Touristische Leistungskette	Wesentliche Umweltbelastungen
Reiseorganisation	Geringe Belastungen (Ressourcenverbrauch: Strom, Papier etc.)
Transport sowie An- und Abreise	Lärmbelästigung, Luftverschmutzung, Flächenversiegelung, Vegetationsschäden, Artengefährdung, Störung des Landschaftsbildes, direkter und indirekter Ressourcenverbrauch (Primärenergieverbrauch und Treibhauseffekt)
Beherbergung	Flächenversiegelung und ggf. Störung des Landschaftsbildes, Gewässerbelastung, direkter und indirekter Ressourcenverbrauch (vor allem Wasser, Abwasser, Energie), Abfallaufkommen, Import knapper Ressourcen
Gastronomie bzw. Verpflegung	Flächenversiegelung, Gewässer- und Luftbelastung bei der Nahrungsmittelerzeugung und -verarbeitung, direkter und indirekter Ressourcenverbrauch, Abfallaufkommen
Touristische Aktivitäten und Infrastruktur (Sportanlagen, Vergnügungsparks, Museen, Theater etc.)	Flächenversiegelung, Gewässer-, Luft- und Lärmbelastung, Bodenerosion, Artengefährdung, Brandgefahr, Fütterung und Fehlernährung von Tieren, Beeinträchtigung landschaftlicher Ästhetik, Anreicherung von Müll, Trampelpfade, Zerstörung von Vegetation, Störung der lokalen Tierwelt

Quelle: Eigene Zusammenstellung nach Kahlenborn et al. 1999, S. 2; UBA 2019; Leung et al. 2019, S. 24; Bieger 2010, S. 242; Eisenstein 2017a, S.103; Freyer 2015, S. 616.

zeitliche Möglichkeiten der Betroffenen sowie ein möglicher Mehr- oder Mindernutzen dieser Angebote zu berücksichtigen. Die Wahrnehmung der **Konsequenzen des Handelns** (z. B. höhere Preise, weniger Komfort, Annehmlichkeiten und Konsum, beschränktes Produktangebot, Einschränkung von Handlungsfreiheiten, Einsparungen, Zukunftssicherung, gutes Gewissen) führt im letzten Schritt zu einer Verstärkung oder Reduktion des Umweltbewusstseins.

Zusammenfassend ist bezüglich eines umweltgerechten touristischen Verhaltens festzuhalten:

- **Tourismus ist „per se" umweltschädlich,** da er nicht nur eine Distanzüberwindung, sondern auch einen „längeren" Aufenthalt außerhalb des Heimatortes bedingt, was – im Vergleich zum **Nicht-Reisen** – zu erhöhten Umweltbelastungen führt. Die Berechnung der Belastungen ist zwar theoretisch möglich, praktisch aber kaum durchführbar (vgl. Mundt 2004, S. 310), da der Tourismus ein dicht verwobenes Teilsystem des Gesellschaftssystems ist. Ein Verzicht auf Reisen kann nur freiwillig erfolgen, stellt dieses doch einen fundamentalen Freiheitswert und elementaren Baustein der Lebensqualität dar.
- Die **Wahrnehmung von Umweltbelastungen** am Zielort weicht i. d. R. von denen am Heimatort ab, da nur ein Ausschnitt der Destination bereist wird. Verstärkt wird diese selektive Wahrnehmung, indem negative Aspekte – soweit möglich – vom Gast ferngehalten werden, da eine ökologisch intakte Destination Teil des

Tab. 4.2: Typologie über den Zusammenhang zwischen Umweltbewusstsein und Umweltverhalten im Tourismus

Umweltbewusstsein	Touristische Verhalten ist ...		
	umweltgerecht (Nicht-Reisen)	teilweise umweltgerecht	nicht umweltgerecht
Hoch tiefe Einsicht und Bereitschaft zur aktiven Förderung des Umwelt- schutzes	**Überzeugte Umweltschützer** ...akzeptieren aus Über- zeugung persönliche Einschränkungen und vermeiden Reisen.	**Umweltrealisten** ... nivellieren ihre Um- weltwirkung z. B. durch CO_2-Kompensations- leistungen und Buchung nachhaltiger Hotels.	**Alternativlose Umweltsünder** ...verursachen aufgrund externer Zwänge oder mangelnder Alternativen Umweltbelastungen (z. B. Geschäftsreisen).
Oberflächlich Einblick in den und (teilweise) Bereitschaft zum Umweltschutz	**Konsequente Umweltschützer** ...verändern die Reise z. B. durch Austausch des Verkehrsträgers oder der Destination.	**Umweltopportunisten** ...reduzieren ihre Um- weltwirkung aktiv z. B. durch Unterstützung von Wassersparmaßnahmen.	**Umweltrhetoriker** ...finden „gute" Gründe, um ihr Handeln zu recht- fertigen.
Niedrig kaum/kein Interesse am Umweltschutz	**Unfreiwillige Umweltschützer** ...führen z. B. aufgrund fehlender finanzieller oder zeitlicher Mög- lichkeiten keine Reise durch.	**Genötigte Umweltschützer** ...tragen ungewollt zum Umweltschutz bei, weil sie aufgrund allgemeiner Rahmenbedingungen, wie z. B. Energiesteuern, dazu gezwungen sind.	**Umwelthedonisten** ...ignorieren bzw. ori- entieren sich nicht an Umweltbelangen.

Quelle: Eigene Zusammenstellung.

Urlaubsversprechens ist. So bleiben Schäden an Natur und Landschaft den Urlaubern oftmals verborgen, wohingegen die (wenigen) ökologisch positiven Effekte (vgl. Kapitel 4.1.4) beim Gast eher Beachtung finden. Umweltbelastungen, die dagegen auf eine breite Wahrnehmung stoßen, treten meist in Form sog. „Kipp-Effekte"[17], wie z. B. Algenpest, Fischsterben, Murenabgänge oder Überschwemmungen, auf (vgl. Müller 2007, S. 196; Mundt 2004, S. 335 ff.).

- Der Tourismus stellt eine **„Flucht aus dem Alltag"** dar (vgl. Neumair et al. 2019, S. 14). Diese bewusste Abgrenzung von Normalität manifestiert sich in besonde-

---

17 Der Ansatz des „Kipp-Effekts" geht davon aus, dass Ökosysteme Umweltbelastungen nicht in unbegrenztem Maße linear verkraften, sondern ab einer gewissen Belastbarkeitsgrenze eine nichtlineare Dynamik aufweisen können, die dann zu abrupten, kaum umkehrbaren extremen Ereignissen bzw. einem Zustandswechsel, wie z. B. dem plötzlichen Zusammenbruch eines Ökosystems, und somit zu exponentiellen Verlusten an Biodiversität und in der Folge gesellschaftlichem Wohlergehen führt (vgl. Müller 2007, S. 196; FONA 2019).

ren Erlebnissen und/oder einem erhöhten Konsum, d. h. der Mehrverbrauch ist sicherlich ein bewusst gewünschter Teil des Urlaubs. Auch beruflich veranlasste Reisen sind i. d. R. durch einen Mehrkonsum im Vergleich zum regulären Alltag gekennzeichnet.

Auch wenn der derzeitige hohe gesellschaftliche Stellenwert von Umweltthemen das Umweltbewusstsein in der Bevölkerung allgemein schärft, beschränkt sich eine umweltgerechte(re) Gestaltung des Tourismus eher auf Einzelmaßnahmen (vgl. Schmücker et al. 2019, S. 7). Als exemplarisch gelten gut kommunizierbare und Touristen wenig störende Aktionen wie der Austausch von Plastikstrohhälmen in Cocktails an der Hotelbar oder der Ersatz von Einwegverpackungen beim Frühstück. Kaum vermittelbar und durchsetzbar sind hingegen Maßnahmen, die den Komfort der Gäste negativ beeinträchtigen wie z. B. eine Senkung der Temperatur im Hotelpool oder die Beschränkung der Nutzung der Klimaanlage zur Einsparung von Energie. Vor diesem Hintergrund erscheint der Einsatz **umweltpolitischer Maßnahmen** nötig und sinnvoll.

4.1.2 Ziele und Instrumente der Umweltpolitik

Wie einleitend beschrieben sind Maßnahmen zur Reduktion von Umweltbelastungen im Tourismus selten gesondert geregelt, sondern fallen unter die grundsätzlichen umweltpolitischen Steuerungsmaßnahmen. Damit diese wirkungsvoll eingesetzt werden können, sind zunächst umweltpolitische Ziele festzulegen (vgl. Kap. 4.1.2.1) und, daraus abgeleitet, spezifische umweltpolitische Instrumente zu ergreifen (vgl. Kap. 4.2.1.2).

4.1.2.1 Umweltpolitische Ziele

Im Rahmen einer umweltpolitischen Zielhierarchie (vgl. Abbildung 4.2) wird als **umweltpolitisches Oberziel** weltweit seit den 1990er Jahren eine **nachhaltige Entwicklung** akzeptiert, welche der Erkenntnis folgt, dass ökologische Probleme nicht isoliert, sondern unter Einbeziehung soziokultureller, ökonomischer, aber auch räumlicher, zeitlicher sowie technischer Aspekte zu betrachten sind (vgl. Haas/Schlesinger 2007, S. 14; Exkurs 1).

Die Umsetzung dieses Oberziels orientiert sich an folgenden grundlegenden Prinzipien (vgl. Haas/Schlesinger 2007, S. 26):
- Das **Vorsorgeprinzip** lässt sich in Gefahrenabwehr, Gefahrenvorsorge und Belastungsminimierung unterteilen. Demnach sind Umweltbelastungen durch den Einsatz vorbeugender Maßnahmen nach Möglichkeit bereits am Ursprung zu vermeiden.
- Das **Verursacherprinzip** rechnet demjenigen die Kosten zur Vermeidung, Beseitigung oder zum Ausgleich von Umweltbelastungen zu, der sie verursacht. Dies

dient auch der Beseitigung von Wettbewerbsverzerrungen. Ist eine Identifikation des Verursachers nicht möglich, sind die Kosten nach dem Gemeinlastprinzip (s. unten) von der Allgemeinheit zu tragen. Als eine inverse Form des Verursacherprinzips gilt das Nutznießerprinzip. Hierbei zahlen die Nutznießer einer Maßnahme einen Beitrag, der denjenigen zugutekommt, die durch umweltschonende oder -fördernde Tätigkeiten Einkommenseinbußen hinnehmen müssen.

– Beim **Gemeinlastprinzip** trägt die öffentliche Hand bzw. die Allgemeinheit die Kosten der Umweltbelastungen (z. B. Müllentsorgung im öffentlichen Raum). Das Gemeinlastprinzip soll generell nur flankierend oder ergänzend angewandt werden, d. h. überwiegend in Fällen, in denen der Verursacher nicht eindeutig ermittelbar ist. Zusätzlich kommt es zum Tragen, wenn Maßnahmen den Verursacher in eine massive Notlage bringen würden oder in Extremsituationen sofortige Maßnahmen erforderlich sind.

– Das **Kooperationsprinzip** verbessert durch Mitwirkung der Betroffenen Entscheidungen und erleichtert so die Akzeptanz von Maßnahmen. Dies bedeutet, dass Staat und Unternehmen bzw. Bürger gemeinsam agieren. Auch kann eine Kooperation zu einer freiwilligen Verhaltensänderung führen, sodass sich der Erlass von Verboten oder Geboten erübrigt.

Vor dem gedanklichen Hintergrund dieser Prinzipien folgt die Festlegung der **Zielvorstellungen für einzelne** (vom Tourismus besonders betroffene) **Umweltbereiche**. Grundvoraussetzung dafür ist die Bestandsaufnahme der räumlichen Verteilung von

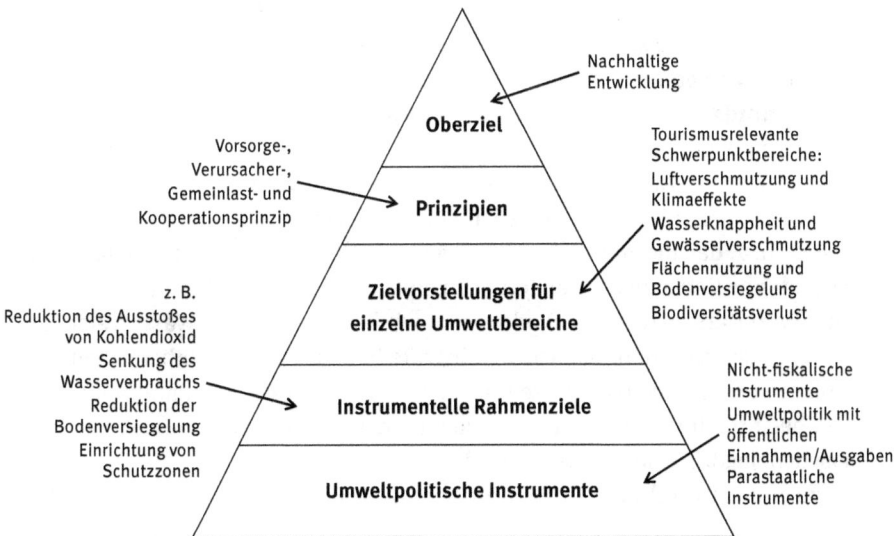

Abb. 4.2: Umweltpolitische Zielhierarchie
Quelle: In Anlehnung an Haas/Schlesinger 2007, S. 25.

Umweltbelastungen, d. h. die sowohl nach regionalen als auch umweltmedienbezogenen (biotischen und abiotischen) Kriterien differenzierte Erhebung und Analyse der tourismusinduzierten Umweltbelastungen. Die Bestandsaufnahme ist notwendig, um konkrete Handlungsprogramme und damit die instrumentellen Rahmenziele zu formulieren. Dabei lassen sich folgende **tourismusrelevante Schwerpunktbereiche** identifizieren (vgl. UBA 2019; Mundt 2013, S. 520; Müller 2007, S. 36):

- **Luftverschmutzung und Klimaeffekte:** Der Ausstoß von Kohlendioxid (CO_2), der bei Reisen mit PKW, Bus, Schiff oder Flugzeug entsteht, verschärft den Klimawandel. Reisen mit dem Flugzeug spielen – bedingt durch die Emissionen in großer Höhe sowie der Menge pro zurückgelegtem km – eine besondere Rolle. Darüber hinaus trägt der Verkehr auch durch Feinstaubbelastung und den Ausstoß weiterer Gase zur Luftverschmutzung bei. Ferner verursachen manche Freizeitaktivitäten, wie z. B. Grillen, Lagerfeuer, Feuerwerke oder sog. Holi-Festivals, auf denen Farbpulver in die Luft geworfen wird, Luftverschmutzungen.
- **Wasserknappheit und Gewässerverschmutzung:** In Regionen, in denen Wasser knapp ist, wird der touristische Wasserverbrauch zu einem gravierenden Problem. Vielfach muss das Wasser aufwändig aufbereitet oder kostenintensiv mit Tankschiffen oder -wagen herangeschafft oder aus Meerwasser gewonnen werden. Im Falle von Wasserknappheit entsteht eine Konkurrenz zwischen dem Tourismus, dem Trinkwasserbedarf der lokalen Bevölkerung und der Landwirtschaft. Der Tourismus kann sowohl für zu hohe Wasserentnahmen als auch für Gewässerverschmutzung (z. B. durch vermehrtes Abwasseraufkommen und fehlende Kläranlagen, Kreuzfahrtschiffe, die ihre Abfälle teilweise im offenen Meer entsorgen) verantwortlich sein. Im Winter hingegen kommen weitere problematische Wassernutzungen, wie z. B. die Beschneiung von Skipisten unter Einsatz von Zusatzstoffen in Wintersportdestinationen, hinzu.
- **Flächennutzung und Bodenversiegelung:** Für die touristische Infrastruktur (z. B. Hotels oder Freizeiteinrichtungen) werden Gebäude errichtet und Böden versiegelt sowie Außenanlagen gestaltet. Dies führt zum Verlust natürlicher Bodenfunktionen mit Auswirkungen auf den Wasserhaushalt oder das Mikroklima, sodass u. a. das Risiko für Überflutungen und Überhitzungen im Sommer steigt. Strandnahe Gebäude können ferner zu einer Stranderosion führen.
- **Biodiversitätsverlust:** Die Biodiversität wird durch Luft- und Wasserverschmutzung, Bodenveränderungen sowie Eingriffe in Küsten- und Uferbereichen durch Anlage von Badestellen, Freizeit- (z. B. Marinas) und Beherbergungseinrichtungen beeinträchtigt. Zudem tragen viele touristische Aktivitäten (z. B. Skifahren, Fischen, Jagd, Trekking), aber auch der Besuch natürlicher Attraktionen durch eine zu große Anzahl von Touristen zu einer Beeinträchtigung von Fauna und Flora bei.

Entlang der Zielvorstellungen für einzelne Umweltbereiche sind **instrumentelle Rahmenziele**, wie z. B. Reduzierung der Abfallmenge oder des Wasserverbrauchs, Schutz sensibler Ökosysteme, Verbesserung des Gewässerschutzes oder Sensibilisierung des Umweltbewusstseins der Touristen, festzulegen.

4.1.2.2 Umweltpolitische Instrumente

Die konkrete Umsetzung ökologischer Ziele erfolgt durch umweltpolitische Instrumente. Hierbei handelt es sich um Mittel, die der Staat einsetzt, um Tourismusunternehmen und Touristen zu veranlassen, Maßnahmen der Vermeidung, Verringerung oder Beseitigung von touristisch induzierten Umweltbelastungen zu ergreifen. Eine Übersicht dazu enthält Tabelle 4.3.

Tab. 4.3: Umweltpolitische Instrumente

Instrumente der Umweltpolitik			
Nicht-fiskalische Instrumente	**Umweltpolitik mit öffentlichen Einnahmen**	**Umweltpolitik mit öffentlichen Ausgaben**	**Parastaatliche Instrumente**
– Auflagen – Verbote – Gebote – Eigentumsrechtliche Änderungen – Änderungen der Rahmenbedingungen – Umweltplanung – Benutzervorteile	– Umweltsteuern – Umweltgebühren und -beiträge – Umweltlizenzen	– Direkter öffentlicher Umweltschutz – Staatliche Beschaffungspolitik – Förderungen von Institutionen	– Kooperationslösungen – Information und Partizipation – Moral Persuasion – Freiwillige betriebliche Maßnahmen – Klagen und Boykotte

Quelle: In Anlehnung an Haas/Schlesinger 2007, S. 29; Rein/Strasdas 2017, S. 306.

Nicht-fiskalische Instrumente stellen einen direkten staatlichen Eingriff dar und finden ihre Umsetzung in Gesetzen und Verordnungen. Ihre Ausgestaltung richtet sich nach Normwerten, die den „Stand der Technik" widerspiegeln sowie dem Umweltschutzziel dienen. Ein Verstoß gegen sie hat Sanktionen zur Folge. Aktivitäten werden erzwungen, aber nicht nach ökonomischen Maßstäben ausgewählt. Eine Übererfüllung der Anforderungen erfährt keine Honorierung. Innovative Tätigkeiten werden dadurch kaum gefördert. Somit ist die Wirkung (Effektivität) der Instrumente sehr hoch. Allerdings schränken sie die (unternehmerische) Handlungsfreiheit und die Anzahl möglicher Alternativen ein, wodurch die Akzeptanz bei den Betroffenen nur bedingt vorhanden ist. Dies führt dazu, dass Kontrollen erfolgen müssen, um die Sanktionsdrohungen glaubhaft umzusetzen. Nicht-fiskalische Instrumente sind z. B.:

– **Auflagen:** Reduktion negativer externer Effekte z. B. durch Emissionsauflagen,
– **Verbote:** Untersagung z. B. der Nutzung gewisser Stoffe,
– **Gebote:** Unspezifischer als Auflagen und Verbote wie z. B. das Substitutionsgebot oder Minimierungsgebot bzgl. Gefahrstoffen,
– **Umweltplanung:** Minimierung von Umweltbelastungen bereits vor ihrer Entstehung durch eine raumbezogene Gesamt- oder umweltspezifische Fachplanung (vgl. Kap. 4.4 und Exkurs 17) wie z. B. Luftreinhaltepläne und entsprechende Verbote von Tätigkeiten,
– **Änderungen der Rahmenbedingungen:** Z. B. eine verschärfte Umwelthaftung oder eine verbesserte Umweltkontrolle und -überwachung,
– **Eigentumsrechtliche Änderungen:** Nutzung der Umwelt durch Zuteilung von Eigentumsrechten (vgl. Exkurs 13),
– **Benutzervorteile:** Schaffung von Anreizen durch die Reduktion von Beschränkungen beim Einsatz umweltfreundlicher Produkte oder Verfahren wie z. B. Aufhebung von Start- und Landebeschränkungen an Flughäfen für Flugzeuge mit besonders leisen Triebwerken.

Exkurs 13: Pigou-Steuer und Coase-Theorem

Das Umweltverhalten des Menschen wird nach Arthur C. Pigou dadurch beeinflusst, dass Kosten oder Nutzen menschlicher Aktivitäten unvollständig oder gar nicht in Marktpreisen enthalten sind. Das Umweltproblem beruht aus seiner Sicht auf negativen externen Effekten. Durch diese kommt es zu einem **Marktversagen**, da einzelwirtschaftliches Verhalten Auswirkungen auf Dritte in Form von Vor- oder Nachteilen hat, die nicht in die Preisbildung eingehen (vgl. Kap. 2.1.2.1). Es bedarf daher der (Umwelt-)Politik, um diesem Marktversagen und den damit verbundenen Umweltproblemen entgegenzuwirken. Pigou bildet deshalb die Referenz für jene, die Gesetze, Steuern und Gebühren als Instrumente der Umweltpolitik propagieren. Somit ist eine Pigou-Steuer vom Verursacher negativer externer Effekte, z. B. der Touristen, zu entrichten, um dafür zu sorgen, dass negative Auswirkungen von Produktion und Konsum, in diesem Fall von touristischen Aktivitäten, internalisiert, d. h. in ihre Kostenrechnung mit einbezogen werden. Negative externe Effekte erhalten damit quasi einen Preis und werden minimiert.

Ronald H. Coase übte in seinem Aufsatz „The Problem of Social Cost" gegen Pigou Kritik, da die bestehende Divergenz zwischen privaten und gesellschaftlichen Kosten seiner Ansicht nach darauf beruht, dass die Umweltkosten aufgrund der unzureichenden Definition von Eigentumsrechten nicht dem Urheber zugerechnet werden und es somit zur ineffizienten Nutzung des Gutes Umwelt kommt. Die als Coase-Theorem bezeichnete These besagt, dass Verhandlungen der Geschädigten mit den Schädigern ohne staatliche Eingriffe zu einer paretoeffizienten Allokation führen können, d. h. eine Allokation von Ressourcen, in der es keine Möglichkeit gibt, ein Individuum besser, ohne ein anderes schlechter zu stellen. Nach Coase sind in einem einmaligen Prozess die **Eigentumsrechte** an allen relevanten Umweltgütern (Luft, Boden, Wasser) global zuzuweisen. Aus diesem Gedanken entwickelten sich Zertifikats- bzw. Mengenlösungen, bei denen allen Emittenten eines Schadstoffes Zertifikate zugeteilt werden, die in ihrer Gesamtheit die vorgeschriebene Emissionshöchstgrenze markieren.

Quellen: Haas/Schlesinger 2007, S. 28; Bochert 2014, S.31ff.

Instrumente der **Umweltpolitik mit öffentlichen Einnahmen** subsumieren Abgaben, d. h kraft öffentlicher Finanzhoheit erhobene Zahlungen, die sich durch ihre ökonomische Effizienz auszeichnen. Dieser Gruppe von Instrumenten liegt die klassische mikroökonomische Preis-Mengen-Funktion zugrunde, d. h. eine Preiserhöhung reduziert die Nachfrage. Verteuert der Saat also die Nutzung von (Umwelt-)Gütern, z. B. durch eine Pigou-Steuer, sinkt deren Nachfrage – wenigstens in der Theorie (vgl. Exkurs 13). Vorteil wie Nachteil ist hierbei, dass der Nutzer selbst entscheiden kann, wie er auf eine Preiserhöhung reagiert, was u. U. dazu führt, dass der gewünschte Effekt eintritt oder die Güter (nur) subsituiert werden bzw. sich die Preiserhöhung an anderer (ungewollter) Stelle niederschlägt (Konsumverlagerung). Da die steuernde Wirkung kaum kalkulierbar ist, lassen sich auch die Preisaufschläge im Vorfeld passgenau kaum bestimmen. Beispiele für Instrumente einer Umweltpolitik mit öffentlichen Einnahmen sind:

- **Steuern** sowie **Gebühren** und **Beiträge** unterscheiden sich dahingehend, wie diese Einnahmen vom Staat zu verwenden sind und welche Körperschaft diese erheben darf. Während Steuern in den Gesamthaushalt einfließen, also keine Gegenleistung für eine besondere Leistung darstellen, sind Gebühren und Beiträge zweckgebunden, d. h. für besondere Leistungen einer öffentlichen Körperschaft oder für die (freiwillige oder erzwungene) Inanspruchnahme von öffentlichen Einrichtungen zu verwenden.
- **Lizenzen** folgen der Logik, über die Zuteilung von Eigentumsrechen (Verfügungsrechten) eine Reduzierung der Umweltbelastung dort zu erzielen, wo es am kostengünstigsten ist. Die Aufgabe des Staates besteht darin, die Summe der zulässigen Umweltnutzungen festzulegen und das Recht auf Nutzung (Emission) durch die Verteilung handelbarer Lizenzen zu vergeben. Die Lizenzinhaber können nun entscheiden, ihre Lizenzen zu verkaufen und damit z. B. Umweltschutzmaßnahem zu finanzieren oder weitere Lizenzen zuzukaufen. Entscheidend sind hierbei die Grenzvermeidungskosten. Über die Zuteilung der Lizenzen werden Investitionen in innovative Techniken gefördert und das Umweltschutzziel erreicht.

Umweltpolitik mit öffentlichen Ausgaben zeichnet sich dadurch aus, dass der Staat Umweltschutzvorhaben fördert. Derartige umweltbezogene Impulse genießen bei geförderten Unternehmen und Bürgern eine hohe Akzeptanz, sind allerdings stark von der „Kassenlage" und der politischen Agenda beeinflusst. Als beispielhaft für eine Umweltpolitik mit öffentlichen Ausgaben lassen sich benennen:

- **Direkter öffentlicher Umweltschutz** kann steuer- bzw. gebühren- oder beitragsfinanziert erfolgen. Hierunter fallen – je nach politischer Zuständigkeit der Gebietskörperschaften – z. B. Gewässerschutz (Bau bzw. Ausbau eines Klärwerks), Naturschutz, Lärmschutz (Bau einer Lärmschutzwand) oder Altlasten- sowie Abfallentsorgung.
- Eine umweltfreundliche **staatliche Beschaffungspolitik** kann aufgrund der Vorbild- und Vorreiterfunktion sowie des Umfangs der zu beschaffenden Güter als

Anschubfinanzierung bzw. Forschungs- und Entwicklungsförderung neuer Güter und Technologien dienen und dadurch den umwelttechnischen Fortschritt beschleunigen.

– Die **Förderung von Institutionen** zielt auf die (Teil-)Finanzierung von Forschung und Entwicklungseinrichtungen sowie Umweltschutzorganisationen oder die Subvention privater umweltfreundlicher Aktivitäten (Umweltschutzinvestitionen) ab.

Parastaatliche Instrumente sollen andere umweltpolitische Instrumente ergänzen oder ersetzen und so einer Überregulierung bzw. Bürokratisierung vorbeugen. Entsprechend ihrem Charakter ist die Wirkung als eher gering einzustufen. Ihre Freiwilligkeit führt allerdings zu einer sehr hohen Akzeptanz. Beispiele sind:

– Bei **umweltpolitischen Kooperationslösungen** handelt es sich um Absprachen zwischen Staat und Unternehmen bzw. Verbänden oder Branchen ohne rechtliche Bindung mit dem Ziel, Umweltschutz zu forcieren und so einer (drohenden) staatlichen Regelung vorzubeugen.

– **Informationspolitik** will eine Verhaltensänderung herbeiführen, indem Akteure umweltrelevantes Wissen erlangen, ihre Einstellungen und Werthaltungen sowie damit auch ihr Verhalten überdenken. Die Wissensvermittlung umfasst u. a. die Bereitstellung von Informationen, Warnungen, Aufklärungen und Hinweisen über Umweltgefahren oder umweltfreundlichere Alternativen, Ausbildung sowie (staatliche) Siegel. Ergänzend sind partizipative Maßnahmen (z. B. Bürgerbeteiligungen oder Volksbegehren) einzusetzen, um ein Stimmungsbild betroffener Akteure zu erhalten.

– Das sog. **Moral Persuasion** (lat. persuadere = „überreden") will nicht nur informieren, sondern Präferenzen, Wertvorstellungen und Einstellungen, z. B. anhand von Appellen an die Verantwortung des Einzelnen, eines durchaus massiven sozialen bzw. medialen Einflusses und/oder der Androhung von Zwangsmaßnahmen (z. B. gesellschaftlicher Ächtung), hin zu einem ökologisch zweckmäßigeren Verhalten verändern.

– Unternehmen können zur Sicherung ihrer Wettbewerbsfähigkeit gesellschaftliche Trends aufgreifen und diese durch **freiwillige betriebliche Maßnahmen** adaptieren. Niederschlag findet dies vor allem in Umweltmanagementsystemen, freiwilligen Umweltverträglichkeitsprüfungen oder der Einführung von Umweltsiegeln. Erleichterungen bei behördlichen Genehmigungen, eine positive Resonanz bei Kunden oder die Erfüllung von Anforderungen in Wertschöpfungsnetzen sind wichtige Treiber.

– **Klagen** und **Boykotte**, initiiert von Umweltorganisationen oder Betroffenen, führen zu einem sehr hohen Anpassungsdruck bei den Verursachern von Umweltbelastungen. Die Kläger versuchen dabei, die Einhaltung bzw. die Haftung bei Verstößen gegen bestehende Regeln gerichtlich oder durch Boykottaufrufe durchzusetzen.

Um aus der Vielzahl der aufgezeigten Instrumente die „richtigen" auszuwählen und einzusetzen, braucht es Kriterien zu deren **Bewertung**. Heranzuziehen sind hierbei (ökologische) Wirksamkeit (Effektivität), (ökonomische) Effizienz (u. a. Verwaltungsaufwand, Praktikabilität) sowie Akzeptanz der beteiligten bzw. betroffenen Akteure (politische Durchsetzbarkeit). Tabelle 4.4 ordnet die Instrumente diesbezüglich grob ein.

Tab. 4.4: Vergleichende Bewertung umweltpolitischer Instrumente

Bewertungs-kriterien	Nicht-fiskalische Instrumente	Umweltpolitik mit öffentlichen Einnahmen	Umweltpolitik mit öffentlichen Ausgaben	Parastaatliche Instrumente
Effektivität	++	+	+	0
Effizienz	–	++	0	0
Akzeptanz	0	–	+	++

++ sehr positiv | + positiv | 0 neutral | – negativ
Quelle: Eigene Darstellung.

4.1.3 Tourismusbezogene Ausgestaltung umweltpolitischer Instrumente

Da es kaum gezielte tourismusspezifische umweltpolitische Instrumente gibt, greift dieses Kapitel – entsprechend dem Verursacherprinzip – die Gestaltungsmöglichkeiten entlang der **touristischen Leistungskette**, d. h. Reiseorganisation, An-/Abreise, Übernachtung und Verpflegung sowie Aktivitäten in der Destination, auf (vgl. Job/Vogt 2007, S. 852 ff.; Rein/Strasdas 2017, S. 299; Mundt 2004, S. 311).

4.1.3.1 Reiseorganisation
Der Reiseorganisation kommt die entscheidende Bedeutung bzgl. der **Umweltwirkung einer Reise** zu. Hier legt der zukünftige Tourist – je nach Urlaubertyp – fest, wie die Reise entsprechend dem Reisezweck (z. B. privat oder geschäftlich), seinen Reisemotiven und den geplanten Aktivitäten (z. B. Erholung, Kultur, Sport etc.) unter Berücksichtigung seiner Möglichkeiten und Zwänge gestaltet wird (vgl. Neumair et al 2019, S. 108 ff.).

In dieser Phase kommen überwiegend **parastaatliche Instrumente** zum Tragen, d. h. es wird versucht, durch eher weiche Maßnahmen die Einstellung des Touristen hin zu einem umweltverträglicheren Verhalten zu beeinflussen. Die Idee ist, durch Information und Aufklärung über die jeweiligen Umweltauswirkungen einer Reise, aber auch moralische Appelle einen Teil der Nachfrager dazu zu bewegen, eine umweltfreundliche Alternative zu wählen (vgl. Kahlenborn et al. 1999, S. 97).

Den gedanklichen Rahmen dabei stellen die Konzepte eines **Sanften bzw. Nachhaltigen Tourismus** dar. Gemeinsam ist diesen und weiteren verwandten Ansätzen, dass sie einerseits die Ziele einer beträchtlichen wirtschaftlichen Wertschöpfung und der Zufriedenheit der Touristen verfolgen, anderseits aber hohe Ansprüche an die ökologischen und soziokulturellen Auswirkungen des Reisens stellen. Konkrete Anforderungen legt z. B. die Tourism Sustainability Group der Europäischen Kommission fest. Zu nennen sind u. a. die Handhabung der Folgen des touristischen Verkehrs, die Reduzierung von Ressourcenverbrauch und Abfallvolumen sowie die Wahrung des natürlichen Erbes (vgl. Neumair et al. 2019, S. 71 ff.). Umsetzung finden diese Ansätze z. B. im Community Based Tourism (vgl. Kap. 4.6.3.2), Wandertourismus, Fahrradtourismus sowie im Urlaub auf dem Bauernhof (vgl. Müller 2007, S. 199).

Um den Touristen eine Orientierungshilfe bei der Auswahl sanfter bzw. nachhaltiger Tourismusformen und -ziele oder ganz allgemein von umweltfreundlichen Alternativen anzubieten, können **Umweltsiegel** (alternativ: Label oder Kennzeichnung) zum Einsatz kommen (vgl. Mundt 2004, S. 343 und 2013, S. 528; Lübbert 1999, S. 110 ff.; Freyer 2015, S. 632 ff.). Diese heben die besonderen Eigenschaften von Produkten und Dienstleistungen hervor (vgl. Schlesinger 2011, S. 37). Sie versichern den Verbrauchern, dass festgelegte Standards bestehen, deren Einhaltung von einer i. d. R. vertrauenswürdigen Stelle (z. B. einer Behörde) überprüft wird (vgl. Haas/Schlesinger 2007, S. 69 f.). Siegel lassen sich wie folgt systematisieren:

– Entlang der **touristischen Wertschöpfungskette** für Destinationen (z. B. Tourcert), Teile einer Destination (z. B. Blaue Flagge als Zeichen für eine hohe Wasserqualität), Unterkünfte (z. B. TUI Umwelt Champions), Restaurants, einzelne Aktivitäten, Transport und Mobilität, Attraktionen und Konferenzzentren (z. B. EarthCheck) bzw. Reiseunternehmen (z. B. Travelife) sowie Pauschalreiseangebote (z. B. österreichisches Umweltzeichen für Tourismus),
– entsprechend der **Zertifizierungsstelle** nach tendenziell unabhängigen (NGOs bzw. staatliche Stellen oder Agenturen) oder abhängigen Zertifizierungsaustellern (z. B. hoteleigene Siegel),
– nach einem ganzheitlichen Nachhaltigkeitszugang, sektorspezifischen Anforderungen oder **umweltbezogenen Bewertungskriterien**, wie z. B. Verwendung umweltfreundlicher Produkte (z. B. Reinigungsmittel), Nutzung von Bio- und/oder regional-saisonalen Lebensmitteln sowie Mehrweg- satt Einwegbehältern, reduzierter Ressourcenverbrauch (z. B. Wasser, Energie), Kompensation von CO_2-Emissionen, umweltgerechte Müllentsorgung und Abwasseraufbereitung sowie aktive Unterstützung von Natur- und Artenschutz vor Ort,
– **absolute** oder **relative Bewertung** (z. B. besser als der Durchschnitt der Betriebe beim Viabono-Siegel),
– **Prüfverfahren:** Regelmäßige bzw. einmalige Audits, vor Ort oder anhand von Unterlagen,
– mit oder ohne begleitendes **Managementsystem**.

Damit ein Siegel auch für den Verbraucher von Wert ist, hat von ihm ein wahrnehmbarer Nutzen auszugehen und dieser transparent und nachvollziehbar zu sein. Zudem müssen die herausgestellten Vorteile des Produkts mögliche Nachteile überwiegen (vgl. Belz/Bieger 2006, S. 84 ff.). Erst dann wird ein Anreiz gesetzt, bei der Kaufentscheidung das Siegel zu berücksichtigen und das entsprechende Produkt zu erwerben. Dies zeigt gleichzeitig die Problematik von Siegeln im Tourismus gegenüber anderen umweltrelevanten Feldern: So können z. B. Bio-Lebensmittel aus Sicht der Konsumenten mit Vorteilen bzgl. Gesundheit und Geschmack einen höheren Preis rechtfertigen. Im Tourismus lassen sich höhere Qualitätsstandards anführen, die aber weniger konkret nutzenstiftend sind. So dürften beispielsweise ein reduzierter Ressourcenverbrauch oder optimierte Abfallströme für den Touristen kaum nachvollzieh- bzw. sichtbar und damit nutzenstiftend sein, sondern eher die intrinsische Motivation, „etwas Gutes" bzw. „das Richtige zu tun", ansprechen. Dies bedeutet wiederum, dass unter der breiten Masse an Touristen nur bei vergleichbaren Angeboten das umweltverträglichere vorgezogen werden dürfte.

In jüngerer Zeit verstärkt sich neben dem freiwilligen Beitrag zum Umweltschutz auch die **„Moral Persuasion"**. So wird z. B. unter dem Begriff „Flight Shame" (ursprünglich aus dem Schwedischen flygskam) eine soziale Ächtung von Flugreisen verstanden. Im Rahmen der verstärkten Klimaschutzdiskussion entsteht – oftmals durch soziale Medien befeuert – dadurch ein sozialer Druck, Flugreisen soweit wie möglich zu unterlassen.

4.1.3.2 An- und Abreise

Zur An- und Abreise in eine Destination kommen private bzw. Individualverkehrsmittel wie PKW, Mietwagen, Wohnmobil oder Motorrad sowie öffentliche Verkehrsmittel, wie z. B. Fernbusse, Fern- und Regionalbahnen, Flugzeuge sowie Fähren oder Linienschiffe, in Frage (vgl. Neumair et al. 2019, S. 251). Da der Reiseverkehr zu den größten Umweltbelastungen zählt, lassen sich in diesem Bereich sehr wirksame Instrumente aus den Bereichen **nicht-fiskalische Instrumente** (u. a. Ge- und Verbote) sowie **Umweltpolitik mit öffentlichen Einnahmen** (u. a. Umweltsteuern) einsetzen.

Zur Steuerung des **Individualverkehrs** sind Geschwindigkeitsbegrenzungen, Parkregelungen, Straßensperrungen und Fahrverbote sowie Mauten und Steuern geeignet (vgl. Müller 2007, S. 188). Anliegen dieser Maßnahmen ist es, neben der Verfolgung von Umweltschutzzielen (Lärm- und Emissionsschutz) den vorzuggebenden Eigenschaften von Individualverkehrsmitteln (relativ kostengünstig bei gleichzeitig hoher räumlicher und zeitlicher Flexibilität) entgegenzuwirken und somit öffentliche Verkehrsmittel attraktiver zu machen. Z. B. schließt das österreichische Bundesland Tirol Ausweichrouten für den überregionalen Durchgangsverkehr, einige ostfriesische Inseln sowie Schweizer Ferienorte (z. B. Zermatt, Wengen) sperren den Individualverkehr komplett aus (vgl. Mundt 2013, S. 521). Auch Mautsysteme, Benzinsteuern oder die Bepreisung des stehenden Verkehrs (Parkraumbewirtschaftung), wie z. B. in Wien mit Preisen von ca. 40 Euro/Tag in der Innenstadt, machen eine individuelle Anreise zumindest aus Kostensicht unattraktiver.

Auch die **öffentlichen Verkehrsmittel** unterliegen einer immer engeren umweltbezogenen Regulierung. So werden Emissionsauflagen für Kreuzfahrtschiffe stetig verschärft, insbesondere wenn diese innerstädtische Häfen anlaufen wollen. Im Flugverkehr lassen sich die Anzahl von Starts- und Landungen sowie Start- und Landezeiten reglementieren, auch wenn in Einzelfällen besonders leisen und umweltfreundlichen Fluggeräten Ausnahmen zugebilligt werden. Kritisch anzumerken ist vor allem die geringe bzw. Nichtbesteuerung von Flugbenzin (Kerosinsteuer). Diese versteckte Subventionierung von Fernflugreisen (vgl. Kap. 4.3.3.3) fördert nicht nur ein umweltschädliches Reiseverhalten (vgl. Mundt 2013, S. 522 f.), sondern geht einerseits auch zu Lasten des nationalen Tourismus und benachteiligt andererseits umweltfreundlichere Verkehrsmittel wie die Bahn. Die Freigabe des Verbots des Fernbusverkehrs in Deutschland im Jahr 2013 hingegen führte zu attraktiven Angeboten und einer Stärkung des öffentlichen Fernverkehrs, welcher im Vergleich zum Individualverkehr ökologisch wesentlich positiver zu werten ist (vgl. Freyer 2015, S. 619).

Denkbar, aber selten praktiziert wird eine **Umweltpolitik mit öffentlichen Ausgaben**, also allgemein die Förderung umweltfreundlicher Verkehrsmittel und/oder attraktiver Angebote zur Erreichung einer Destination per Bahn oder Bus. Eine zuverlässige Mobilitätsgarantie durch öffentliche Verkehrsmittel innerhalb von Destinationen (z. B. Tourismuscards, Mobilitätstickets) ist als weitere Maßnahme denkbar (vgl. Groß/Grimm 2019, S. 141; Müller 2007, S. 188).

Zuletzt lässt sich vor allem durch das **Planungsrecht** sowie den Ausbau der Verkehrsinfrastruktur erheblicher Einfluss auf die Umweltwirkung der An- und Abreise nehmen (vgl. Kap. 4.4.4).

4.1.3.3 Übernachtung und Verpflegung

Zur Tourismuswirtschaft im engeren Sinne (vgl. Neumair et al. 2019, S. 18 und 127) zählen Übernachtungs- und Verpflegungsbetriebe, die durch eine Fülle an speziellen Vorschriften aus den Bereichen Gewerbe-, Bau-, Gaststätten-, Hygiene-, Lebensmittel- oder Haftungsrecht sowie Produktsicherheit, Nichtraucherschutz, Produkthaftung, Infektionsschutz, Lebensmittelkennzeichnung, Schutz der Jugend in der Öffentlichkeit u. a. reguliert sind (vgl. z. B. IHK Heilbronn-Franken 2016; DEHOGA 2016). Trotz der Vielfalt an Regelungen sind Umweltthemen nur in Teilbereichen, wie z. B. der Küche (Entsorgung von Fetten oder Abluft), speziell geregelt. Im Allgemeinen gelten die gängigen betrieblichen Umweltvorschriften in Bezug auf Gewerbeabfälle, Emissionsschutz etc. oder zur Förderung von Umweltschutz- und Energiesparprogrammen (vgl. Haas/Schlesinger 2007, S. 38).

Aus dem Bereich der **Umweltpolitik mit öffentlichen Einnahmen** lässt sich anführen, dass in einigen Destinationen über die Erhebung von Tourismusabgaben (vgl. Kap. 4.3.6) Infrastrukturinvestitionen (z. B. in Abwasser- und Abfallentsorgungssysteme) mitfinanziert werden. Weiterhin haben touristische Betriebe Gebühren an kommunale Ver- und Entsorgungssysteme, d. h. für Wasser, Energie oder Abfall und Abwasser, zu begleichen. Über Lizenzvergaben können z. B. Nutzungsrechte in Naturschutzgebieten vergeben werden, die den Aufbau von Übernachtungs- und Verpflegungsbetrieben ermöglichen, wie es z. B. im Okavango-Delta in Botswana der Fall ist (vgl. Exkurs 14).

Exkurs 14: Qualitätstourismus im Okavango-Delta (Botswana)

Im Okavango-Delta (Botswana) werden Konzessionsverträge für eine durchschnittliche Laufzeit von 15 Jahren vergeben, wenn eine günstige Umweltverträglichkeitsprüfung, Zusagen an Umweltschutz (z. B. Infrastrukturentwicklung, Abfallwirtschaft, Abwasserbehandlung) und Gesellschaftsentwicklung (z. B. lokaler Arbeitsmarkt, Beteiligung der Gemeinschaft an den Einnahmen) sowie monetäre Leistungsgarantien vorliegen.

Den gedanklichen Hintergrund bildet das Konzept **„High Paying/Low Volume"**, d. h. wenig Gäste bei hohen Erträgen, also eine explizite **Absage an den Massentourismus** (vgl. Kap. 5.1). Dieser bereits in den 1980er Jahren formulierten Strategie lag die Erkenntnis zugrunde, dass dem Land die personellen und systemischen Ressourcen fehlten, um höhere Besucherzahlen zu bewältigen und somit einen nötigen Natur- und Artenschutz (Grund für die Touristenströme) zu gewährleisten. Entsprechend dem ökonomischen Kalkül, dass ein höherer Preis zu einer niedrigeren Nachfrage führt, wurde ein exklusiver **Qualitätstourismus** (vgl. Exkurs 3) entwickelt. Die Preise lagen 2020 z. B. in dem mehrfach ausgezeichneten Jao Camp von Wilderness Safaris bei 1.250–2.800 US-Dollar pro Person und Nacht (je nach Saison).

Die Konzessionen sind an maximale Gästezahlen gebunden, die so gering sind, dass Urlauber kaum auf Gäste aus anderen Camps und Lodges treffen. Auch wurde der bis dahin vorherrschende Jagdtourismus vielerorts von einem Fototourismus abgelöst, dem ebenfalls ein ökonomisches Kalkül zugrunde liegt, dass man nämlich ein Wildtier zwar tausendmal fotografieren (abknipsen), aber nur einmal abschießen kann. Zudem schmälert der Jagddruck die Möglichkeit, ein Tier als Fototourist beobachten zu können, da die Tiere dann z. B. Geländewagen meiden. Um die Umweltwirkung der Camps und Lodges im Okavango-Delta zu minimieren, dürfen diese nicht dauerhaft errichtet sein. So hat sich Holz als Baumaterial in Kombination mit luxuriösen Zelten (Glamping) etabliert.

Quellen: Leung et al. 2019, S. 18; Main/Warburton-Lee 2002; Neumair et al. 2019, S. 209 ff.; Okavango Delta Explorations 2020a und b; UNESCO 2013, S. 201 und 210; Wilderness Safaris 2020; Winterbach et al. 2015.

Da sich touristische Betriebe oftmals in ökologisch sensiblen Gebieten befinden, werden besondere Anforderungen an Planung, Errichtung sowie Betrieb gestellt. Diese **nicht-fiskalischen Instrumente** reichen von Umweltverträglichkeitsgutachten bis zu Auflagen bzgl. der Wassernutzung oder Abfallbeseitigung (vgl. Kap. 4.4.3.2 Exkurs 17).

In ihrer Wirkung nicht zu unterschätzen sind im Falle von Übernachtungsbetrieben vor allem **parastaatliche Instrumente** wie Umweltsiegel (Kap. 4.1.3.1) oder Kooperationslösungen sowie Information und Partizipation. Diese verkörpern ein ideales Instrumentarium, um einerseits den steigenden Kundenanforderungen an einen umweltfreundlichen Urlaub gerecht zu werden sowie andererseits für eine stärkere Differenzierung des Leistungsangebots zu sorgen.

4.1.3.4 Aktivitäten in der Destination

Aktivitäten in einer Destination sind unüberschaubar vielfältig und reichen von Erholung und Regeneration, Flanieren, Sightseeing, Rundreisen, Kunst und Kultur über sportliche Betätigungen, Tanzen und Feiern, Spiel und Spaß, Hobbies nachgehen, Essen gehen und Shopping bis zu Geschäftstreffen, Schulungen und Fortbildungen (vgl. Neumair et al. 2019, S. 108 f.; Freyer 2015, S. 620 f.).

Grundsätzlich hängen die Aktivitäten in einer Destination von zwei Faktoren ab: Die **Infrastruktur** lässt sich in Mobilitätsinfrastruktur, die dazu dient, den Ausübungsstandort der Aktivität zu erreichen (z. B. Wege, Straßen, Haltestellen oder Parkplätze), sowie Aktivitätsinfrastruktur (z. B. Strände und Liegewiesen, Kur- und Parkanlagen, Sehenswürdigkeiten, Museen, Theater, Wanderwege, Skipisten und Liftanlagen, Golfplätze, Bäder, Sportanlagen und -schulen, Clubs, Freizeitparks, Spielplätze, Gastronomiebetriebe, Shoppingcenter, Messe- und Eventhallen, Tagungsräume etc.) unterteilen. Beiden gemeinsam ist der immobile Charakter, der eine umfangreiche Planung vor und bei Errichtung erfordert. Umweltpolitische Belange sind hierbei als Teil der Regional- und Bauplanung (vgl. Kap. 4.4.3) zu sehen. Im laufenden Betrieb können Maßnahmen, wie in Kap. 4.1.3.3 beschrieben, ergriffen werden. Die **Ausrüstung** macht durch technisch-funktionale Innovationen die Ausübung der Aktivitäten von äußeren Einflüssen, wie z. B. Witterung und Jahreszeit, unabhängig(er) und begünstigt deren Vordringen in immer entlegenere, ökologisch wertvolle Gebiete. Vor allem günstige Ausrüstungen führen zu einer stärkeren Verbreitung von Aktivitäten und einer quantitativ gravierenden Belastung der Umwelt. Konsequenz dieser Entwicklung ist eine kontinuierliche Anpassung vor allem nicht-fiskalischer Instrumente, d. h. Ge- und Verbote. Z. B. ist das Benutzen von SUPs (Stand Up Paddeln) auf einigen Gewässern ganzjährig oder zeitweise verboten. Zudem lassen sich auch die Rahmenbedingungen (z. B. TÜV-Untersuchungspflicht für Sportboote) ändern.

Zur Reduzierung der Umweltbelastungen bei Ausübung von Aktivitäten (überwiegend Outdoor-Aktivitäten) wird zunächst auf **parastaatliche Instrumente**, d. h. informatorische Maßnahmen, zurückgegriffen. Durch Kooperationen und Förderungen von Institutionen können diese professionalisiert werden. Sollten sie nicht ausreichen, folgen Nutzungsgebühren oder Lizenzen sowie Ge- und Verbote samt Kontrollen. Dieser Instrumentenmix lässt sich anschaulich am Beispiel der touristischen Nutzung der österreichischen Alpen aufzeigen. Aufgrund der zunehmenden alpinen Freizeitentwicklung erfolgte in einem ersten Schritt zunächst eine Beschränkung der Wegefreiheit auf ausgewiesene Wege sowie die Erhebung von (Lizenz-)gebühren bei einer gewerblichen Nutzung des Alpenraums. Die Einrichtung von Schutzgebieten (z. B. Nationalpark Hohe Tauern) und Zonierungen innerhalb dieser (z. B. Außenzone, Kernzone, Wildnisgebiet) verstärken diesen allgemeinen Schutzstatus für ökologisch besonders wertvolle Regionen. Durch Informations- und Besucherzentren wird das Verständnis für den Umweltschutz gefördert (Umweltbildung) sowie durch angeschlossene Forschungseinrichtungen das Wissen vertieft (vgl. Nationalpark Hohe Tauern 2020).

4.1.4 Positive Umweltwirkungen des Tourismus

Auch wenn dem Tourismus – wie in den vorherigen Kapiteln beschrieben – viele negative Umweltwirkungen zuzurechnen sind, lassen sich auch positive Auswirkungen auf die Umwelt identifizieren, die sich durch tourismuspolitische Maßnahmen fördern lassen.

Der Kerngedanke der positiven Umweltwirkung liegt in den durch Touristen induzierten Einnahmen, welche – zumindest teilweise sowie tourismuspolitisch geschickt eingesetzt – zum Erhalt der natürlichen Umwelt verwendet werden und somit die touristische Attraktivität einer Destination verbessern können (vgl. Exkurs 14). Die Attraktivitätssteigerung liegt im Wunsch der Touristen nach einer sauberen und intakten Umwelt begründet. Ziele der politisch Verantwortlichen sollten daher eine unbeschädigte und ästhetische Natur, die Sicherung der ökologischen Vielfalt sowie die Bewahrung von Ökosystemen und Naturdenkmälern sein. Die Einnahmen aus dem Tourismus wirken dabei vielfältig auf die Destination. Dabei lassen sich folgende positiven Umwelteffekte des Tourismus identifizieren (vgl. Neumair et al. 2019, S. 67 f.; Mundt 2013, S. 526 f.; Job/Vogt 2007, S. 857; Rein/Strasdas 2017, S. 127; Freyer 2015, S. 617):

- **Nicht-konsumtive Naturnutzung** bedeutet, die touristische einer ökologisch problematischeren Nutzung vorzuziehen. Dies dürfte dann der Fall sein, wenn die touristische einen höheren Nutzen als eine alternative Nutzung verspricht. So könnten intensiv bewirtschaftete landwirtschaftliche Flächen extensiviert werden, um Landschaftszerstörung (z. B. Kahlschlag) oder Schadstoffbelastungen (z. B. Herbizide, Pestizide etc.) zu reduzieren oder dem Touristen eine ursprüngliche Kulturlandschaft zu bieten. Auch der Verzicht auf eine bergbauliche, landschaftlich stark zerstörerische kann einer touristischen Nutzung vorzuziehen sein.
- **Erhalt und Aufbau von Naturschutzgebieten** folgen dem Wunsch von Touristen und Erholungsuchenden, eine intakte sowie artenreiche Umwelt zu erleben und tragen so zum Überleben von gefährdeten Tier- und Pflanzenarten bei. Im Zuge des Naturschutzes können dabei neben Management- auch Forschungseinrichtungen entstehen.
- **Auf- und Ausbau von Infrastruktur**, die für einen modernen Tourismus nötig ist und auch den Einheimischen zur Verfügung steht, umfasst neben Ver- und Entsorgungssystemen (u. a. regenerative Stromerzeugung) auch den Ausbau öffentlicher Verkehrsmittel, wodurch Ressourcenentnahmen und Emissionen minimiert werden.
- **Alternative Beschäftigung** für die lokale Bevölkerung: Der Tourismus schafft neue Arbeitsplätze (z. B. im Nationalpark oder einem Tourismusbetrieb) mit faireren Arbeitsbedingungen, wodurch sich umweltschädlichere Beschäftigungen unterbinden lassen. So können Artenschutzmaßnahmen vorteilhafter sein, wenn z. B. ein Fischer oder Jäger anstatt des Fangs seltener oder geschützter Tiere diese touristisch in Wert setzt. So liefert z. B. ein „Hai-Tourismus" deutlich höhere

Erträge als der Verkauf auf einem Fischmarkt. Die Rechnung ist dabei recht simpel: Ein erlegtes bringt nur einmal, ein lebendes Tier als Attraktion dagegen ein
Vielfaches an Einnahmen.

– **Einstellungs- und Verhaltenswandel** hin zu einem umweltverträglicheren Verhalten tritt ein, wenn von den Touristen oder den touristischen Betrieben ein Spill-
Over-Effekt auf Einheimische oder deren Einrichtungen ausgeht. So ließe sich z. B.
eine Sensibilisierung zur Abfalltrennung realisieren, wenn Touristen ihren Müll
trennen oder Tourismusbetriebe solche Standards für ihre Mitarbeiter setzen.

– **Öffentlichkeitswirksamkeit** für Umweltbelange kann durch den Tourismus verbessert werden, wenn z. B. Naturschutzorganisationen ihre Anliegen zu Touristen
oder positiven Effekten des Tourismus formulieren und so ggf. auch eine überregionale Aufmerksamkeit erzeugen, die den benötigten politischen Handlungsbedarf aufzeigt.

Zur Umsetzung dieser Maßnahmen werden Instrumente aus allen Bereichen der Umweltpolitik eingesetzt. Die Kombination aus Verboten konsumtiver Nutzung bzw.
Subventionierung einer nicht-konsumtiven Naturnutzung – z. B. steigert die Förderung einer extensiven Beweidung durch Fleckvieh im Allgäu oder Heidschnucken in
der Lüneburger Heide nicht nur die Artenvielfalt, sondern stellt auch ein zentrales
touristisches Motiv der Destination dar –, der Erhebung von Umweltgebühren und
-steuern und der Vergabe von Umweltlizenzen stellt dabei einen oft anzutreffenden
Instrumentenmix dar (vgl. Bieger 2010, S. 241; Steinecke 2011, S. 160 ff.; Mundt 2013,
S. 526 f.; Müller 2007, S. 64 ff. und 75).

Umweltschutzmaßnahmen lassen sich also mit den Einnahmen aus dem Tourismus finanzieren. Um möglichst viele positive Effekte zu erreichen, sind allerdings
Indikatoren zur ökologischen Tragfähigkeit zu ermitteln (vgl. hierzu auch Kap. 5.1.1).
Diese sind mittels Experten zu identifizieren und ihre Einhaltung zu überwachen.
Mögliche Indikatoren sind z. B. die vertretbare Anzahl von Besuchern bzw. Touristen (absolut oder als Dichte-Kennzahl, d. h. in Bezug zur Fläche oder im Verhältnis
pro Einwohner) und/oder Kennziffern bezüglich der Infrastruktur wie z. B. Anzahl
der Übernachtungsmöglichkeiten und Parkplätze, aber auch Kapazitäten der Wasser-
und Energieversorgung sowie Abfallentsorgung.

4.2 Gesundheit & Soziales und Tourismus

Die Bereiche Gesundheit **(Gesundheitstourismus)** und Soziales (aus sozialen Erwägungen staatlich geförderter Tourismus bzw. **Sozialtourismus)** sind trotz ihrer
politischen Bedeutung eher dem touristischen Randbereich zuzurechnen. Dennoch
handelt es sich um gesellschaftlich sensible Bereiche, bei denen staatliche Eingriffe sehr ausgeprägt und vielseitig sind. So wird der Gesundheitstourismus (vgl.
Kap. 4.2.1.1) in seinen unterschiedlichen Formen (vgl. Kap. 4.2.1.2 bis 4.2.1.4) stark

durch **Maßnahmen bzw. Reformen des Gesundheitswesens** beeinflusst, während der Sozialtourismus (vgl. Kap. 4.2.2) vor allem durch staatliche Förderbedingungen im Rahmen der **Sozialpolitik** gesteuert wird. Beides, Gesundheits- und Sozialpolitik, ist daher unmittelbar tourismuswirksam und von hoher tourismuspolitischer Relevanz. Hinzukommt, dass es sich im Falle der Gesundheitspolitik um ein ausgesprochen korporatistisch geprägtes Politikfeld handelt (Korporatismus), bei dem eine Vielzahl organisierter Interessengruppen (z. B. Sozialversicherungsträger, Krankenkassen, pharmazeutische Industrie, Ärzte-, Apotheker-, Kur- und Bäderverbände u. a.) am wirtschaftspolitischen Willensbildungs- und Entscheidungsprozess beteiligt, d. h. in den politischen Prozess inkorporiert sind (vgl. Kap. 2.2), während es sich bei der Sozialpolitik im Hinblick auf Finanzierung und soziale Gerechtigkeit um ein emotional stark aufgeladenes Politikfeld handelt. Ferner ist diesem Politikbereich auch das **barrierefreie Reisen** (vgl. Kap. 4.2.3), d. h. die Teilhabe mobilitätsbeschränkter Menschen am Tourismus, zuzuordnen.

4.2.1 Gesundheitstourismus und Gesundheitspolitik

Gesundheit lässt sich als Zustand des ganzheitlichen körperlichen, geistigen und sozialen Wohlbefindens begreifen. Damit geht der Gesundheitsbegriff über das Fehlen physischer und psychischer Belastungen hinaus und meint eine gesamtgesellschaftlich zu reproduzierende Ressource für das menschliche Wohlergehen, die durch ein Wechselspiel von belastenden (Risikofaktoren) und entlastenden Faktoren (Schutzfaktoren) charakterisiert ist (vgl. Groß 2017, S. 11).

Der **Gesundheitspolitik** fällt die Aufgabe zu, die Gesundheit der Bevölkerung zu schützen und zu fördern. Zum konkreten Maßnahmenspektrum rechnen die Steuerung von Angebot und Nachfrage nach Gesundheitsdienstleistungen und der damit zusammenhängenden Ausgaben und Einnahmen sowie die Bereitstellung von Informationen bzw. Aufbereitung von Wissen über das Gesundheitswesen. Prägend ist das Subsidiaritätsprinzip (vgl. Kap. 2.1.1), d. h. der Gesetzgeber legt einen Rahmen fest, innerhalb dessen die Akteure des Gesundheitswesens (Krankenkassen, kassenärztliche Vereinigungen, Kammern, Verbände, Pharmaindustrie, Krankenhausträger etc.) selbständig agieren.

Zu den größten Herausforderungen der Gesundheitspolitik zählen die Kontrolle und Begrenzung der Gesundheitskosten unter Berücksichtigung des demografischen Wandels sowie des medizinisch-technischen Fortschritts bei gleichzeitiger Optimierung der medizinischen Versorgung der Bevölkerung (vgl. GBE 2019).

4.2.1.1 Gesundheitstourismus – begriffliche Abgrenzungen

Die Verbindung von Gesundheit und Tourismus weist eine lange Tradition auf. Bereits im 18. und 19. Jh. stellte Gesundheit einen Grund zum Verreisen, z. B. in mondäne Heil- und Seebäder, dar. Seitdem kann die Geschichte des Gesundheitstourismus lückenlos fortgeschrieben werden, verzweigt sich in der touristischen Neuzeit allerdings in unterschiedliche Stränge (vgl. Lohmann/Schmücker 2015, S. 6). Diesen gemein ist, dass es sich um ein bedeutendes **Zukunftsfeld** handelt, das auf einer steigenden Nachfrage nach gesundheitsorientierten Urlaubsformen basiert, die u. a. auf die Folgen des demografischen Wandels, psychische Arbeitsbelastungen bei gleichzeitig steigendem Gesundheitsbewusstsein, den medizinischen Fortschritt sowie sich wandelnde Rahmenbedingungen im Gesundheitssystem zurückzuführen ist (vgl. Göttel 2017a, S. 94). Diesen Markttreibern liegt ein **gewandeltes Verständnis von Gesundheit** zugrunde:

> Wohl war Gesundheit durchgehend ein wichtiges Thema („Hauptsache gesund"), aber die Konzepte, was denn diese Gesundheit sei, haben sich erweitert: Von Krankheit als Heimsuchung und Strafe im Mittelalter über Gesundheit als Ergebnis von Hygiene und ärztlichem Handeln (Mitte des 20. Jahrhunderts) zu einer mehr ganzheitlichen Orientierung (Gesundheit als Wohlbefinden und Harmonie; Gesundheitsoptimierung) heute (Lohmann/Schmücker 2015, S. 6).

In Abgrenzung zu anderen Tourismusformen liegt das zentrale Motiv im Gesundheitstourismus in der Reproduktion oder der Bewahrung des physischen und/oder psychischen Wohlbefindens durch die Nutzung medizinisch-therapeutischer Dienstleistungen. Unter **Gesundheitstourismus** versteht man daher die

> Gesamtheit der Beziehungen und Erscheinungen, die sich aus der Ortsveränderung und dem Aufenthalt von Personen zur Förderung, Stabilisierung und ggf. Wiederherstellung des körperlichen, geistigen und sozialen Wohlbefindens unter Inanspruchnahme von Gesundheitsdienstleistungen ergeben, für die der Aufenthaltsort weder hauptsächlicher noch dauernder Wohn- oder Arbeitsort ist (Kaspar 1996, S. 56).

Im Gegensatz zu vielen anderen Formen des Tourismus ist der Gesundheitstourismus relativ saison- und jahreszeitenunabhängig, weshalb er Destinationen eine ganzjährige Angebotsnutzung und Auslastung ermöglicht (vgl. Göttel 2017a, S. 94).

Auf einem Kontinuum zwischen Medizin und Wellness sowie Eigen- und Fremdbestimmung können folgende Formen des Gesundheitstourismus unterschieden werden (vgl. Abbildung 4.3), welche sich aber nicht immer trennscharf und eindeutig voneinander abgrenzen lassen (vgl. Groß 2017, S. 14 ff.; Quack/Wölfle 2018, S. 161 ff.).

– Der **Medizintourismus** (auch Klinik- oder Patiententourismus) umfasst ärztliche Behandlungen oder operative Eingriffe, für die sich der Patient aus qualitäts-, kosten- oder bedarfsorientierten Erwägungen an einen anderen Ort als den Wohnort, zumeist ins Ausland, begibt.
– Der **Kur- und Rehabilitationstourismus** beinhaltet den Aufenthalt in Heilbädern und Kurorten. Er wird fremdbestimmt verordnet und seine Kosten werden i. d. R. zu großen Teilen von den Sozialversicherungsträgern übernommen.
– Unter den **Medical-Wellness-Tourismus** fällt die selbstbestimmte und -finanzierte Kombination aus Wohlfühlangeboten und medizinischen Leistungen (z. B. Primärprävention, Naturheilverfahren) außerhalb der bestehenden Krankenver-

sorgung und -versicherung. Als Orte kommen spezielle Hotels, Gesundheitszentren sowie Kliniken und Sanatorien in Frage, die hohen, unabhängig geprüften Qualitätsstandards genügen müssen und deren Ambiente und Ausstattung Erholung und Wohlergehen dienlich sind.

– Beim **gesundheitsorientierten Urlaub** ist das Hauptmotiv nicht die Wiederherstellung der Gesundheit, sondern ganz allgemein Erholung und Entspannung, in die allerdings einzelne Bestandteile aus dem Wellnesstourismus eingebettet sein können.

– **Wellnesstourismus** beschreibt die selbstinitiierte und -finanzierte Förderung der Gesundheit bzw. Ausbalancierung von Körper und Seele. Wesentliche Bausteine sind Sport und Fitness, Selbstverantwortung, Schönheitsbehandlungen und Körperpflege, gesunde Ernährung, Entspannung sowie geistig-soziale Aktivitäten.

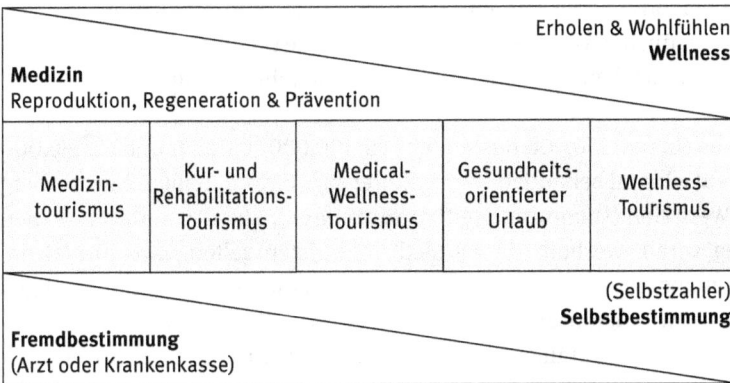

Abb. 4.3: Formen des Gesundheitstourismus
Quelle: Groß 2017, S. 14, verändert.

Während Medizintourismus (vgl. Kap. 4.2.1.2), Kur- und Rehabilitationstourismus (vgl. Kap. 4.2.1.3) sowie Medical-Wellness-Tourismus (vgl. Kap. 4.2.1.4) eher der gesundheitspolitisch induzierten Reproduktion und Regeneration von Gesundheit zuzurechnen sind, stehen gesundheitsorientierter Urlaub und Wellnesstourismus (vgl. Kap. 4.2.1.5) eher unter dem Postulat der privat-individuellen Gesundheitsvorsorge.

4.2.1.2 Medizintourismus und Gesundheitswesen

Beim Medizintourismus begeben sich Patienten aus unterschiedlichsten Gründen zu ärztlichen oder klinischen Behandlungen ins Ausland. Als Standorte kommen vor allem wohnortferne Privatstationen oder gleich ganze Privatkliniken, ärztliche Ordinationen für ambulante Eingriffe oder Privathotels in Frage (vgl. Cassens 2013, S. 57).

Neben persönlichen, rechtlichen oder moralischen Gründen stellen vor allem die gesundheitspolitischen Rahmenbedingungen in den Heimatländern einen wichtigen

Push-Faktor für den Medizintourismus dar. Hier sind in erster Linie Leistungsschwächen im eigenen Gesundheitssystem zu nennen, z. B. wenn die medizinisch-technische Qualität nicht gewährleistet, die Zugänglichkeit zu medizinischen Leistungen beschränkt oder zu teuer ist oder die Wartezeiten auf einen Termin zu lange sind. **Pull-Faktoren** sind vor allem die besseren Behandlungsmöglichkeiten im Ausland, die Anwendung bestimmter medizinischer Methoden, ein höherer Komfort, ein gutes Renommee, eine raschere Terminvergabe, hohe Fach-, Qualitäts- und Hygienestandards und nicht zuletzt geringere Kosten (vgl. Deutsches Ärzteblatt 2013 S. 16). In beiden Fällen zeitigt die Gesundheitspolitik unmittelbare touristische oder touristisch relevante Folgen, womit die Gesundheitspolitik sowohl in den Quell- als auch den Zielländern von tourismuspolitischer Relevanz ist.

Zu den weltweiten medizintouristischen Top-Destinationen rechnet u. a. Deutschland, welches im Ausland auf besonders große Wertschätzung stößt. Ursächlich dafür zeichnen ein hervorragender Ruf, eine hohe Expertise, eine erstklassige und vergleichsweise kostengünstige Versorgung, eine ausgeprägte Dichte an Krankenhäusern und sonstigen medizinischen Einrichtungen sowie das hohe Aus- und Fortbildungsniveau.

Jährlich lassen sich ca. 250.000 Ausländer – ca. 100.000 stationär und ca. 150.000 ambulant – in Deutschland behandeln. Marktführer sind Bayern, Baden-Württemberg und Nordrhein-Westfalen **(Incoming Medizintourismus)**. Etwa 40 % davon planen ihre Behandlung vorab, weshalb sie als Medizintouristen gelten. Zwei Drittel davon kommen aus anderen EU-Staaten, gefolgt von Russland und den ehemaligen Sowjetrepubliken sowie den arabischen Golfstaaten. Die Gründe dafür sind unterschiedlich, haben aber fast immer mit der mangelnden Ausstattung des eigenen Gesundheitssystems zu tun, wofür die dortige Gesundheitsvorsorge und -politik die Hauptverantwortung tragen. Patienten aus dem russischsprachigen Raum fragen vor allem kardiologische und onkologische Leistungen nach, bei Medizintouristen aus den Golfstaaten dreht es sich überwiegend um Stoffwechselerkrankungen infolge von Fehlernährung und Bewegungsmangel, Chinesen geht es um die Behandlung von Lungenkrankheiten, skandinavische Patienten nutzen Radiologie und Nuklearmedizin, die in den eigenen Ländern nicht flächendeckend vorhanden sind, während Niederländer und Briten insbesondere an orthopädischen Eingriffen und Augenoperationen interessiert sind, da die Wartezeiten im Heimatland zu lange sind. Nicht immer handelt es sich dabei um Selbstzahler, sondern auch um Patienten, bei denen Krankenversicherungen oder staatliche Einrichtungen im Heimatland die Behandlungskosten tragen[18] (vgl. Medical Tribune 2018; Focus 2018; SZ 2019a).

---

18 Ein Beispiel ist das durch den nationalen Gesundheitsdienst NHS (National Health Service) organisierte Gesundheitssystem Großbritanniens, das – überwiegend steuerfinanziert und auf Kosten-Nutzen-Erwägungen getrimmt – an einer chronischen Unterfinanzierung leidet. Eine Folge davon ist die massive Abwanderung von Ärzten und medizinischem Personal, da die Verdienstchancen im Ausland

Für Ärzte, Kliniken und Reha-Einrichtungen in Deutschland stellt der Medizin-tourismus ein einträgliches Geschäft dar, das in normalen Zeiten jährlich ca. 1,2 Mrd. Euro in die Kassen spült. Hinzukommen die Einnahmen aus Handel, Gastronomie und Unterbringung der Familien in Hotels oder Nebenräumlichkeiten der medizinischen Einrichtungen. Auch attraktive touristische Rahmenbedingungen wie gesundheitsför-derndes Klima, Kunst, Kultur, Erleben von Fauna und Flora etc. machen sich bezahlt, sofern das Krankheitsbild eine Teilnahme an derartigen Rahmenprogrammen zulässt.

Viele Kliniken müssen die Behandlung von Auslandspatienten nicht wie gewöhn-lich mit den Kassen abrechnen, sondern können jenseits des national limitierten Bud-gets frei über die Einnahmen verfügen. Die Folge ist eine regelrechte Spezialisierung auf ausländische Patienten. Etliche Kurbetreiber haben auf eigenen Web-Sites ein spe-zifisches Marketing in verschiedenen Sprachen etabliert. Auch wenn Patientenpro-visionen offiziell untersagt sind, bringen Patientenvermittler über ihre Datenbanken ausländische Patienten und inländische Kliniken zusammen. Weitere Dienstleister bieten Rundumpakete mit Übersetzungs-, Transport- und Assistenzdienstleistun-gen, Abwicklung von Reiseformalitäten (Visa), interkulturelle Betreuung bis hin zur Fakturierung an. Hinzukommt, dass insbesondere russische und arabische Eliten aus sozialen und prestigebezogenen Gründen nur selten alleine reisen, sodass die gesunden Mitreisenden (Familie und Freunde) ein „lukratives Begleitprogramm" ab-solvieren (vgl. Focus 2018; SZ 2019a; Deutsches Ärzteblatt 2013, S. 18; Cassens 2013, S. 57).

Neben den vielen ausländischen Patienten, die sich in Deutschland behandeln lassen, reisen auch viele Deutsche ins Ausland, um – zumeist aus Kostengründen – dort medizinische Leistungen in Anspruch zu nehmen (**Outgoing Medizintouris-mus**). So werden in Tschechien und Kroatien professionelle zahnmedizinische Leis-tungen zu wesentlich günstigeren Preisen als in Deutschland angeboten. Spitzenreiter ist allerdings Ungarn, wo sich mittlerweile ein regelrechter „Zahnarzttourismus" ent-wickelt hat. Auch für Rehabilitationen, Kuren und komplexe Operationen kommen diese Länder in Frage. Die deutschen Krankenkassen erstatten ihren Anteil an den Behandlungskosten, da innerhalb der Europäischen Union Ärzte frei wählbar sind. Viele Anbieter bieten Komplettangebote an, die neben der Behandlung auch An- und Abreise sowie ein touristisches Begleitprogramm vorsehen.

Die Motivation der Zielländer liegt in der Erwirtschaftung von Deviseneinnah-men, der Präsentation der medizinischen Leistungsfähigkeit sowie der Imagestär-kung, was wiederum für andere Tourismusformen förderlich sein kann. Abbildung 4.4 stellt die medizintouristischen Pull- und Push-Faktoren aus deutscher Sicht dar.

---

um einiges höher sind. Daraus ergeben sich schwerwiegende Versorgungsengpässe und rückläufige klinische Kapazitäten. Aufgrund dieser Unterversorgung werden viele Operationen auf Staatskosten nach Deutschland oder ins westeuropäische Ausland überwiesen.

Pull-Faktoren (Incoming Medizintourismus)	Deutsches Gesundheits-system	Push-Faktoren (Outgoing Medizintourismus)
– hohe Qualität der Behandlung – hohe Qualifikation des ärztlichen Personals – hohe medizinische Standards – guter Nimbus in punkto Leistung und Hygiene – geringe Wartezeiten für selbstzahlende Patienten		– hohe Kosten – lange Wartezeiten für nicht-selbstzahlende Patienten – bestimmte Behandlungen nicht zugelassen, verboten oder ethisch fraglich – Kostenübernahme durch Krankenkassen – Verbindung zu sonstigen touristischen Angeboten

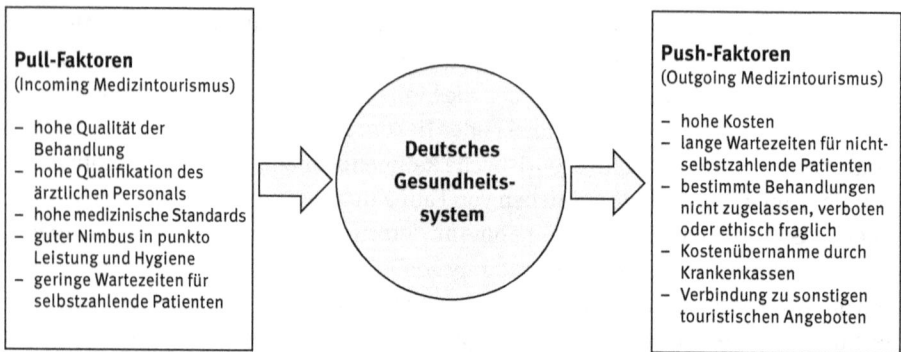

Abb. 4.4: Medizintouristische Pull- und Push-Faktoren in Deutschland
Quelle: Eigene Darstellung.

Der Medizintourismus weist auch eine Schattenseite auf: Zu erwähnen sind u. a. die eventuelle Vernachlässigung oder Unterversorgung ortsansässiger Patienten in den Zieldestinationen, ethisch-moralisch fragwürdige Angebote und Eingriffe (z. B. Stammzellen- und Konversionstherapien, Schwangerschaftsabbrüche, Leihmutter-schaften, Verpflanzung von Transplantaten ungeklärter Herkunft) sowie die Ausbreitung multiresistenter Keime.

Besonders umstritten ist der sog. **Palliativ- bzw. Sterbetourismus.** Hier ist vor allem die Schweiz zu einer federführenden Destination für Sterbewillige geworden. Ursache ist eine der – neben der niederländischen und belgischen – europaweit liberalsten Gesetzgebungen in punkto Sterbehilfe. Strafbar macht sich nur, wer aus „selbstsüchtigen Beweggründen" jemanden beim Suizid unterstützt. Ansonsten bleibt die Beihilfe zum Suizid, d. h. der assistierte Freitod, bei dem die sterbewillige Person ein verabreichtes tödliches Medikament selbst einnimmt, straffrei. Die Sterbe-begleitung, die rund 10.000 CHF kostet, wird mehr und mehr auch von Sterbetouristen aus dem Ausland, insbesondere aus Deutschland, nachgefragt.

Das liberale Sterbehilferegime stößt indes nur wenigen Schweizern auf. Das Argu-ment der Selbstbestimmung im Leben wie im Tod scheint zu verfangen. So scheiterten 2011 im Kanton Zürich gleich zwei von christlichen Gruppen initiierte Volksinitiativen zum Verbot von Sterbehilfe mit rund 80 %.

Während die Sterbehilfe in der Schweiz als gesellschaftlich akzeptiert gilt, sto-ßen die Räumlichkeiten, in denen sie durchgeführt wird, auf vehementen Widerstand. Dies ist nicht nur der moralischen Unvertretbarkeit, in unmittelbarer räumlicher Nä-he zu wohnen oder zu arbeiten, sondern auch dem Umstand geschuldet, dass nach einer Suizidassistenz Polizei und Staatsanwaltschaft anrücken, die den Todesfall von Amtswegen zu untersuchen haben.

Die erste Freitodbegleitung eines Menschen aus dem Ausland fand 1999 in einer eigens dafür angemieteten Zürcher Wohnung statt. Aufgrund der medialen Bericht-erstattung stieg die Anzahl in der Folge rasant an, was zu Konflikten mit Nachbarn und Behörden führte und sich an anderen Standorten wiederholte. Daraufhin fanden mehrere Freitodbegleitungen in Hotels und sogar in Autos auf abgelegenen Parkplätzen statt (vgl. SZ 2019e; Ackeret 2019; NZZ 2020a).

4.2.1.3 Kur- und Rehabilitationstourismus im Fokus der Gesundheitspolitik

Der Anteil des Kurtourismus am Gesamtaufkommen des Tourismus und der touristischen Wertschöpfung ist nicht zu unterschätzen. So entfielen in Deutschland im Jahr 2018 rund 15 % aller touristischen Gäste und mehr als ein Viertel aller Übernachtungen auf den Aufenthalt in Heilbädern und Kurorten (vgl. DHV 2019b). Gleichzeitig ist das **Politikänderungsrisiko** in diesem Bereich groß: Veränderte Schwerpunktsetzungen und Reformen in der Gesundheitspolitik wirken sich auf das klassische, meist fremdbezahlte Kurwesen **(Sozialkurwesen)** unmittelbar aus und können deutliche Verschiebungen zwischen den einzelnen Segmenten des Gesundheitstourismus (vgl. Kap. 4.2.1.1) auslösen.

Kur- und Heilbäderdestinationen sind zu differenzieren in Mineral-, Thermal- und Moorheilbäder, bei denen Minerale, Gase, Heilwässer und Moore als Heilmittel eingesetzt werden, Seeheilbäder und Seebäder, welche die heilende Kraft von Meer und Seeklima nutzen, heilklimatische Kurorte, die über eine sehr hohe Luftqualität verfügen und auf die stimulierende (Reiz-)wirkung des Klimas setzen, sowie Kneippheilbäder und -kurorte, die unabhängig von ortsgebundenen Heilmitteln sind und stattdessen physiotherapeutische Verfahren (z. B. Wasserheilverfahren, Bewegungs-, Ernährungs- und Phytotherapie, allgemeine Gesundheitserziehung) einsetzen. Meist besteht ein typischer Kurortcharakter mit Kurpark, Kurhaus und Trinkhalle.

Das Prädikat „Heilbad" dürfen nur Orte tragen, welche die Heilmittel in ausreichender Qualität und Menge vor Ort zur Verfügung stellen und eine entsprechende Infrastruktur aufweisen können. Auch Kur- und Luftkurorte müssen entsprechenden Anforderungen genügen.

In der Medizin wird die Verwendung des Begriffs „Kurtourismus" kritisch betrachtet, da mit Tourismus primär Freude und Vergnügen assoziiert werden, was bei Kuren zumeist nichtzutreffend ist. Gleichwohl gelten aus Sicht der Tourismuswissenschaft die konstitutiven Elemente des Tourismus (vgl. Kap. 1.1), insbesondere die Ortsveränderung und der vorübergehende Aufenthalt an einem anderen als den Wohnort, auch für Kuraufenthalte (vgl. Freyer 2015, S. 341 f.). Allerdings ist die Wahl des Zielorts nur bei selbstbezahlenden Gesundheitstouristen frei, bei Sozialkurgästen legt der Leistungsträger unter Abwägung medizinischer Aspekte und der Auslastung eigener Kapazitäten die Destination fest.

Seit dem 1. Januar 2000 werden in der Sozialversicherungsgesetzgebung anstelle des Kurbegriffs andere, mehr fachliche Bezeichnungen wie ambulante bzw. stationäre Vorsorgeleistungen in anerkannten Kurorten, ambulante oder stationäre Rehabilitationsmaßnahmen, stationäre Anschlussbehandlung etc. verwendet. Dennoch hat sich der Begriff **„medizinische Kur"** im praktischen Sprachgebrauch gehalten. Sie beschreibt

> den besonderen therapeutischen Prozess einer Heilbehandlung mit besonderen Mitteln, Methoden und Aufgaben in Heilbädern und Kurorten [...]. Die Kur integriert interdisziplinär verschiedene Therapieformen mit der Behandlung durch natürliche Heilmittel des Bodens, des Klimas und des Meeres [...]. Dabei spielen neben einer gegebenenfalls medikamentösen Behandlung die physikalische Therapie, die Bewegungstherapie, die Entspannungstherapie, die Diätetik, die kleine Psychotherapie in Gruppen und in Einzelbehandlungen und die Gesundheitsbildung (Information, Motivation und Gesundheitstraining) entscheidende Rollen (DTV/DHV 2005, S. 20 f.).

Folgende Formen von Kuraufenthalten lassen sich unterscheiden (vgl. Freyer 2015, S. 342):

- **Stationäre** (spezielle Einrichtungen, andauernde ärztliche Kontrollen, i. d. R. 21 Tage) **versus ambulante Kur** (freie Orts-, Termin- und Arztwahl),
- **Prävention:** Frühdiagnose und Behandlung drohender Krankheiten,
- **Rehabilitation:** Reproduktion der Gesundheit und Einsatzfähigkeit im Arbeits- oder Familienleben (z. B. Mutter-Kind-Kuren).

Grundsätzlich hat jeder Versicherte, bei dem die medizinischen Voraussetzungen festgestellt werden, einen Rechtsanspruch auf eine Kur, welche sich in bestimmten zeitlichen Abständen neu beantragen lässt. Die zuständigen Kostenträger sind u. a. für Krankenversicherte die gesetzlichen oder privaten Krankenkassen, für rentenversicherte Arbeitnehmer die Rentenversicherungen und im Falle einer Kur nach einem Arbeitsunfall die Unfallversicherungen bzw. Berufsgenossenschaften. Die rechtlichen Voraussetzungen sind in den Sozialgesetzbüchern (SGB) V, VI und IX geregelt. Abbildung 4.5 veranschaulicht den dort geregelten Weg zur Kur.

Nach Ende des Zweiten Weltkriegs begünstigte die deutsche Sozialgesetzgebung eine starke Ausweitung des Kurtourismus. Die Krankenkassen genehmigten im Rahmen von Vorsorgeleistungen ihren Versicherten üppige Auszeiten, was die Zahl der Sozialkurgäste vor allem in den 1970er und 1980er Jahren sprunghaft ansteigen ließ. Auf den dadurch ausgelösten explosionsartigen Kostenanstieg reagierte der Gesetzgeber immer wieder mit zum Teil drastischen **Sparmaßnahmen und Leistungskürzungen** im Sozialkurbereich, was zu einem starken Rückgang von Sozialkurgästen und Umsätzen führte. Die Gesundheitspolitik wirkte sich damit unmittelbar auf den Kurtourismus aus und weist daher eine direkte tourismuspolitische Relevanz auf. Den bisherigen Höhepunkt bildet die Gesundheitsreform von 1996 mit u. a. folgenden Bestimmungen:

- Kürzung der Regeldauer stationärer Kuren von vier auf drei Wochen,
- Genehmigung von Kuren i. d. R. alle drei statt vorher vier Jahre,
- deutlicher Anstieg der täglichen Zuzahlungen der Kurgäste,
- Anrechnung von Urlaubstagen.

① • Ambulante oder stationäre Vorsorgeleistung in anerkannten Kurorten (§ 23 SGB V), stationäre oder wohnortnahe ambulante Rehabilitationsmaßnahmen (§ 40 SGB V bzw. § 9 SGB VI)*

② • Konsultation des Hausarztes

③ • Schriftlicher Antrag des Arztes gemäß Reha-Richtlinien an Krankenkasse oder Rentenversicherungsträger (je nach Zuständigkeit)

④ • Prüfung durch den medizinischen Dienst der Krankenkassen

⑤ • Wahl eines geeigneten Kurortes (mit dem Arzt) oder Empfehlung einer Vertragseinrichtung durch die Krankenkasse

⑥ • Eingangsuntersuchung

⑦ • Durchführung der Kur oder Reha

⑧ • Volle Kostenübernahme oder Zuschuss der Krankenkasse abzüglich Eigenbeteiligung

* Mutter-Kind-Kuren sowie an Krankenhausaufenthalte anschließende stationäre Rehabilitation von den Schritten 2 bis 8 abweichend

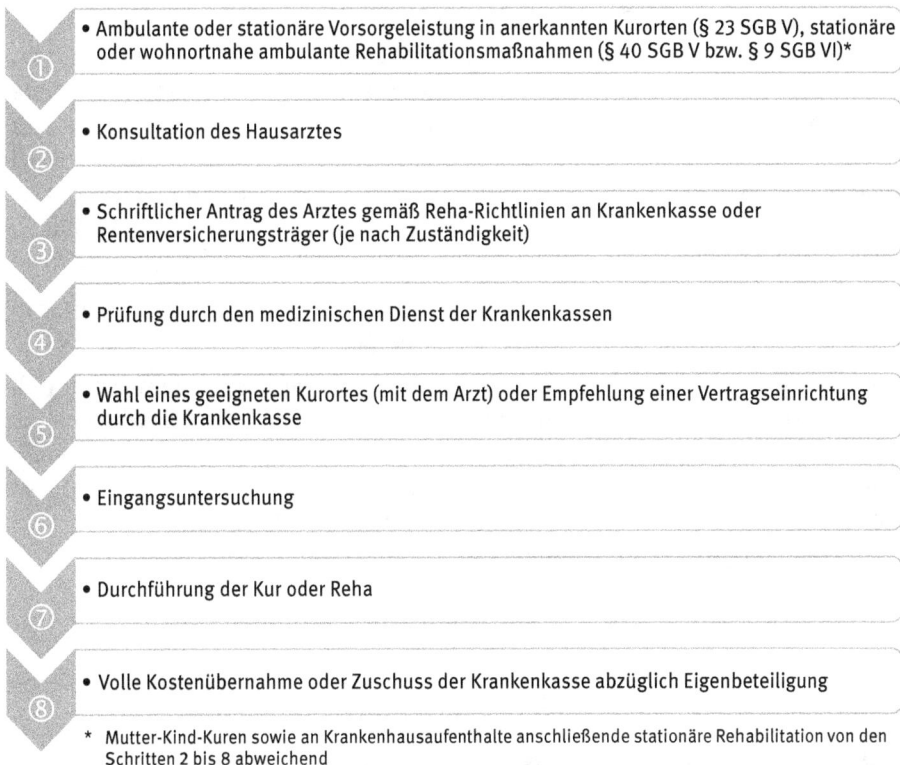

Abb. 4.5: Der Weg zur Kur
Quelle: Eigene Darstellung.

Für die deutschen Heilbäder und Kurorte waren die Auswirkungen dieser Reform desaströs. Zehntausende Arbeitsplätze gingen verloren, hunderte Kliniken schlossen, viele Kur- und Badeorte mussten einen Rückgang ihrer Übernachtungszahlen bis zur Hälfte hinnehmen, einige von ihnen den Kurbetrieb sogar weitgehend einstellen.

> Geschäfte machten keinen Umsatz mehr, Wirtshäuser blieben leer. Kliniken und Hotels wurden am Montag feierlich eröffnet und am Freitag mangels Gäste wieder geschlossen. Kommunen fehlten fest kalkulierte Einnahmen für Investitionen in neue Attraktionen, in Innenstädten gab es plötzlich nur noch eines im Überfluss: Leerstand (Welt 2017).

Der Rückzug der Sozialversicherungsträger stieß solche Destinationen, die sich zu stark auf den von staatlichen Leistungsträgern getragenen Gesundheitstourismus spezialisiert hatten, in eine schwere **Strukturkrise**, die auch als **Bäderkrise** bezeichnet wurde. Schnell stellte sich heraus, dass der staatlich finanzierte und organisierte Kurtourismus mit seinen überdimensionierten und starr geführten Kurkliniken keine zeitgemäße Struktur für einen am Wettbewerb orientierten Käufermarkt zu bieten hatte (vgl. Groß 2017, S. 26 f.; Cassens 2013, S. 35; Neumair et al. 2019, S. 188). Aufgrund der rückläufigen Kostenübernahme durch Leistungsträger wurden Kurdestinationen mehr und mehr von selbstzahlenden Privatgästen abhängig, was eine **Umpositionierung** klassischer Kurorte auf dem touristischen Markt in Richtung ganzheitlicher Ansätze aus Wellness, Fitness, Ernährungsbewusstsein, Eigenverantwortung, Stressmanagement sowie Umweltsensibilität erforderte (vgl. Kap. 4.2.1.4 und 4.2.1.5). Die klassische Sozialkur existiert daneben zwar immer noch, doch hat sich ihre Bedeutung massiv abgeschwächt.

4.2.1.4 Medical-Wellness-Tourismus

Der sog. **Medical-Wellness-Tourismus** beschreibt die Medizinalisierung des Wellnesstourismus. Im Mittelpunkt steht dabei die Eigenverantwortung des Einzelnen, wie sie in vielen Industrieländern die Gesundheitspolitik mit ihren weitgehenden Reformen des Gesundheitswesens und Kürzungen von Kassenleistungen erfordert und somit die Entwicklung von Medical-Wellness-Angeboten begünstigt hat.

Der Begriff **„Medical Wellness"** steht für

> ein Bündel komplexer Produkte im Kontinuum von Gesundheit, Wohlbefinden und Bodystyling, welche allesamt unter gesundheitswissenschaftlicher Aufsicht stehen und dem Primat des Heilens bzw. der Linderung von Krankheit, der Gesunderhaltung und der Steigerung der Lebensqualität verpflichtet sind (Illing 2009, S. 33).

Die Angebote des Medical-Wellness-Tourismus adressieren hauptsächlich Menschen mit bereits eingetretenen Krankheiten, sind in spezialisierten Hotels, Rehabilitationskliniken sowie Gesundheits- und Kurmittelzentren angesiedelt und obliegen ärztlicher Aufsicht (vgl. Göttel 2017b, S. 96).

Im Gegensatz zum klassischen Kur- und Rehabilitationstourismus (vgl. Kap. 4.2.1.3) lassen sich im Medical-Wellness-Tourismus die Ablösung klassischer Sozialkurgäste durch Selbstzahler, welche von ihren Versicherungsträgern für Unterkunft und Behandlungen teilweise Zuschüsse erhalten, sowie eine drastische Verknappung der Aufenthaltsdauern beobachten. Dass diese Zuschüsse nach geltendem EU-Recht auch für Behandlungsorte im EU-Ausland gewährt werden, illustriert Exkurs 15 am Beispiel der norditalienischen Thermenlandschaft, die gleichermaßen medizinische wie touristische Aspekte eint.

Exkurs 15: Italien-Wellness-Urlaub mit Zuschuss der Krankenkasse

> Die Thermenregion Euganeische Hügel in der Region Venetien, zu der neben Abano Terme, einem der bedeutendsten und ältesten Thermalzentren Europas, noch Montegrotto, Galzignano und Battaglia Terme gehören, ist seit der Antike für ihre bis zu 87 °C heißen, mit Mineralsalzen (salz-, jod- und bromhaltig) angereicherten Heilwasserquellen bekannt. Das Thermalwasser wird für Ther-

malbäder, Inhalationstherapien sowie die Herstellung von Fango (heilender Thermalschlamm) verwendet. Anwendungen liegen in der Linderung von Schmerzsymptomen, der Behandlung von Rheumatismus und Haltungsschäden, der Regeneration nach Operationen oder Unfällen sowie im Anti-Aging.

In den Orten der Region gibt es nicht wie in anderen **Kurdestinationen** eine zentrale Therme, sondern zahlreiche spezialisierte Thermalhotels, die an ein spezielles Verteilungssystem für das Thermalwasser angeschlossen sind und Gesundheits- und Wellnesstherapien anbieten. Thermalschwimmbäder, Saunen, Fango-Badetherapien, Physiotherapien und Schönheitssalons sowie ärztliche Praxen sind gängige Einrichtungen in den Hotels. Diese sind eingebettet in eine attraktive Landschaft mit historischen und kulturellen Stätten sowie mildem Klima. Die Orte bieten klassische Sehenswürdigkeiten (Museen, Kirchen, Klöster, Plätze, Brunnen, Stadtparks, Grünanlagen, Villen, Kursäle, Theater etc.), Einkaufserlebnisse in den Fußgängerzonen, Straßencafés sowie eine ebenso moderne wie traditionsreiche venetische Küche mit ausgezeichneten Weinen. Ausflugsziele, wie z. B. Venedig, Verona und Padua, aber auch Florenz und Ravenna sowie viele Sportaktivitäten runden das touristische Angebot ab.

Damit bietet die Region gleichermaßen ein **attraktives Umfeld** für Kuren, Wellnessurlaube und Erholungssuchende. Sehr anziehend dabei wirkt, dass ambulante Vorsorgekuren eine Pflichtleistung der Krankenkassen darstellen. Dies bedeutet, dass ein Zuschuss pro Tag über die Krankenkasse für Kost und Logis erstattet sowie ein Großteil der Kosten für Arztbehandlungen, Anwendungen sowie Präventionskurse, wie z. B. für Fangokuren, übernommen wird. Die konkrete Höhe richtet sich dabei nach Art (gesetzlich versus privat) sowie individuellen Vorgaben der Krankenkassen.

Um in den Genuss der Förderung zu gelangen, ist frühzeitig vor Antritt der Kur ein **Antrag auf eine (Reha- oder Vorsorge-)Kur** bei der Krankenkasse über den Hausarzt, der diesen zu genehmigen hat, zu stellen. Dabei ist auch ein anerkannter Kurort samt Einrichtung anzuführen, der sich weitgehend frei wählen lässt. Der Antrag wird im Ermessen der Krankenkasse geprüft und ggf. bewilligt. Mit der schriftlichen Kostenübernahmebescheinigung für Kur und Heilmittel kann die Kur geplant und angetreten werden. Zu Beginn des Aufenthalts ist eine Eingangsuntersuchung durch den Kurarzt vorzunehmen, der die erforderlichen Heilmittel und Therapien verordnet. Die Behandlung selbst erfolgt dann durch speziell geschultes Fachpersonal. Erstattungsfähige Kosten werden nach der Reise bzw. Therapie durch die Krankenkasse beglichen.

Den gesundheits- und tourismuspolitischen Hintergrund bilden die Voraussetzungen für die Erstattung von Kosten, die durch eine medizinische Behandlung in einem anderen Mitgliedstaat der EU entstanden sind (**EU-Richtlinie 2011/24**). Diese Richtlinie enthält auch Bestimmungen hinsichtlich des Genehmigungsverfahrens. Eine Voraussetzung hierbei ist, dass Kurort und Einrichtung sowohl seitens der ausländischen als auch der nationalen Krankenkassen zur Versorgung von Versicherten berechtigt sind und der Nutzen der Therapien im Rahmen einer Rehabilitationsbehandlung oder als Maßnahme der Gesundheitsvorsorge behördlich anerkannt ist.

Quellen: MediKur Reisen 2020; Fitreisen 2020; Abano.it 2020; Welt 2015; Grand Hotel Terme & SPA – Montegrotto Terme 2020; Hotel Terme Leonardo 2020.

In früheren Zeiten bestanden zwischen den Kurbetrieben und Krankenkassen oft langfristige Belegungsverträge, die den Zustrom an Kurgästen saisonal unabhängig und zuverlässig in die Destinationen kanalisierten, sodass Klinik- und Sanatoriumsbetreiber oft schon zu Jahresbeginn wussten, was sie zum Jahresende verdient haben werden. Da dadurch eine weitgehende Entkoppelung von den gewöhnlichen Marktstrukturen bestand, waren keinerlei Marketingaktivitäten von Nöten. Der Wandel zum (Medical-)Wellness-Tourismus machte dagegen die Implementierung systematischer Marketingstrukturen erforderlich, da selbstzahlende Gesundheits- und Wellnessgäste erst einmal gefunden und geworben werden müssen.

Während früher weniger eine Orientierung an den Kururlaubern als vielmehr den Leistungsträgern, welche die Qualität der Angebote nur in zeitlichen Abständen überprüften, bestand, nehmen (Teil-)Selbstzahler eine ständige Leistungsbewertung vor und reagieren auf Misslichkeiten empfindlich mit Nichtwiederkehr. Spätestens seit Mitte der 1990er-Jahre lässt sich daher der verstärkte Trend beobachten, den Urlauber nicht mehr als Patienten, sondern als echten Gast zu betrachten, den es durchgängig und konsequent zu umsorgen gilt. Kundenorientierung im Sinne der Befriedigung individuell-subjektiver Bedürfnisse ist damit sehr ernst zu nehmen und in einem durch Großzügigkeit und Aufenthaltsqualität charakterisierten Ambiente umzusetzen (vgl. Rulle 2007, S. 228; Illing 2009, S. 33).

4.2.1.5 Gesundheitsorientierter Urlaub und Wellnesstourismus

Beim **gesundheitsorientierten Urlaub** liegt der Schwerpunkt auf Reisen zur Inanspruchnahme individuell buchbarer, personalintensiver Dienstleistungen (z. B. Personal Training). Dabei lassen sich der Gesundheitsurlaub im engeren Sinn (gesunde Ernährung und Umgebung inkl. Gesundheitscheck sowie Sport- und Bewegungsmöglichkeiten etc.), der Fitness-Urlaub sowie die Kur im Urlaub mit klassischen Kuranwendungen inkl. medizinischer Betreuung unterscheiden (vgl. Groß 2017, S. 16 f.).

Sport spielt dabei eine wichtige Rolle, lässt sich durch regelmäßige Bewegung doch vielen Krankheiten vorbeugen und auch die geistige Fitness fördern. Deshalb gilt es im Zusammenhang mit dem Gesundheitstourismus auch den **Sporttourismus** mit seinen unterschiedlichen Förderungen im Rahmen der **Sportpolitik**[19] anzusprechen. Dabei lassen sich folgende Formen unterscheiden (vgl. Schwark 2016, S. 46 f.):

- **Sporttourismus im engeren Sinn** umfasst die Aneignung[20] eines bekannten oder bisher nicht bekannten Sports bzw. einer besonderen Ausprägung davon

---

[19] Der Hauptförderer des Sports und damit des Sporttourismus ist die öffentliche Hand, wobei die Sportpolitik im Gegensatz zur Tourismuspolitik nicht dispers oder querschnittartig über einzelne Ressorts verteilt ist, sondern den jeweiligen Innenministerien von Bund und Ländern obliegt. Die Aufgabe des Bundes ist dabei die Förderung des **Spitzensports** in Zusammenarbeit mit den Sportorganisationen, sofern sich dieser nicht oder nur unvollständig aus eigenen Mitteln finanzieren kann. Es gilt der Grundsatz der Sportautonomie, d. h. der Selbstorganisation des Sports und der Regelung seiner Belange in Eigenverantwortung. Die Länder konzentrieren sich dagegen auf den **Breitensport**, d. h. die Förderung von Sportinfrastruktur (z. B. Schwimmbäder, Turnhallen, Fußballplätze, Wanderwege) und – in Abstimmung mit Bund und Gemeinden – (touristisch) relevanter Sportgroßveranstaltungen, deren Rechte allerdings meistens bei den internationalen Sportorganisationen liegen (vgl. Schwark 2016, S. 63 und 67).

[20] Der Begriff „Aneignung" bezieht sich im sportlichen Zusammenhang auf (vgl. Schwark 2016, S. 41):
1. Die Kultur, d. h. die Ausprägung der sportlichen Kultur sowie der besonderen kulturellen Prägung

in einem bisweilen unbekannten kulturellen, sozialen, landschaftlichen Kontext oder die Ausübung eines bisher nicht gekannten Sports oder einer besonderen Variante davon innerhalb einer vertrauten Sportinfrastruktur (z. B. Boul Spielen in Frankreich, Wandern in Südtirol),

- **Sporttourismus im weiteren Sinn** ist die rein funktionale Nutzung der Landschaft und ortsansässiger Akteure zur Ausübung eines gekannten oder die unreflektierte, probeweise Ausübung eines bisher unbekannten Sports (z. B. Golfen in der Toskana),
- **Sport im Urlaub** ist die Ausübung eines bekannten Sports in vertrauter Sportinfrastruktur ohne Zusammenhang zur umgebenden Destination (z. B. Wasser-Gymnastik im Hotel-Pool),
- **sportinduzierter Tourismus** beinhaltet die passive, theoretische oder ästhetische Aneignung von Sportpräsentationen oder Sportartefakten (z. B. Besuch eines Fußballspiels).

Beim **Wellnesstourismus** steht die selbstinitiierte und -finanzierte Gesundheitsförderung im Mittelpunkt. Die Anfänge der modernen Wellnessbewegung und des Wellnesstourismus liegen in den USA. Dabei steht der Begriff **„Wellness"** (= Wellbeing + Fitness) für

ein[en] Gesundheitszustand der Harmonie von Körper, Geist und Seele. Wesensbestimmende Elemente sind Selbstverantwortung, Fitness und Körperpflege, gesunde Ernährung, Entspannung, geistige Aktivität/Bildung sowie soziale Beziehungen und Umweltsensibilität (Berg 2008, S. 12).

Das Europäische Wellnessmodell aus dem Jahr 1990 fasst den Wellnessbegriff noch weiter und beinhaltet folgende Bausteine (vgl. Berg 2008, S. 15):
- Körperliches Fit sein,
- geistige Beweglichkeit,
- seelische Belastbarkeit,
- positive Arbeitseinstellung,
- harmonisches Privatleben,
- Einklang mit der Umwelt.

Damit umfasst Wellnesstourismus die Reise und den Aufenthalt von Personen mit dem Hauptmotiv der selbstfinanzierten Erhaltung oder Förderung der Gesundheit (vgl. Lanz Kaufmann 1999, S. 48).

---

von Sportarten in einer Destination; 2. das Soziale, d. h. den destinationsspezifischen Zugang der ortsansässigen Bevölkerung zum Sport, ihrer Teilhabe daran sowie ihren gegenseitigen Umgang damit; 3. die Landschaft/Natur, d. h. das Umfeld für Sportmöglichkeiten.

Zu den klassischen Motiven für Wellnesstourismus rechnen die Bedürfnisse nach Entspannung und Stressbekämpfung sowie eine ausgeglichene Work-Life-Balance. Hinzukommen Verwöhnung und Zuwendung, Harmonie und sinnliche Perzeption, eine aktive gesundheitliche Kontrolle sowie die Steigerung der Lebensenergie. Die Erwartungen von Wellnesstouristen richten sich auf Bade- und Saunalandschaften sowie Kosmetik- und Schönheitsanwendungen (vgl. Knoll 2018, S. 19; Groß 2017, S. 15; Göttel 2017b, S. 96).

4.2.2 Sozialtourismus und Sozialpolitik

Häufig stärkt der Staat das touristische Engagement seiner Bürger, insbesondere wenn diese einkommensschwachen bzw. ärmeren Bevölkerungsschichten entstammen. Analog zur Gesundheitspolitik weist eine derartige sozialpolitische Facette unmittelbare touristische Relevanz auf und lässt sich als Form der Tourismuspolitik interpretieren.

Sozialpolitik versteht sich als

> jenes politische Handeln, das durch den Einsatz geeigneter Mittel die wirtschaftliche und/oder gesellschaftliche Stellung (= Lebenslage) von Personengruppen verbessern will, die absolut oder relativ, d. h. im Vergleich zu anderen, als schwach angesehen werden, z. B. weil sie kein für ein menschenwürdiges Leben ausreichendes Einkommen erwirtschaften können (Lampert 2002, S. 395).

Sozialpolitische Eingriffe gibt es, unabhängig von der Wirtschaftsordnung, in jeder entwickelten, arbeitsteilig organisierten Gesellschaft.

4.2.2.1 Begriff und Entwicklung des Sozialtourismus

Obwohl in den letzten Jahrzehnten sowohl die Einkommens- als auch die touristische Angebotsentwicklung dafür gesorgt haben, dass ein großer Teil der Bevölkerung am Tourismus teilhaben kann, existieren nach wie vor gesellschaftliche Gruppen, die sich aufgrund ihrer Einkommens- oder Lebenssituation keine Urlaubsreise leisten können. Unter **Sozialtourismus** versteht man daher

> die Bereitstellung und Förderung von Reiseangeboten für Bevölkerungsgruppen, für die das Reisen zu Erholungszwecken [...] außerhalb ihres Möglichkeitsraums liegt[21] (Mundt 2004, S. 166).

---

21 Die so verstandene Bedeutung des Begriffs „Sozialtourismus" ist von einem anderen, abwertenden Verständnis abzugrenzen, welche dem Begriff 2013 den Titel „Unwort des Jahres" einbrachte und darunter die „Gesamtheit der Ortswechsel, die die Betreffenden nur vornehmen, um sich in den Genuss bestimmter Sozialleistungen zu bringen", versteht (vgl. Spiegel Online 2014).

Die Motivation für eine derartige Förderung liegt neben der **gesundheitlichen Erholung** vor allem in der **Verbesserung des Familienklimas** als Grundlage zur Bewältigung des Familienalltags.

Die Ursprünge des Sozialtourismus liegen in der Zeit zwischen den beiden Weltkriegen. Bereits die 1919 ins Leben gerufene Internationale Arbeitsorganisation verankerte 1936 eine Konvention über bezahlten Urlaub, welche von den Mitgliedsstaaten ratifiziert wurde. Doch dieses objektive Recht auf Urlaub musste erst einmal durch die subjektive Befähigung ergänzt werden, eine Urlaubsreise faktisch auch in Anspruch nehmen, d. h. die finanziellen Mittel dafür aufbringen zu können. Gewerkschaften, Genossenschaften und sonstige altruistische Verbände versuchten daher, auch unterprivilegierten Schichten Urlaubsreisen zu ermöglichen. Ein Paradebeispiel dafür ist die Schweizer Reisekasse (REKA), eine auch heute noch sehr erfolgreiche genossenschaftlich organisierte sozialtouristische Institution (vgl. Exkurs 16).

Exkurs 16: Die Schweizer Reisekasse (REKA)

Die Schweizer Reisekasse (REKA) wurde mit staatlicher Anschubfinanzierung 1939 gegründet und zielt als genossenschaftlich organisierte **Non-Profit-Organisation** auf die Förderung von Ferien und Reisen innerhalb der Schweiz ab. Daneben ist die REKA eines der bedeutendsten Tourismusunternehmen des Landes. Sie besitzt – verstreut über die gesamte Schweiz – 1.200 Ferienwohnungen, ein Familienferienhotel in Brissago am Lago Maggiore sowie das größte Schweizer Freizeit- und Ferienresort, den Swiss Holiday Park in Morschach oberhalb des Vierwaldstättersees.

REKA hat rund 1 Mio. Kunden und wird von bedeutenden Schweizer Unternehmen, Verbänden und Tourismusorganisationen (z. B. Coop, Novartis, Roche, Schweizer Post, Schweizer Bundesbahn, UBS, Credit Suisse, Raiffeisen-Gruppe, Kaufmännischer Verband, hotelleriesuisse u. a.) getragen.

Neben dem Geschäftsfeld REKA-Ferien (eigene Ferienwohnungen und -anlagen, Hotels) ist vor allem das **REKA-Geld** von Bedeutung, das den Kern des REKA-Systems darstellt und folgenden Geschäftskreislauf konstituiert: Die REKA stellt sog. Abgabestellen (z. B. Arbeitgeber, Gewerkschaften) REKA-Geld mit einer Initialverbilligung von 1,5 % zur Verfügung. Diese z. Zt. ca. 4.200 Abgabestellen, vor allem Unternehmen, reichen dieses Geld mit einer weiteren Verbilligung von durchschnittlich 17 %, befreit von Steuern und Sozialabgaben, an ihre Arbeitnehmer als freiwillige, heute in der Schweiz beliebteste Lohnnebenleistung in Form von **Reiseschecks** (REKA Checks) oder bargeldlos (REKA Card) weiter. Das REKA-Geld kann mit Zustimmung der Schweizer Nationalbank wie ein gesetzliches Zahlungsmittel, allerdings nur in einem geschlossenen Kreislauf vorgesehener Teilnehmer, eingesetzt werden. Die Bezieher lösen die Schecks bei insgesamt über 9.000 Annahmestellen (z. B. Bahnen, Hotels, Reisebüros und -veranstalter, Tankstellen, Museen, Kinos etc.) ein. Diese wiederum müssen – vergleichbar mit der Annahme von Kreditkarten – bei der Einlösung der Schecks ein Disagio von 3 % der eingelösten Beiträge an die REKA abtreten, erhalten dafür aber einen Exklusivzugang zum Zusatzkonsum der REKA-Geld-Nutzer.

Jährlich wird ein Umsatz von knapp 700 Mio. CHF in Form von REKA-Zahlungsmitteln generiert, der aufgrund des Non-Profit-Charakters in vollem Umfang wieder in die Vergünstigung von REKA-Geld, die Finanzierung von REKA-Ferien in den eigenen Anlagen sowie die soziale Ferienhilfe für bedürftige Familien fließt.

Quellen: REKA 2019a und b; Mundt 2004, S. 167 f.; Kaspar 1991, S. 159 f.

Da es in vielen Industrieländern derartige sozialpartnerisch verankerte Vorhaben allerdings nicht gibt, sieht sich der Staat dazu veranlasst, den Tourismus mit sozialpolitischen Maßnahmen zu fördern.

4.2.2.2 Maßnahmen des Sozialtourismus

Grundsätzlich kann der Staat in zweierlei Hinsicht sozialtouristisch auftreten (vgl. Mundt 2004, S. 169 ff.): Die **Objektförderung** sieht die Errichtung, den Ausbau und Unterhalt von speziellen Urlaubseinrichtungen für einkommensschwache Bevölkerungsgruppen vor. Ein Beispiel sind die rund 90 Familienferienstätten der vom Bundesministerium für Familien, Senioren, Frauen und Jugend (BMFSFJ) geförderten Bundesarbeitsgemeinschaft Familienerholung. Dabei handelt es sich um gemeinnützige Einrichtungen, die sich mit niedrigen, steuerbefreiten und auch zur Hochsaison nicht erhöhbaren Preisen an Familien mit kleinen und mittleren Einkommen richten. Neben günstigen Beherbergungs- und Verpflegungsleistungen sowie Kinderbetreuung werden vielfältige Freizeit- und Bildungsaktivitäten angeboten. Ein weiteres Beispiel ist das Sozialwerk der Inneren Verwaltung des Bundes, das den Bundesbediensteten und deren Angehörigen u. a. Urlaubsmöglichkeiten insbesondere für Familien, Kinder und Jugendliche anbietet (vgl. Sozialwerk.Bund 2021; BMFSFJ 2019).

Im Rahmen der **Subjektförderung** werden die betreffenden Personen finanziell bezuschusst, wobei sich die Förderung zumeist nach Familiengröße und Einkommenshöhe bemisst. In acht der 16 Bundesländer können Familien zum Urlaub in den gemeinnützigen Familienferienstätten Individualzuschüsse beantragen. In Bayern z. B. werden Zuwendungen für die Familienerholung aus Haushaltsmitteln des Bayerischen Staatsministeriums für Familie, Arbeit und Soziales (StMAS) gewährt. Zu den Fördervoraussetzungen gehören u. a. (vgl. ZBFS 2019):

– Stellung des Antrags mindestens drei Wochen vor Buchung der Familienferienstätte,
– Familienhauptwohnsitz in Bayern,
– Familienurlaub von Familien mit Kindern, für die Kindergeld bezogen wird,
– Förderung des Urlaubs in einer Familienferienstätte in Bayern (während der bayerischen Schulferienzeit im gesamten Bundesgebiet),
– Dauer mindestens sechs und höchstens 14 Verpflegungstage (keine Aufteilung möglich),
– Teilnahme der Familien an einem Angebot der Eltern- und Familienbildung,
– jährliches Familiennettoeinkommen unter bestimmten Einkommensgrenzen,
– Förderung bei Kindern und Erwachsenen von maximal 15 Euro pro Tag (bei Kindern mit Behinderung maximal 20 Euro).

Die heute vielfach verbreitete Diskreditierung des Sozialtourismus hängt zum einen damit zusammen, dass es insbesondere totalitäre Regime waren und sind, welche durch die Vergabe staatlich geförderter Reiseprivilegien versuch(t)en, undemokratische Herrschaftssysteme zu legitimieren. Zum anderen stehen in vielen Ländern durch die Schrumpfung der Sozialetats die finanziellen Mittel zu entsprechenden Förderungen überhaupt nicht mehr zur Verfügung. Vielfach besteht heute wegen wachsenden Wohlstands und immer günstiger werdender Reiseangebote, insbesondere in Form von Pauschalreisen, für staatliche Reiseunterstützungen auch gar kein Bedarf mehr (vgl. Mundt 2013, S. 490).

4.2.3 Barrierefreies Reisen

Sind die Mobilitätsmöglichkeiten behinderter Menschen schon im häuslichen Umfeld stark eingeschränkt, stellt sich dieses Problem erst recht beim Reisen heraus. Die geringe Reiseaktivität solcher Menschen liegt zum einen in den vielfachen Mobilitätsbarrieren, zum anderen in einer schwierigen Reiseorganisation (z. B. bei Angewiesenheit auf eine Begleitperson) begründet (vgl. Mundt 2013, S. 515). In den Bereich des Gesundheits- und Sozialtourismus fällt daher auch die Ermöglichung eines barrierefreien Reisens. Die rechtlichen Grundlagen für einen barrierefreien Tourismus leiten sich aus § 1 des 2002 verabschiedeten Gesetzes zur Gleichstellung behinderter Menschen (BGG) ab, das verlangt, „die gleichberechtigte Teilhabe von behinderten Menschen am gesellschaftlichen Leben zu gewährleisten und ihnen eine selbstbestimmte Lebensführung zu ermöglichen". Dazu gehört auch, dass behinderte und mobilitätsbeschränkte Menschen barrierefrei reisen können. Als barrierefrei gelten nach § 4 BGG allgemein

> bauliche und sonstige Anlagen, Verkehrsmittel, technische Gebrauchsgegenstände, Systeme der Informationsverarbeitung, akustische und visuelle Informationsquellen und Kommunikationseinrichtungen sowie andere gestaltete Lebensbereiche, wenn sie für behinderte Menschen in der allgemein üblichen Weise, ohne besondere Beschwernis und grundsätzlich ohne fremde Hilfe zugänglich und nutzbar sind.

Eine der größten Hürden zur Teilnahme am Tourismus ist für behinderte Menschen der **Mangel an objektiven Informationen über barrierefreie Angebote.** Das für die Tourismuspolitik federführende Bundeswirtschaftsministerium (vgl. Kap. 3.4.3) fördert zur Beseitigung dieses Informationsdefizits im Rahmen des Projekts **„Reisen für alle"** daher die Einführung eines bundesweit einheitlichen **Kennzeichnungs- und Zertifizierungssystems**, dem auch eine Datenbank angehört, in der sich barrierefreie touristische Angebote erfassen und bewerten lassen. Lizenznehmer dieses Projekts sind die Landestourismusorganisationen sowie überregional agierende Tourismusunternehmen (vgl. BMWi 2019e).

Daneben sieht das BGG, sofern es nicht bereits existierende Rechtsvorschriften gibt, den Abschluss von **Zielvereinbarungen zur Herstellung von Barrierefreiheit** zwischen Branchen und Behindertenverbänden (z. B. „standardisierte Erfassung, Bewertung und Darstellung barrierefreier Angebote in Hotellerie und Gastronomie") vor.

Die Ermöglichung barrierefreien Reisens versteht sich nicht nur als Akt der Solidarität gegenüber Menschen mit Behinderung, sondern bietet wirtschaftlich auch die Ausschöpfung bisher ungenutzter Nachfragepotenziale für Urlaubsreisen, da die Zahl der Reisenden, für die Barrierefreiheit ausschlaggebend ist, ständig wächst und es sich dabei keineswegs nur um Gehbehinderte, sondern auch sonstig körperlich oder geistig Behinderte, Menschen mit beschränktem Seh- und Hörvermögen oder vorübergehenden Unfallfolgen, ältere Menschen und werdende Mütter handeln kann.

2019 lebten rund 7,9 Mio. schwerbehinderte Menschen in Deutschland. Das waren knapp 10 % der gesamten Bevölkerung (vgl. Destatis 2020). Vor diesem Hintergrund sind die Aufwendungen für eine barrierefreie Ausstattung von Unterkünften und Beförderungsmitteln, die Sensibilisierung der Mitarbeiter, die Bereitstellung von Informationsmaterial sowie eine entsprechende Kommunikation nicht nur als reine Kosten, sondern als Investition zu werten, die angesichts des demografischen Wandels mittel- und langfristige Renditen verspricht sowie Arbeitsplätze sichert oder schafft (vgl. Mundt. 2013, S. 518; Wollesen/Reif 2017, S. 116).

4.3 Wirtschafts- und Fiskalpolitik und Tourismus

In vielen Ländern, auch in Deutschland, stellt der Tourismus eine **Leitökonomie** dar. Die Tourismusbranche ist ein bedeutender Arbeitgeber, leistet einen hohen Beitrag zum Bruttoinlandsprodukt und stellt somit in urbanen wie ländlichen Räumen einen bedeutenden Wirtschaftsfaktor dar. Entsprechend hoch ist das Interesse der Wirtschaftspolitik am Tourismus.

Ganz allgemein ist staatliche **Wirtschaftspolitik**

> der Inbegriff jener Maßnahmen, die die Wirtschaftsordnung und den Wirtschaftsablauf (Wirtschaftsprozess) beeinflussen sollen (Woll 2008, S. 753).

In der Tourismusbranche ist die Wirtschaftspolitik vor allem um die **Förderung des Tourismus** bestrebt, die sich in allgemeine Wirtschaftsförderung (vgl. Kap. 4.3.2) sowie tourismusrelevante Förderungen (vgl. Kap. 4.3.3) unterscheiden lässt, womit eine unmittelbare tourismuspolitische Relevanz besteht. Neben der Tourismusförderung stellen das **Einschreiten des Staates bei unternehmerischen und wirtschaftlichen Krisen**, wie z. B. der Insolvenz von Reiseveranstaltern und Fluggesellschaften oder Hilfs- und Unterstützungsmaßnahmen in der Corona-Krise (vgl. Kap. 4.3.4), sowie die **Gestaltung unternehmersicher Rahmenbedingungen**, wie z. B. die Sicherung des Fachkräftebedarfs in der Tourismuswirtschaft (vgl. Kap. 4.3.5), weitere zentrale Aufgabenfelder touristischer Wirtschaftspolitik dar. Zur Finanzierung dieser Maßnahmen stehen dem Staat im Rahmen der **Fiskalpolitik** fiskalpolitische Instrumente zur Verfügung. Hierunter versteht man alle Maßnahmen der öffentlichen Hand, welche – um bestimmte politische Ziele zu erreichen – die öffentliche Finanzwirtschaft ordnen und gestalten (Woll 2008, S. 239).

Im Mittelpunkt der Fiskalpolitik stehen **öffentliche Einnahmen** als Oberbegriff für alle durch die Finanzhoheit der Gebietskörperschaften erhobenen Geldleistungen, wenn ein bestimmter gesetzlicher Tatbestand als erfüllt gilt. Dabei werden generelle Einnahmen ohne Gegenleistung (z. B. Zölle, Steuern) und spezielle, auf spezifischen Gegenleistungen beruhende Einnahmen (z. B. Gebühren, Beiträge, Sonderabgaben) unterschieden. Mit den Einnahmen lassen sich dann tourismusrelevante Ausgaben finanzieren. Ferner ist auch die Wechselkurs- oder Währungspolitik der Fiskalpolitik zuzurechnen, da sie die öffentlichen Finanzen über außenwirtschaftliche Mechanismen beeinflusst.

Die touristische Relevanz der Fiskalpolitik schlägt sich damit vor allem auf drei Feldern nieder: Förderung der Tourismusbranche durch Gewährung von Steuererleichterungen und Subventionen (vgl. Kap. 4.3.3.3), Kurtaxen und Gebühren im Beherbergungsgewerbe (Kap. 4.3.6) sowie Beeinflussung von Wechselkursen durch die Auf- und Abwertung von Währungen (vgl. Kap. 4.3.7).

4.3.1 Ökonomische Bedeutung und Ziele

Von Land zu Land fällt die wirtschaftliche Bedeutung des Tourismus (Anteil an Bruttoinlandsprodukt und Beschäftigung) unterschiedlich aus (vgl. Abbildung 4.6). Insbesondere für kleinere Mittelmeeranrainerstaaten mit einer vergleichsweise gering diversifizierten Wirtschaftsstruktur ist er von immenser Bedeutung, während größere Tourismusländer wie Italien, Frankreich und Spanien zur Stützung ihrer Volkswirtschaften neben dem Tourismus- auch über einen größeren Industriesektor verfügen.

Obwohl der Tourismus in einer Vielzahl von Ländern eine große ökonomische Rolle spielt, wird man ihm als eigenständigen Wirtschaftszweig in den amtlichen Wirtschaftsstatistiken fast aller Länder der Welt nicht begegnen. Der Grund dafür ist ebenso simpel wie die sich daraus ergebenden Folgen unbefriedigend sind: Wirtschaftssektoren werden statistisch von der **Angebots-, nicht der Nachfrageseite** her definiert. So gesehen verkörpert der Tourismus in der Statistik keinen eigenen Wirtschaftszweig, sondern vielmehr ein Verhalten, welches eine Nachfrage nach Gütern und Dienstleistungen in verschiedensten Wirtschaftsbranchen auslöst (vgl. Kap. 1.1). Diese leben aber nicht ausschließlich von der Nachfrage der Touristen, sondern verkaufen ihre Leistungen auch an andere Konsumentengruppen. In der Konsequenz verbirgt sich der Tourismus hinter den unterschiedlichsten Wirtschaftssektoren, welche u. U. gar nichts miteinander zu tun haben (vgl. Mundt 2013, S. 435). Zur Bestimmung der ökonomischen Wirkungszusammenhänge muss daher auf bestimmte Behelfsmethoden wie

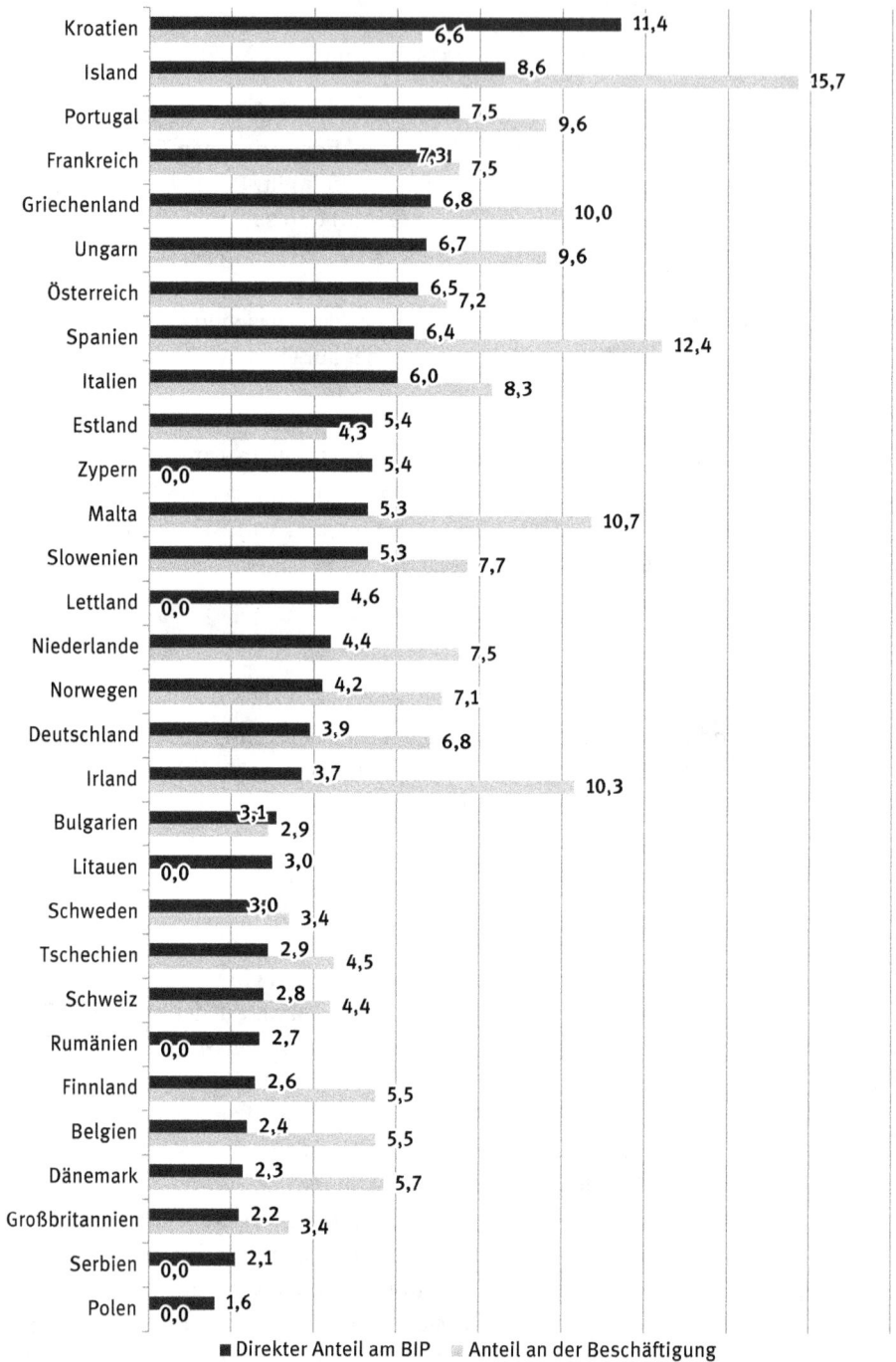

Abb. 4.6: Wirtschaftsfaktor Tourismus in Europa 2019
Quelle: FAZ 2020g.

Wertschöpfungs- und Multiplikatormodelle oder **Tourismus-Satelliten-Konten**[22] zurückgegriffen werden (vgl. Neumair et al. 2019, S. 20 ff. und 244 ff.). Abbildung 4.7 zeigt beispielhaft das derzeit aktuelle deutsche Tourismus-Satelliten-Konto aus dem Jahr 2015.

In Deutschland belief sich der touristische Gesamtkonsum 2015 auf rund 287 Mrd. Euro. Der Umsatz mit touristischen Leistungen hat zu einer direkten Bruttowertschöpfung von mehr als 105 Mrd. Euro geführt, was einem Anteil von knapp 4 % der gesamten Bruttowertschöpfung entspricht, womit die Tourismuswirtschaft noch vor Einzelhandel (3,3 %) und Maschinenbau (3,5 %) rangiert. Der indirekte Effekt auf die Bruttowertschöpfung, d. h. die Vorleistungsnachfrage der Produzenten touristischer Leistungen, steuert weitere 76 Mrd. Euro bei. In der unmittelbaren (direkten) touristischen Produktionserstellung waren ca. 2,92 Mio. (6,8 % der inländischen Gesamtbeschäftigung), in der mittelbaren (indirekten) Leistungserstellung weitere 1,25 Mio. Erwerbstätige beschäftigt (vgl. BMWi 2017b, S. 23 ff.).

Eine tourismusbezogene Wirtschaftspolitik will erreichen, dass der Tourismus für die Bevölkerung touristischer Destinationen sowie die touristischen Betriebe in den Quell- und Zielgebieten des Tourismus ökonomisch ertragreich ist. Als wesentliche **wirtschaftspolitische Ziele** gelten daher (vgl. Hall 1994, S. 29):

- Verbesserung der Lebensbedingungen und sozialer Integration in den touristischen Destinationen,
- wirtschaftliche Prosperität durch Schaffung von Arbeitsplätzen,
- Erhöhung öffentlicher Einnahmen durch den Tourismus (Steuern und Gebühren),
- Förderung der Regionalentwicklung,
- Diversifizierung der Wirtschaft,

---

22 Die Idee des Tourismus-Satellitenkontos (TSA) beruht darauf, dass für den Tourismus aufgrund seines Querschnittscharakters keine erzeugungsseitige Klassifikation existiert, weil die Erstellung der touristischen Angebotsleistung durch Unternehmen unterschiedlicher Wirtschaftsbranchen erfolgt und direkt durch den Konsum der Touristen determiniert wird, sodass sich die Tourismuswirtschaft nicht als eigenständiger Sektor in der Volkswirtschaftlichen Gesamtrechnung (VGR) ausweisen lässt. Grundidee des TSA ist es, die touristische Nachfrage nach Gütern und Dienstleistungen differenziert zu erfassen und dem touristischen Angebot, das sich über viele amtlich definierte Wirtschaftszweige erstreckt, entgegenzustellen. Damit versucht das TSA, dem Tourismus als wirtschaftlichem Phänomen in der VGR mehr Gewicht zu verleihen, indem die durch touristische Aktivitäten erzeugte Nachfrage in Form der entsprechenden Umsätze gemäß den Definitionen der VGR, deren Grundstruktur einem Input-Output-System gleicht, auf die Angebotsseite übertragen werden. Dazu wird aus jedem Sektor der VGR (z. B. Landwirtschaft, Bauwirtschaft, Telekommunikation, Gastronomie, Transportwesen etc.) die touristische Komponente anhand ermittelter Anteile herausgerechnet. Es findet nur der wirklich auf den Tourismus zurückgehende Konsum Berücksichtigung. Z. B. werden in einem gastronomischen Betrieb Speisen und Getränke nicht nur von Touristen, sondern auch von Einheimischen konsumiert, sodass die touristischen Einnahmen zu den Gesamteinnahmen entsprechend ins Verhältnis zu bringen sind. Die Erstellung bzw. Aktualisierung eines TSA ist mit erheblichem Aufwand verbunden und findet daher nur in größeren zeitlichen Abständen, i. d. R. mehreren Jahren, statt (vgl. Neumair et al. 2019, S. 345 f.).

- Verbesserung der Zahlungsbilanz durch Anziehen von Touristen aus dem Ausland bei gleichzeitiger Förderung des Binnentourismus und nationaler Tourismusprojekte, sodass Einheimische ihr Geld nicht im Aus-, sondern im Inland ausgeben,
- Erhalt von Gesundheit und Arbeitsproduktivität zum einen durch Urlaubsmöglichkeiten selbst, zum anderen durch Förderung von Gesundheits- und Kureinrichtungen.

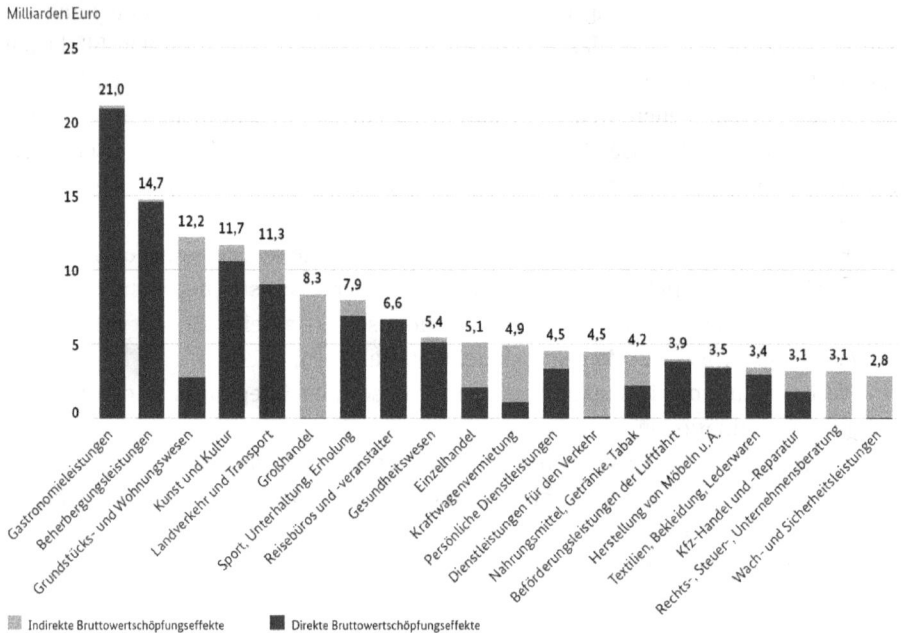

Abb. 4.7: Deutsches Tourismus-Satelliten-Konto 2015
Quelle: BMWI 2017b, S. 25.

Diese Ziele können vor dem Hintergrund der gesamt- und/oder tourismuswirtschaftlichen Entwicklung eine unterschiedliche politische Gewichtung erfahren (vgl. Kap. 1.2 und 1.5). Die konkreten Maßnahmen zu ihrer Umsetzung obliegen den Verantwortungsbereichen verschiedener politischer Verwaltungsebenen. Dementsprechend ist die Tourismuswirtschaft im politischen Gefüge in einem Kontinuum zwischen marginaler und extrem wichtiger Bedeutung angesiedelt.

4.3.2 Allgemeine Wirtschaftsförderung

Tourismuspolitik als wirtschaftspolitische Aufgabe liegt zunächst in der Unterstützung von Unternehmen durch Maßnahmen der allgemeinen Wirtschaftsförderung. Deren Aufgabenspektrum besteht zum einen in der **Bestandspflege**, d. h. zu gewährleisten, dass es den Unternehmen an ihrem Standort „gut geht", und sie räumlich zu binden, um langfristig Steuereinnahmen und Arbeitsplätze zu sichern. Die **Bestands-entwicklung** zielt dagegen auf die Ansiedlung neuer Unternehmen sowie die Unterstützung von Existenzgründungen ab (vgl. Chilla et al. 2016, S. 139 f.). Meist handelt es sich im Rahmen der Wirtschaftsförderung um Instrumente der Investitionsförderung, von denen nur die wenigsten tourismusspezifisch ausgerichtet sind, sondern auch Unternehmen anderer Wirtschaftszweige zur Verfügung stehen (vgl. Freyer 2015, S. 497).

Da es sich bei den Betrieben der Tourismuswirtschaft in erster Linie um kleine und mittlere Unternehmen (KMU) handelt, kommt der Förderung im Rahmen der **allgemeinen Mittelstandspolitik** eine besonders hohe Bedeutung zu. Sie beinhaltet Zuschüsse, Darlehen und Beratungsdienstleistungen mit dem Ziel des Erhalts und der Verbesserung der Wettbewerbsfähigkeit von KMU. Federführend ist insbesondere das **Aktionsprogramm Zukunft Mittelstand** des Bundeswirtschaftsministeriums, dessen Schwerpunkt vor allem auf den Gebieten Gründungs- und Wachstumsfinanzierung sowie Sicherung des Fachkräftebedarfs und Flüchtlingsintegration liegt (vgl. BMWi 2016). Ein besonderes Augenmerk ruht auf dem Bereich Digitalisierung, wie z. B. das Förderprojekt „Digital jetzt – Neue Förderung für die Digitalisierung des Mittelstands" (vgl. BMWi 2020) zeigt.

Eine wichtige Rolle spielt auch die Mittelstandsförderung durch Bürgschaftsbanken mit Hilfe eines regional organisierten, privat getragenen, aber durch staatliche Risikoübernahme abgesicherten Bürgschaftssystems, das vom Finanzierungsangebot der staatlichen **Kreditanstalt für Wiederaufbau (KfW)** dominiert wird. Zwischen 2015 und 2017 vergab die KfW Darlehen mit einer Laufzeit von 2 bis 20 Jahren in einer Gesamthöhe von 2,3 Mrd. Euro (jährlich drei bis vier Prozent der gesamten KfW-Mittelstandsförderung) an ca. 6.900 touristische Unternehmen – mehr als die Hälfte davon an Betriebe der Hotellerie und Gastronomie (vgl. Bundesrat 2018, S. 22 f.).

Eine bedeutende Rolle kommt ferner den **Sparkassen** (teilweise auch den Genossenschaftsbanken) zu, da diese als Finanzinstitute in kommunaler Trägerschaft oftmals in gemeinwohl-orientierte regionale Investitions- und Entwicklungsprojekte (z. B. zur Förderung der Regionalentwicklung) involviert sind. Dieses sog. Regionalprinzip kann dazu beitragen, brachliegende Potenziale vor Ort zu erschließen, um eine positive regionale Entwicklung zu ermöglichen. Durch diese Bedingungen sowie die ausgeprägte Kenntnis der Gegebenheiten und Probleme vor Ort haben Sparkassen ein natürliches Interesse an nachhaltigen Lösungen für „ihre" Region (vgl. Gärtner 2003, S. 14 ff. und 87).

Von Bedeutung für den Tourismus ist auch die vielfältige Förderung von Veranstaltungen und Projekten in den Bereichen Sport, Kunst, Kultur, Tradition und Brauchtum (z. B. in Form von Sportturnieren, Märkten, Volksfesten, Landeausstellungen, Gartenschauen etc.) sowie allgemein der Zusammenarbeit zwischen Touristikern und Kulturschaffenden.

Auch die **Entbürokratisierung**, d. h. der Rückbau von überreguliertem Behördenhandeln durch Reduzierung von Vorschriften und Gesetzen, Abbau von Dokumentationspflichten, Verflachung von Behördenhierarchien sowie Erhöhung der Transparenz behördlicher Entscheidungen und Spielräume, ist ein Anliegen der allgemeinen Wirtschaftsförderung, da administrative Hürden die Entfaltung unternehmerischer Wettbewerbsfähigkeit erheblich einschränken.

In der Tourismuswirtschaft betrifft die bürokratische Regulierung vor allem folgende Bereiche (vgl. Bochert 2010, S. 114):
- Steuern und Abgaben,
- Meldewesen und Statistik,
- Konzessionen,
- arbeits- und sozialversicherungsrechtliche Fragen,
- Verbraucherschutz und Hygienevorschriften,
- Vermarktung des Incoming Tourismus inkl. Ausschilderung und Vermittlung,
- Umwelt- und Lärmbestimmungen,
- Sperr- und Öffnungszeiten inkl. Feiertagsregelungen,
- Jugendschutz,
- Zertifizierung und Klassifizierung,
- Baugenehmigungen.

Für die Tourismuswirtschaft von besonderer Bedeutung sind vor allem die Flexibilisierung von Arbeitszeiten, die Digitalisierung des touristischen Meldewesens sowie die Lockerung von Kennzeichnungs-, Aufbewahrungs- und vor allem Dokumentationspflichten. So verbringen laut einer Umfrage des Deutschen Hotellerie- und Gaststättenverbandes (DEHOGA) Hotel- und Gastronomiebetreiber wöchentlich rund 13 Stunden mit der Erfüllung von über 50 Dokumentationspflichten. Es ist weniger der konkrete Einzelaufwand, sondern die Summe der Bürokratiebelastungen, welche den Unternehmen zu schaffen macht (vgl. DEHOGA Bayern 2019). Auch wenn das Bürokratieproblem mit seinen Ursachen und Auswirkungen hierzulande als anerkannt gilt, gestaltet sich die Umsetzung von Maßnahmen zu seiner Lösung aufgrund unterschiedlicher Zuständigkeiten (EU, Bund, Länder, Kommunen) sowie der subjektiv empfundenen Existenzberechtigung von Behörden und Regulierungen als äußerst schleppend (vgl. Kap. 6).

4.3.3 Tourismusrelevante Fördermaßnahmen

Zu den speziellen tourismusrelevanten Fördermaßnahmen rechnen die touristische Regionalentwicklung (vgl. Kap. 4.3.3.1), touristische Kooperationen und Marketing (vgl. Kap. 4.3.3.2) und die indirekte Tourismusförderung (vgl. Kap. 4.3.3.3).

4.3.3.1 Touristische Regionalentwicklung

Die sich hauptsächlich im Verantwortungsbereich der Bundesländer befindliche **Regionalentwicklung** dient der **wirtschaftlichen Unterstützung einer Region** und zielt auf den **Abbau regionaler Disparitäten,** d. h. Ungleichheiten in den regionalen Raumstrukturen, ab, um für gleichwertige Lebensgrundlagen in allen Regionen und eine nachhaltige Raumentwicklung zu sorgen (vgl. Haas/Neumair 2019). Das Interesse am Tourismus ergibt sich in diesem Zusammenhang aus zweierlei: Zum einen bekleidet der Tourismus eine wichtige Funktion als regionaler Werbeträger. Regionen, die sich als touristische Destinationen etabliert haben, profitieren auch als Wirtschaftsstandorte. Zum anderen stellt der Tourismus für solche Regionen, die eher ländlich-peripher und damit abseits der wirtschaftlichen Zentren gelegen sind, eine gangbare wirtschaftliche Entwicklungsalternative dar, indem natur- oder kulturräumliche Ressourcen touristisch und damit auch ökonomisch in Wert gesetzt werden (vgl. Chilla et al. 2016, S. 194; Neumair et al. 2019, S. 26 f.).

Für viele strukturschwache Regionen ist der Tourismus in punkto Einkommens- und Beschäftigungsquelle von herausragender Bedeutung. Die Tourismusförderung verleiht ihnen die Möglichkeit, den Anschluss an die allgemeine Wirtschaftsentwicklung zu halten und lässt den Tourismus seine Wirkungen für die soziale und räumliche Kohäsion entfalten (vgl. BMWi 2017a, S. 43). Der dadurch erreichte Abbau regionaler Ungleichgewichte ist eine notwendige Voraussetzung für die Akzeptanz der sozialen Marktwirtschaft, da das Bestehen zu großer räumlicher Unterschiede in Wohlstand und Lebensqualität als unvereinbar mit dem Sozialstaatsprinzip gilt, welches Mindestanforderungen für die räumlichen Lebensbedingungen der Bürger vorgibt

Im Vordergrund steht vor allem die Förderung regionaler Investitionen. Einen Schwerpunkt bildet dabei die 1969 ins Leben gerufene Bund-Länder **Gemeinschaftsaufgabe „Verbesserung der regionalen Wirtschaftsstruktur" (GRW),** das zentrale Element der nationalen Regionalpolitik zur Herstellung einer ausgewogenen Raumstruktur im Hinblick auf die Gleichwertigkeit der Lebensbedingungen. Ziel ist es, durch politische Eingriffe die wirtschaftliche Entwicklung von Regionen zu beeinflussen und damit andere Ergebnisse zu erzielen als sie der Marktprozess liefern würde. (vgl. Störmann 2009, S. 205).

Die GRW adressiert nicht vordergründig den Tourismus, sondern konzentriert sich allgemein auf strukturschwache Räume, in denen wettbewerbsfähige Arbeitsplätze geschaffen und erhalten werden sollen, um somit die wirtschaftliche Entwicklung zu unterstützen und eine Strukturverbesserung zu erreichen. Wirtschaftlich schwache Regionen sollen gezielt aktiviert statt alimentiert werden, um Wachstum und Beschäftigung nachhaltig zu verankern (vgl. BMWi 2018 und 2019f).

Allerdings ist der Tourismus im GRW-Programm eigens und ausdrücklich erwähnt. Er wird durch GRW-Mittel im Rahmen von Zuschüssen, Bürgschaften und Darlehen mit einer Laufzeit von bis zu 20 Jahren gefördert. Gegenstand der Förderung sind sowohl **einzelbetriebliche Investitionen** in die gewerbliche Wirtschaft einschließlich der Tourismuswirtschaft als auch **kommunale Investitionen** in die wirtschaftliche Infrastruktur einschließlich touristischer Basisinfrastruktur-Maßnahmen (z. B. Geländeerschließungen für den Tourismus, Informationszentren und -systeme, Kur- und Strandpromenaden, Bädereinrichtungen, Rad- und Wanderwege etc.). Daneben werden Regionalmanagement- und -budgetvorhaben, Kooperationsnetzwerke und Cluster-Management-Projekte zur Bündelung regionaler Entwicklungsaktivitäten und Stärkung interregionaler Kooperationen gefördert (vgl. BMWi 2017a, S. 43 f.).

Der Tourismusanteil an der GRW betrug für die die Jahre 2013 bis 2018 14 %, womit im Durchschnitt jährlich 167 Mio. Euro an GRW-Mitteln in die Förderung der Tourismuswirtschaft und -infrastruktur flossen (vgl. Bundesrat 2018, S. 23).

Die Durchführung der GRW-Förderung obliegt allein den Bundesländern, die innerhalb des gesetzten Rahmens auch individuelle sachliche oder räumliche Schwerpunkte setzen können. Sie befinden darüber, welche Projekte in welcher Höhe gefördert werden, erteilen die notwendigen Bewilligungsbescheide und kontrollieren die Einhaltung der Förderregelungen seitens der Förderungsempfänger. Die gesamte GRW-Förderung unterliegt der EU-Beihilfenkontrolle (vgl. BMWi 2019f).

Zusätzlich zur GRW-Förderung existieren weitere Bund-Länder-Gemeinschaftsaufgaben wie z. B. die **Gemeinschaftsaufgabe „Verbesserung der Agrarstruktur und des Küstenschutzes" (GAK)**, welche u. a. einzelwirtschaftliche Investitionen landwirtschaftlicher Betriebe im Beherbergungsbereich unterstützt (vgl. Kahlenborn et al. 1999, S. 116).

In den Bereich der touristischen Regionalentwicklung fällt auch die Förderung **spezieller touristischer Infrastrukturen.** Beispiele aus Bayern (2021) sind das Sonderprogramm „Touristische Infrastruktur – Kneipp-Anlagen" (Errichtung, Erweiterung, Umbau und Modernisierung von Kneipp-Anlagen) und die „Förderung von Seilbahnen und Nebenanlagen in kleinen Skigebieten" (technische Erneuerungen und Modernisierungsmaßnahmen zur Komfort- und Qualitätsverbesserung von Seilbahnen) (vgl. StMWi 2020).

4.3.3.2 Touristische Kooperationen und Marketing

Eine weitere Aufgabe der tourismusrelevanten Förderung ist die **Unterstützung touristischer Kooperationen.** Denn diese gestalten sich zwischen privaten Unternehmen als problematisch, da die Unternehmensstruktur in der Tourismuswirtschaft von kleinen und mittleren sowie Kleinstbetrieben dominiert wird, welche sich durch einen strukturell bedingten Mangel an Organisationsfähigkeit auszeichnen, weil sie wegen hoher Transaktionskosten sowie Zeiterfordernis nicht über genügend finanzielle und personelle Ressourcen für eine koordinierte Zusammenarbeit verfügen. Der Staat kann hier unterstützend einspringen. Ohne alle Aufgaben komplett zu übernehmen, bietet er eine „Hilfe zur Selbsthilfe" an, indem er übergeordnete Koordinations- und Marketingfunktionen wahrnimmt und damit Strukturen generiert, welche die Anbieter touristischer Leistungen in die Lage versetzen, transaktionskostenbedingte Hindernisse zu überwinden und damit Kooperationen einzugehen sowie gleichzeitig über deren Ziele, Inhalte und Maßnahmen zu entscheiden. Dies kann vor Ort durch Einrichtung von lokalen Tourismusstellen umgesetzt werden, die zentrale Aufgaben wie **Öffentlichkeitsarbeit, Werbung** und **Absatzförderung**, aber auch **Schulungs-, Beratungs- und Qualifizierungsmaßnahmen** (z. B. Unternehmensberatungen, Informations- und Schulungsberatungen etc.) wahrnehmen und die ortsansässigen Tourismusunternehmen darin entlasten, während die Produkt- und Preispolitik diesen vorbehalten bleibt. Derartige Organisationen verstehen sich damit als offene Plattformen zur Schaffung gemeinsamer Konzepte. Im Idealfall werden sie zu innovationsfördernden Wissenspools innerhalb eines Wissensnetzwerkes, in dem die Generierung und Vermittlung von Wissen zu und zwischen den kleinen und mittleren Tourismusbetrieben einer Destination stattfindet (vgl. Mundt 2004, S. 143; Pikkemaat/Peters 2014, S. 29; Freyer 2015, S. 499 f.).

Daneben geht es um die Schaffung solcher Rahmenbedingungen, welche die **Gestaltung des touristischen Alltags** auf den untersten Ebenen der Tourismuspolitik, insbesondere die Vermarktung der Einzeldestinationen sowie die Erstellung konkreter Tourismuskonzepte und -leitbilder (vgl. Exkurs 12), erleichtern und fördern. Eine wichtige Rolle spielen hier überregionale und **Landestourismusverbände** (vgl. Kap. 3.5.2) sowie deren Unterorganisationen, deren vielfältige Zuständigkeiten bzw. Mitgliedschaften allerdings zu einem nur schwer durchschaubaren Kompetenzdickicht mit Doppelstrukturen führen. So betreibt z. B. die im Bayerischen Wald gelegene Gemeinde St. Oswald-Riedlhütte eine eigene Touristeninformation. Gleichzeitig existiert im der Gemeinde übergeordneten Landratsamt Freyung-Grafenau im Ressort 14 (Wirtschaftsförderung, Tourismus, Regionalentwicklung) das Sachgebiet „Nationalpark-FerienLand". Beide Körperschaften sind wiederum Mitglied im Tourismusverband Ostbayern e. V., der u. a. das Landschaftsgebiet Bayerischer Wald betreut und gleichzeitig ein Hauptgesellschafter der Bayern Tourismus Marketing GmbH ist. Diese ist ihrerseits Mitglied in der Marketingorganisation Deutsche Zentrale für Tourismus e. V. (vgl. Kap. 3.4.5). Zusätzlich existiert ein weiterer freiwilliger Zusammenschluss von Gemeinden im Nationalpark Bayerischer Wald aus den Landkreisen Regen und Freyung-Grafenau, der als Ferienregion Nationalpark Bayerischer Wald GmbH geführt wird. Gefördert vom Regierungsbezirk Niederbayern, gibt es zudem den Naturpark Bayerischer Wald e. V., der u. a. das Thema Erholung thematisiert. Die Nationalparkverwaltung Bayerischer Wald informiert schließlich ausführlich über die zentrale Destinationsattraktion. Weitere private Angebote, wie z. B. „Bayerischer Wald Ferien", ergänzen das Potpourri.

An dieser Stelle ist die Tourismuspolitik dazu aufgerufen, durch eine entsprechende Entrümpelung von Zuständigkeiten und Verschlankung von Hierarchien für **überschaubare und transparente Strukturen** zu sorgen – ein Prozess, den schon mehrere österreichische Bundesländer erfolgreich vollzogen haben, wie das Beispiel Tirol verdeutlicht: Bis zur Reform der Tourismuszuständigkeiten im Jahr 2006 gab es dort bei 279 Gemeinden rund 250 selbstständige Tourismusverbände. Diese wurden zu 34 regionalen Tourismusverbänden (Tourismusregionen) zusammengelegt. Die Initiative zur Neuordnung ging vom Tiroler Tourismusgesetz aus, welches für das gesamte Landesgebiet flächendeckende regionale und leistungsfähige Tourismusverbände vorsieht, die als Körperschaften des öffentlichen Rechts organisiert sind. Ihnen obliegen u. a. die nachhaltige Wahrung, Förderung und Vertretung der Belange des Tourismus, die tourismusstrategische Planung, das touristische Marketing samt Marktforschung und Werbung sowie die Koordination der Mitglieder und Einrichtungen zur Betreuung der Gäste. Pflichtmitglieder sind Betriebe im Verbandsgebiet, die unmittelbar oder mittelbar einen wirtschaftlichen Nutzen aus dem Tourismus erzielen.

Eine spezielle touristische Fördermaßnahme stellen ferner die im Bundeshaushalt eingeplanten Mittel für die **Deutsche Zentrale für Tourismus (DZT)** für Auslandsmarketing sowie das **Kompetenzzentrum Tourismus des Bundes** dar (vgl. Kap. 3.4.5).

4.3.3.3 Indirekte Tourismusförderung

Neben direkten lassen sich auch indirekte Fördermaßnahmen identifizieren, die in der Gestaltung **wirtschaftspolitischer Rahmenbedingungen** liegen und damit mittelbar einen tourismusfördernden Effekt erzielen können. Beispiele sind u. a. geringere Steuerlast, striktes Bankgeheimnis oder vereinfachtes Unternehmensrecht, was für einzelne Zielgruppen vorteilhaftere Standards und damit die Attraktivität einer Destination erhöht und so zusätzlich Geschäfts- und Freizeittouristen anzieht.

Weitere Fördermaßnahmen stellen **Steuererleichterungen**, wie z. B. Investitionsförderung durch reduzierte Mehrwertsteuersätze für Hotelübernachtungen (vgl. Exkurs 7), Befreiung von der Grunderwerbssteuer, Sonder- und Ansparabschreibungen für kleine und mittlere Betriebe, Nicht-Besteuerung von Flugbenzin etc., dar. Dazu kommen **arbeitsmarktpolitische Maßnahmen** (z. B. Eingliederungshilfen, Lohnkostenzuschüsse, Arbeitsbeschaffungsmaßnahmen, Arbeitsförderung etc.).

Eine andere, von staatlicher Seite ungewollte oder auch teilweise gewollte Tourismusförderung kann in der **länderspezifisch bzw. regional unterschiedlichen Ausgestaltung als teils anrüchig empfundener gesellschaftspolitischer Rahmenbedingungen** liegen. Eine im Vergleich zum Heimatland freizügigere/liberale(re) Gesetzgebung oder Auslegung entsprechender Gesetze, wie z. B. in den Bereichen Eheschließung und -scheidung, Glücksspiel, Alkohol- und Drogenkonsum, Prostitution oder Waffenrecht, macht bestimmte Destinationen (i. d. R. Städte bzw. einzelne Stadtteile, seltener auch ganze Länder) für bestimmte Zielgruppen attraktiv.

Ein bekanntes Beispiel ist Las Vegas mit seinen Casinos, Strip-Clubs, aber auch der einfachen Möglichkeit zur Eheschließung und -scheidung sowie einem Alkoholverkauf rund um die Uhr und touristischen Schießständen. Einen ähnlichen Ruf genießen Macau, Bangkok und Pattaya (Thailand). Oftmals sind nur einzelne Aspekte, wie z. B. Prostitution im Rotlichtviertel von Hafenstädten (z. B. Reeperbahn in Hamburg) oder der einfache Zugang zu Drogen, insbesondere Cannabis (z. B. Coffeeshops in Amsterdam), ausschlaggebend. Eine freizügige Regelung des Alkoholausschanks macht indes einige karibische sowie mexikanische Destinationen zu beliebten Spring-Break-Orten für US-Studenten, die in den USA offiziell erst ab 21 Jahren Alkohol trinken dürfen.

Manchenorts kommt es aber auch dazu, dass derartige liberale Rahmenbedingungen eine ungewollte Wirkung auf Bewohner und andere Tourismusformen entfalten, was Destinationen dazu veranlassen kann, ein entsprechendes Image ablegen zu wollen. Mallorca z. B. ist seit Jahren bestrebt, vom Image als Party- und Sauf-Destination ("Ballermann") wegzukommen, indem durch verschiedene Initiativen und Regelungen (u. a. zu Alkoholausschank in Eimern, Außen-Musikbeschallung, baulichen Maßnahmen von Clubs, Sperrstunden sowie polizeilichen Kontrollen) die ausufernde Partyszene mit ihren negativen Begleiterscheinungen eingeschränkt wird. Die Stadt Amsterdam hat schon mehrere Versuche unternommen, ausländischen Besuchern das Kiffen in Coffeeshops zu untersagen (vgl. Kap. 5.1.3).

Freilich lassen sich derartige Rahmenbedingungen auch in ein positives Image einbetten, sofern diese mit einer exklusiven Atmosphäre, umgeben von luxuriöser Architektur, einhergehen. Ein Beispiel hierfür sind Spielcasinos, wie z. B. in Monte Carlo oder Marina Bay Sands in Singapur, die als destinationsspezifische Aushängeschilder gelten. Ein entsprechendes Beispiel in Deutschland ist die Spielbank Baden-Baden. Auch der Freistaat Bayern betreibt mit seinen als Staatsbetrieben organisierten Spielbanken, die ausschließlich in Kur- und Erholungsorten (z. B. Bad Wiessee, Garmisch-Partenkirchen) bestehen, eine gezielte Tourismusförderung.

4.3.4 Staatshilfen für Tourismusunternehmen

In der Tourismuswirtschaft treten immer wieder krisenhafte Entwicklungszusammenhänge auf, welche dazu führen, dass deren Akteure staatliche Hilfen einfordern, denen dann auch teilweise entsprochen wird.

So ging im Spätsommer 2019 – und damit mitten in der Urlaubssaison – der britische Reiseveranstalter **Thomas Cook** in Insolvenz (vgl. Exkurs 7). Der wirtschaftlich gesunde deutsche Ferienflieger **Condor**, ebenfalls einst Teil von Thomas Cook, wurde mit staatlichen Hilfen aus der Insolvenzmasse herausgelöst. Damit sollte verhindert werden, dass Geld an die britische Konzernmutter abfließt und einen Liquiditätsengpass bei Condor auslöst. Die in Hessen ansässige Charterfluggesellschaft, die mit 58 Flugzeugen und rund 4.900 Mitarbeitern ein wichtiger Partner verschiedener Reiseveranstalter ist, erhielt ein Darlehen in Höhe von 550 Mio. Euro von der Kreditanstalt für Wiederaufbau (KfW), für welches der Bund und das Land Hessen bürgten (vgl. FAZ 2019c und 2020a; Welt 2019d; Zeit Online 2019).

Derartige Staatsbürgschaften, wie sie in Höhe von 150 Mio. Euro auch die 2017 in Konkurs gegangene Fluggesellschaft **Air Berlin** erhielt, werden durchaus kritisch beäugt: Zum einen wird die für Marktwirtschaften essentielle Bereinigungsfunktion des Marktes beeinträchtigt, zum anderen bedeuten staatliche Hilfen für insolvenzbedrohte Unternehmen immer eine Benachteiligung von Konkurrenten, weshalb es zu Wettbewerbsverzerrungen kommen kann, auch wenn diese – laut EU-Kommission – innerhalb der Europäischen Union nicht übermäßig ausfielen. Der Staat begibt sich bei der Gewährung derartiger Hilfen daher immer auf einen schmalen Grat:

> Gewährt [er sie], steht der Vorwurf im Raum: Da wird das Geld der Steuerzahler verschwendet, um schlechtes Management zu belohnen. Verweigern Politiker die Hilfen, gelten sie als kaltherzige Prinzipienreiter, die marktwirtschaftliche Grundsätze wichtiger nehmen als das Schicksal von Arbeitnehmern und Kunden (Rickens 2019).

Während der Corona-Pandemie (vgl. Kap. 5.3) erhielt auch der Touristikkonzern **TUI** staatliche Hilfen, um die wirtschaftlichen Folgen der Krise abzumildern. Diese erstreckten sich auf drei Hilfspakete in Höhe von insgesamt 4,8 Mrd. Euro – das letzte verbunden mit einer stillen Beteiligung des Staates. Der Weltmarktführer für Pauschalreisen erlitt im Geschäftsjahr 2020 einen Umsatzverlust von 58 % gegenüber dem Vorjahr und sah sich zum Abbau von weltweit 8.000 Arbeitsplätzen – 900 davon bei der hauseigenen Fluggesellschaft TUIfly in Deutschland – gezwungen (vgl. FAZ 2020p; Welt 2020j).

In eine desaströse Schieflage ist aufgrund der Corona-Krise auch die **Lufthansa** geraten, die ihren Flugbetrieb im Frühjahr 2020 auf ein absolutes Minimum reduzieren musste. Zur Sicherung der Liquidität verhandelte Europas größter Luftfahrtkonzern mit den Heimatstaaten seiner Fluglinien (Deutschland, Belgien, Österreich, Schweiz) über staatliche Beihilfen. Die Lufthansa erhielt vom deutschen Staat eine stille Einlage über 5,7 Mrd. Euro sowie einen KfW-Kredit über 3 Mrd. Euro, an dem Privatbanken mit 600 Mio. Euro beteiligt sind. Im Gegenzug stieg der Staat 23 Jahre nach der vollständigen Privatisierung der Lufthansa mit einer Unternehmensbeteiligung von 20 % wieder ins Luftfahrtgeschäft ein (vgl. FAZ 2020c; NZZ 2020b).

Während der Corona-Krise lag der Tourismus fast zu hundert Prozent am Boden. Da diese Krise für Tourismuswirtschaft und -politik einen regelrechten Epochenbruch darstellen könnte, ist ihr ein eigenes Kapitel (vgl. Kap. 5.3) gewidmet. An dieser Stelle geht es nur um die Maßnahmen, welche der Staat zur Abfederung der Krise eingeleitet hat. Dabei sind – analog zur allgemeinen Wirtschaftsförderung (vgl. Kap. 4.3.2) – nur die wenigsten rein tourismusspezifischer Natur. Vielmehr handelte es sich um Maßnahmen für die kleine und mittelständische Wirtschaft in ihrer Gesamtheit, der aber auch die allermeisten Tourismusunternehmen angehören. Hierzu gehörten (vgl. DTV 2020):

- **Soforthilfe zur Existenzsicherung für Kleinstbetriebe und Soloselbständige durch den Bund:** Für drei Monate insgesamt 9.000 Euro bis fünf, 15.000 Euro bis zehn Beschäftigte; Abwicklung über die Bundesländer,
- **Soforthilfe für kleine und mittlere Unternehmen durch die Bundesländer:** In Bayern z. B. 9.000 Euro bis fünf, 15.000 Euro bis zehn, 30.000 Euro bis 50 und 50.000 Euro bis 250 Beschäftigte,

- **Liquiditätshilfen für Selbständige und Freiberufler:** Durch den Bund garantierte KfW-Schnellkredite,
- **Kurzarbeitergeld** durch die Bundesagentur für Arbeit,
- **Steuern:** Herabsetzung von Vorauszahlungen, Stundung von Forderungen, Aussetzung von Vollstreckungsmaßnahmen,
- **Beratungsangebote** für kleine und mittlere Unternehmen sowie Freiberufler.

Eine spezielle tourismusrelevante Maßnahme waren der **Ausgleich lockdownbedingter Umsatzausfälle in Hotellerie und Gastronomie** von bis zu 75 % der Vorjahresumsätze in den Wintermonaten 2020/21 sowie die **Herabsetzung des Mehrwertsteuersatzes in der Gastronomie auf Speisen** (ohne Getränke) von 19 auf 7 % befristet auf ein Jahr vom 1. Juli 2020 bis 31. Dezember 2021. Sehr kritisch diskutiert wurde eine **Gutscheinlösung** für gebuchte und bereits bezahlte Pauschalreisen, in der Verbraucherschützer die Gewährung zinsloser Darlehen an die Reiseveranstalter zuungunsten der Reisenden sahen. Auch die EU-Kommission stellte sich gegen derartige Zwangsgutscheine: Kunden müssten die Wahl haben, ob sie eine Erstattung des Kaufpreises fordern oder stattdessen einen Gutschein akzeptieren. Allerdings setzte sie sich dafür ein, die Gutscheinlösung attraktiver zu machen: Gutscheine, die anstelle einer Erstattung ausgestellt werden, sind gegen Insolvenz abgesichert, damit die Kunden im Falle der Pleite eines Reiseveranstalters nicht auf dem Gutschein sitzen bleiben. Ferner sollen Kunden, welche den Gutschein bis zum Ende seiner Gültigkeit nicht eingelöst haben, den Reisepreis erstattet bekommen, die Gutscheine übertragbar und auch für andere Reiseprodukte als die gebuchten einsetzbar sein. Die Kommission versucht damit, sowohl den Interessen der Reisenden als auch denen der in extremen Schwierigkeiten befindlichen Reiseunternehmen gerecht zu werden (vgl. Welt 2020b).

Bei allen beschlossenen und geforderten Maßnahmen gilt für die Tourismuswirtschaft, was auch für andere Branchen typisch ist, nämlich dass die beschlossenen Ergebnisse aus Sicht der Betroffenen nur selten deren Erfordernissen ausreichend genüge leisten.

Zu beachten ist auch, dass den Unterstützungsmaßnahmen zwar unmittelbar positive Auswirkungen beschieden werden. Dennoch gilt es auch einen nüchternen Blick auf die mittel- bzw. langfristigen Auswirkungen zu werfen (vgl. Neiß 2020, S. 58 f.):

- Sämtliche Zuschüsse sind zeitlich gedeckelt. Die durch sie nicht abgedeckten Fixkosten sind von den Tourismusunternehmen weiterhin selbst zu stemmen. Die gedeckten Fixkosten dagegen fallen nach Auslaufen der Zuschüsse, u. U. noch während der Krise, wieder in voller Höhe an.
- Da die wirtschaftlichen Einnahmen stark zurückgehen oder gänzlich ausfallen, fehlen sie in der Zukunft, wenn die zurückzuzahlenden Zuschüsse sowie gestundete Steuer-, Miet-, Pacht-, Zins- und Tilgungszahlungen fällig gestellt werden, was die zukünftige Liquidität der Unternehmen beeinträchtigt.

- Haftungsübernahmen für Überbrückungsfinanzierungen sind temporär begrenzt. Nach ihrem Auslaufen besteht das Risiko, dass bei der Neuverhandlung von Darlehen ungünstigere Finanzierungskonditionen als vorher herauskommen, wenn sich die Bonität des Unternehmens durch die zwischenzeitliche Abschmelzung der Eigenkapitaldecke während der Corona-Krise verschlechtert hat.
- Die geforderte Aussetzung der Insolvenzantragspflicht verlagert die kritische Beurteilung der Zahlungsfähigkeit aufgrund der Fortbestehensprognose lediglich in die Zukunft (Insolvenzverschleppung) und zeitigt auch keine direkten Liquiditätswirkungen.

4.3.5 Maßnahmen gegen Fachkräftemangel

In einer repräsentativen Studie, die das Online-Bewertungsportal Tripadvisor für seinen Gastgewerbebericht 2018 beim Marktforschungsinstitut Ipsos in Auftrag gegeben hat, bezeichneten knapp 2.400 Unternehmer aus deutscher Hotellerie und Gastronomie die Bewältigung des Fachkräftemangels als **größtes Problem und dringlichste Herausforderung der Branche** (vgl. Tripadvisor 2018). Entsprechende Konjunkturumfragen, wie sie immer wieder die Deutschen Industrie- und Handelskammern durchführen, kommen in den letzten Jahren zu ähnlichen Ergebnissen: Zwischen 70 und 80 % der heimischen Hoteliers und Gastronomen betrachten den Fachkräftemangel als **Hauptrisiko für die zukünftige Geschäftsentwicklung** (vgl. Zukunftsinstitut 2018). Zwar ist eine Vielzahl von Wirtschaftszweigen, insbesondere Handwerk, Metall- und Elektroindustrie, MINT (Mathematik, Informatik, Naturwissenschaft, Technik)- und Gesundheitsbereich, vom Fachkräftemangel betroffen, gleichzeitig ist die Tourismuswirtschaft aber eine der Branchen, in denen der Engpass an Fachkräften am schnellsten zunimmt (vgl. BMWi 2019g; Thiesing 2017).

Die Gründe dafür sind sowohl allgemeiner wie auch branchenspezifischer Natur. Eine der übergeordneten Ursachen des zunehmenden Fachkräftemangels ist vor allem der demographische Wandel der Bevölkerung. Die zunehmende Alterung des Erwerbskräftepotenzials – geburtenstarke Jahrgänge gehen nach und nach in Ruhestand, während immer weniger junge Menschen nachrücken – sorgt für eine immer zugespitztere Situation auf dem Arbeitsmarkt. Hinzukommt, dass Jugendliche heute in ihrer Zahl nicht nur kontinuierlich abnehmen, sondern immer häufiger – mit einem Abitur ausgestattet – ein Studium aufnehmen, sodass es in Berufssparten, welche eine Aus- oder Fortbildung erfordern, immer komplizierter wird, geeignete Nachwuchskräfte zu rekrutieren (vgl. BMWi 2019g).

Zu den branchenspezifischen bzw. hausgemachten Ursachen für den Fachkräfteengpass in der Tourismuswirtschaft rechnen unbezahlte Überstunden, eine stark ausgeprägte Saisonalität sowie unregelmäßige, die Vereinbarkeit von Familie und Beruf erschwerende Arbeitszeiten. Vergleichsweise niedrige Löhne, starre hierarchische Strukturen und eine geringe Flexibilität bei Aufstiegs- und Entwicklungsmöglichkeiten runden das Imageproblem des touristischen Arbeitsmarktes ab (vgl. Zukunftsinstitut 2018).

Touristische Betriebe versuchen zum einen, dem Fachkräfteproblem durch attraktivere Arbeitsbedingungen (z. B. Zahlung von Prämien oder Vergabe von Bonuskarten zur Ermäßigung in diversen Geschäften, Restaurants, Freizeiteinrichtungen) aktiv entgegenzuwirken. Zum anderen stellen zusätzliche Ruhetage oder der Entfall der Mittagsbewirtung Maßnahmen dar, um fehlende personelle Ressourcen reaktiv zu kompensieren.

Die große Frage aber ist, welchen Beitrag die Politik zur Problemlösung leisten kann. Dazu hat die Bundesregierung Ende 2018 eine auf alle Branchen und damit auch die Tourismuswirtschaft angelegte **Strategie zur Fachkräftesicherung** vorgelegt. Ziel ist die Steigerung der Erwerbsbeteiligung durch eine noch stärkere Einbindung von Frauen und älteren Personen in das Erwerbsleben, die Nutzung des Potenzials von Flüchtlingen sowie vor allem die Zuwanderung von qualifizierten Fachkräften aus Drittstaaten. Zu den wesentlichen Maßnahmen des dazu am 1. März 2020 in Kraft getretenen Fachkräfteeinwanderungsgesetzes gehören (vgl. BMWi 2019g):

- **Prägung eines einheitlichen Fachkräftebegriffs**, der gleichermaßen Hochschulabsolventen sowie Beschäftigte mit qualifizierter Berufsausbildung umfasst,
- **Entfall der Vorrangprüfung** bei anerkannter Qualifikation und Arbeitsvertrag,
- Einreise nach und für eine befristete Zeit Aufenthalt in Deutschland zur **Arbeitsplatzsuche** unter Voraussetzung deutscher Sprachkenntnisse sowie vorhandener Lebensunterhaltssicherung,
- im Falle des Vorliegens eines geprüften ausländischen Abschlusses **verbesserte Möglichkeiten zum Aufenthalt für Qualifizierungsmaßnahmen** mit dem Ziel der Anerkennung beruflicher Qualifikationen, gekoppelt mit Verfahrensbeschleunigungen sowie Zuständigkeitsbündelungen bei Ausländerbehörden.

4.3.6 Kurtaxen und Gebühren

Aufgrund klammer Haushaltskassen in vielen Kommunen stellt sich die Frage, wie sich Destinationen bzw. Destinations-Management-Organisationen (DMOs) und ihre touristisch-infrastrukturellen Einrichtungen (z. B. Museen, Schwimmbäder, Wanderwege etc.) finanzieren lassen, zumal die Tourismusförderung in Städten und Gemeinden seitens der Europäischen Union deutlich gedrosselt wurde. Eigene Einnahmequellen müssen gefunden werden, allerdings sind Gemeinden an ein Kommunalabgabengesetz gebunden und können nur in engem Rahmen eigene Abgaben, Steuern und Gebühren erheben (vgl. Neumair et al. 2019, S. 147; DTV 2016, S. 2).

Die **Kurtaxe** ist eine Gebühr, die jeder Gast, dessen Aufenthaltsgrund touristischer Art ist, pro Nacht leisten muss. Für Tagesgäste fällt sie nicht an. Erhoben wird sie von der Gemeinde, die auch die Höhe – in Deutschland häufig mit saisonalen Unterschieden i. d. R. zwischen 0,50 bis 3,70 Euro pro Nacht und Person – festlegt. Kinder, Jugendliche und Schwerbehinderte erhalten häufig Rabatte oder sind freigestellt. Reisende mit geschäftlichem Hintergrund sind ebenso befreit. Kurtaxen dürfen nur Gemeinden erheben, welche die Anforderungen an Kurorte, Erholungsorte oder sonstige Fremdenverkehrsgemeinden erfüllen (§ 43 Kommunalabgabengesetz). Die Auslegung dieses Gesetzes fällt in den Zuständigkeitsbereich der Bundesländer.

Die Kurtaxe wird mit der Übernachtungsrechnung des Hotels bzw. der Ferienwohnung beglichen und gesondert auf dieser ausgewiesen. Die Anzahl der Übernachtungen geht aus den amtlichen Meldescheinen hervor, die der Hotelier bzw. der Vermieter für jeden Gast übermitteln muss. Sie enthalten persönliche Daten sowie die Dauer des Aufenthalts.

Als Gegenleistung für die Kurtaxe erhält der Gast in vielen Gemeinden eine Gästekarte, die monetäre Vergünstigungen bei der Nutzung von Angeboten und Einrichtungen der Gemeinde oder Region gewährt (z. B. Museen, Veranstaltungen, Bergbahnen). In manchen Urlaubsregionen ermöglicht die Karte die kostenlose Nutzung der gesamten öffentlichen Verkehrsmittel (z. B. Allgäu-Walser-Card, Konus-Gästekarte Schwarzwald, Saarland Card, Binzer Gästekarte etc.).

In bestimmten Gemeinden muss eine pauschalierte Gästetaxe (manchmal in Form einer Zweitwohnsitzsteuer) auch von Inhabern oder Mietern eines Ferien- oder Zweitwohnsitzes beglichen werden. In diesem Fall ist die Gebühr direkt an die Gemeindeverwaltung zu entrichten.

Die sog. **Bettensteuer** (auch Kulturförderabgabe, Übernachtungssteuer, City-Tax) entspricht in ihrer Struktur der Kurtaxe und wird von Städten und Gemeinden erhoben, die der Sache nach nicht kurtaxenberechtigt sind (keine Kur- und Erholungsorte oder sonstige Fremdenverkehrsgemeinden). Freigestellt oder vergünstigt sind die gleichen Anspruchsgruppen wie bei der Kurtaxe. Es kann sich um einen festen Betrag je Übernachtung oder um einen Prozentsatz des Übernachtungspreises handeln. So verlangt z. B. die Stadt Amsterdam derzeit (2021) 7 % des Übernachtungspreises plus fix drei Euro je Nacht und Gast. Mancherorts, z. B. auf den Balearen, in Italien oder Griechenland, ist die Steuer zusätzlich nach dem Unterkunftstyp (z. B. ein bis fünf Sterne) gestaffelt.

Gegen die Erhebung der Bettensteuer formiert sich oft großer Widerstand, da sie ausschließlich von Beherbergungsbetrieben mit Meldepflicht zu entrichten ist, während Gewerbetreibende, die vom Tourismus profitieren (z. B. Einzelhandel) oder Kleinvermieter (z. B. Airbnb-Partner) davon nicht betroffen sind.

Die erhobenen Gebühren dienen häufig der Refinanzierung touristisch relevanter Ressourcen. So wird die auf den Balearen erhobene „Ecotasa" zur Finanzierung von Umweltprojekten sowie zum Schutz von Landwirtschaft und Denkmälern herangezogen. Das vom Overtourism (vgl. Kap. 5.1) geplagte Amsterdam nutzt die Einnahmen u. a. zum Erhalt des historischen Stadtbildes.

Die **Tourismusabgabe** müssen die örtlichen Unternehmen leisten, die vom Tourismus in der Gemeinde profitieren. Bei Beherbergungsbetrieben richtet sie sich nach der Anzahl der Übernachtungen. Es spielt keine Rolle, ob die Übernachtung geschäftlicher oder touristischer Art ist. Ebenso unerheblich ist es, wie alt die Gäste sind oder ob eine Behinderung vorliegt.

Unternehmer und Dienstleister, deren Einnahmen nur teilweise touristisch bedingt sind (z. B. Lebensmittelgeschäfte, Ärzte, Unterhaltungsdienstleister), müssen die Gebühren anhand eines festgelegten Satzes, von Gemeinde zu Gemeinde variierend, leisten. Häufig bemisst sich dieser am zu versteuernden Betriebsergebnis, d. h. anders als bei Übernachtungsbetrieben fällt die Gebühr nur an, wenn der Betrieb ein steuerpflichtiges Ergebnis erwirtschaftet. Seltener orientiert sich die Berechnungsgrundlage am Umsatz. Unternehmen können dieser pauschalierten Gebühr widersprechen, müssen im Gegenzug aber nachweisen, dass sie geringen oder keinen touristisch bedingten Umsatz erwirtschaften.

Neben von der Übernachtungszahl oder dem -preis abhängigen Gebühren auf Gemeindeebene können Länder von Touristen fixe **Einreisegebühren** verlangen. So erhebt Neuseeland seit Oktober 2019 je Tourist eine Gebühr von 35 Neuseeland-Dollar (ca. 20,50 Euro).

DMOs können auch als private Unternehmen geführt werden. In diesem Fall erfolgt die Finanzierung nur noch zum Teil aus öffentlichen Mitteln. Stattdessen treten Provisionen für diverse Buchungs-, Vermittlungs- und Verkaufsleistungen in den Vordergrund.

Touristische Marketinggemeinschaften, Kooperationen und privatwirtschaftliche Verbände finanzieren sich zu großen Teilen aus Spenden von Partnerunternehmen und Beiträgen ihrer Mitglieder. Diese richten sich i. d. R. nach festen Bemessungsgrundlagen wie z. B. Grundbeitrag zzgl. Beitrag pro Gästebett oder Anzahl der Mitarbeiter (vgl. Neumair et al. 2019, S. 148 f.; SZ 2019d; DTV 2016, S. 6; Steinecke 2011, S. 139).

4.3.7 Wechselkurspolitik

Zwar ist der internationale Tourismus ein bedeutender Wirtschaftszweig, im Vergleich zu den gesamten internationalen ökonomischen Aktivitäten aber zu klein, um Einfluss auf die internationalen Wechselkurse auszuüben. Umgekehrt wird das Tourismusgeschehen aber ganz erheblich durch **Wechselkursschwankungen** beeinflusst. Denn viele Reiseveranstalter kalkulieren touristische Produkte langfristig und binden sich gegenüber dem Kunden lange im Voraus an einen bestimmten Preis in Inlandswährung. Auch in den Zielgebieten können sie langfristige Verträge abschließen und feste Einkaufspreise fixieren. Sofern aber die Reise in ein Fremdwährungsland führt, können im Laufe der Zeit auftretende und auf den Kunden nicht mehr abzuwälzende Währungsschwankungen ein hohes Risiko darstellen, gegen das sich ein Veranstalter nur durch Abschluss von Devisentermingeschäften, bei denen ex ante ein Wechselkurs für zu erwartende Transaktionen bestimmt wird, absichern kann (vgl. Neumair et al. 2019, S. 247).

154 Ausgewählte tourismusrelevante Politikfelder

Den wechselkursbedingten Wertgewinn (Wertverlust) einer Währung (z. B. Euro) gegenüber einer anderen Währung (z. B. US-Dollar) bezeichnet man als Aufwertung (Abwertung). **Aufwertungen** der heimischen Währungen stärken den Outgoing Tourismus in währungsfremde Länder und beeinflussen inländische Fernreiseveranstalter in zweierlei Hinsicht: Die Nachfrage nach ihren Leistungen wächst, die Kalkulation in Inlandswährung verbessert sich. Der Incoming Tourismus wird dagegen auf doppelte Weise geschwächt: Zum einen verstärkt sich für Reisende aus dem Inland die Kaufkraft in Fremdwährungsländern, während sie im Inland dieselbe bleibt. Zum anderen kommen ausländische Touristen aus Fremdwährungsländern, für welche die Reise teurer wird, weniger ins Inland und weichen auf andere Destinationen aus. Für **Abwertungen** gilt in beiden Fällen der umgekehrte Effekt: Der Outgoing Tourismus wird geschwächt, der Incoming Tourismus gestärkt (vgl. Letzner 2014, S. 227).

Der Einfluss von Währungsschwankungen auf den Tourismus nimmt drastisch zu, wenn Länder aus währungs- oder konjunkturpolitischen Gründen in die Wechselkurse eingreifen (z. B. durch Devisenauf- und -verkäufe, die Entkoppelung oder Bindung ihrer Währungen an Leitwährungen wie US-Dollar oder Euro oder die Einführung bzw. Aufgabe von Mindestkursen). Man bezeichnet derartige Maßnahmen zur Gestaltung des Wechselkurssystems und zur Beeinflussung der Wechselkurse als **Wechselkurspolitik**.

Ziel von Abwertungsstrategien ist es, die Exportindustrie eines Landes wettbewerbsfähiger zu machen. Klassische Urlaubsländer, z. B. rund um das Mittelmeer oder in Asien, verfolgen das Anliegen, sich durch einen abwertungsbedingten günstigen Wechselkurs für internationale Touristen attraktiver zu machen und eine Tourismusindustrie auf- oder auszubauen. Sobald eine entsprechende touristische Infrastruktur existiert und sich ein Land als touristische Marke etabliert hat, wird die Abwertungsstrategie i. d. R. wiedereingestellt, da die ursprünglich über günstige Preise angezogenen Touristen nun aus „freien Stücken" wiederkehren. Im Umkehrschluss haben in jüngerer Zeit einige Euro-Länder, wie z. B. Griechenland oder Italien, daran laboriert, aufgrund der gemeinsamen Währung keine nationalen Abwertungen durchführen und sich dadurch im Wettbewerb besser aufstellen zu können (vgl. Letzner 2014, S. 228).

Was umgekehrt eine Währungsaufwertung für den Tourismus bedeutet, lässt sich am Beispiel des Schweizer Frankens ablesen. Als die Schweizer Nationalbank im Januar 2015 den Mindestkurs von 1,20 CHF gegenüber dem Euro aufgab, schoss der Franken in die Höhe und machte für gewisse Zeit die Leistungen im Tourismus für Gäste aus dem Euroraum um ca. 20 % teurer, sodass die Anzahl der Übernachtungen, insbesondere im Alpenraum, kurzfristig stark eingebrochen ist. Vor allem Gäste mit längerer Aufenthaltsdauer wichen auf andere alpine Destinationen (z. B. in Österreich oder Italien) aus. Die großen Städte, in denen vor allem Geschäftsreisende mit geringerer Preissensibilität und kürzeren Aufenthaltsdauern logieren, waren von der Frankenaufwertung dagegen relativ unbetroffen (vgl. KOF 2018).

Auf- und Abwertungen beruhen auf den Interventionen der offiziell unabhängigen Zentralbanken und deren währungspolitischem Ermessen, das sowohl durch die außen- und binnenwirtschaftliche Lages eines Landes als auch geldpolitische Erwägungen geprägt ist. In der Praxis sind die Zentralbanken von der Politik allerdings weitaus weniger unabhängig. So werden die Direktoren der Zentralbanken häufig von den nationalen Parlamenten bestimmt. Die Europäische Zentralbank (EZB) hat indes erst gar keine Wechselkurskompetenz gegenüber Drittwährungen. Diese obliegt lt. Art. 109 EU-Vertrag dem EU-Ministerrat, dem dadurch grundsätzlich die Möglichkeit eingeräumt wird, durch eine internationale Festlegung der Wechselkurse die Unabhängigkeit der EZB zu unterlaufen.

4.4 Raumplanung und Tourismus

Menschliches Handeln findet immer im **Raum** statt und beansprucht einzelne Raumformen. Allerdings sind die Ansprüche des Menschen an den Raum sehr vielfältig und stehen sich häufig nicht ohne Konflikte gegenüber. Dies gilt erst recht, da Fläche, Natur und Landschaft als knappe Güter nicht unbegrenzt für menschliche Aktivitäten genutzt werden können. Da der Tourismus aber erhebliche Flächenansprüche stellt und gleichzeitig eine intakte Natur und Landschaft seine wichtigsten Existenzgrundlagen ausmachen, sind **Raumnutzungskonflikte** vorprogrammiert, welche die Raumplanung zu lösen sucht (vgl. Kap. 2.1.2.4).

4.4.1 Raumplanen = Planen im Raum

Für Raum gibt es unterschiedliche Betrachtungsweisen. **Landschaftsökologisch** beschreibt er das Wirkungsgefüge zwischen natürlichen und anthropogenen Faktoren, **kulturlandschaftsgenetisch** das Ergebnis historischer landschaftsgestaltender Prozesse und – bei der hier gewählten **sozialgeografischen Betrachtung** – das Prozessfeld menschlicher Aktivitäten. Bei diesem Ansatz steht das räumliche Handeln und die Wahrnehmung des Raums aus Sicht des Individuums – oder allgemeiner: der Gesellschaft – im Vordergrund.

Da der soziale Raum durch eine Gesellschaft konstituiert wird, ist es Aufgabe der **Raumplanung**, eine ihren Ansprüchen genügende räumliche Ordnung herzustellen. Raumplanung ist deshalb die vorwegnehmende, überfachliche und integrative Koordinierung von Nutzungsansprüchen an Räume. In einer weiter gefassten Definition versteht man darunter

das gezielte Einwirken auf die räumliche Entwicklung der Gesellschaft, der Wirtschaft und der natürlichen gebauten und sozialen Umwelt in einem Gebiet (einem Ortsteil, einer Stadt, einer Region oder einem Land (Turowski 2005, S. 894).

Aus fachwissenschaftlicher Betrachtung verkörpert Raumplanung den Oberbegriff für die drei Ebenen der **Bundesraumordnung**, der **Landesplanung** (auch Landesentwicklung) einschließlich der **Regionalplanung** – diese beiden Ebenen werden in Deutschland als Raumordnung zusammengefasst – sowie der **kommunalen Raumplanung** (Flächennutzungs-, Orts-, Stadt-, Bauleitplanung). Dabei folgen auf allen Ebenen einer **Gesamtplanung** die Kategorien der **Landschaftsplanung**, welche auf die Planung von Schutz, Pflege, Wiederherstellung, Erhaltung sowie Entwicklung der Bestandteile des Naturhaushalts sowie der Gestaltung der Landschaftsstruktur gerichtet ist, sowie der **Fachplanung**, d. h. der spezialisierten, auf einen sachlichen Schwerpunkt gerichteten Planung innerhalb übergeordneter Planungsbereiche (vgl. Tabelle 4.5).

Tab. 4.5: Ebenen der Raumplanung in Deutschland

Ebenen der Raumplanung		Gesamtplanung	Landschaftsplanung	Fachplanung
Raumordnung	Bundesraum-ordnung	Bund	Leitbilder der Raumentwicklung	Bundesraumordnungsgesetz
	Landes-planung	Land	Landesentwick-lungsplan	Landschafts-rahmenprogramm	Fachprogramm/-plan auf Landesebene
	Regional-planung	Region	Regionalplan	Landschafts-rahmenplan	Fachplan auf Regionsebene
Kommunale Raumplanung		Gemeinde	Flächen-nutzungsplan	Landschaftsplan	Objektplan auf Genehmigungs-/Planfeststellungsebene und/oder Ausführungsplan
		Gemeindeteil	Bebauungsplan	Grünordnungsplan	

Quelle: LUBW 2018, verändert.

In der Raumplanung erfolgt auf allen Verwaltungsebenen die Koordination verschiedener, teils widerstreitender Flächennutzungsansprüche im Raum: Von der Siedlungsentwicklung für Wohnen, Handel, Gewerbe, Industrie und Entsorgung über Verkehr, Freizeit und Erholung **(Tourismus)** bis zu Land- und Forstwirtschaft, Naturschutz etc.

Die Raumplanung wägt unterschiedliche Ansprüche an und Vorstellungen von Raum ab und ist somit dem Ausgleich divergierender Interessen verpflichtet. Die hierfür erarbeiteten Pläne (vgl. Kap. 2.1.2.4) verkörpern eine gedachte Zukunft, die für einen bestimmten Zeitpunkt und einen spezifischen zivilisatorischen Kontext als richtige und sinnvolle Entwicklung erachtet wird.

Den Raum den Ansprüchen bzw. Interessen einer Gesellschaft entsprechend für einen bestimmten Zeitpunkt zu ordnen, mag dabei noch wie ein vergleichsweise einfaches Anliegen klingen. Die vollständige Komplexität dieser Aufgabe tritt erst dann zu Tage, wenn man sich bewusst wird, dass sich die gesellschaftlichen Ansprüche an den Raum mit der Zeit ändern und die „optimale" Raumnutzung damit einer Dynamik unterworfen ist. Die Planung muss sich damit immer wieder an neuen Raumanforderungen orientieren, womit auch zum Ausdruck kommt, dass jede Gesellschaft zu unterschiedlichen Zeitpunkten spezifische Raumstrukturen ausbildet (vgl. Danielzyk/ Münter 2018, S. 1932; Langhagen-Rohrbach 2005, S. 3; Pillei 2019, S. 63). Tabelle 4.6 zeigt die verschiedenen Funktionen der Raumplanung als öffentliche Aufgabe.

Tab. 4.6: Funktionen der Raumplanung

Gesellschaftliche Funktionen		Nutzerbezogene Funktionen
Materielle Funktionen	**Prozessuale Funktionen**	
– **Ordnung:** Langfristige Verteilung von Nutzungsansprüchen an den Raum – **Entwicklung:** Vorstellungen zur und Impulse für gesellschaftlich wünschenswerte Raumentwicklung – **Ressourcensicherung:** Verwirklichung einer nachhaltigen Raumentwicklung – **Ausgleich:** Herstellung gleichwertiger Lebensverhältnisse	– **Orientierung:** Räumlich-integrative Problemwahrnehmung sowie fachübergreifende Lösungsmöglichkeiten für Raumnutzungskonflikte – **Frühwarnung:** Monitoring und Prognosen zur Raumentwicklung – **Moderation:** Steuerung von Prozessen regionaler Problembearbeitung – **Institution:** Schaffung institutioneller Voraussetzungen für kooperative Problemlösungsprozesse – Querschnittsorientierte **Koordinierung und Konfliktregelung**	– **Planungs-, Rechts- und Investitionssicherheit:** Reduzierung von Risikokosten für Investitionen – **Langfristorientierung:** Entscheidungsunterstützung durch Erkenntnisse über zukünftige Raumentwicklungen – **Raumgestaltung** für Städte und Regionen – **Korrektiv** für externe Effekte marktwirtschaftlicher Prozesse – **Beratung:** Wissens- und Informationsangebote zu Raumnutzungsprozessen

Quelle: Danielzyk/Münter 2018, S. 1933; verändert.

Die überörtlich vermittelnde Rolle des Staates für die Ordnung und Entwicklung des Raums wird als **Raumordnung** bezeichnet. Verbunden sind damit unterschiedliche Bedeutungszusammenhänge (vgl. Priebs 2013, S. 9 f.; Langhagen-Rohrbach 2005, S. 4):

– Raumordnung als im Sinne eines Idealzustandes anzustrebende **Anordnung unterschiedlicher Funktionen im Raum,**
– Raumordnung als **Prozess der Abstimmung und Entflechtung unterschiedlicher räumlicher Nutzungen und Funktionen** sowie der Entwicklung des Raums,
– Raumordnung als **institutionalisierte räumliche Planung auf nationalstaatlicher Ebene.**

Fachsprachlich versteht man unter Raumordnung die dafür zuständigen Institutionen und Behörden. Im Gesamtsystem der Raumplanung umfasst der Raumordnungsbegriff in Deutschland alle querschnittsorientierten Planungsebenen und -instrumente oberhalb der kommunalen Ebene, d. h. die Ebenen von Bund, Ländern und Regionen (vgl. Diller 2018, S. 1890).

In pluralistisch-demokratisch organisierten Gesellschaften gilt Raumordnung als bedeutendes Ausdrucksmittel des öffentlichen Gestaltungsanspruchs gegenüber Individualinteressen und unverzichtbarer Bestandteil der Daseinsvorsorge. Neben der klassischen Ordnungsfunktion, d. h. der Sicherstellung einer geordneten Raumstruktur unter Berücksichtigung von Schutz- und Ausgleichsfunktion, dient sie der leitbildgerechten Entwicklung von Räumen, der Sicherung von Ressourcen sowie der Garantie von Lebensqualität, Chancengerechtigkeit und Gleichwertigkeit der Lebensverhältnisse einer Gesellschaft.

Eine stets an rechtstaatliche und demokratische Entscheidungen gebundene Raumordnung ist in ihrer Funktion einerseits nicht zu überschätzen, da ihr auf vielen Feldern eher nur raumsetzende Befugnisse zukommen. Sie sollte andererseits aber keinesfalls unterschätzt werden, weil sie die rechtlichen Möglichkeiten besitzt, räumliche Entwicklungen wirksam zu steuern und Fehlentwicklungen zu verhindern. Denn die Beanspruchung von Raum bzw. Fläche muss gründlich durchdacht und sorgfältig zwischen unterschiedlichen Nutzungsansprüchen und Interessen ausbalanciert sein. Dabei ist stets zu bedenken, dass nicht nur der Raum per se, sondern auch Grundwasser und Bodenschätze limitiert sind und daher einer besonderen Vorsorge und Sicherung bedürfen. Auch gilt es ökologisch sensible Naturräume in besonderem Maße zu schützen. Das „Flächensparen" – besser: die sparsame Beanspruchung des Raums – hat sich damit zu einem immer bedeutenderen Handlungsfeld der Raumordnung entwickelt. Denn eine geänderte Flächennutzung zerstört vielfach wertvolle Böden, zersiedelt ländliche Gebiete und zerschneidet landschaftliche Räume, die für Fauna und Flora von essentieller Bedeutung sind (vgl. Priebs 2013, S. 13 und 20; Danielzyk/Münter 2018, S. 1932; BMU 2020).

4.4.2 Funktionen der Raumplanung für Erholung und Tourismus

Die vielfältigen menschlichen Ansprüche an den Raum kommen über die sog. sozialgeografischen **Grunddaseinsfunktionen**[23] zum Ausdruck. Erholung und Tourismus

---

[23] Grunddaseinsfunktionen sind die „grundlegenden, menschlichen Daseinsäußerungen, Aktivitäten und Tätigkeiten, die allen sozialen Schichten immanent [...], massenstatistisch erfassbar, räumlich und zeitlich messbar sind und sich raumwirksam ausprägen" (Maier et al. 1977, S. 100). Dabei handelt es sich um 1. Sich fortpflanzen und in (privaten oder politischen) Gemeinschaften leben, 2. Wohnen, 3. Arbeiten, 4. Sich versorgen und konsumieren, 5. Sich bilden, 6. Sich erholen und 7. Kommunizieren und am Verkehr teilnehmen (vgl. Brittner-Widmann/Widmann 2017, S. 6).

korrespondieren dabei mit der Grunddaseinsfunktion des „Sich Erholens". Tourismus und Erholung ist damit eines der von der Raumordnung zu koordinierenden Fachgebiete.

Die Beziehung zwischen Raum und Tourismus stellt sich als System von Angebot und Nachfrage dar, bei dem erst die Inwertsetzung des Raums die eigentliche Rentabilität ergibt. Das Angebot richtet sich unter Berücksichtigung natürlicher Potenziale und der Tragfähigkeit des Naturraums nach der Nachfrage, welche einerseits zur Kapazität der angebotenen Infrastruktur, andererseits zur wahrgenommenen Attraktivität des touristischen Raums in Beziehung steht (vgl. Schliephake 1985).

Die Erholungsfunktion zeichnet sich durch teils erhebliche Flächenansprüche aus. Diese gehen von unterschiedlichen Bereichen wie Beherbergung, Gastronomie, Naherholungsflächen, Spiel- und Sportanlagen aus[24] (vgl. Kap. 4.1.2.1). Gerade großräumige Freizeitanlagen verantworten einen hohen Flächenbedarf und verursachen tiefgreifende Umweltbelastungen (Verkehr, Wasserverbrauch, Müll u. a.), auch wenn sie gleichzeitig einen Beitrag zur Bündelung der Ströme von Erholungssuchenden und Touristen und somit zur Entlastung der freien Landschaft leisten können (vgl. Engels 2008, S. 54). Als besonders flächenintensiv erweist sich auch die vom Tourismus benötigte Verkehrsinfrastruktur. Man denke an Freizeitparks, Feriendörfer oder Erholungsinfrastruktur, welche besondere Anforderungen an die Verkehrserschließung stellen und benachbarte Raumnutzungen sowie Natur und Umwelt beeinflussen.

Aufgabe der Raumplanung ist es, einen Ausgleich zwischen touristischen und anderen konkurrierenden Raumnutzungen herzustellen und diese zu entflechten. Bedeutender als die quantitative Flächenumnutzung ist dabei die Frage nach der von Tourismus und Freizeit benötigten **Flächenqualität**. Dabei gilt es drei Teilfragen zu berücksichtigen (vgl. Engels 2008, S. 54):

– Welche **Ausstattung** benötigen die Flächen?
– Welche **Struktur** müssen die Flächen von der natürlichen Ausstattung her aufweisen?
– Welcher **touristische Nachfragetyp** lässt sich in welchem **Ausmaß** auf bestimmten abgegrenzten Flächen tolerieren, ohne andere Flächennutzungen zu beeinträchtigen oder die ökologischen Funktionen des Bodens zu gefährden?

Zur Ermittlung der touristischen Eignung von Räumen kann auf das quantitativ-mathematische Verfahren zur **Landschaftsbewertung** des Landschaftsplaners Hans Kiemstedt aus dem Jahr 1967 zurückgegriffen werden (vgl. Neumair et al. 2019, S. 99 f.). Aus den Landschaftsfaktoren Wald- und Wasserrand, Relief, Nutzungsarten sowie Klima lässt sich ein sog. Vielseitigkeitswert als Indikator der räumlichen Eignung

---

24 Ein erheblicher Teil der touristischen Flächen wird zum Teil oder gar überwiegend für simple Freizeit- oder solche Aktivitäten genutzt, die mit dem Tourismus gar nicht in Verbindung stehen, weshalb es in Deutschland auch keine eigene Statistik für touristisch beanspruchte Flächen gibt (vgl. Engels 2008, S. 52).

für Erholung ermitteln. Weiterentwickelt wurde diese wissenschaftliche Herange-
hensweise immer mehr um sog. Störvariablen, welche die unterschiedlichen Popu-
laritäten verschiedener Freizeitaktivitäten sowie Vorhandensein und Erreichbarkeit
von Erholungseinrichtungen und Sehenswürdigkeiten betreffen (vgl. Ammer/Pröbstl
1991).

Auch wenn immer mehr sozioökonomische Faktoren bei der touristischen Eig-
nungsbewertung von Räumen mittlerweile eine Rolle spielen, kommt der natürlichen
Eignung sowie der vorhandenen Infrastruktur doch nach wie vor die entscheidende
praktische Bedeutung zu. So beurteilt das Bundesamt für Bauwesen und Raumordnung die touristische Eignung von Räumen mit einem Index, der folgende Komponenten enthält:

- Zerschneidungsgrad,
- Bewaldungsgrad,
- Reliefenergie,
- Wasserflächen und Küstenlinien,
- Übernachtungen im Tourismus.

Da sich viele touristische Einrichtungen bevorzugt auf landschaftlich ästhetische
und damit gleichzeitig ökologisch sensible Räume konzentrieren, beeinträchtigt eine
quantitativ bereits geringe Flächenumnutzung, z. B. aufgrund der Zerschneidung von
Lebensräumen durch zuleitende Verkehrsinfrastruktur oder den Verlust bedeutender Habitate, die Biodiversität. Gerade in alpinen Räumen führen die Errichtung von
Aufstiegshilfen (z. B. Liften) und der Bau von Pisten aufgrund von Rodungen und
Planierungen u. U. zur Veränderung von artenreichen und seltenen Lebensräumen
wie Bergwäldern und -wiesen (vgl. Engels 2008, S. 54).

Es kann sich daher die Notwendigkeit der **Flächensicherung und Außernutz-
stellung**, d. h. die Ausweisung von Ruhezonen, die von einer künftigen touristischen
Erschließung ausgenommen sind, ergeben. Ein Beispiel ist der **Alpenplan**, der als
zentrales Element des bayerischen Landesentwicklungsplans seit 1972 die (verkehrs-)
infrastrukturelle Erschließung der Bayerischen Alpen als Objekt widerstreitender
Landnutzungspräferenzen hinsichtlich Straßen, Skipisten, Flughäfen sowie Seilbahnen und Skiliften durch eine großmaßstäbige, raumplanerische Zonierung (vgl. Exkurs 8) reglementiert, indem derartige Projekte aus landesplanerischer Betrachtung
vorab einer entsprechenden Evaluation zu unterziehen sind. Ziel ist, eine Übernutzung von Natur und Landschaft zu vermeiden und dem Risiko von Naturgefahren
entgegenzuwirken.

Da die Alpen sowohl bedeutende Ökosystemleistungen (Klimaregulierung, Was-
seraufbereitung, Biodiversität, Habitate u. a.) als auch vergleichsweise naturnahe
Landschaften bereitstellen, die seit Generationen als attraktive touristische Destinationen wahrgenommen und betrieben werden, sind zur Sicherstellung einer nachhaltigen Raumentwicklung sowie zur Verhinderung willkürlicher Erschließungen die
Raumnutzungsansprüche der Tourismusbranche gegen traditionelle Landnutzungen

abzuwägen und gleichzeitig große, ökologisch wertvolle Flächen intakt zu halten. Der Alpenplan vermittelt damit zwischen differierenden alpinen Raumnutzungsansprüchen (Lebens- und Arbeitsraum der lokalen Bevölkerung, Ökosystemleistungen, Erholungsgebiet, touristische Destination), indem neue Erschließungsprojekte in bereits zugänglich gemachten Gebieten angesiedelt und noch weitgehend unerschlossene Räume, sofern sie einen ökologischen Wert aufweisen, vor infrastrukturellen Entwicklungen geschützt werden. Eine vergleichbare Zielsetzung verfolgt als Instrument für den alpinen Freiraumschutz das Konzept der Tiroler Ruhegebiete, das – 1972/73 im Tiroler Landschaftsplan verankert – allerdings keine unmittelbare rechtliche Wirkung entfaltet (vgl. Job et al. 2017, S. 18 und 28; 2013 S. 214 ff.).

Das wachsende Bedürfnis nach touristischen Aktivitäten in Verbindung mit Naturerlebnissen bzw. Naturnähe lässt ökologisch sensible Gebiete immer mehr zu touristischen Destinationen werden. Allerdings bedeutet diese Tendenz auch ein erhöhtes Besucheraufkommen und damit steigenden Druck auf diese Räume. Denn höhere Besucherzahlen führen zu zunehmendem Aufwand bei der Erschließung und dem Erhalt von Infrastruktur. Ohne adäquate Entwicklung und Steuerung bewirkt ein steigender Besucherverkehr einen entsprechenden Verlust an landschaftlicher Attraktivität, sodass sich das Erleben von Natur und Wildnis als Massenerlebnis kaum realisieren lässt (vgl. Engels 2008, S. 56).

Dass es in der Raumplanung zu weitreichenden **Konflikten zwischen Tourismus und Umwelt** kommen kann, zeigt das Beispiel der Entstehung einer neuen Skischaukel in Tirol durch die Verbindung der Lifte von Ötz- und Pitztal. Auf einer Größe von 64 ha soll das größte zusammenhängende Gletscherskigebiet in Europa entstehen, wogegen eine Allianz aus Alpenverein, Naturfreunden sowie Umweltschützern Sturm läuft. Der Bau von drei Seilbahnen, die Errichtung eines asphaltierten Speichersees sowie die Planierung, Überschüttung sowie Abtragung des Gletschers führen ihrer Meinung nach zu gravierenden Beeinträchtigungen des Naturhaushalts, was sie die sofortige Einstellung aller Planungen fordern lässt. Ihrer Ansicht nach ist das Projekt wegen seiner Dimension nicht als Skigebietserweiterung, sondern als Neuerschließung einzustufen, was mit dem Tiroler Seilbahn- und Skigebietsprogramm unvereinbar wäre (vgl. FAZ 2020n). Ein weiteres Beispiel stellt die Kontroverse um das Riedberger Horn im Allgäu dar (vgl. Exkurs 8).

Allerdings müssen sich Tourismus und Naturschutz als räumliche Nutzungsfunktionen nicht zwangsläufig konfliktär gegenüberstehen, sondern können einander auch ergänzen, wie es bei **Großschutzgebieten** (National- und Naturparks und Biosphärenreservate) der Fall sein kann. Im Gegensatz zu meist kleinflächigeren Natur- und Landschaftsschutzgebieten weisen Großschutzgebiete i. d. R. eine Fläche von mehr als 10.000 ha auf und zeichnen sich durch eine hauptamtliche Verwaltung aus. Die prioritären Ziele stellen der Schutz der Natur und der Erhalt der Biodiversität dar. In Deutschland gibt es derzeit 16 Nationalparks, 17 Biospährenreservate und 103 Naturparks. Seit 2005 unter der Dachmarke „Nationale Naturlandschaften" zusammengefasst, entfällt fast ein Drittel der deutschen Staatsfläche auf sie, sodass dort auch ein nicht unwesentlicher Teil des Binnentourismus stattfindet (vgl. Job/ Woltering 2016, S. 42; Kap. 4.1.3.3, 4.1.3.4 und 4.1.4).

Die durch den Tourismus in den Schutzgebieten erzeugte regionale Wertschöpfung kann sich sehen lassen und gerade in strukturell eher benachteiligten ländlichen und naturnahen Räumen zum Erhalt und zur Entstehung von Arbeitsplätzen beitragen. Diese Räume stehen wiederum für ein authentisches Naturerlebnis und festigen ein positives Image für die jeweilige Region. Aufgrund ihrer relativen Seltenheit stellen sie ein wichtiges regionales Alleinstellungsmerkmal im touristischen Destinationsmarketing dar und lassen sich wegen ihres rechtlich festgesetzten Status nicht beliebig nachahmen. Sie bieten dadurch die Möglichkeit, die wegen der Unterschutzstellung erforderliche Aufgabe bestimmter Raumnutzungen durch touristische Aktivitäten auszugleichen (vgl. Job/Woltering 2016, S. 44 f.).

Ferner kann der Tourismus von umweltbezogenen Maßnahmen der Raumplanung auch indirekt profitieren. So leisten z. B. die Festlegungen zur Freiraumstruktur, insbesondere die Ausweisung von Grünflächen, einen Beitrag zur Sicherung von Kaltluftentstehungsgebieten und -abflussbahnen sowie Frischluftschneisen und damit zur Dämpfung höherer und länger anhaltender Sommertemperaturen, was auch für touristische Destinationen von erheblicher Bedeutung sein kann (vgl. Wappelhorst 2013, S. 146).

Im Bereich Umwelt und Tourismus ist die Partizipation, d. h. die Beteiligung möglichst vieler relevanter Akteure und Gruppen an tourismuspolitischen Entscheidungsprozessen sowie der Planung und Umsetzung touristischer Projekte, von zentraler Bedeutung (vgl. Exkurs 17). Eine derartige Mitwirkung von unten bzw. Einbezug der Beplanten in die Entscheidungsfindung („Bottom-Up-Ansatz") schafft nicht nur Transparenz, sondern auch Akzeptanz für raumplanerische Maßnahmen im Tourismus. Einer zentralen Politikplanung über die Köpfe der Betroffenen hinweg („Top-Down-Ansatz") fehlt es bei der Umsetzung der Entscheidungen dagegen häufig an der Unterstützung der einzelnen Akteure.

Eine beliebte Form der partizipatorischen Steuerung sind „Runde Tische", für deren Funktionsweise die fachliche Expertise der Moderatoren eine wichtige Voraussetzung ist. In Schleswig-Holstein wird diese z. B. durch einen Umweltberater beim Tourismusverband sichergestellt. Anderenfalls besteht die Gefahr, dass z. B. Umweltaktivisten oder Naturschützer tourismuspolitische Entscheidungen treffen, ohne über entsprechende touristische Fachkenntnisse zu verfügen. Bei der Konzeption Runder Tische ist deshalb auf einen ausgewogenen Proporz aller Akteurs- und Interessengruppen zu achten sowie externer unparteiischer Sachverstand beizuziehen (vgl. Kahlenborn et al. 1999, S. 99).

Flächennutzungskonflikte treten aber nicht nur zwischen Tourismus und Umweltschutz, sondern auch **zwischen verschiedenen touristischen bzw. Freizeitaktivitäten** auf, sofern sich diese überlagern, d. h. auf ähnliche natürlich-räumliche Ausgangsbedingungen angewiesen sind. So nutzen z. B. Wanderer und Mountainbiker in Mittelgebirgsdestinationen dieselben Wege, sodass bei mangelnder gegenseitiger Rücksichtnahme Konfliktsituationen vorprogrammiert sind.

Ebenso sind Nutzungskonflikte zwischen **Tourismus und der Grunddaseinsfunktion des Wohnens** bzw. in Gemeinschaft Lebens auszumachen. Ein Beispiel in ländlichen Regionen ist die fortschreitende Expansion des Residenzialtourismus durch Ferien- und Zweitwohnungen, der zu einer Zersiedlung der Landschaft führt. In urbanen Räumen sind die Wohnraumverknappung sowie das Eindringen von Touristen in Wohngebiete der lokalen Bevölkerung im Rahmen des Overtourism (vgl. Kap. 5.1.3) anzuführen.

Auch zwischen **Tourismus und Land- und Forstwirtschaft** können sich Raumnutzungskollisionen ergeben. Beispiele sind Intensivierungsmaßnahmen auf Kosten einer ästhetischen und abwechslungsreichen Kulturlandschaft etwa durch Aufforstung oder den Anbau von Energiepflanzen. Durch einen solchen Nutzungswandel kann dem Tourismus seine natürliche Existenzgrundlage verlustig gehen (vgl. Engels 2008, S. 57).

Um derartige Entwicklungen zu verhindern, ist die es Aufgabe der Raumplanung daher auch, über **Ausweisung von Vorzugs- und Vorranggebieten** die Erholungsfunktionen des Raums und touristische Raumnutzungen zu sichern (vgl. Priebs 2013, S. 12 und 142; Neumair et al. 2019, S. 76 und 101). Zwei Beispiele aus Österreich sollen dies verdeutlichen: Für die Planungsregion Steirischer Zentralraum heißt es im relevanten Regionalprogramm, dass je Gemeinde maximal zwei touristische Siedlungsgebiete bestimmt werden können, die ausschließlich oder überwiegend der touristischen Nutzung dienen. In der Planungsregion Flachgau-Nord in Salzburg weist das Regionalprogramm Vorrangbereiche und -achsen für landschaftsgebundene Erholung und Freizeit entlang des Ufers der Salzach aus. Auf den angrenzenden Flächen dürfen keine Nutzungen mit ungünstigen Auswirkungen auf die Erholungsfunktion erfolgen. Neben ganzen Gebieten können stets auch einzelne Standorte für regional bedeutsame Sportanlagen (z. B. Wasser-, Golf- und Flugsport) bestimmt werden (vgl. Grossauer 2019, S. 259; Priebs 2013, S. 142).

In punkto Raumplanung für den Tourismus von hoher Relevanz ist auch die **Förderung der Infrastruktur** wie z. B. die Unterstützung von Geländeerschließungen, sofern sie eine bedeutende Voraussetzung für die Schaffung oder Erholung der touristischen Nachfrage bilden. Hierbei besteht die Möglichkeit, extern erstellte Entwicklungskonzepte sowie Planungs- und Beratungsdienstleistungen zu fördern, welche dem Auftraggeber zur Vorbereitung anderer bezuschussungsfähiger Infrastrukturen dienen (vgl. Kahlenborn et al. 1999 S. 116).

Zusammenfassend lässt sich festhalten: Während in früheren Zeiten touristische Raumplanung vor allem als Entwicklungsplanung mit dem Ziel des Aufbaus neuer Tourismusdestinationen betrieben wurde, stellt sich heute nicht mehr so sehr die Frage nach der Erschließung zusätzlicher touristischer Räume, sondern im Sinne einer Anpassungsstrategie viel mehr die nach der Vermeidung bzw. Beseitigung von Fehlentwicklungen sowie der Attraktivitätssteigerung in bereits bestehenden Destinationen (vgl. Schmude 2002, S. 360).

4.4.3 Instrumente der Raumplanung

Aufgrund des föderalistischen Staatsaufbaus sind die raumplanerischen Instrumente in Deutschland auf den politischen Ebenen von Bund, Ländern und Gemeinden angesiedelt und unterscheiden sich im Grad ihrer konkreten Verbindlichkeit[25] (vgl. Freyer 2015, S. 502 ff.).

4.4.3.1 Bundesebene

Auf Bundesebene kommt dem **Raumordnungsgesetz (ROG)** aus dem Jahr 1965 die Rahmen- bzw. Koordinierungsfunktion für die Bundesraumordnung zu. Dieses legt verbindliche Grundsätze fest und verpflichtet die Länder, in deren Kompetenzbereich die eigentliche Raumordnung fällt, zur Aufstellung von Landes(entwicklungs-)plänen.

Zentrales Element der deutschen Raumordnungspolitik ist der Orientierungs- und Handlungsrahmen der **Ministerkonferenz für Raumordnung (MKRO)**, in der grundsätzliche Fragen der Raumordnung von dem für Raumordnung zuständigen Bundesminister sowie den für Landesplanung bestellten Landesministern beraten werden. Sie beschließt nicht-rechtsverbindliche Leitbilder der Raumentwicklung und gibt Empfehlungen für die überörtliche Planung in Deutschland ab (vgl. Danielzyk/ Münter 2018, S. 1934).

In punkto Tourismus gibt das Raumordnungsgesetz in der gültigen Fassung von 1998 **zwei Leitlinien** vor:

> Die großräumige und übergreifende Freiraumstruktur ist zu erhalten und zu entwickeln. [...] Wirtschaftliche und soziale Nutzungen des Freiraumes sind unter Beachtung seiner ökologischen Funktionen zu gewährleisten (§ 2 (2) Grundsatz 3 ROG).
> Für Erholung in Natur und Landschaft sowie für Freizeit und Sport sind geeignete Gebiete und Standorte zu sichern (§ 2 (2) Grundsatz 14 ROG).

Daneben hat die MKRO (1979) folgende Kriterien für die Ausweisung von Freizeit- und Erholungsgebieten festgelegt:

- **Natürliche Eignung** (Relief, Vegetation u. a.),
- **infrastrukturelle Ausstattung** (Wander- und Radwege, Bademöglichkeiten u. a.),
- **kulturelle und soziale Voraussetzungen** (z. B. historische Bausubstanzen).

---

[25] Ferner existiert auch eine Raumplanung auf EU-Ebene, die für den Tourismus aber eher von nachrangiger Bedeutung ist.

1992 hat die MKRO Gebiete ausgewiesen, die i. d. R. nicht (z. B. Naturschutzgebiete), in Ausnahmefällen (z. B. Teile von Landschaftsschutzgebieten) oder grundsätzlich immer (z. B. nicht überlastete Gebiete, ehemals militärisch genutzte Flächen) für den Tourismus in Frage kommen (vgl. MKRO 1992).

4.4.3.2 Länderebene

Auf Ebene der Bundesländer ist die durch das ROG verpflichtende **Landes(entwicklungs-)planung** für die räumliche Gesamtplanung und überörtliche Entwicklung maßgeblich. Aufbauend auf den von der Bundesraumordnung vorgegebenen Grundsätzen formuliert sie räumlich-sachliche Zielvorstellungen sowie Grundsätze zur Steuerung der räumlichen Entwicklung in den einzelnen Bundesländern und ihren Teilräumen.

Ein Bestandteil der Landesplanung ist die – durch das ROG ebenfalls verpflichtende – **Regionalplanung.** Als eigenständige und überfachliche raumbezogene Planung konkretisiert sie die meist abstrakten Zielsetzungen der Landesplanung und setzt so einen idealtypischen Rahmen für die räumlichen Entwicklungsvorstellungen der Kommunen. Zuständig für die Erstellung von Regionalplänen sind regionale oder kommunale Planungsverbände (vgl. Danielzyk/Münter 2018, S. 1934). Die touristische Relevanz der Regionalplanung besteht darin, dass diese Räume für die touristische Nutzung benennen und regionsspezifisch ausweisen kann (vgl. Freyer 2015, S. 505; Janssen 2018, S. 1919).

Für den Tourismus auf Ebene der Landesplanung von besonderer Relevanz ist das Instrument des **Raumordnungsverfahrens (ROV).** Dieses kommt dann zum Einsatz, wenn sich die Raumverträglichkeit eines Vorhabens anhand der Landes- und Regionalplanung nicht eindeutig beurteilen lässt, und prüft, unter welchen Voraussetzungen sich dieses mit den Zielen der Raumordnung vereinbaren lässt bzw. mit ihren Grundsätzen und Erfordernissen deckungsgleich ist. ROV fallen üblicherweise bei großflächigen Tourismus- und Freizeitvorhaben, wie z. B. der Planung von Ferien- und Freizeitanlagen, Golfplätzen oder Skiliften, an.

Um auszuschließen, dass von touristischen Projekten möglicherweise erhebliche Umweltwirkungen ausgehen, ist ferner eine **Umweltverträglichkeitsprüfung** (UVP) durchzuführen (vgl. Exkurs 17).

Exkurs 17: Umweltverträglichkeitsprüfung touristischer Vorhaben

Oftmals erreichen touristische Vorhaben Dimensionen, deren Genehmigung von einer **Umweltprüfung** abhängig ist, die – entsprechend dem Vorsorgeprinzip (vgl. Kap. 4.1.2.1) – etwaige negative Auswirkungen auf Mensch und Umwelt bereits vor der Verwirklichung eines Vorhabens möglichst vermeiden oder geringhalten will. Die Verpflichtung dazu ist im Gesetz über die Umweltverträglichkeitsprüfung (UVPG) verankert und wird durch weitere Normen, wie z. B. Baugesetzbuch, Bundesnaturschutzgesetz, Bundesimmissionsschutzgesetz oder UVP-Gesetze der Länder, konkretisiert.

Die Umweltprüfung ist in Form einer Umweltverträglichkeitsprüfung (UVP) im Rahmen von Zulassungsverfahren z. B. für Infrastrukturprojekte oder einer strategischen Umweltprüfung (SUP) bei der Aufstellung bestimmter Pläne und Programme (u. a. kommunale Bauleitpläne) durchzuführen, wobei die Prinzipien beider Verfahren gleich sind: Es gilt jeweils mögliche Auswirkungen auf Umwelt (u. a. Tiere, Pflanzen, biologische Vielfalt, Boden, Wasser, Luft, Klima, Landschaft, Kultur- und sonstige Sachgüter) und Menschen (einschließlich der menschlichen Gesundheit) sowie mögliche Wechselwirkungen zu ermitteln und zu beschreiben. Die dokumentierten zu erwartenden (grenzüberschreitenden) Umweltauswirkungen werden anschließend der Öffentlichkeit und weiteren Behörden zugänglich gemacht, damit diese dazu Stellung nehmen können. Schließlich bewertet die UVP-Behörde die vorliegenden Informationen und trifft unter Berücksichtigung der Ergebnisse eine Entscheidung über die Zulässigkeit. Im UVP-Genehmigungsverfahren haben Nachbarn sowie ausgewählte Bürgerinitiativen und Nichtregierungsorganisationen (z. B. Umwelt- und Naturschutzverbände) das Recht, Beschwerden vorzubringen und Klagen einzureichen.

Wird ein touristisches Vorhaben geplant, sind folgende **gutachterlichen Arbeitsschritte** durchzuführen: Feststellung der UVP-Pflicht (Screening oder UVP-Vorprüfung) und des Untersuchungsrahmens (Scoping) sowie Erstellung eines Umweltberichtes (Umweltverträglichkeitserklärung) anhand von Umweltverträglichkeitsstudien (Umweltverträglichkeitsgutachten bzw. Umweltverträglichkeitsuntersuchung) einschließlich Alternativenprüfung.

Ob eine UVP-Pflicht für ein Vorhaben besteht, hängt davon ab, welche Umweltauswirkungen (z. B. Dauer und Schwere der Emissionen) in welchem Umfang (z. B. Flächeninanspruchnahme) zu erwarten sind, welche Eigenschaften der Standort aufweist (z. B. Lage in einem Naturschutz- oder Wasserschutzgebiet), ob besondere Voraussetzungen vorliegen (z. B. Großveranstaltungen wie Olympische Spiele), welchen Effekt mehrere kleinere, gleichartige Vorhaben in Summe oder Extremereignisse haben (können) und schließlich ob das Vorhaben einem der gesetzlich verankerten Vorhabentypen (UVP-Kategorien) zuzuordnen ist.

Wegen ihrer Mannigfaltigkeit fallen touristische Projekte nicht nur in die Kategorie „Bauvorhaben, Fremdenverkehr, Freizeit ohne Bebauungsplan" (z. B. Errichtung eines Parkplatzes für eine Landesgartenschau, Neubau eines Hotels, Erweiterung eines Freizeitparks, Errichtung eines Ferienresorts), sondern auch in die Kategorien „forstliche und landwirtschaftliche Vorhaben" (z. B. Auf- und/oder Ausbau von Beschneiungsanlagen), „Verkehrsvorhaben" (z. B. Ausbau von Flughäfen oder Bau von Radwegen), „wasserwirtschaftliche Vorhaben" (z. B. Errichtung eines Wasserspielplatzes oder einer Kneippanlage) oder „sonstige Industrieanlagen" (z. B. Errichtung einer Trainingsstrecke für Motocross und Endurofahrzeuge).

Auch wenn keine UVP-Pflicht besteht, können die anschießenden Schritte freiwillig durchgeführt werden, vor allem wenn der Antragsteller im Sinne eines nachhaltigen Tourismuskonzepts aufzeigen möchte, dass sein Vorhaben mögliche Umweltwirkungen minimiert.

Ist eine UVP vorzunehmen, ist der Untersuchungsrahmen für den UVP-Bericht festzulegen (Scoping). Antragsteller und Behörde sowie ggf. Sachverständige verständigen sich über die Abgrenzung des Untersuchungsraums (z. B. Skigebiet), Inhalt und Umfang, d. h. Schwerpunktsetzung bei bestimmten Schutzgütern (z. B. Störung von Wildtieren durch Skifahrer) sowie Detailtiefe und die zu verwendenden Methoden (z. B. Zählung vorkommender Gamsen) der Untersuchungen sowie der zu untersuchenden Alternativen.

Anhand der Ergebnisse ist ein UVP-Bericht zu erstellen, in dem die Inhalte der Untersuchungen schriftlich dargestellt und durch Abbildungen und Karten veranschaulicht werden. In ihm ist eine Beschreibung der Umwelt im Untersuchungsgebiet (Bestandsaufnahme und -bewertung), des Vorhabens (z. B. Standort, Art, technische Ausgestaltung, Größe), der geprüften möglichen Alternativen, der geplanten Maßnahmen, mit denen erhebliche nachteilige Umweltauswirkungen des Vorhabens ausgeschlossen, vermindert, ausgeglichen oder ersetzt werden sollen, sowie der (noch) zu erwartenden erheblichen Umweltauswirkungen enthalten. Eine allgemeinverständliche, nicht-technische Zusammenfassung ergänzt den Bericht.

Nach der Prüfung des Berichts durch die UVP-Behörde auf Vollständigkeit können die Öffentlichkeit und weitere Fachbehörden dazu Stellung beziehen. Die Berücksichtigung dieser Eingaben ist zu dokumentieren und eine positive bzw. negative Zulassungsentscheidung zu treffen und zu veröffentlichen.

Quellen: UVP-Portal des Bundes 2020; UBA 2020f; BMK 2020; Landesbetrieb Geoinformation und Vermessung 2020; Müller 2007, S. 191 ff.

4.4.3.3 Gemeindeebene

Die kommunale Raumplanung ist Bestandteil der kommunalen Selbstverwaltung. Sie dient der querschnittsorientierten Planung zur Ordnung, Steuerung und Entwicklung von Gemeinden. Zentrales Element ist die **Bauleitplanung** zur eigenverantwortlichen Gestaltung der städtebaulichen Ordnung und Entwicklung. Damit treffen die Kommunen als unterste Planungsebenen die letztendliche Entscheidung über die Flächennutzung auf ihrem Gebiet. Bundeseinheitlich durch das Baugesetzbuch (BauGB) geregelt, ist sie eine kommunale Pflichtaufgabe, welche den durch die übergeordneten Planungsebenen vorgegebenen Rahmenbedingungen unterliegt. Hauptziele sind eine nachhaltige Siedlungsentwicklung und sozialgerechte Bodennutzung innerhalb von Gemeinden.

Die Bauleitplanung erstreckt sich über zwei Stufen: Der **Flächennutzungsplan** (vorbereitende Bauleitplanung) gibt die Art der Bodennutzung für das gesamte Gemeindegebiet in Grundzügen vor, während der **Bebauungsplan** (verbindliche Bauleitplanung) für die einzelnen Teilgebiete einer Gemeinde Art und Maß der baulichen Nutzung parzellenscharf festlegt (vgl. Danielzyk/Münter 2018, S. 1936; Priebs 2019, S. 131 ff.).

Von der Bauleitplanung sind sämtliche touristischen Baumaßnahmen, z. B. für Freizeiteinrichtungen, Schwimmbäder, Sportanlagen etc., betroffen. Daneben geben Gemeinden häufig Gutachten und Entwicklungskonzepte, z. B. für Naturparks und -reservate, Golfplätze, Einrichtungen für den Kurbetrieb etc., in Auftrag, die sich zwar lediglich durch einen empfehlenden Charakter auszeichnen, aber unmittelbar in verbindliche Gemeinderatsbeschlüsse einfließen können (vgl. Freyer 2015, S. 506).

Von den geschilderten Ebenen der Raumplanung geht von der regionalen und kommunalen Ebene die für die Tourismuswirtschaft größte praktische Relevanz aus, da sich die dort festgelegten Bestimmungen unmittelbar auf Genehmigung, Gestaltung und Durchführung touristischer Vorhaben auswirken.

4.4.4 Touristische Verkehrsplanung

Auch die Grunddaseinsfunktion des „am Verkehr Teilnehmens" stellt eine Raumnutzungsfunktion mit vielfältigen räumlichen Auswirkungen und damit eine von der Raumplanung zu koordinierende Aufgabe dar. Dies gilt auch für den **touristischen Verkehr**, denn ohne Verkehr ist Tourismus undenkbar, da dieser eine seiner Grundvoraussetzungen, nämlich die Beförderung zwischen touristischen Quell- und Zielgebieten, verkörpert. Verkehrsleistungen gelten daher als systemimmanenter Bestandteil touristischer Angebote und Leistungen, welche verkehrsinfrastrukturell erschlossen sein müssen. Dabei hängt die Tourismusentwicklung nicht nur von der Erreichbarkeit der Destinationen, sondern auch den Verkehrsverbindungen innerhalb derer ab, welche Attraktionen und andere Leistungsbestandteile des touristischen Angebots räumlich miteinander verknüpfen (vgl. Quack et al. 2019, S. 190).

Allgemein versteht man unter **Verkehr** die „realisierte Ortsveränderung von Personen, Gütern und Nachrichten" (Nuhn/Hesse 2006, S. 18). Der touristische bzw. freizeitbedingte unterscheidet sich vom normalen Verkehr in zweierlei Hinsicht (vgl. Götz/Stein 2018, S. 327 f.): Erstens fällt Tourismus- und Freizeitverkehr erst ab einem gewissen Maß an **freier Zeit** an. Dies ist keineswegs trivial, da nicht alle Menschen über das knappe Gut freier Zeit verfügen. Zweitens zeichnet er sich durch **Freiwilligkeit** aus:

> Während der Weg zur Schule, der Weg zur Arbeit, der Weg zum Einkauf zurückgelegt werden muss, also notwendig Verkehr entstehen lässt, ist es beim Freizeit- [und Tourismusverkehr, Anm. d. Vf.] anders: Im Rahmen der finanziellen und sozialstrukturellen Möglichkeiten ist es eine Entscheidung der Subjekte [...], ob sie sich in der Freizeit an einen anderen Ort begeben und wo dieser ist (Götz/Stein 2018, S. 328).

Die **Verkehrspolitik** befasst sich in diesem Zusammenhang

> mit den Voraussetzungen, Wirkungszusammenhängen und der politischen Gestaltung des Verkehrswesens in einer Volkswirtschaft sowie den Beziehungen des Verkehrssektors zur Volkswirtschaft als Ganzes und zu anderen Wirtschaftsbereichen (Eisenkopf 2018, S. 2818).

Die meisten Teilbereiche der Verkehrspolitik sind zwar nicht speziell auf den Tourismus ausgerichtet, entfalten aber, wie z. B. der Bau von Flughäfen und Straßen, internationale Abkommen im Luftverkehr oder Innovationen im Verkehrswesen, unmittelbare Wirkungen auf den Tourismus.

Im Rahmen des touristischen Verkehrs lassen sich folgende verkehrspolitischen Maßnahmen unterscheiden (vgl. Freyer 2015, S. 509 ff.): Bei der **Reise in die Zielgebiete bzw. zurück** stehen ein rascher Transport in und von den Destinationen unter Vermeidung von Staus zu Ferien- und sonstigen Stoßzeiten sowie effiziente Verkehrsanbindungen im Vordergrund. Einem Verkehrswegeausbau sowie dem dadurch induzierten höheren Besucheraufkommen stehen allerdings ökologische Bedenken im Wege. Weitere Maßnahmen liegen in Schaffung und Ausbau von zum Individualverkehr alternativen Angeboten, wie z. B. dem Ausbau von Bahnverbindungen oder vergünstigten Beförderungstarifen, aber auch Investitionen in Flug- und Seehäfen sowie Fernbusbahnhöfe.

Zur Gestaltung des touristischen Verkehrs **innerhalb der Destination** existieren u. a. folgende Maßnahmen:

- **Verkehrsregelnde Maßnahmen:** Verkehrsberuhigung, autofreie Zonen, Parkraumbewirtschaftung, Tempo-30-Zonen, Fußgängerzonen etc.,
- **verkehrstechnische Maßnahmen:** Wegweisungen, Parkleitsysteme, P+R-Plätze, Shuttlebusse etc.,
- **touristische Beschilderung:** Lenkung ortsunkundiger Besucher zu den touristischen Zielen,
- **Mobility Tickets:** Nutzung des gesamten regionalen Bus- und Bahnnetzes für Gäste mit einer an ein Übernachtungsangebot gebundenen ÖPNV-Karte, welche zudem den ermäßigten Eintritt zu touristischen Attraktionen bieten kann,
- **autofreie Destinationen:** Autofreiheit zur Steigerung des Erholungswertes für Gäste sowie der Lebensqualität der ortsansässigen Bevölkerung,
- **alternative Verkehrswege:** Wander-, Reit-, Wasserwege etc.

Analog zur Raumplanung ist auch die **Verkehrsplanung** in Deutschland föderalistisch aufgebaut. Sie reicht von der Bundesebene **(Bundesverkehrswegeplanung)** über die Länder **(Landesverkehrspläne)** bis zur **kommunalen Verkehrsplanung**. Allgemein umfasst sie

die zielorientierte, systematische, vorausschauende und informierte Vorbereitung von Entscheidungen über Handlungen, die den Verkehr (Angebot, Nachfrage, Abwicklung und Auswirkungen) nach den jeweils festgelegten Zielen beeinflussen sollen (Ahrens 2018, S. 2807).

Die Herausforderung tourismusbezogener Verkehrskonzepte besteht in der Förderung touristischer Mobilität und gleichzeitig der Vermeidung negativer Begleiterscheinungen des touristischen Verkehrs. Denn steigende Touristenzahlen bedingen eine zunehmende Inanspruchnahme der Transportmittel des Personenverkehrs und damit eine Erhöhung der Treibhausgasemissionen (vgl. Kap. 5.2). Dabei beruht ein Großteil der dem Tourismus zuordenbaren CO_2-Emissionen auf dem touristischen An- und Abreiseverkehr. Dennoch steht in der touristischen Verkehrsplanung der Verkehr innerhalb der Destinationen, d. h. die Vor-Ort-Mobilität, im Mittelpunkt, da vor allem in ländlichen Destinationen die Erreichbarkeit, d. h. die An- und Abreise, mit dem ÖPNV nicht oder nur unter Komforteinbußen gegenüber dem motorisierten Individualverkehr möglich ist, Mobilitätsketten unterbrochen werden oder sich bestimmte touristische Anforderungen, wie z. B. die Mitnahme von Fahrrädern, nicht erfüllen lassen (vgl. Quack et al. 2019, S. 188 und 192).

Eine **integrierte Verkehrsplanung**, welche das Ziel einer nachhaltigen Planung von Verkehr und Mobilität verfolgt, muss daher an allen Formen touristisch induzierten Verkehrs ansetzen (vgl. Quack et al. 2019, S. 193 f.): Dabei zielen **Push-Strategien** auf Verkehrsvermeidung (z. B. durch Limitierung oder Kostenintensivierung von Privatfahrzeugen) und **Pull-Strategien** auf Verkehrsverbesserung (z. B. kostenlose Nutzung des ÖPNV) ab (vgl. Neumair et al. 2019, S. 249 ff.).

4.5 Sicherheit und Tourismus

Eine Besonderheit des Tourismus gegenüber anderen Branchen ist seine ausgeprägte **Anfälligkeit gegenüber Unsicherheiten und Gefahrenlagen** wie Terroranschlägen, politisch-sozialen Unruhen, Kriminalität, Naturereignissen, Krankheiten etc. Tourismuspolitik wird dann zum entsprechenden **Krisenmanagement**.

4.5.1 Merkmale und Auswirkungen touristischer Krisen

Ursprünglich aus dem Griechischen übersetzt bedeutet der Begriff **Krise** so etwas wie Entscheidung, Wende- oder Höhepunkt einer gefährlichen Entwicklung (Gefahr). Im deutschen Sprachgebrauch eilen dem Begriff meist negative Assoziationen voraus, wobei ein erfolgreiches Krisenmanagement durchaus auch Chancen bieten kann (vgl. Pillmayer/Scherle 2018, S. 5).

Krisen zeichnen sich allgemein durch folgende Charakteristika aus (vgl. Dreyer et al. 2001, S. 4):

- **Gravierendes Ereignis** mit **hoher Betroffenheit der involvierten Akteure**,
- **erheblicher Zeitdruck**, der den beteiligten Akteuren einen starken **Entscheidungs- und Handlungszwang** auferlegt,
- **große Informationsdefizite**, welche ein **hohes Ausmaß an Unsicherheit** aufkommen lassen und die Geschehnisse nur begrenzt beeinflussbar machen,
- **ambivalente Entwicklungsmöglichkeiten**, d. h. es sind sowohl der Zusammenbruch von Ordnung und Organisation als auch eine erfolgreiche Krisenbewältigung denkbar,
- **Prozesscharakter**, was i. d. R. einen dynamischen und zeitlich begrenzten Verlauf über mehrere Stadien hinweg bedeutet,
- mit voranschreitender Zeit **abnehmende Handlungsmöglichkeiten** der betroffenen Akteure,
- **mittel- bis langfristige Folgewirkungen**, die auch nach Abklingen der medialen Berichterstattung in der öffentlichen Wahrnehmung nachwirken.

Krisen können zu beträchtlichen wirtschaftlichen Einbrüchen und politischer Destabilisierung führen. Explizit von einer **touristischen Krise** sollte dann gesprochen werden, wenn die touristische Leistungserbringung in erheblichem Ausmaß gefährdet, ein größerer Personenkreis (Gäste oder Mitarbeiter) davon betroffen und das Interesse der Öffentlichkeit groß ist sowie die Gefährdung im Zeitablauf eher zunimmt (vgl. Dreyer/Rütt 2008, S. 63).

Touristische Krisen beruhen auf Risiken. Ein **Risiko** stellt die Wahrscheinlichkeit des Eintritts eines negativen Ereignisses (Gefahr) dar (vgl. Brun et al. 2011, S. 388). Bei der Risikobewertung ist daneben auch das Ausmaß seiner Konsequenzen, d. h. die Höhe des von seinem Eintritt angerichteten Schadens, relevant.

Umgangssprachlich verwendete Synonyme für Risiko sind Unsicherheit, Sorge, Angst und Furcht. All diesen Begriffen gemein ist ihr subjektiver Charakter (vgl. Boven 2018, S. 25). Denn im Tourismus entspricht das subjektiv wahrgenommene nicht unbedingt dem objektiv gegebenen Risiko und orientiert sich daher nicht zwangsläufig an der Realität. Vielmehr beeinflusst eine entsprechende massenmediale Berichterstattung Reiseentscheidungen oft mehr als die tatsächliche Risikolage:

> Dies bedeutet, dass die Wahrnehmung alles ist, eine direkte Wirkung hat und viel größere Verluste (Wirtschaft und Reputation) zur Folge haben kann als das eigentliche Ereignis (Boven 2018, S. 26).

Die **Risikowahrnehmung** ist von folgenden Faktoren abhängig (vgl. Vester 2001, S. 5; Schmude/Namberger 2015, S. 128; Schmude et al. 2020, S. 89 ff.):
- Die **Art der Ereignisse:** Naturrisiken üben auf das Reiseverhalten einen geringeren Einfluss als vom Menschen verursachte Risiken aus,
- der **zeitliche Abstand zu dem Ereignis:** Je länger das Ereignis her ist, desto geringer fällt sein Einfluss aus,
- das **Ausmaß des Ereignisses:** Je größer die Zahl der Toten und Verletzten, desto stärker ist der Einfluss,
- die **räumliche Entfernung zum Ereignisort:** Je größer die Entfernung, desto höher ist die Übertragungswahrscheinlichkeit von Sicherheitsrisiken auf größere Raumeinheiten,
- die **Betroffenheit vom Ereignis:** Je mehr eigene Landsleute in das Ereignis involviert sind, desto größer ist die eigene Betroffenheit,
- das **individuelle Hintergrundwissen:** Je umfangreicher das eigene Hintergrundwissen ist, desto realistischer wird das objektive Gefährdungspotenzial bewertet.

4.5.2 Sicherheit und ihre Bedeutung für den Tourismus

Sicherheit ist das Gegenstück zu Risiko und gilt als wesentliche Voraussetzung für sämtliche Bereiche des öffentlichen Lebens und als Grundbedürfnis aller natürlichen und sozialen Systeme (vgl. Endreß/Petersen 2012). Es beschreibt die **Abwesenheit existenzieller Bedrohungen,** welche zentrale Werte (z. B. Wohlfahrt, Gesundheit, sozialer Zusammenhalt, politische Stabilität, intakte Umwelt) eines Individuums oder einer Gesellschaft gefährden könnten. Der Sicherheitsbegriff erstreckt sich deshalb über folgende Komponenten (vgl. Nielebock 2016). Erstens muss es Zielgruppen geben, deren **Werte in Gefahr** sind. Zweitens hat eine **Quelle für diese Gefahren** vorhanden und drittens diese in der Lage zu sein, jene **Werte tatsächlich zu gefährden.**

Das Verständnis von Sicherheit ändert sich nicht nur mit dem Aufkommen neuer Bedrohungsszenarien oder der Ausweitung der daran beteiligten Akteursgruppen, sondern auch der Änderung der Art und Weise der Herstellung von Sicherheit. Einerseits kann es um Bedrohungsabwehr **(defensiver Aspekt)**, andererseits um Risikovorsorge **(präventiver bzw. proaktiver Aspekt)** gehen. Davon unabhängig weist Sicherheit immer einen **subjektiven Charakter** auf, da sie stets auf dem individuell empfundenen Gefühl von Sicherheit basiert. Sie ist damit gleichzeitig ein **sozial konstruiertes Phänomen,** da Unsicherheit als Gegenstück zu Sicherheit erst von einem oder mehreren Individuen empfunden werden muss, um gegeben zu sein (vgl. Vogel 2020).

Sicherheit betrifft mittlerweile fast alle lebensweltlichen Bereiche – und damit auch den Tourismus. Für diesen ist sie eine essenzielle Rahmenbedingung. Der Eindruck, den eine touristische Destination in Bezug auf ihre Sicherheit hinterlässt, hängt zum einen von der tatsächlichen Risikolage, zum anderen vom vermittelten und wahrgenommenen Image ab. Beide Aspekte lassen sich sachlogisch kaum voneinander trennen, geht doch die tatsächliche Risikolage Hand in Hand mit der durch Images und Vorstellungen geprägten Wahrnehmung des Risikos.

Zwar befinden sich touristische Destinationen in einem Wettbewerb um Sicherheit, denn als unsicher geltende Destinationen werden gemieden. Da in Urlaub und Ferien für negative Gefühle und Assoziationen aber kein Platz ist, bildet Sicherheit in der Tourismuswirtschaft nach wie vor ein Tabuthema, das ungeeignet erscheint, sich gegenüber konkurrierenden touristischen Destinationen zu profilieren (vgl. Vester 2009, S. 51; Becker 2009, S. 94).

Erschwerend kommt hinzu, dass sich in der jüngeren Vergangenheit regionale Sicherheitsstrukturen weltweit sehr dynamisch entwickelt haben, was eine Einschätzung bzw. Beurteilung immer komplexer und schwieriger macht. So kann heute ein friedliches Urlaubsparadies quasi über Nacht zu einem regionalen Krisenherd werden (vgl. Schmitt 2019, S. 17).

4.5.3 Formen touristischer Risiken

Risiken im Tourismus treten in zweierlei Formen auf (vgl. Steinecke 2014, S. 193): **Offensichtliche Risiken** mit breiter medialer Resonanz sind z. B. Naturkatastrophen (Erdbeben, Überschwemmungen, Vulkanausbrüche, Tsunamis, Wirbelstürme, Waldbrände, Dürreperioden etc.), technisches Versagen (Flugzeugabstürze, Schiffshavarien, sonstige Unfälle, Stromausfälle, IT-Probleme etc.), vom Menschen ausgehende Aktivitäten (Terrorismus, Streiks, Sabotage, politische Umstürze, kriegerische Auseinandersetzungen, Entführungen, Piratenakte etc.).

Als **strukturelle Risiken** gelten Armut, ethnische Spannungen sowie soziale Problem, die sich in Gewalt und Kriminalität entladen können. Dazu zählen aber auch Pandemien durch epidemische Krankheiten, wofür die weltweite Ausbreitung von Covid 19 das wohl einträglichste Beispiel darstellt (vgl. Kap. 5.3).

Dem „Travel & Tourism Competitiveness Report" des Weltwirtschaftsforums zufolge stellen El Salvador, Nigeria und Jemen – bezogen auf den Bereich „Safety & Se-

Safety & Security Index: 1 (am unsichersten) bis 7 (am sichersten)

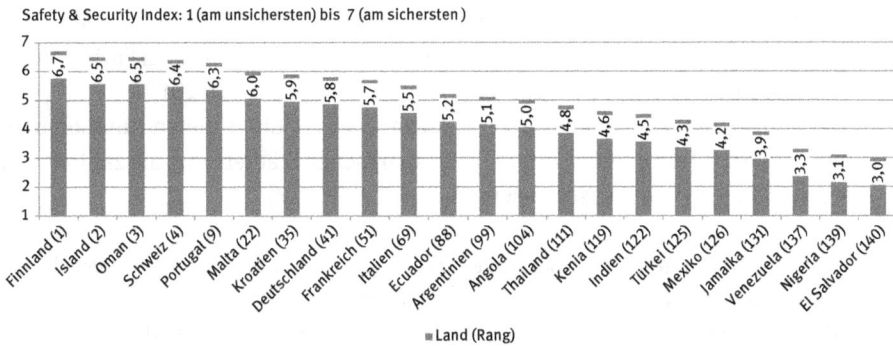

Abb. 4.8: Die sichersten/unsichersten Reiseziele 2019
Quelle: Eigene Darstellung nach WEF 2019, S. 71.

curity", der neben Terrorismus auch allgemeine Kriminalität, Gewalt sowie Vertrauen in die Polizei bewertet – die unsichersten Reiseziele dar, während sich die sichersten Destinationen überwiegend in Europa befinden (vgl. Abbildung 4.8).

Ein besonderes Risiko für den Tourismus ist der **internationale Terrorismus**. Terrorangriffe auf Reisende sind zwar schon seit Mitte der 1980er Jahre immer wieder ein Thema, wie die Entführung des Kreuzfahrtschiffs Achille Lauro und die Anschläge auf die Flughäfen in Rom und Wien zeigen. Zu einer globalen Bedrohung für die gesamte Branche hat sich der Terrorismus allerdings erst seit den Ereignissen von 9/11 entwickelt. Fluggesellschaften machten damals Verluste von ca. 2 Mrd. US-Dollar – SwissAir und MetroJet verschwanden ganz vom Markt – und Hotelbuchungen gingen um 20 bis 50 Prozent zurück. Die globale Reisenachfrage gab um mehr als sieben Prozent nach. Viele Reiseveranstalter gingen in Konkurs. Die Verunsicherung von Reisenden war enorm (vgl. Boven 2018, S. 21 f. und 24).

Grundsätzlich lassen sich drei Formen terroristischer Angriffe unterscheiden:

- **Gezielte Anschläge auf Touristen und touristische Objekte:** Beispiele sind die Al-Qaida-Anschläge auf eine Diskothek und ein Café auf Bali in Indonesien (Oktober 2002) und auf die Synagoge von Djerba in Tunesien (April 2002), der Schusswaffenüberfall des Islamischen Staates (IS) auf einen Strand im tunesischen Sousse (Juni 2015), der IS-Abschuss eines russischen Passagierflugzeugs über die Sinai-Halbinsel (Oktober 2015) oder die zahlreichen IS-Sprengstoffanschläge in der Türkei (seit Herbst 2015). Einer der schwersten Anschläge ereignete sich im April 2019 auf mehrere Kirchen und Hotels in Sri Lankas Hauptstadt Colombo. Zu dieser Anschlagskategorie gehören aber auch die Entführungen von Touristen und Reisegruppen, wie sie z. B. immer wieder in Kolumbien, auf den Philippinen und in der Sahara zu beobachten sind.
- **Anschläge zur Erschütterung der öffentlichen Ordnung**, die sich nicht gezielt gegen Touristen richten, aber den Reiseverkehr empfindlich in Mitleidenschaft ziehen. Beispiele sind die Anschläge von New York und Washington (September

2001), die Angriffe auf U-Bahnen und Busse in London (Juli 2005) und auf die indische Metropole Mumbai (November 2008) sowie die IS-Anschläge in Paris (Januar und November 2015), Nizza (Juli 2016) und Barcelona (August 2017).
– **Wahl- und ziellos erfolgende Terrorakte**, wie z. B. die früheren Autobombenanschläge der Terrororganisation ETA in spanischen Städten oder die zahlreichen Messerattacken von Palästinensern in Israel.

Die Grenzen sind sicherlich fließend, gemein ist aber allen drei Formen, dass sie zur Verunsicherung von Touristen, zur Imagezerstörung touristischer Destinationen und zur Erlahmung von Reiseströmen führen, was vor allem für Länder, deren Einkommen sich hauptsächlich aus dem Tourismus speisen, kurz- bis mittelfristig verheerende wirtschaftliche Folgen haben kann, indem die Schließung touristischer Betriebe und die Entlassung von Personal droht (vgl. Neumair et al. 2019, S. 36 f.).

Die konkreten Folgen von Krisen auf Destinationen und Tourismusbetriebe lassen sich in die Wirkungsdichotomie „materiell versus immateriell" unterteilen (vgl. Pillmayer/Scherle 2018, S. 11 f.). **Materielle Auswirkungen** treten häufig kurz- bis mittelfristig auf und lassen sich monetär direkt quantifizieren:
– Stornierungen,
– Umbuchungen,
– sinkende Neubuchungen,
– niedrige Auslastungsraten (z. B. bei Beherbergungsbetrieben und Verkehrsmitteln),
– rückläufige Umsätze,
– evtl. Verlust von Marktanteilen,
– Unverwertbarkeit erbrachter Vorleistungen wie Planung, Beschaffung, Marketing etc.,
– Kosten für Umbuchungen und Rückholaktionen,
– Entschädigungs- und Schadensersatzzahlungen,
– Beeinträchtigungen des normalen Geschäftsablaufs durch die Zeit- und Know-how-Intensität der Krisenbewältigung.

Immaterielle Auswirkungen sind meist langfristiger Natur und lassen sich nicht ohne weiteres quantifizieren:
– Imageschäden und Vertrauensverluste bei Reisenden, Investoren und Öffentlichkeit,
– langfristiger Kundenrückgang,
– Motivationsverluste bei Mitarbeitern,
– erschwerte Suche nach qualifiziertem Personal,
– u. U. staatliche Auflagen und Beschränkungen.

In diesem Zusammenhang ist es wichtig anzumerken, dass ein krisenhaftes Ereignis nicht in jeder Destination dieselben Auswirkungen entfaltet. Es kommt stets darauf an, wie weit die lokale Tourismuswirtschaft entwickelt ist, wie gut die politisch-diplomatischen Beziehungen zwischen touristischem Quell- und Zielland sind und wie es um das Verhältnis einer Destination zu den Medien bestellt ist. Letzterem kommt eine ganz erhebliche Bedeutung zu, da die Art und Weise, wie Ereignisse und vorherrschende Sicherheitslage in einer Destination geschildert werden, die Wahrnehmung der Reisenden ganz erheblich beeinflusst (vgl. Boven 2018, S. 26).

4.5.4 Die Rolle des Auswärtigen Amtes

Für das Sicherheitsmanagement im Tourismus ist das Auswärtige Amt eine der zuverlässigsten Quellen (vgl. Schmitt 2019, S. 89ff). Seine Informationen schlagen sich in Reise- und Sicherheitshinweisen sowie Reisewarnungen nieder, die laufend überprüft und aktualisiert werden. **Reise- und Sicherheitshinweise** richten sich auf Aufenthalt und Sicherheit der Reisenden sowie der im betreffenden Land lebenden deutschen Staatsbürger. Neben aktuellen Informationen zu Einreise- sowie gesetzlichen und zollrechtlichen Bestimmungen sind darin auch Hinweise zu kriminellen und terroristischen Bedrohungen sowie politischen und Naturereignissen enthalten. Die wesentlich seltener ausgesprochenen **Reisewarnungen** stellen Appelle dar, auf Reisen in bestimmte Länder oder Regionen aufgrund einer akuten Gefährdung für Leib und Leben gänzlich zu verzichten. Damit einhergehend werden unter bestimmten Voraussetzungen deutsche Staatsbürger auch zum unverzüglichen Verlassen einzelner Staaten oder Regionen aufgefordert.

Reisewarnungen des Auswärtigen Amtes bestanden Anfang 2021 für Afghanistan, Armenien, Aserbaidschan, Eritrea, Jemen, Libyen, Somalia, Südsudan, Syrien, Venezuela und Zentralafrikanische Republik. Teilreisewarnungen, die bei regional begrenzten Gefahren für Reisende ausgesprochen werden, gab es u. a. für Irak, Libanon, Nigeria, Philippinen, Ukraine. Insgesamt bestanden 30 (Teil-)Reisewarnungen.

Sicherheitshinweise und ganz besonders Reisewarnungen, vor allem wenn sie für ein ganzes Land gelten, ziehen für die Tourismuswirtschaft der betroffenen Staaten häufig verheerende Folgen nach sich und können sich zu einer schwerwiegenden Hypothek für die politisch-diplomatischen Beziehungen zu Deutschland erwachsen.

Im Rahmen der Corona-Krise und der damit einhergehenden Verhängung von Reiseverkehrsbeschränkungen vieler Länder (vgl. Kap. 5.3.2.2) gab das Auswärtige Amt erstmals sogar eine zeitweise weltweite Reisewarnung aus. Am 17. April 2020 hieß es:

> Das Auswärtige Amt warnt vor nicht notwendigen, touristischen Reisen in das Ausland, da mit starken und weiter zunehmenden drastischen Einschränkungen im internationalen Luft- und Reiseverkehr [...], weltweiten Einreisebeschränkungen, Quarantänemaßnahmen und der Einschränkung des öffentlichen Lebens in vielen Ländern zu rechnen ist. Das Risiko, dass Sie Ihre Rückreise aufgrund der zunehmenden Einschränkungen nicht mehr antreten können, ist in vielen Destinationen derzeit hoch (Auswärtiges Amt 2020).

Für im Zusammenhang mit der Corona-Krise festsitzende Reisende aus Deutschland startetete das Auswärtige Amt in Kooperation mit Reiseveranstaltern und Fluggesellschaften die größte Rückholaktion in der Geschichte der Bundesrepublik. Zwischen dem 17. März und dem 24. April 2020 wurden aus allen Teilen der Welt rund 240.000 Reisende nach Deutschland zurückgeflogen.

4.5.5 Sicherheit innerhalb von Destinationen

Zusätzlich zu den in Kap. 4.5.3 aufgeführten offensichtlichen und strukturellen Risiken setzt sich der Tourist innerhalb der Destinationen bewusst und/oder unbewusst weiteren Risiken aus, indem er dort spezifische Gefahren unter- und/oder die eigenen Fähigkeiten überschätzt. Ziel der Tourismuspolitik ist es daher, die Sicherheit und Gesundheit der Gäste sicherzustellen und so das Image einer sicheren Destination zu erzeugen oder zu wahren.

Um mangelnde Kenntnisse der Situation vor Ort zu reduzieren, werden den Touristen **Informationen und (Warn-)Hinweise** an die Hand gegeben (vgl. Abbildung 4.9). Diese können das Vermeiden bzw. das Verhalten bei Zusammentreffen mit wilden (z. B. Bären, Krokodile, Alligatoren, Paviane, Giftschlangen, Insekten etc.) und Nutztieren (z. B. weidende Kühe), verantwortungsvolles (Freizeit-)Verhalten (z. B. angepasste Ausrüstung, Beachtung besonderer Gegebenheiten, Meidung von Strömungen, Skifahren oder Schwimmen in gekennzeichneten Bereichen etc.), Bekleidung (z. B. Zecken-, Mückenschutz) sowie Umgang und Zusammenkommen mit der einheimischen Bevölkerung (z. B. kein offenes Zeigen von Wertgegenständen, Verriegelung der Autotüren in Gegenden mit erhöhter Kriminalität) betreffen. Je nach Schwere der Risiken reichen Informationen oft nicht aus, weshalb **Verbote**, wie z. B. Fütterungs-, Betretungs- und/oder Nutzungsverbote (Minenfelder, Klippen, Überhänge, Höhlen, Vulkane u. a.), ausgesprochen werden.

Unterstützen lassen sich diese Maßnahmen an ausgewählten, i. d. R. stärker frequentierten touristischen Bereichen durch eine entsprechende **Infrastruktur**. Diese ist – je nach touristischer Nutzung – eigens zu schaffen oder auf einer bereits bestehenden aufzubauen wie z. B. der Bau von Absperrungen für Menschen oder Tiere (z. B. Hainetze), Betrieb einer Wasserwacht oder Bergrettung samt nachgelagerten medizinischen Einrichtungen oder Schaltung von Sicherheitsdiensten. In bestimmten Fällen, z. B. bei Terrorgefahren und/oder politisch instabilen Verhältnissen, kann zudem der **Einsatz von Sicherheitskräften** (Polizei, Militär) nötig sein, um, wie z. B. in Ägypten und Israel, Touristen und deren Einrichtungen vor Anschlägen und/oder Entführungen zu schützen. Von besonderer Bedeutung sind auch **Hygiene- und Gesundheitsschutzmaßnahmen**, welche Länder bzw. Destinationen in Zusammenhang mit der Corona-Pandemie ergriffen haben (vgl. Kap. 5.3.2.1).

Da umgekehrt auch von den Touristen sicherheitsrelevante Risiken bzw. ungewollte Begleiterscheinungen (z. B. Drogenkonsum, Prostitution) für die heimische Bevölkerungen ausgehen können, ist die Tourismuspolitik angehalten, auch hier einzugreifen.

Abb. 4.9: Ausgewählte touristische Warnhinweise
Quelle: Eigene Zusammenstellung; Bilder: pixabay.com.

4.6 Entwicklung und Tourismus

Der Tourismus in Entwicklungsländern boomt. Diese schöpfen in immer größerem Ausmaß ihr touristisches Potenzial (warmes Klima, intakte Naturräume, kulturelle Reichtümer etc.) als wirtschaftlichen Impulsgeber aus. Für mehr als ein Drittel der weltweit über 130 Entwicklungsländer stellt der Tourismus die bedeutendste Devisenquelle dar. Allein aus Deutschland reisen in normalen Zeiten jährlich mehr als 11 Mio. Menschen in solche Länder, generieren dort einen Beitrag zum Bruttoinlandsprodukt von rund 19 Mrd. Euro und sichern so etwa 1,8 Mio. Arbeitsplätze ab. Für die Hälfte der ärmsten Länder der Welt (least developed countries) zeichnet der Tourismus für mehr als 40 % des BIP verantwortlich (vgl. BMZ 2019a; BMWi 2017a, S. 74). Dennoch gilt diese Entwicklung als durchaus umstritten: Während Befürworter den Tourismus in den Zielländern in Anbetracht nur geringer oder gar völlig fehlender wirtschaftlicher Alternativen als **Wachstums- und Entwicklungsmotor** sehen und sich von seinen dort bestehenden komparativen Wettbewerbsvorteilen ökonomische und soziale Effekte erhoffen, befürchten Gegner **wirtschaftliche Abhängigkeiten** sowie von einer zügellosen Tourismusentwicklung ausgehende gravierende **ökologische und soziokulturelle Flurschäden**, die sich nicht in Zahlungsbilanzen, sondern im Zustand der bereisten Gesellschaften niederschlagen (vgl. Job/Weizenegger 2007, S. 629; Nuscheler 2004, S. 337 f.). Auch wird argumentiert, dass die steigenden Touristenzahlen in Entwicklungsländern nicht unbedingt für einen entwicklungsökonomischen Fortschritt stehen, sondern vielmehr die in den hochentwickelten Industrieländern als touristische Quellregionen auf steigenden Einkommen und immer günstiger werdenden Fernflugreisen beruhenden Bedürfnisse nach einer Ausweitung der Reisemöglichkeiten und einer Erschließung neuer Destinationen repräsentieren (vgl. Mundt 2001, S. 251 ff.).

4.6.1 Tourismus in Entwicklungsländern

Der Entwicklungsländertourismus wird seit Jahrzehnten aus unterschiedlichen, teils konträren gesellschaftspolitischen Blickwinkeln diskutiert. Da er nicht losgelöst von den übergeordneten entwicklungstheoretischen und -politischen Rahmenbedingungen thematisiert werden kann, bedarf es zunächst der Auseinandersetzung mit übergeordneten Grundlagen.

4.6.1.1 Entwicklungs- und Entwicklungslandbegriff

Was genau unter dem Begriff **„Entwicklung"** zu verstehen ist, stellt einen großen Teil der Entwicklungsproblematik selbst dar. Entwicklung ist ein in den unterschiedlichsten Zusammenhängen angewandter, vieldeutiger und definitorisch nur schwer fassbarer Begriff. In ihn gehen unterschiedliche Vorstellungen über die wünschenswerte Richtung gesellschaftlicher Veränderungsprozesse, Theorien über die Gründe von Unterentwicklung, Aussagen über die Träger und den Ablauf sozioökonomischer Transformationsprozesse sowie Entscheidungen über Maßnahmen zur Überwindung von Unterentwicklung bzw. zur Aufrechterhaltung eines erreichten Entwicklungsniveaus ein.

Mit ihrem **Magischen Fünfeck** stellen Nuscheler/Nohlen (1993, S. 64 ff.) fünf wesentliche Bestandteile von Entwicklung vor:

– **Wachstum:** Entwicklungskonformes Wachstum besteht nicht nur in der rein quantitativen Vermehrung von Gütern, sondern ist zusätzlich an qualitative Voraussetzungen (Beitrag zur gesamtgesellschaftlichen Wohlstandserhöhung, Nichtgefährdung der natürlichen Lebensgrundlagen u. a.) gebunden.
– Gesamtgesellschaftlich ist **Arbeit** eine Entwicklungsressource, die in ärmeren Gesellschaften reichlich vorhanden ist und genutzt werden kann. Sie stellt eine Exis-

tenzgrundlage dar, mit der Menschen ihre Armut überwinden, elementare Bedürfnisse befriedigen und sich selbst entfalten können.

- Das Postulat der **Gleichheit bzw. Gerechtigkeit** ist das qualitative Regulativ zu einem rein quantitativen Wachstum, um ein Wachstum ohne Entwicklung zu vermeiden, d. h. die gerechte Verteilung des gesamtgesellschaftlichen Mehrprodukts zu gewährleisten.
- **Partizipation** fordert die Achtung der sozialen und politischen Menschenrechte, Demokratie durch Wahlen, eine pluralistische Organisationsfreiheit sowie die Anerkennung der Mitwirkung politischer Gruppierungen an einer „Entwicklung von unten".
- **Unabhängigkeit bzw. Eigenständigkeit** ist als Ausweg aus politischer, wirtschaftlicher und sozialer Unterdrückung zu begreifen.

Aus der Synthese dieser Begriffe lässt sich Entwicklung definieren als

> die eigenständige Entfaltung der Produktivkräfte zur Versorgung der gesamten Gesellschaft mit lebensnotwendigen materiellen sowie lebenswerten kulturellen Gütern und Dienstleistungen im Rahmen einer sozialen und politischen Ordnung, die allen Gesellschaftsmitgliedern Chancengleichheit gewährt, sie an politischen Entscheidungen mitwirken und am gemeinsam erarbeiteten Wohlstand teilhaben lässt (Nuscheler/Nohlen 1993, S. 73).

In formaler Hinsicht ist für den Entwicklungsbegriff eine terminologische Klarstellung vorzunehmen, da der Begriff „Entwicklung" auf zweifache Weise verwendet werden kann: Als **Entwicklungsprozess** steht Entwicklung für zeitlich-dynamische Abläufe, als **Entwicklungsstand** für eine zeitpunktorientierte Betrachtung. Beide Perspektiven hängen miteinander zusammen, indem sich der dynamische Prozess der Entwicklung als Verbindung unterschiedlicher statischer Entwicklungsstände darstellt (vgl. Hemmer 2002, S. 3).

Entwicklung und Unterentwicklung bilden zwei Seiten derselben Medaille, sind als Gesamtsyndrom zu verstehen und daher sachlogisch nicht voneinander zu trennen. Semantisch betrachtet stellt **Unterentwicklung** „einen Zustand der Entwicklung unterhalb einer Norm" (Hemmer 2002, S. 3) dar. Vereinfacht wird darunter ein Bündel endogen und exogen bedingter Strukturdefizite verstanden, welche zur unzureichenden Entfaltung der Produktivkräfte und damit zur ungenügenden Versorgung großer Bevölkerungsschichten mit für das Überleben notwendigen Gütern und Dienstleistungen führen (vgl. Coy 2005, S. 737). Als **Symptome für Unterentwicklung** gelten Hunger, mangelhafte Gesundheitszustände, ein schlechter Bildungsstand, hohe Arbeitslosigkeit sowie die Zerstörung von Umwelt und natürlichen Ressourcen. Insgesamt sind aber weniger die Merkmale als vielmehr die Ursachen von Unterentwicklung umstritten.

Um Entwicklungs- von Industrieländern zu unterscheiden, lässt sich Unterentwicklung in einen Katalog von Strukturmerkmalen aufspalten, die für unterentwickelte Gesellschaften typisch sind (vgl. Tabelle 4.7). Heute gelten ca. zwei Drittel der rund 200 Länder der Welt als Entwicklungsländer.

Tab. 4.7: Strukturmerkmale unterentwickelter Gesellschaften

ökonomische Merkmale	– enormer Unterschied zwischen Bevölkerungsanzahl und wirtschaftlicher Leistung – geringe Spar- und Investitionsquoten – geringe Kapitalausstattung und Arbeitsproduktivität – niedriger Industrialisierungs- und Verarbeitungsgrad – niedriger Diversifizierungsgrad in der Produktions- und Exportstruktur – Monostrukturen im Exportsektor – außenwirtschaftliche Verwundbarkeit durch Schwankungen der Rohstoffnachfrage und der Rohstoffpreise – hohe Agrarquote und Subsistenzwirtschaft – hohe offene und verdeckte Arbeitslosigkeit
gesellschaftliche und soziale Merkmale	– überdurchschnittliches Bevölkerungswachstum mit der Tendenz zur Verschärfung der Armutsstrukturen – Slumbildung wegen Migrationsdrucks und eingeschränkter Aufnahmekapazität des Agrarsektors – stark voranschreitende Verstädterung – ungenügende hygienische und Gesundheitsverhältnisse – schlecht ausgestattetes Bildungswesen mit hoher Analphabetenquote – überwiegend traditionelle Verhaltens- und Lebensweisen der Bevölkerung – geringfügiges Ausmaß an sozialer Mobilität und kultureller Dynamik – schwach ausgeprägte politische Partizipation der Bevölkerung und Legitimation der politischen Elite bei insgesamt starker politischer Instabilität – geringe Autorität und institutionelle Steuerungsfähigkeit einer für Korruption anfälligen Administration – Deformation durch koloniale Vergangenheit – unabgeschlossener Prozess des „Nationbuilding" und geringe internationale politische Bedeutung
sonstige Merkmale	– gewaltsame zwischen- und innerstaatliche Konflikte – mangelhafte verkehrsinfrastrukturelle Erschließung abseits angeschlossener Rohstoff- und Tourismusenklaven – Ungleichheit in der Nutzung und dem Zugang zur internationalen Kommunikationsinfrastruktur – unbefriedigende Faktorausstattung: Mangel an Rohstoffen oder wirtschaftlich nutzbarem Land, ungünstige ökologische Voraussetzungen (Gefahr von Dürre, Desertifikation, Versalzung u. a.) – ökologische Probleme (z. B. Desertifikation, Regenwaldzerstörung etc.)

Quelle: Haas et al. 2009, S. 41.

4.6.1.2 Fluch und Segen des Entwicklungslandtourismus

Auf den ersten Blick wirkt es so, als könne der Tourismus für arme Länder **erhebliche wirtschaftliche Wachstumsimpulse** setzen. Anders als der Aufbau einer Industriewirtschaft mit hohen Investitionen in die Errichtung von Produktionsanlagen sowie die Verkehrsinfrastruktur halten sich die Ausgaben zur Entwicklung eines Tourismussektors in Grenzen. So lassen sich Hotels und sonstige Beherbergungseinrichtungen viel einfacher und billiger realisieren als komplexe Fabrikanlagen. Die verkehrsinfrastrukturellen Investitionen konzentrieren sich zunächst auf den (Aus-)Bau eines Flughafens sowie entsprechender An- und Abfahrtswege. Allgemein stellt das im Tourismus benötigte Ausbildungsniveau der Mitarbeiter im Gegensatz zum Verarbeitenden Gewerbe vergleichsweise eher niedrige Anforderungen. Zudem produziert das Tourismusgewerbe relativ arbeitsintensiv und ist nur in geringem Maße für die Durchführung Arbeitsplätze sparender Rationalisierungsinvestitionen geeignet. Deshalb ist nicht davon auszugehen, dass Lohnkostenvorteile durch eine zu niedrige Arbeitsproduktivität kompensiert werden. Entwicklungs- weisen gegenüber Industrieländern vielmehr durchweg Lohnkostenvorteile auf. Ferner treten anders als beim Export materieller Güter keine Handelshemmnisse auf, sodass touristische Exporteinnahmen unberührt von Zöllen und sonstigen nichttarifären Abgaben bleiben.

Die bedeutendsten Ressourcen für den Tourismus in Form eines **ursprünglichen Angebots** (vgl. Exkurs 3) existieren ohnehin bereits: Die klimatischen Gegebenheiten in vielen Entwicklungsländern gestatten einen Strand- und Badeaufenthalt in den kalten Monaten der bedeutenden touristischen Quellregionen in Nordamerika und Europa. Hinzukommen unberührte, d. h. zivilisatorisch noch unüberformte Naturräume mit entsprechender Fauna und Flora, historische Stätten, exotische Kulturen und Völker etc. Da diese Güter immobil, nicht handelbar und in den Quellregionen des Tourismus auch nicht substituierbar sind, stellt der Tourismus die einzige Möglichkeit zu ihrer Inwertsetzung dar. Gleichzeitig handelt es sich – im Gegensatz zu Rohstoffen oder einfachen Fertigprodukten – um quasi-erneuerbare Güter, da sie durch ihren „Konsum" prinzipiell nicht verbraucht werden können. Im Kontrast zu den meisten von ihnen auf dem Weltmarkt angebotenen Agrar- oder Industrieprodukten weisen Entwicklungsländer im Tourismus **absolute Wettbewerbsvorteile** auf, die ihnen ein auf den Tourismusmärkten konkurrenzloses Auftreten erlauben (vgl. Mundt 2004, S. 253 f.; Vorlaufer 1996, S. 1; Job/Weizenegger 2007, S. 634).

Aufgrund seiner standörtlichen Bedingungen erweist sich der Tourismus als Instrument zur **Abschwächung räumlicher Disparitäten**, wie sie in Entwicklungsländern häufig auftreten. Denn im Unterschied zu anderen Branchen charakterisiert sich der Tourismus durch eine Tendenz zur Peripherie, da touristische Attraktionen sehr oft räumlich breit gestreut auftreten. Die Reise zu ihren Standorten wird häufig nicht als reiner Kostenfaktor, sondern häufig als Selbstzweck empfunden. Ja besitzt die Raumüberwindung oftmals schon allein Attraktivität, wenn sich die touristische Nachfrage auch auf den Reiseweg (z. B. Bahn- und Kreuzfahrten, Geländewagentrips, Wildwasserfahrten, Kamelritte, Trekking-Touren) und nicht ausschließlich das Reiseziel bezieht. Gewisse räumliche Distanzen können damit zu Standortvorteilen werden. Ist die Tourismuswirtschaft – im Gegensatz zu vielen anderen Wirtschaftszweigen – zudem in der Lage, die zu ihrer Leistungserstellung benötigten Güter kostengünstig aus dem Nahbereich, d. h. ihrem unmittelbaren räumlichen Umfeld, zu beziehen, können entsprechende Wachstumsimpulse auf eine ganze Region ausstrahlen, sodass der Tourismus zu einem sektoral-räumlichen Wachstumspol wird (vgl. Vorlaufer 1996, S. 172 ff.).

Insgesamt kann der Tourismus bei der **Beschleunigung und Absicherung des Wirtschaftswachstums** damit eine keineswegs zu unterschätzende Rolle spielen.

Kleine Inselstaaten wie die Seychellen oder Malediven mit einer Bevölkerung von wenigen zehn- oder hunderttausenden Einwohnern und einer fast ausschließlich auf Subsistenz ausgerichteten Land- und Fischereiwirtschaft sehen im Auf- oder Ausbau ihrer Tourismuswirtschaft ebenso wie große bevölkerungsreiche und weltmarktintegrierte Länder wie Brasilien, Mexiko, Indonesien, Türkei etc. einen gangbaren Weg zur wirtschaftlichen und sozialen Entwicklung ihrer Gesellschaften (vgl. Vorlaufer 1996, S. 2). Der Tourismus ist eine zentrale Quelle für Volkseinkommen und Devisen, was wiederum Importe und einen Ausgleich der oft defizitären Handelsbilanzen ermöglicht.

Allerdings ist zu beachten, dass die Entwicklung des Tourismus mit dem Ziel des Aufbaus einer leistungsfähigen Wirtschaft nur dann von Vorteil ist, wenn die dadurch generierten Einnahmen nicht wieder zurück an die Quellländer fließen, sondern weitgehend im Land verbleiben und dort einer sinnvollen entwicklungsökonomischen Verwendung, wie z. B. dem lokalen Auf- und Ausbau von Land-, Bau- und Dienstleitungswirtschaft, Handwerk und Handel sowie Ver- und Entsorgungseinrichtungen, zugeführt werden können. Anderenfalls führen erhöhte Einnahmen aus dem Tourismus nicht zwingend zur Minderung der Armut.

Man bezeichnet den teilweisen Rückfluss von Devisen an die Quellländer als **Sickerrate**[26]. Diese gibt das prozentuale Ausmaß an, wie viel von den touristisch getätigten Ausgaben bzw. Devisen wieder an die Quellländer zurückfließt. Sie hängt zum einen vom Entwicklungsstand, d. h. dem Industrialisierungs- bzw. Diversifizierungsgrad einer Volkswirtschaft, ab. Entwickelte und industrialisierte Länder verfügen über wirtschaftliche Autarkie und sind in der Lage, ihren tourismuswirtschaftlichen Bedarf überwiegend aus eigener Erzeugung zu decken. Die Sickerraten fallen mit 5–30 % vergleichsweise gering aus. Dagegen müssen Entwicklungsländer und kleinere, isolierte Inselstaaten fast alles, was zum Aufbau und Erhalt einer touristischen Infrastruktur benötigt wird, importieren (Baumaterialien und Möbel, Küchen- und Sanitäreinrichtungen, Fahrzeuge, hochwertige Lebensmittel und Getränke etc.). Sickerraten von bis zu 80 % sind in solchen Fällen keine Seltenheit.

Zum anderen wird die Sickerrate auch durch die Form des Tourismus und die Abhängigkeit von ausländischen Reiseunternehmen bestimmt. So generiert der Tourismus im Luxussegment hohe Deviseneinnahmen und wegen der relativ großen Anzahl an Fachkräften positive regionale Einkommenseffekte, führt anderseits aufgrund des Bedarfs an zu importierenden hochwertigen Konsumgütern und komplexer technischer Ausstattung aber gleichzeitig zu entsprechenden Devisenabflüssen. Befinden sich die touristischen Betriebe ferner nicht in inländischem, sondern ausländischem Besitz, wie es bei vielen Reiseveranstaltern, Fluggesellschaften, Hotelketten, integrierten Reisekonzernen etc. der Fall ist, und fließen Gewinne, Zinsen, Lizenzentgelte etc. an ausländische Unternehmen ab, verbleibt häufig nur ein geringer Anteil der

---

26 Quotient aus Importausgaben und Bruttodeviseneinnahmen mal 100.

Deviseneinnahmen im Land und die Erschließung der Destinationen erfolgt häufig aus den touristischen Quellregionen im Ausland heraus. Einheimische Unternehmen haben es daher oft schwer, im Tourismusgeschäft ohne staatliche Unterstützung Fuß zu fassen. Diese wird von nationalen Regierungen nicht selten verweigert, da sie im Tourismus eine moderne Form des Kolonialismus sehen. Um hingegen als Partner ausländischer Unternehmen akzeptiert zu werden, mangelt es häufig an Kapital, aber auch Expertise.

Insgesamt entfaltet der Tourismus immer dann einen positiven Einfluss auf die wirtschaftliche Entwicklung, wenn zum Aufbau und Unterhalt einer touristischen Angebotsstruktur vergleichsweise wenige Leistungen aus dem Ausland importiert werden müssen und die Sickerrate entsprechend gering ausfällt, womit die Fragen nach Devisenverbleib und Profit für die ortsansässige Bevölkerung in den Vordergrund rücken. Ferner sind die Entwicklungseffekte dann vergleichsweise groß, wenn lokale Produzenten (meist Klein- und Kleinstbetriebe) in die touristische Wertschöpfungskette integriert und damit Verdienstmöglichkeiten für die lokale Bevölkerung geschaffen werden. Von hoher Bedeutung ist die Beteiligung landwirtschaftlicher Betriebe, da im ländlichen Raum besonders viele Haushalte in Armut leben (vgl. Mundt 2004, S. 286; BMZ 2019a; Baumgartner 2013, S. 215; Steinecke 2019, S. 101 f.).

Aber selbst mit hinreichend Kapital und Expertise ausgestattete ausländische Unternehmen treffen bei der Erschließung touristischer Märkte in Entwicklungsländern oftmals auf schwer überwindbare Hürden. Hierzu gehören bürokratische Hindernisse, das Fehlen eines auf universalistischen Prinzipien beruhenden Rechtsstaats mit einer funktionierenden Verwaltung, der Eigentumsrechte qua Gewaltmonopol schützt, mangelnde Bildungsqualifikationen vor Ort sowie die weit verbreitete Korruption.

Zu beachten gilt, dass der Tourismus in den Zielländern auch zur **Entstehung oder Verschärfung regionaler Zentrum-Peripherie-Gefälle** beitragen kann. Denn von den Einnahmen, die im Zielland verbleiben, wird in den tatsächlichen, häufig peripher gelegenen Destinationen nur ein geringer Teil wirksam, während ein Großteil davon wieder abfließt[27]. In den Destinationen selbst erweist sich in punkto regionaler Wertschöpfung die Ausbreitung touristischer „All-inclusive-Modelle" als problematisch, da die Touristen ihre Ferienanlagen nur vergleichsweise selten verlassen und sich die Verdienstmöglichkeiten kleinerer Händler, Restaurants und Dienstleister im räumlichen Umfeld in Grenzen halten (vgl. Kagermeier 2020, S. 335 f.).

---

[27] Beispielsweise hat die staatlich subventionierte Ansiedlung mehrerer Hotels auf der mexikanischen Halbinsel Yukatán kaum zur Belebung der lokalen Wirtschaft geführt. Im Gegenteil: Aufgrund nicht ausreichender Kapazitäten und mangelnder Ausstattung der kleinen und mittleren Unternehmen in der Region wurden die Aufträge für die Errichtung und die Innenausstattung vor allem an Unternehmen aus entfernten Großstädten (Mexiko City, Monterrey, Guadalajara) vergeben. Sogar die in den Hotels verkauften Souvenirs werden nicht von lokalen Kunsthandwerkern gefertigt, sondern stammen von externen Unternehmen. Insgesamt wurden die bestehenden regionalen Disparitäten damit weiter verschärft (vgl. Brenner/Aguilar 2002, S. 515; Brenner 2007, S. 699).

Falls die Reiseunternehmen aus dem Ausland stammen, ergibt sich ein weiteres Problem. Denn das Wachstum der Tourismuswirtschaft in Entwicklungsländern speist sich in erster Linie aus der räumlichen Erschließung dieser Gebiete durch Reiseunternehmen und Hotelketten aus den Quellländern, welche den Wunsch ihrer Kunden nach abwechslungsreichen Reiseereignissen entsprechen wollen. Dies bedingt aber gleichzeitig eine **Abhängigkeit der Zielländer** von konjunkturellen Schwankungen und Bedürfnisveränderungen in den Entsendeländern (vgl. Mundt 2004, S. 255; Nuscheler 2004, S. 337). Abhängigkeiten bestehen auch durch die systembedingten politischen Instabilitäten mancher Entwicklungsländer, die in Form von **Krisen oder Anschlägen** auch vor Urlaubsregionen keinen Halt machen (vgl. Kap. 4.5.3) und staatliche Stellen in den Quellregionen mit der regelmäßigen Ausgabe und Modifizierung von Reisehinweisen und -warnungen (vgl. Kap. 4.5.4 und 4.5.5) reagieren lassen (vgl. Neumair et al. 2019, S. 35 ff.).

Nur langsam setzt sich in den betroffenen Ländern und in deren Führungseliten die Erkenntnis durch, dass Entwicklung mehr als ein nur quantitatives Wachstum des Bruttoinlandsprodukts bedeutet, das – anders als von den klassischen Wachstumstheorien der Industrieländer postuliert – eben letztlich nicht auch soziale und ökologische Probleme löst (vgl. Vorlaufer 1996, S. 3). Im Gegenteil: Der Tourismus kann soziokulturelle Spannungen wesentlich verschärfen und zur Gefährdung einer ehemals intakten Ökologie in ihrer Substanz beitragen.

Im **sozialen Bereich** sind das massentouristisch bedingte Kriminalitätswachstum sowie die Ausbreitung von Prostitution und Geschlechtskrankheiten zu beobachten. Die alltägliche Begegnung der einheimischen Bevölkerung mit der Lebensart der Touristen sorgt für Nachahmungseffekte in der Lebensführung (z. B. bei Kleidung und Konsum), sozialstrukturelle Verwerfungen und gleichzeitig für eine Entfremdung von der eigenen Kultur. Die Kommerzialisierung und Profanisierung des materiellen und immateriellen Kulturerbes führen zur Zersetzung traditioneller Werte.

> Die Konfrontation mit dem (Massen-)Tourismus wird für die Bewohner [...] oft zum Kulturschock. Nicht nur der selbstverständliche Umgang der Touristen mit Geräten [...], die oft ein Mehrfaches des Jahreseinkommens der Bereisten ausmachen, auch ihre Bekleidung und der wenig respektvolle Umgang mit auf exotische Fotomotive reduzierten Menschen und ihren häufig zu bloßer Folklore profanisierten geheiligten Orten führen nicht selten zu erheblicher Irritation (Mundt 2004, S. 298 f.).

Die völkerverständigende Funktion des Tourismus gilt damit durchaus als zweifelhaft. Der Entwicklungslandtourismus verschärft eher das Missverstehen des Fremden und stellt daher kein Heilmittel gegen ethnische Vorbehalte und Ressentiments dar. Normen und Tabus verletzende Touristen sorgen mehr für Distanz als gegenseitiges Vertrauen.

Auch gehen mit dem Tourismus erhebliche **ökologische Probleme** wie Flächen- und Ressourcenverbrauch (insbesondere bei Wasser), Verbauung der Landschaft, Verschmutzung und Entsorgungsprobleme, Lärm, Gefährdung sensibler Ökosysteme etc.

einher (vgl. Kap. 4.1.1). Ferner finden die meisten Reisen in Entwicklungsländer im Rahmen billiger Flugreisen statt, was weniger dem Entwicklungsstand als vielmehr der räumlichen Entfernung geschuldet ist. Die dabei freigesetzten CO_2-Emissionen beschleunigen den **Klimawandel** (vgl. Kap. 5.2). Von einem nachhaltigen Tourismus in Entwicklungsländern kann daher keine Rede sein, sondern allenfalls vom Beitrag des Tourismus zur nachhaltigen Entwicklung in den Zielländern (vgl. Nuscheler 2004, S. 338 f.; Kagermeier 2020, S. 342; Neumair et al. 2019, S. 68 f.; Job/Weizenegger 2007, S. 637).

Tabelle 4.8 zeigt die angesprochenen sowie weitere **positive und negative Effekte des Tourismus**. Manche dieser Wirkungen, wie z. B. die Kommerzialisierung und Profanisierung von Traditionen oder die Zerschneidung und Versiegelung von Flächen, treffen auch auf Nicht-Entwicklungsländer zu. Wiederum manche Wirkungen können sowohl positiver als auch negativer Art sein. So treten z. B. erhoffte Deviseneffekte nicht ein, wenn die Sickerrate zu groß ist. Die Verfügbarkeit einfacher Beschäftigungsmöglichkeiten ist dann als positiv einzustufen, wenn es vor Ort an Fachpersonal mangelt.

Tab. 4.8: Wirkungen des Tourismus in Entwicklungsländern

	(Mögliche) positive Effekte	**(Mögliche) negative Effekte**
ökonomisch	Deviseneffekte Beschäftigungseffekte Multiplikatoreffekte Ausbau der Infrastruktur Abbau wirtschaftsräumlicher Disparitäten	Sickerrate/Kapitalabflüsse Preissteigerungen Abhängigkeiten Beschäftigung lediglich für Ortsfremde Überwiegend einfache Beschäftigungsmöglichkeiten Ungleicher Zugang zu Infrastruktur ohne Nutzen für die Allgemeinheit
ökologisch	Landschaftsästhetik als touristisches Motiv und Anreiz für Umweltschutz Finanzierung von Umwelt- und Naturschutz durch Tourismus Erhalt von Biosphären und Reservaten	Verbauung des Landschaftsbildes Eingriff in Ökosysteme Zerschneidung und Zersiedelung von Flächen Ressourcenverbrauch Negative Auswirkungen durch Aktivitäten der Touristen CO_2-Emissionen des Flugverkehrs
Soziokulturell	Interkulturelle Begegnung (Völkerverständigung) Erhalt von kulturellem Erbe, Brauchtum und Architektur	Akkulturation Prostitution Kriminalität Kommerzialisierung und Profanisierung von Brauchtum und Tradition Segregation zwischen Gewinnern und Verlierern des Tourismus

Quelle: Job/Weizenegger 2007, S. 635; Engelbauer/Job 2018, S. 42, verändert.

Die Effekte des Tourismus variieren mit seinen **räumlichen Verbreitungsmustern**. Bei konzentrierten Tourismusformen (z. B. Bade- und Strandtourismus) lassen sich die negativen Folgewirkungen räumlich einfacher begrenzen und in Schach halten, allerdings treten räumliche Ungleichgewichte mit höherer Wahrscheinlichkeit als bei dispersen Tourismusarten (z. B. Rundreisen) auf. Ein segregierter Tourismus in Form abgeschotteter Urlaubsanlagen („Touristenghettos") minimiert gegenüber integrativen Formen das Kontaktvolumen mit der ortsansässigen Bevölkerung und damit auch Akkulturationseffekte, d. h. die Aufnahme von Elementen fremder Kulturen in traditionellen Gesellschaften, weist gleichzeitig aber auch weniger Möglichkeiten zum kulturellen Austausch (Völkerverständigung) auf (vgl. Job/Weizenegger 2007, S. 636).

Schlussletztlich ist davon auszugehen, dass eine Bewertung der vom Tourismus in Entwicklungsländern ausgelösten Wirkungen dadurch beeinträchtigt wird, dass sich über Entwicklung aufgrund verschiedener, teils gegensätzlicher ideologischer, politischer sowie entwicklungstheoretischer Perspektiven und Interessen nicht objektiv urteilen lässt. Einzelne Entwicklungsziele gelten oft als unvereinbar und die im Zuge des Aufbaus eines Tourismussektors auftretenden wirtschaftlichen, ökologischen und soziokulturellen Effekte verlaufen räumlich sehr differenziert und zeitlich variabel. Eine quantitative Erfassung und ein unmittelbarer Vergleich gelten daher als höchst problematisch. Auch steht zu beachten, dass ein gewisses Entwicklungsniveau bzgl. Infrastruktur, Bildung, Hygiene, Sicherheit, politischer Stabilität etc. eine notwendige Voraussetzung für den Tourismus und eben nicht unbedingt die Folge einer touristischen Erschließung ist (vgl. Vorlaufer 1996, S. 4; Kagermeier 2020, S. 326 ff.).

Trotz unterschiedlicher Werthaltungen zum Entwicklungsbegriff ist ein Katalog von **Mindestvoraussetzungen** für eine tourismusbedingte Entwicklung zu erfüllen, wenn diese erfolgversprechend sein soll (vgl. Helmich 1977, S. 10; BTW/Afrika-Verein der Deutschen Wirtschaft 2019):

– Ein Mindestmaß an innerer Sicherheit und politischer Stabilität,
– eine funktionsfähige staatliche Verwaltung,
– wirtschaftliche Stabilität und Planungssicherheit,
– eine positive Haltung der Behörden gegenüber dem Tourismus,
– ausreichend lange Saisonzeiten,
– Aufgeschlossenheit und Interesse der lokalen Bevölkerung,
– ausreichende Anbindung an den internationalen Luftverkehr als oft einzige Erreichungsmöglichkeit des Ziellandes sowie erd- oder seegebundene Erreichbarkeit der Zieldestination innerhalb des Landes,
– ein Minimum an touristischer Infrastruktur, Sauberkeit und Hygiene,
– ein geringes Kosten- und Lohnniveau,
– Konvertibilität der nationalen Währungen,
– ein Mindestmaß an Ausbildung der Bevölkerung (Bildungsniveau, Mehrsprachigkeit),
– allgemein verbindliche Einreisebestimmungen bzw. Visavoraussetzungen.

Die Realität sieht allerdings häufig anders aus. So wird ein touristisches Engagement in Entwicklungsländern u. a. durch folgende **Probleme bzw. Hindernisse** erschwert oder gar verunmöglicht (vgl. Brown 2000, S. 278):

– Lange Reaktionszeiten auf Emails oder Anrufe,
– ungenügende Beantwortung von Anfragen sowie unzureichende Bearbeitung von Vorgängen, die unternehmerische Entscheidungen bedingen,
– unzuverlässige Post- und Paketzustellung,
– schwer berechenbare Flugpläne und unregelmäßige Flugverbindungen,
– Verbreitung von Korruption,
– schikanöse Pass- und Zollkontrollen,
– hohe Inflationsraten, unberechenbare Zinsentwicklungen, instabile Währungen, unzuverlässige Banksektoren.

In der Gesamtschau besteht die Chance für den Tourismus als Entwicklungsfaktor daher nur dann,

> wenn das jeweilige politische System und die dahinterstehende politische Kultur eines Entwicklungslandes es zulassen, dass Gewinne nicht gleich wieder für konsumtive Zwecke mit in der Regel sehr hohen Importanteilen ausgegeben werden, sondern langfristig in die Entwicklung von Wirtschaftssektoren und in Infrastruktur investiert werden, die in direktem oder indirektem Zusammenhang mit dem Tourismus stehen (Mundt 2004, S. 303).

4.6.2 Tourismus im Licht unterschiedlicher Entwicklungstheorien

Die Befürwortung bzw. Ablehnung des Tourismus als Entwicklungsfaktor speist sich aus vollkommen gegensätzlichen Lagern entstammenden **Entwicklungstheorien**, die sich wie aufeinanderfolgende Pendelausschläge in unterschiedliche Richtungen auffassen lassen. Sie setzen an unterschiedlichen Punkten an und transportieren verschiedene Denkrichtungen. Unter den ökonomisch ausgerichteten Theorien lassen sich grob zwei Strömungen identifizieren: Modernisierungs- und Dependenztheorien (vgl. im Folgenden Haas/Neumair 2015, S. 72 ff.).

4.6.2.1 Modernisierungstheorien
Modernisierungstheorie ist der Oberbegriff für Theorieansätze, die den Prozess der Nachahmung und Angleichung von sich entwickelnden an entwickelte Gesellschaften zum Inhalt haben. Modernisierung steht dabei für den Entwicklungsprozess, den die Entwicklungsländer durchmachen und für den die Industrieländer die Norm sind. Das Bild von der industrialisierten Gesellschaft entwickelter Länder wird zum normativen Zukunftsbild der Entwicklungsländer. Modernisierung gilt somit als direkt-evolutionärer Prozess in Richtung auf eine gesetzte Norm, die **Modernität**. Ein Abweichen von dieser Norm wird als Fehl- bzw. Unterentwicklung verstanden.

Die Modernisierungstheorien gehen von **endogenen Ursachen der Unterent-wicklung** aus: Die Verhaltens- und Lebensweisen traditioneller Gesellschaften und Kulturen und die damit verbundene mangelnde Veränderungsbereitschaft gelten als die wesentlichen Hemmnisse bei der Überwindung von Unterentwicklung. Diese ist erst dann überwunden, wenn sich die Mitglieder der unterentwickelten Gesellschaften in Denken und Handeln, Produktion und Konsum den reichen Industriegesellschaften angepasst haben.

Ein klassischer Typus der Modernisierungstheorien sind die sog. **Wirtschafts-stufentheorien**. Sie beschreiben „die langfristige Entwicklung der Wirtschaft unter Berücksichtigung der Interdependenz ökonomischer, demographischer, sozialer und politischer Einflussgrößen" (Liefner/Schätzl 2012, S. 97). Eine der bekanntesten Wirtschaftsstufentheorien, die den **Entwicklungsprozess junger Nationalstaaten** beschreibt, stammt von Walt W. Rostow (1960), dem ehemaligen außenpolitischen Sicherheitsberater von US-Präsident Kennedy. Er unterscheidet fünf Phasen, die eine traditionelle Gesellschaft auf dem Weg zur Modernität durchläuft:

- **Traditionelle Gesellschaft:** Dominanz des Agrarsektors, hierarchische Gesellschaftsstrukturen, geringe vertikale Mobilität,
- **Gesellschaft im Übergang:** Anbahnung des Wirtschaftswachstums, Ansteigen der Investitionsquote, die Verhaltensweise der Bevölkerung beginnt sich zu ändern,
- **wirtschaftlicher Aufstieg („take-off"):** Ansteigen der Investitionsquote auf 5 bis 10 %, Bildung von Leitsektoren, d. h. industrieller Wirtschaftszweige mit hohen Wachstumsraten, Schaffung politischer, sozialer und institutioneller Rahmenbedingungen, dynamische Unternehmer,
- **Reifestadium:** Kontinuierliches Wirtschaftswachstum übertrifft das Bevölkerungswachstum, Investitionsquote zwischen 10 und 20 %, neue Technologien verändern die Industriestruktur,
- **Zeitalter des Massenkonsums:** Die Produktion konzentriert sich auf den massenhaften Konsum hochwertiger Verbrauchsgüter und Dienstleistungen. Eine so gereifte Volkswirtschaft kann dann nach äußerer Macht durch imperialistische Militär- und Außenpolitik oder der Errichtung eines Wohlfahrtsstaates streben.

Dieser Vorstellung zufolge wiederholen Entwicklungsländer im Sinne einer **nachholenden Entwicklung** die von den entwickelten Industrieländern durchlaufenen Industrialisierungsstadien. Im Gegensatz zu den westlichen Industrieländern, bei denen die Phase des Take-Off im Wesentlichen auf der kohle- und stahlbedingten Industrialisierung im 19. Jh. beruhte, gilt der Tourismus als einer der Leitsektoren für die nachholende Entwicklung. Die Entwicklungsländer können durch die Inwertsetzung ihrer touristischen Ressourcen ein Wirtschaftswachstum erzeugen, das ihnen eine an den Industrieländern angelehnte Entwicklung bereits nach vergleichsweise kurzer Zeit erlaubt. Die wirtschaftlichen Vorteile des Tourismus überwiegen die aus ihm resultierenden ökologischen und soziokulturellen Gefahren. Zur Abgrenzung von traditionellen Industrien fand für den Tourismus der Begriff „Weiße Industrie" Eingang in die Entwicklungsländer- und Tourismusdiskussion (vgl. Kagermeier 2020, S. 320 f.; Vorlaufer 1996, S. 4 ff.).

Ein plastisches Beispiel für eine modernisierungstheoretisch indoktrinierte Tourismusentwicklung stellt Kenia dar. Zu einer geschickten Vermarktung und einer relativ gut ausgebauten Infrastruktur sowie Erreichbarkeit (von Nairobi aus), welche das naturräumlich-ökologische Potenzial des Landes durch den Wandel vom Jagd- zum Fotosafaritourismus einem breiteren Publikum zugänglich machte, gesellten sich seit Erlangung der Unabhängigkeit Anfang der 1960er Jahre eine liberale Tourismuspolitik sowie die Förderung in- und ausländischer Investoren. Die Folge war ein langfristiger touristischer Wachstums- und Entwicklungsprozess, der bis heute andauert und durch singuläre Ereignisse[28] nur zweitweise unterbrochen wurde (vgl. Paesler 2014, S. 167 ff.; Engelbauer/Job 2018, S. 43).

In Anlehnung an die Wirtschaftsstufentheorie von Rostow hat der Geograph Karl Vorlaufer ein **raumzeitliches Entwicklungsmodell der Tourismuswirtschaft** (vgl. Abbildung 4.10) entwickelt, das beschreibt, wie es in einem Entwicklungsland über die Ausdehnung des Tourismus sukzessive zu räumlichen Ausgleichseffekten bzw. zum Abbau regionaler Disparitäten kommt (vgl. Vorlaufer 1996, S. 196 ff. und 2003; Findeisen 2016, S. 32 f.).

In der **vortouristischen Phase** gibt es zwischen der Kern- und Peripherieregion keinerlei wirtschaftliche Austauschbeziehungen. Lediglich im Regionalzentrum innerhalb der Kernregionen befinden sich Hotels und sonstige Wirtschaftsbetriebe, die Warenlieferungen aus der sonstigen Kernregion erhalten. Dies ändert sich mit der **Initialphase**, in der es zu zweierlei Entwicklungen kommt: Erstens entsteht durch die Gründung eines Hotelkomplexes in der Peripherieregion ein Tourismusort, der Kapital-, Waren- und Arbeitskraftströme aus der unmittelbaren Umgebung anzieht und damit als regionaler Wachstumsmotor fungiert. Gleichzeitig werden aus der Kernregion Zulieferungen aus der Getränke-, Nahrungs- und Genussmittelindustrie, der Bauwirtschaft und dem Agrargroßhandel in die Peripherieregion in Gang gesetzt. Zweitens kommt es in der Kernregion zur Intensivierung der Tourismuswirtschaft, indem auch ausländische Lieferanten zur Versorgung der Hotels und deren Zulieferer mit einzubeziehen sind. Der steigende Arbeitskräftebedarf wird mit Arbeitskräften aus der Peripherieregion gedeckt.

In der **Wachstumsphase** wächst die Tourismuswirtschaft im Tourismusort immer kräftiger. Es kommt zur Errichtung weiterer Hotels, Betriebe der Getränke-, Nahrungs- und Genussmittelindustrie siedeln sich an. Warenlieferungen, Arbeitskräfte und Kapital werden aus dem Umland, d. h. der Peripherieregion, bezogen. Auch wer-

---

28 Z. B. Konkurrenz aus Südafrika und Namibia als aufstrebende Tourismusdestinationen, der Bombenanschlag auf die US-Botschaft in Nairobi 1998, tribalistische Unruhen und Gewaltausbrüche nach der Präsidentenwahl 2007, die Anschläge der islamistischen Al-Shabaab-Miliz seit 2011, der Ausbruch von Ebola.

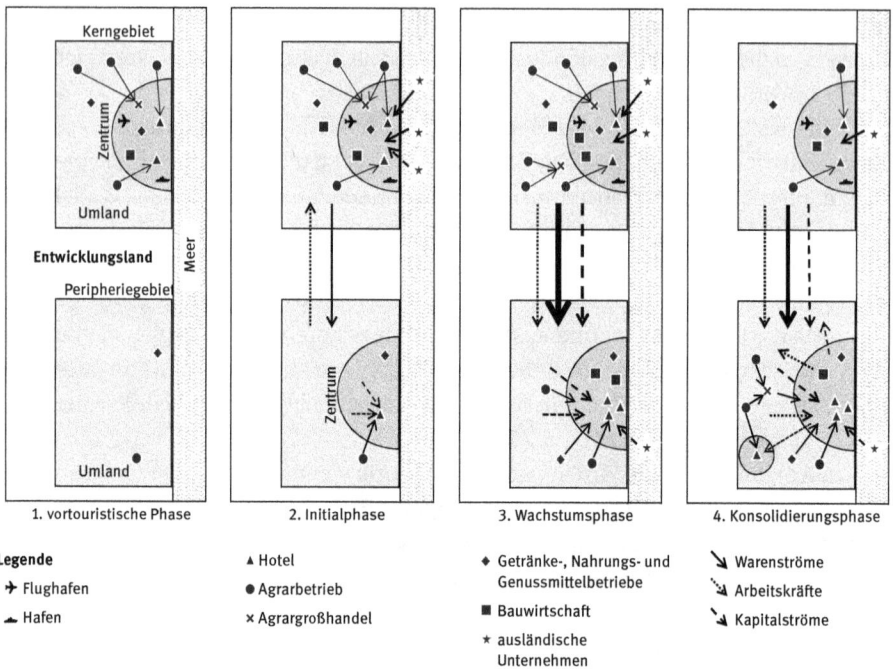

Abb. 4.10: Raumzeitliches Entwicklungsmodell der Tourismuswirtschaft
Quelle: Neumair et al. 2019, S. 28.

den Direktinvestitionen aus dem Ausland angelockt, während sich der Arbeitskräftestrom zwischen Peripherie- und Kernregion umkehrt. Weil das Wachstum der Tourismuswirtschaft in der Kernregion zu stagnieren beginnt, zieht jetzt die Peripherieregion Arbeitskräfte aus der Kernregion an, Waren- und Kapitalströme nehmen zu.

In der letzten, der **Konsolidierungsphase**, hat der Tourismusort den Wachstumshöhepunkt erreicht. Die Kapital- und Warenlieferungsströme aus dem Umland und teilweise dem Ausland haben sich soweit intensiviert, dass die Zuströme aus der ehemaligen Kernregion, in der die Tourismuswirtschaft immer mehr dem Niedergang entgegensteuert, stark nachgelassen haben. Stattdessen versorgt nun auch der Tourismusort die ihn umgebende Peripherieregion mit Kapital und Arbeitskräften.

Die dem Tourismus entstammenden Wohlfahrts- und Wachstumseffekte werden von den Modernisierungstheorien häufig überschätzt, die ökologischen und soziokulturellen Verwerfungen ebenso wie das Entstehen neuer Abhängigkeiten dagegen weitgehend ignoriert.

4.6.2.2 Dependenztheorien

Im scharfen Kontrast zu den Modernisierungstheorien stehen die **Dependenztheorien.** Darunter fallen verschiedenste, in den 1960er Jahren ursprünglich vor allem

im lateinamerikanischen Raum entwickelte Theorieansätze. Anders als die Modernisierungstheorien sehen sie Unterentwicklung nicht als das Ergebnis endogener Faktoren, sondern führen sie auf **exogene Ursachen** zurück. Die Integration der Entwicklungsländer in das System der internationalen Beziehungen gilt als Kernursache
der Unterentwicklung, die sich aus der strukturellen Abhängigkeit der Entwicklungsländer (Peripherien) von den Industrieländern (Zentren bzw. Metropolen) ergibt. Vertreter der Dependenztheorie betrachten Unterentwicklung nicht als Frühphase der
Entwicklung, sondern als Resultat des kapitalistischen Entwicklungsprozesses in den
Industrieländern und als Produkt des industriellen Imperialismus.

Die Dependenztheorien attackieren damit das verwestlichte Entwicklungsideal
der Modernisierungstheorien und ihren auf die westlichen Industriegesellschaften
ausgerichteten Ethnozentrismus. Ihnen zufolge ist Unterentwicklung nicht das bloße
Zurückbleiben der Entwicklungsländer hinter dem Entwicklungsniveau der reichen
Industrieländer oder das Ergebnis einer unzureichenden Einbindung unterentwickelter Gesellschaften in das moderne Weltsystem, sondern gerade die Folge einer über
die Ausbeutungsmechanismen der Industrieländer sehr effizient funktionierenden
Integration der Entwicklungsländer in ein von den kapitalistischen Industriezentren
dominiertes Weltwirtschaftssystem (vgl. Hein 1998, S. 163 ff.).

Zu den bekanntesten Dependenztheorien gehört die **Theorie des strukturellen
Imperialismus** des norwegischen Friedens- und Konfliktforschers Johan Galtung
(1972). Dieser teilt die Welt in Zentrums- und Peripherienationen auf, welche wiederum in ein Zentrum und eine Peripherie aufgespalten werden. Jede Zentralnation und
jede Peripherienation haben damit ein Zentrum und eine Peripherie. Die strukturelle
Abhängigkeit gründet darauf, dass die Zentralnation im Zentrum der Peripherienation
einen Brückenkopf in Form einer nationalen, kollaborierenden Führungselite besitzt,
welche die Wertvorstellungen und Lebensformen des Zentrums adaptiert und mit der
Zentralnation ein gemeinsames Interesse an der Aufrechterhaltung der bestehenden

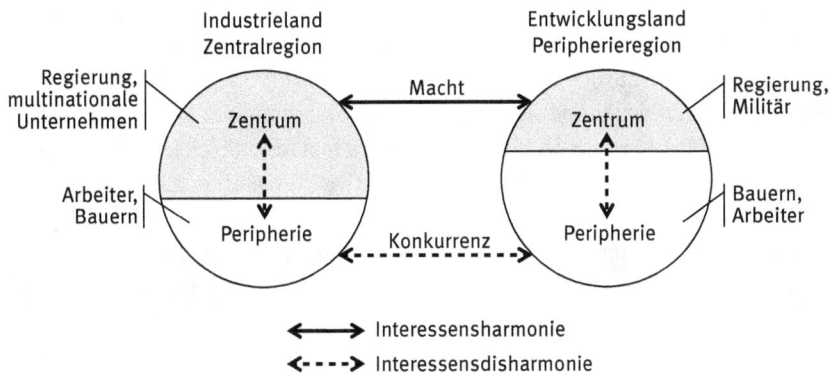

Abb. 4.11: Struktur des Imperialismus nach Galtung
Quelle: Eigene Darstellung nach Galtung 1972, S. 36.

Zustände hat. Die Struktur des Imperialismus ist durch eine Interessensharmonie zwischen dem Zentrum der Zentralnation und der Peripherienation gekennzeichnet. Dagegen besteht eine Interessensdisharmonie innerhalb der Peripherienation und der Zentralnation sowie zwischen Peripherie der Zentralnation und Peripherie der Peripherienation (vgl. Abbildung 4.11).

Der Imperialismus beruht nach Galtung zum einen auf den **asymmetrischen Austauschbeziehungen** zwischen Zentral- und Peripherienation. Während die Außenhandelsstruktur der Zentralnation länder- und gütermäßig über eine breite Basis verfügt, ist die der Peripherienation nur auf wenige Güter und Länder ausgerichtet. Ferner nimmt sich der Warenaustausch für die Zentralnation vorteilhafter aus als für die Peripherienation aus. Während letztere Rohstoffe exportiert, die einfach herzustellen sind und keine besonderen Fähigkeiten erfordern, produziert die Zentralnation technologieintensive Industrieprodukte. Die ungleiche Verteilung der sich daraus ergebenden **Spin-off-Effekte**[29] zementiert die Entwicklungsunterschiede zwischen Zentral- und Peripherienation (vgl. Wagner/Kaiser 1995, S. 82 ff.).

Die Dependenztheorien gehen davon aus, dass der Tourismus die **wirtschaftliche und politische Abhängigkeit** der Entwicklungsländer als Zielländer von den Industrieländern als Quellländern des Tourismus zementiert, die **strukturelle Heterogenität**, d. h. die entwicklungshemmende und gesellschaftsdeformierende Parallelität zwischen überkommenen exogenen und modernen endogenen Strukturen, in den bereisten Gesellschaften perpetuiert und die Marginalisierung der Mehrheit der Bevölkerung in den Entwicklungsländern vorantreibt. Internationale bzw. regionale Zentrum-Peripherie-Gefälle bleiben bestehen oder werden verfestigt (vgl. Abbildung 4.12).

Aus den Industrieländern (Zentren) fließt nur ein Teil der Touristenströme in die Entwicklungsländer (Peripherien). Der überwiegende Teil verbleibt in den Industrieländern selbst und verteilt sich auf deren Zentren („Zentren der Zentren") oder Peripherien („Peripherien der Zentren"). Die auf die Entwicklungsländer (Peripherien) entfallenden Touristenströme konzentrieren sich überwiegend auf abseits gelegene Destinationen wie Küsten- und Strandresorts sowie landschaftlich ansprechende Räume („Peripherien der Peripherien"). Über die Sickerrate (vgl. Kap. 4.6.1.2) fließt ein Großteil der Einnahmen zurück in die „Zentren der Zentren" oder in die „Zentren der Peripherie", die wegen des Standorts von Reiseunternehmen oder Flughäfen als Einreise-Hubs eine Art Brückenkopf bilden. Die eigentlichen touristischen Destinationen bleiben damit wirtschaftlich benachteiligt und Entwicklungsunterschiede bestehen (vgl. Kagermeier 2020, S. 335).

Die vom Tourismus ausgehenden Einflüsse greifen auf die soziokulturellen Entitäten der Reiseländer schneller und tiefgreifender über als es bei anderen Wirt-

---

[29] Allgemein beschreiben Spin-off-Effekte das Auftreten unbeabsichtigter und unerwarteter positiver Nebenwirkungen von Innovationen oder unternehmerischen Ausgliederungen sowie -gründungen, welche ökonomisch wirksamer sind als ursprünglich erwartet.

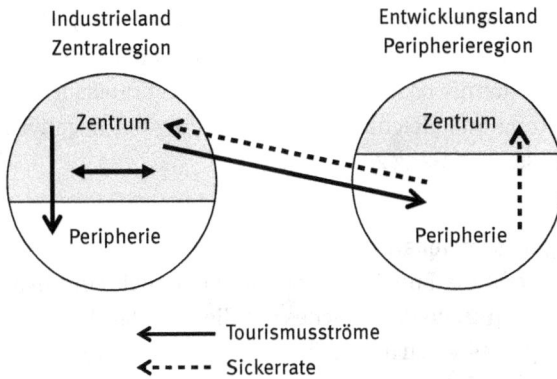

Abb. 4.12: Touristisch bedingtes Zentrum-Peripherie-Gefälle
Quelle: Eigene Darstellung.

schaftsbranchen der Fall ist, da touristische Leistungen im Gegensatz zu anderen exportorientierten Produkten eben nur dann abgesetzt werden können, wenn die Konsumenten, d. h. die Touristen, die Produktionsstandorte selbst aufsuchen und es damit zum direkten Kontakt zwischen verschiedenen Kultur- und Zivilisationsformen kommt (vgl. Vorlaufer 1996, S. 3 f.).

Entsprechend der allgemeinen dependenztheoretischen Doktrin, dass sich die Überwindung von Unterentwicklung nur durch eine volkswirtschaftliche Isolierung der Entwicklungs- von den Industrieländern, d. h. eine Abkoppelung vom Weltmarkt und eine autozentrierte und damit nicht von den Industrieländern abhängige Entwicklung, erreichen lässt, wird die **Kappung der Touristenströme aus den Industrieländern** als Bestandteil neokolonialer Dependenz gefordert. Eine Reihe von Entwicklungsländern hat diesen Ansatz – zum größten Teil erfolglos – versucht (vgl. Kagermeier 2020, S. 321). Ein Beispiel bildet Tansania, das von 1978 bis 1983 seine Grenzen schloss, um im Rahmen einer sozialistischen Planwirtschaft einen eigenen, autozentrierten und unabhängigen Tourismus aufzubauen.

Kritisch zu bemerken ist, dass die Dependenztheorien die vom Tourismus ausgehenden erkannten, empirisch aber unbelegten negativen Auswirkungen häufig zur Allgemeingültigkeit für sämtliche Länder, Kulturen und Gesellschaften erheben. Differenzierte Entwicklungen stoßen auf wenig Beachtung.

4.6.3 Ansätze tourismusbedingter Entwicklung

Wie beschrieben kann der Tourismus unter bestimmten Bedingungen zur Entfaltung von Entwicklungspotenzialen mit entsprechend positiven wirtschaftlichen Folgen beitragen. Oftmals gehen damit allerdings gravierende ökologische und soziale Begleiterscheinungen einher, von denen viele grundsätzlich derselben Art wie in Industrieländern sind, in Entwicklungsländern aber in viel markanterer und schärferer Form auftreten (vgl. Kagermeier 2020, S. 346). Ansätze zu einer tourismusbedingten Entwicklung sollten daher das Erfordernis beachten, wirtschaftliche Entwicklungsprozesse stets bei strenger Beachtung und gleichzeitiger Minimierung der negativen Folgen des Entwicklungslandtourismus in Gang zu setzen.

4.6.3.1 Touristische Entwicklungszusammenarbeit

Seit Ende des Zweiten Weltkriegs stellt die Entwicklungszusammenarbeit ein **Kernelement der internationalen Beziehungen** dar, welches das Ziel verfolgt, Entwicklungsländer in ihren Entwicklungsprozessen zu unterstützen und globale wirtschaftsräumliche Disparitäten abzubauen (vgl. Klingebiel 2013, S. 1).

Genauer bezeichnet der Begriff „Entwicklungszusammenarbeit", dem gegenüber der Bezeichnung „Entwicklungshilfe" der Vorzug gegeben wird, um den Kerngedanken einer Partnerschaft zwischen Industrie- und Entwicklungsländern zu suggerieren,

> die Kooperation zwischen Institutionen aus Geber- und Empfängerländern zum Zweck der Entwicklungsförderung. Dazu gehört der Transfer von Kapital, Ausrüstungsgütern und Wissen in Entwicklungsländer zum Zweck der Förderung lokaler und nationaler Entwicklungsprozesse. Sie umfasst die technische Entwicklungszusammenarbeit [...], die finanzielle Entwicklungszusammenarbeit [...] sowie die Nahrungsmittelhilfe. Die Entwicklungszusammenarbeit enthält materielle und nichtmaterielle Leistungen von privaten bzw. öffentlichen Stellen der Industrieländer [...] an private und/oder staatliche Empfänger in den Partnerländern (Müller-Mahn 2002, S. 318).

In der Entwicklungszusammenarbeit fristete der Tourismus lange Zeit ein stiefmütterliches Randdasein, da geglaubt wurde, ein touristisches Engagement in Entwicklungsländern müsse von privaten Investitionen getragen werden. Als sich aber in der zweiten Hälfte des 20. Jh., insbesondere während des Kalten Krieges, sowohl aus Geber- wie Empfängerländern immer kritischere Stimmen mehrten, welche die klassische Entwicklungszusammenarbeit in punkto Effektivität, Nachhaltigkeit sowie Transparenz in Frage stellten und sie sogar teilweise für eine Vergrößerung der Entwicklungsunterschiede verantwortlich machten, rückte seit den 1990er Jahren der Tourismus langsam und allmählich als entwicklungspolitischer Hoffnungsträger in den Fokus der Entwicklungszusammenarbeit. Seit der Jahrtausendwende wird seine Rolle für die Entwicklung insbesondere peripherer Regionen zunehmend erkannt und akzeptiert (vgl. Kagermeier 2020, S. 350; Eid/Vangerow-Kühn 2018, S. 18).

In Deutschland obliegt die touristische Entwicklungszusammenarbeit dem **Bundesministerium für wirtschaftliche Zusammenarbeit und Entwicklung (BMZ)**. Die praktische Durchführung erfolgt im Rahmen der finanziellen Zusammenarbeit durch die **Kreditanstalt für Wiederaufbau (KfW)** sowie im Rahmen der technischen Zusammenarbeit durch die **Gesellschaft für internationale Zusammenarbeit (GIZ)**.

Dabei stehen **sechs thematische Handlungsfelder** einer entwicklungspolitischen Tourismusförderung im Mittelpunkt (vgl. BMWi 2017a, S. 75 f.; BMZ 2018 und 2019a):

- **Nachhaltige Wirtschaftsentwicklung und breitenwirksame Beschäftigungs-förderung:** Unterstützung touristischer Kleinst-, Klein- und Mittelbetriebe entlang nachhaltiger Wertschöpfungsketten und Verankerung von Umwelt- und Sozialstandards,
- **Gemeinde- und Kommunalentwicklung:** Auf Potenzialanalysen aufbauende nachhaltige touristische Destinationsentwicklung zur Diversifizierung der lokalen Wirtschaft,
- **Schutz und Inwertsetzung von Biodiversität:** Ökologisch nachhaltige Tourismusgestaltung,
- **Ressourcen- und Energieeffizienz sowie Klimaschutz im Tourismus:** Etablierung von Umweltmanagementsystemen sowie systematische Beratung im Tourismus zur Berücksichtigung von Klimaaspekten, Klimaschutz- und Klimaanpassungsstrategien,
- **Good Governance und politische Rahmenbedingungen:** Entwicklung rechtsstaatlicher und demokratischer Strukturen sowie von Sozialstandards zum Schutz von Menschenrechten als Rahmenbedingungen für den Tourismus,
- **neue Partnerschaften mit der Tourismuswirtschaft:** Unterstützung deutscher und europäischer Tourismusunternehmen bei der nachhaltigen, breitenwirksamen und sozialverträglichen Gestaltung touristischer Engagements zur Armutsbekämpfung in ausgewählten Destinationen.

Insgesamt unterstützte das BMZ im Jahr 2019 weltweit 46 Vorhaben und Projekte mit einer touristischen Komponente, von denen Tabelle 4.9 ausgewählte Beispiele zeigt.

Tab. 4.9: Ausgewählte touristische Förderprojekte des BMZ (2019)

Land	Projekt	Standort	Spezifische Tourismusaktivitäten	Laufzeit
Benin, Burkina Faso, Niger	Grenzüberschreitendes Biosphärenreservat WAP-Region (W-Arly-Pendjari)	Natitingou, Ouagadougou, Niamey	Inwertsetzung grenzüberschreitender Schutzgebiete durch nachhaltigen und transparenten Jagd- und Ökotourismus Schaffung verbesserter Zugänge zu natürlichen Ressourcen in den Nutzungszonen der Parks sowie zur nachhaltigen Nutzung und Verbesserung der Lebensumstände der lokalen Bevölkerung	12/2015–06/2023
Jordanien	Beschäftigungsorientierte KKMU-Förderung	Amman	Förderung touristischer KKMUs (Kleinst-, Klein- und Mittelunternehmen) Kapazitätenstärkung von KKMUs Verbesserung des Investitionsklimas für touristische KKMUs	01/2018–06/2022
Kambodscha	Regionale Wirtschaftsentwicklung IV	Siem Reap	Förderung eines verantwortungsbewussten Tourismus im Rahmen eines Local-Economic-Development-Ansatzes („Siam Reap beyond the temples") Beschäftigungsförderung und Unterstützung für touristische KKMUs Unterstützung bei der Koordinierung, Integration und gemeinsamen Vermarktung touristischer Aktivitäten in ländlichen Gebieten	04/2018–03/2021
Laos	Schutz und nachhaltige Nutzung von Waldökosystemen und Biodiversität	Khammouane Provinz	Etablierung einer geteilten Regierungsführung für das Management von Schutzgebieten, integrierte Regional- und Tourismusentwicklung Unterstützung der Nominierung für die erste grenzüberschreitende UNESCO-Weltkulturerbestätte in Laos Stärkung nachhaltiger Tourismusentwicklung, basierend auf öffentlich-privaten Partnerschaften; Modelle und Instrumente für Konzessionen, Monitoring, integrierte, strategische Planung	09/2017–03/2021
Marokko	Nachhaltiger Tourismus zur Beschäftigungs- und Einkommensförderung im ländlichen Raum	Rabbat, Region Souss-Massa, Region Beni Mellal Khénifra	Ausbau, Diversifizierung und Vermarktung nachhaltiger touristischer Angebote Unterstützung bei der Entwicklung eines integrierten Zielgebietsmanagements für nachhaltigen Tourismus Unterstützung von Beschäftigung und Wertschöpfungsketten eines nachhaltigen Tourismus	11/2015–09/2020

Tab. 4.9: (Fortsetzung)

Land	Projekt	Standort	Spezifische Tourismusaktivitäten	Laufzeit
Mongolei	Unterstützung von Schutzgebieten als Beitrag zum Erhalt von Ökosystemleistungen	Ulan Bator, ausgewählte westmongolische Schutzgebiete	Unterstützung bei der Entwicklung von nationalen Strategien für Schutzgebietstourismus und entsprechenden Durchführungsbestimmungen Unterstützung bei der Entwicklung lokal angepasster Tourismuskonzepte unter Beteiligung der Bevölkerung, der Schutzgebietsverwaltungen und anderer Interessengruppen (z. B. touristischer Unternehmen)	03/2019–02/2022
Nepal	Lokale und kommunale Wirtschaftsentwicklung	Kathmandu, Fernwest, Karnali, Provinz Nr. 5	Verbesserung der Rahmenstrukturbedingungen für die lokale Wirtschaftsentwicklung in ausgewählten Gemeinden und Wertschöpfungsketten Förderung öffentlich-privater Sektorkoordination für ein nachhaltiges Destinationsmanagement in der Provinz Fernwest	06/2019–05/2022
Tansania	Programm nachhaltiges Management natürlicher Ressourcen	Ngorongono District Coucil, Serengeti District Morogoro	Verbesserung des Schutzes von Wildressourcen Schaffung von Anreizen zum nachhaltigen Ressourcenmanagement für die lokale Bevölkerung Schaffung alternativer Einkommensmöglichkeiten durch fachliche Qualifikation im Tourismus (Trainings, Workshops, Kurse) Stärkung der Zusammenarbeit mit dem Tourismussektor	10/2016–12/2019
Togo	Gute Regierungsführung und De-zentralisierung III	Lomé/Kpalimé	Erarbeitung eines regionalen Tourismuskonzeptes Erhöhung der kommunalen Einnahmen durch Förderung der Tourismuswirtschaft Förderung einer nachhaltigen Tourismusentwicklung Qualifizierung der Akteure im Tourismussektor Vernetzung der Tourismusakteure und Aufbau partizipativer Strukturen zur Steuerung des touristischen Entwicklungsprozesses	11/2016–01/2021

Quelle: BMZ 2019b.

4.6.3.2 Community Based Tourism

Eines der Hauptargumente, welche gegen die klassische Form der Entwicklungszusammenarbeit eingewandt werden, bezieht sich auf die Praktizierung von **Top-
Down-Ansätzen**, bei denen sich die Partner der Entwicklungszusammenarbeit aus
Geber- und Empfängerländern nicht auf Augenhöhe begegnen, sondern es häufig
an der Einbeziehung lokaler Akteure mangelt. Dies betrifft sowohl die Ziele der Entwicklungszusammenarbeit, da oft an den Bedürfnissen der eigentlichen Adressaten
vorbeigeplant wird, als auch die Durchführung, bei welcher häufig zu stark auf ausländische Fachkräfte gesetzt wird, sodass es zu einem einer nachhaltigen Entwicklung
zuwiderlaufenden Kapazitätsaufbau kommt.

Eine Alternative zu Top-Down-Ansätzen stellen sog. **Community Based Organizations** dar, d. h. im Rahmen von **Bottom-Up-Initiativen** gegründete karitative Einrichtungen, bei denen die Betroffenen selbst die Initiative zur Gestaltung und Verbesserung ihrer Lebensbedingungen ergreifen. Im Sinne einer Hilfe zur Selbsthilfe kommt
Entwicklungsberatern aus dem Ausland lediglich die Rolle eines Moderators zu (vgl.
Eid/Vangerow-Kühn 2018, S. 18; Barr et al. 2010, S. 2.; Beyer 2003, S. 73 ff.).

Auf diesem Ansatz baut das Konzept des **Community Based Tourism** (CBT)
auf, das insbesondere in ländlichen und wirtschaftlich benachteiligten Regionen als
Chance zur Bekämpfung von Armut erachtet wird (vgl. Ilius 2014, S. 258). CBT wird
verstanden als

> Tourism in which local residents (often rural, poor and economically marginalized) invite tourists
> to visit their communities with the provison of facilities and activities (ILO 2011, S. 213).

Das auf dem Ansatz der Community Development[30] beruhende und vor allem im südlichen Afrika zum Einsatz kommende Prinzip fordert die Einbeziehung der lokalen
Bevölkerung in touristische Planungsprozesse aus ökonomischen, ökologischen, soziokulturellen und politischen Erwägungen und erstreckt sich über vier Intensitäts-
stufen (vgl. Schmude/Namberger 2015, S. 107 ff.; Palm 2000, S. 15):

- **Information und Konsultation**, d. h. alle Betroffenen werden von geplanten
  Maßnahmen informiert und um ihre Meinung gebeten,
- **Mitwirkung**, d. h. die Betroffenen liefern Anregungen, die in den Entscheidungsprozess einfließen, was die Legitimation eines touristischen Projekts sichert,
- **Mitentscheidung**, d. h. die Beteiligten sind mit dem Recht zur Mitentscheidung
  über die geplanten Maßnahmen ausgestattet,
- **Eigenverantwortung und Selbstbestimmung**, d. h. die Bevölkerung ergreift
  von sich aus die Handlungshoheit und bestimmt die Entwicklung des Projekts
  nach ihren eigenen Vorstellungen.

---

30 Ansatz zur Mobilisierung der Bevölkerung in ländlichen Regionen von Entwicklungsländern. Eine
finanzielle, technische und personelle Unterstützung dient der Hilfe zur Selbsthilfe.

Zur Sicherstellung der Beteiligung der ortsansässigen Bevölkerung auf Augenhöhe kommen vor allem die letzten beiden Stufen zum Einsatz. Generell ist zu konstatieren, dass mit zunehmendem Grad der Beteiligung der einheimischen Bevölkerung die soziokulturellen und ökologischen Effekte tendenziell positiver beurteilt werden. Ähnliches gilt für die ökonomischen Vorteile der bereisten Gesellschaft.

Die Bevölkerung lässt sich, mit den lokalen Begebenheiten variierend, auf dreierlei Weise in CBT-Projekte integrieren[31] (vgl. Häusler/Strasdas 2003, S. 4):

- Beteiligung der gesamten Gemeinde,
- Beteiligung von Teilen der Gemeinde oder einzelner Familien,
- Joint Venture zwischen der Gemeinde bzw. einzelnen ihrer Mitglieder und einem externen Partner (z. B. Tourismusunternehmen).

Die Integration in touristische Projekte soll die Akzeptanz der lokalen Bevölkerung für diese erhöhen, da die Beteiligung der Betroffenen ein Gefühl von Mitverantwortung sowie einen Anreiz zur Aufrechterhaltung oder Weiterentwicklung des Projekts schafft (vgl. Paesler 2014, S. 92).

Organisationen der Entwicklungszusammenarbeit kommen im Zusammenhang mit dem CBT folgende Funktionen zu (vgl. Paesler 2014, S. 93 f.):

- Erfassung bzw. Bewertung der örtlichen Gegebenheiten,
- Einschätzung zur Machbarkeit, Vertretbarkeit und Sinnhaftigkeit des Tourismusprojekts,
- Kontaktaufnahme mit Vertretern der Community und Finanzierung der Startinvestitionen,
- Information sowie Aus- und Weiterbildung der lokalen Bevölkerung,
- Herstellung von Verbindungen zu staatlichen Institutionen (z. B. wegen Lizenzvergaben, Genehmigungen oder Landrechten) oder Fördermitteln der Entwicklungszusammenarbeit.

CBT-Projekte können die lokale Gemeinschaft nicht nur in wirtschaftlicher (finanzielle Einnahmen und daraus erzielte Infrastrukturverbesserungen), sondern auch psychologischer (gesteigertes Selbstwertgefühl, Erhöhung des Status durch Weiterbildungsmöglichkeiten), sozialer (Stärkung des Zusammenhalts der Gemeinschaft) und politischer Hinsicht (Bildung von Interessenvertretungen) aufwerten und stärken. Allerdings sind stets die Interessen der beteiligten Akteure zu berücksichtigen. Häufig bestehen Interessenkonflikte zwischen lokalen Unternehmen, welche langfristige wirtschaftliche Anliegen verfolgen, und Spekulanten, die eher nach einer kurzfris-

---

[31] Unter CBT fallen auch andere Konzepte wie der Integrierte Dorf- oder Gemeindetourismus („travel like a local"), d. h. ein Tourismus, der kleine Gemeinschaften in abgelegene und vom Massentourismus unberührte Regionen führt und das Ziel einer möglichst hohen Wertschöpfung für die ortsansässige Bevölkerung bei gleichzeitig bestmöglichem Schutz natürlicher Ressourcen verfolgt (vgl. Aderhold 2011).

tigen Profitmaximierung trachten. Hinzutreten können komplexe, lokal nur schwer kontrollierbare Machtbeziehungen und -gefälle, die von örtlichen, meist männlichen Eliten dominiert werden, welche sich die Vorteile der CBT-Entwicklung selbst zu Nutze machen und die Gemeinschaft nicht daran teilhaben lassen. Ungenügende Außenbeziehungen, mangelnde Transparenz sowie Korruption tragen ihr weiteres zum fragwürdigen Erscheinen mancher CBT-Projekte bei. Als schwer überwindbare Hürden erweisen sich ferner mangelnde Markt- und Marketingerkenntnisse, eine geringe Kapazitätsauslastung, unzureichende Fort- und Weiterbildungsmöglichkeiten sowie fehlende Qualitätsstandards. Hinzu gesellt sich das Problem der Nichterfüllung der hohen Erwartungen der ortsansässigen Bevölkerung an eine zügige Verbesserung ihrer Lebensverhältnisse, weil sich der wirtschaftliche Effekt von CBT-Projekten meist erst nach längerer Zeit einstellt (vgl. Ilius et al. 2014, S. 259 f.; Ndlovu et al. 2011, S. 43 f.; Giampiccoli et al. 2015, S. 51 f.).

5 Aktuelle Handlungsfelder der Tourismuspolitik

Folgendes Kapitel nimmt sich den derzeit wohl drängendsten, einzelne politische Fachbereiche übergreifenden Herausforderungen der Tourismuspolitik an und zeigt Lösungsansätze auf. Hierbei wird zunächst auf die Problematik des **Overtourism** (Kap. 5.1) eingegangen. Dem schließen sich die Diskussion um den **Klimawandel** (Kap. 5.2) sowie die Auswirkungen der **Corona-Krise** (Kap. 5.3) an. In allen drei Fällen ist der Tourismus sowohl Verursacher bzw. Verstärker und Betroffener zugleich.

5.1 Overtourism – die Kehrseite des Tourismus

> Der Tourismus, ersonnen, um seine Anhänger von der Gesellschaft zu erlösen, nahm sie auf die Reise mit. Von den Gesichtern ihrer Nachbarn lasen die Teilnehmer fortan ab, was zu vergessen ihre Absicht war. In dem, was mitfuhr, spiegelte sich, was man zurückgelassen hatte. Der Tourismus ist seither das Spiegelbild der Gesellschaft, von der er sich abstößt.

Diese Erkenntnis, zu welcher der deutsche Dichter und Schriftsteller Hans Magnus Enzensberger bereits 1958 in seiner auch heute immer noch lesenswerten Veröffentlichung „Vergebliche Brandung der Ferne. Eine Theorie des Tourismus" kam, ist heutzutage aktueller denn je: Eine von Instagram-Touristen überschwemmte Wohnstraße in Paris, vermüllte Gassen in Florenz, picknickende Besucher in Rom, nächtlicher Partylärm in Barcelona, immer mehr Kreuzfahrtschiffe in Dubrovnik, lärmende Rollkoffer in Venedig, kiffende Touristen in Amsterdam, steigende Mieten in Lissabon, von Reisebussen verstopfte Plätze in Salzburg, Gefühle der touristischen Überfremdung auf Mallorca etc. legen davon deutlich und spürbar Zeugnis ab.

Der sog. Overtourism als systemisches Tourismusphänomen hat binnen kurzer Zeit ein großes Aufmerksamkeits- und Beachtungspotenzial entfaltet und sich dabei mit hoher Dynamik von einem rein wissenschaftlichen Expertenthema mit Ursprung in den letzten drei bis vier Jahren zu einem medialen Ereignis in der breiten Öffentlichkeit entwickelt. Dieses Thema ist nicht nur in Städten, sondern auch an besonders hervorstechenden einzelnen Attraktionsorten zum Anlass scharfer Proteste und heftiger Auseinandersetzungen geworden, wobei sich die Kritik nicht nur gegen die Touristen, sondern vor allem die politischen Entscheidungsträger richtet, denen vielerorts vorgeworfen wird, die damit ausgelösten Probleme durch eine einseitig wachstumszentrierte Tourismuspolitik begünstigt zu haben bzw. zu spät und zu wenig energisch dagegen vorgegangen zu sein (vgl. Novy/Grube 2017, S. 7; Bauer et al. 2020, S. 89; Kagermeier 2020, S. 240; Brenner 2020, S. 74).

Zwar wurde der Vormarsch des weltweiten Overtourism durch die globale Corona-Pandemie (vgl. Kap. 5.3) ausgebremst. Ob es sich dabei aber nur um eine zeitweise Unterbrechung handelt oder von dieser Zeit ein tatsächlicher Anstoß für eine Neuaus-

https://doi.org/10.1515/9783110663891-005

richtung von Tourismuskonzepten ausgeht, lässt sich noch nicht beantworten (vgl. Kap. 5.3.4).

5.1.1 Begriff und Kontext des Overtourism

Die negativen Auswirkungen des Tourismus und deren Diskussion in Öffentlichkeit sowie Tourismusforschung sind keineswegs ein wirklich neues Phänomen. „Der Tourismus zerstört, was er sucht, indem er es findet", schrieb Enzensberger schon 1958. Die damit ausgelöste bildungsbürgerliche Tourismuskritik mündete Anfang der 1980er Jahre in die Konzepte des „Sanften" und später des „Nachhaltigen Tourismus" (vgl. Exkurs 1; Neumair et al. 2019, S. 69 ff.). Auch die ablehnende Haltung bereister Bevölkerungen gegenüber der touristischen Entwicklung ihrer Heimat ist kein wirklich neues tourismuswissenschaftliches Phänomen (vgl. Herntrei 2019, S. 108; Mihalic 2020, S. 1). Neu sind allerdings die quantitativen und qualitativen Dimensionen infolge eines punktuell überbordenden Tourismus sowie die öffentlichen Diskurse darüber. Während sich die Diskussion touristischer Lasten früher eher auf fragile Naturökosysteme (vgl. Kap. 4.1.1) oder die interkulturelle Überformung des Entwicklungsländertourismus (vgl. Kap. 4.6.1) konzentrierte, schwindet heutzutage in manchen Destinationen aufgrund der touristischen Auswüchse nicht nur die allgemeine Akzeptanz gegenüber dem Tourismus, sondern schlägt auch in zunehmende Ablehnung um (vgl. Kagermeier/Erdmenger 2019, S. 68; Brenner 2020, S. 76). Neu ist ferner, dass es dabei nicht mehr allein um die von den negativen wirtschaftlichen, ökologischen und sozialen Effekten des Tourismus ausgelöste physische Belastung, sondern längst auch um psychische Auswirkungen geht, d. h. die Wahrnehmung und das Gefühl der Einheimischen, aber auch der Touristen selbst, dass es an einem Ort einfach zu viele Touristen gibt, die eine Destination auf unhaltbare Weise überrennen. Der Begriff Overtourism steht damit für die Qualifizierung des **Tourismus als Massenphänomen** inklusive der Verhaltensformen der Touristen und der daraus resultierenden Auswirkungen.

Erstmals im Jahr 2012 unter dem hashtag #overtourism auf Twitter aufgetaucht, fand der Begriff erst im Jahr 2017 seinen Weg in die breite Öffentlichkeit und Fachkreise. Unzählige Medienbeiträge und Schlagzeilen („Invasion der Touristen", „Tourist go home! Proteste in Spanien werden aggressiver", „Venedig ist zum Albtraum geworden", „Tourist, du bist Terrorist", „die Stimmung ist von Liebe in Hass umgeschlagen", „acht Orte, an denen Touristen am meisten gehasst werden", „tourists loving tourism destinations to death" etc.) erhöhten seine Bedeutung, sodass auch die Anzahl der Suchanfragen im Internet seit 2017 rapide zugenommen hat. Auf wissenschaftlichen Konferenzen (z. B. Reykjavik und Dublin 2017, Greenwich 2018) sowie internationalen Messen (z. B. der ITB Berlin 2018) bildete das Thema einen wichtigen Schwerpunkt und hat mittlerweile verstärkt Eingang in die Tourismuswissenschaft gefunden (vgl. Arlt 2018, S. 64; Milano et al. 2019a und b; Volgger 2019, S. 138).

In der Praxis meint Overtourism „die zeitweise Übervölkerung einer touristischen Destination durch zu viele Touristen" (Kirstges 2020, S. 103). In der Theorie hat sich aufgrund der vergleichsweise jungen Historie des Phänomens als wissenschaftliches Forschungsobjekt dagegen bislang noch kein einheitliches Begriffsverständnis durchsetzen können. Eine dennoch bisweilen die **wissenschaftliche Diskussion** bestimmende Definition betrachtet Overtourism als

> the excessive growth of visitors leading to overcrowding in areas where residents suffer the consequences of temporary and seasonal tourism peaks, which have enforced permanent changes to their lifestyles, access to amenities and general well-being (Milano et al. 2018).

Erste Anzeichen von Overtourism machen sich in solchen Destinationen bemerkbar, in denen

> hosts or guests, locals or visitors, feel that there are too many visitors and that the quality of live in the area or the quality of the experience has deteriorated unacceptably (Goodwin 2017, S. 1).

Prägendes Charakteristikum ist dabei gleichermaßen die subjektiv-negative Wahrnehmung von Menschenmassen und die dadurch ausgelöste Schmälerung der allgemeinen Lebensqualität der bereisten Bevölkerung ebenso wie die Verschlechterung einer wünschenswerten Aufenthaltsqualität für die Reisenden innerhalb einer touristischen Destination. Dabei handelt es sich bei sog. **Crowding-Effekten** im Tourismus durchaus um ein ambivalentes Phänomen. Wie eine Menschen- oder Besuchermenge wahrgenommen wird, hängt stets von ihrer Intensität und Dichte („Crowding") sowie dem raumzeitlichen und sachlichen Kontext ab. Während bei bestimmten, insbesondere gemeinschaftsorientierten touristischen Attraktionen (z. B. Events, Festivals, Volksfeste, Sportgroßereignisse etc.) Menschenansammlungen durchaus positiv im Sinne von Stimmung steigernd aufgenommen werden, ist es ein klassisches Merkmal des Overtourism, wenn aufgrund eines zu hohen Touristenaufkommens z. B. Warteschlangen, Zugangsbeschränkungen, hohe Preise etc. bei den Reisenden Stress und Aggressionen hervorrufen. Ähnlich zweideutig verläuft die Entwicklung bei den Bereisten: Während diese dem Tourismus wegen seiner wirtschaftlich positiven Wirkungen anfangs noch aufgeschlossen gegenüberstehen und Touristen willkommen heißen, bekommen sie im Laufe der Zeit auch die negativen Begleiterscheinungen (z. B. Überfüllung, Umweltverschmutzung, Vermüllung, Kriminalität, Gentrifizierung etc.) zu spüren und sehen ihre Lebensqualität als bedroht an (vgl. Bauer 2020, S. 92 und 95 f.; Tallinucci 2019, S. 100 f.).

In der Diskussion um den Overtourism stellen sich für die Tourismuspolitik u. a. folgende Fragen (vgl. Schulz et al. 2020, S. 561):
– Bis zu welchem Ausmaß lässt sich das Ökosystem durch Tourismus belasten?
– Bis zu welchem Grad akzeptiert die lokale Bevölkerung das Aufkommen und Verhalten von Touristen?

- Ab welcher touristischen Auslastung ist mit einer überdimensionierten Infrastruktur sowie Preissteigerungen (z. B. für Wohnen) zu rechnen?
- Welche Restriktionen ergeben sich aus einem überhöhten touristischen Flächenbedarf?
- Bis zu welchem Grad an touristischer Aufnahmefähigkeit einer Destination wird der Erholungsnutzen eines Touristen nicht durch andere Touristen geschmälert?

Besondere Probleme bei der Beantwortung dieser Fragen verursacht die Beschreibung bzw. Fassung der quantitativen Dimension des Phänomens Overtourism, d. h.

> unter welchen Umständen, aus welcher Perspektive, bezogen auf welche Kriterien eigentlich vom Stadium des Overtourism zu sprechen ist bzw. auf welche relativen oder absoluten Kenngrößen eine solche Bestimmung abzustellen wäre (Bauer et al. 2020, S. 93).

Im Kontext des Overtourism stößt man daher häufig auf den Begriff der **Tragfähigkeitsgrenze** touristischer Destinationen. Diese beschreibt

> the maximum number of people that may visit a tourist destination at the same time, without causing destruction of the physical, ecocomic and sociocultural environment and an unacceptable decease in the quality of visitors satisfaction (UNWTO 2018b, S. 5).

Es lassen sich ökonomische, ökologische, physische, soziale und psychische Tragfähigkeiten abgrenzen (vgl. Watson/Kopachevsky 1996, S. 174 ff.). Tabelle 5.1 macht dies an Beispielen aus dem Städtetourismus deutlich. Denn während früher Tragfähigkeitsgrenzen vor allem im Kontext von Naturräumen diskutiert wurden, besteht heute Einsicht darüber, dass auch urbane Räume einen Lebensraum verkörpern, dem ebenfalls Tragfähigkeitsgrenzen zuzubilligen sind (vgl. Kagermeier/Erdmenger 2021, S. 11).

Tab. 5.1: Formen von Tragfähigkeit im Städtetourismus

Art der Tragfähigkeit	Beispiel mit Bezug zum Städtetourismus
Ökonomische Tragfähigkeit	Einwohner leiden unter zu hohen Miet- und Immobilienpreisen durch tourismusinduzierte Gentrifizierungsprozesse
Ökologische Tragfähigkeit	Städtische Feinstaubbelastung durch tourismusinduzierten PKW-Verkehr überschreitet festgeschriebene Grenzwerte
Physische Tragfähigkeit	Fehlende bzw. ausgebuchte Beherbergungskapazitäten durch städtisches Großevent
Soziale Tragfähigkeit	Unzufriedenheit bei Einwohnern
Psychische Tragfähigkeit	Verminderung der Gästezufriedenheit durch erhöhtes Touristenaufkommen an innerstädtischen Sehenswürdigkeiten

Quelle: Reif 2019, S. 264.

Die Tragfähigkeitsgrenze markiert in der ortsansässigen Bevölkerung den emotionalen Wendepunkt weg von Enthusiasmus und Unterstützung des Tourismus hin zu Irritation und Annäherung an die Grenzen einer sozialverträglichen Tourismusentwicklung (vgl. Postma/Schmuecker 2017, S. 146). An dieser Schwelle kann der Overtourism auch in eine sog. **Tourismusphobie** münden. Dieser von konservativen spanischen Politikern und Medien geprägte Begriff bezeichnet die Zunahme einer teils irrationalen Ablehnung und Feindseligkeit gegenüber Touristen (vgl. Novy/Grube 2018, S. 5), die in Demonstrationen, Anti-Touristen-Kampagnen oder Anti-Tourismus-Netzwerken zum Ausdruck kommt:

–   In der Altstadt von Barcelona z. B. hängen immer wieder Bettlaken mit der Aufschrift „Tourist go home". Eine von Einwohnern am Strand gebildete Menschenkette mit gelben T-Shirts, auf denen „Unsere Barcelonata steht nicht zum Kauf" stand, hinderte Touristen 2017 am Meereszugang. In der Innenstadt werden häufig die Reifen der bei den Touristen sehr beliebten städtischen Fahrräder zerstochen. Immer wieder sind Wandschmierereien, wie z. B. „Gaudi hates you", zu beobachten. Vermummte stellten sich ebenfalls 2017 einem vollen Touristenbus entgegen, schlitzten die Reifen auf und sprühten mit Farbdosen touristenfeindliche Parolen auf die Windschutzscheibe.

–   Auf Mallorca versperrten 2017 Mitglieder der Bürgerinitiative „Cuitat per qui l'habitat" („Die Stadt für die Bewohner") den Zugang zum Tourismusministerium und klebten Zettel mit der Aufschrift „geschlossen" an die Eingangstür. Aufgerufen von mehr als 50 Verbänden und Institutionen, zogen im selben Jahr rund 3.000 Demonstranten zum Regionalparlament der Balearen und skandierten „Ohne Beschränkungen gibt es keine Zukunft". Entlang der Playa de Palma tauchen immer wieder Protestgraffitis und -plakate („Tourism kills the city", „Stop Airbnb", „Palma non se vende" = „Palma wird nicht verkauft", „Tourists = Terrorists" u. a.) auf.

–   In Valencia besetzten Aktivisten 2017 eine Ferienwohnung und hissten ein Transparent, um auf die touristische Gentrifizierung ihrer Stadtviertel aufmerksam zu machen.

–   In der Alfama, der labyrinthischen Altstadt von Lissabon, versinnbildlichten 2018 Graffitis mit der Aufschrift „Fuck Airbnb. We want to live here" die Protesthaltung der Einwohner.

–   Im Mai 2018 haben 14 Städte und Inseln (zehn davon in Spanien, aber auch Venedig und Lissabon u. a.) das „Network of Southern European Cities against Touristification" gegründet.

Jedoch deklariert in den vom Overtourism heimgesuchten Destinationen i. d. R. nur eine Bevölkerungsminderheit ihren Unmut, wohingegen viele Einwohner direkt oder indirekt vom Tourismus profitieren und ihn deshalb sogar begrüßen. Allerdings leben diejenigen, die aus dem Tourismus Nutzen ziehen bzw. an ihm verdienen oft abseits der überlaufenen und betroffenen Orts- und Stadtviertel, während jene, die dort wohnen und die Nachteile der touristischen Anziehungskraft ihrer Wohngebiete direkt zu spüren bekommen, nicht unbedingt am Tourismus partizipieren. Auf diese Art werden Gewinne aus dem Tourismus privatisiert, seine negativen Begleiterscheinungen aber sozialisiert, was einen Keil in die ortsansässige Bevölkerung treibt und Konflikte unter den Bereisten auslöst.

Eine weitere Ambivalenz betrifft das Alter der bereisten Bevölkerungsgruppen. Ältere Schichten, welche ihren Lebensraum noch ohne bzw. vor der Zeit des Massentourismus erlebt haben und in solchen Branchen und Gesellschaftszirkeln aktiv waren, die sich gegen strukturelle wirtschaftliche und soziale Veränderungen wehren, stehen dem Overtourism weit negativer gegenüber als jüngere Generationen, welche die Weltoffenheit ihrer Heimat begrüßen und sich vom Tourismus durchaus Arbeits- und Zukunftschancen versprechen (vgl. Kirstges 2020, S. 110; Schulz et al. 2020, S. 549).

5.1.2 Probleme und Ursachen des Overtourism

Im Mittelpunkt der Diskussion über den Overtourism stehen die folgenden **zentralen Problemfelder**, die sich in direkte und indirekte Effekte unterteilen lassen (vgl. Kagermeier 2021, S. 38 ff.; Taurer 2018, S. 9). Zu den **direkten Effekten** gehören:

- **Kapazitätsprobleme** durch Überlastung von öffentlicher (z. B. ÖPNV) und privater Infrastruktur (z. B. Gastronomie),
- **Beeinträchtigung der Lebensqualität** der einheimischen Bevölkerung durch **Lärm** (insbesondere nachts durch den Aufenthalt der Besucher in der Außengastronomie oder beim Unterwegs sein in den Straßen) oder das **Verhalten der Touristen** (z. B. Hinterlassen von Müll oder Körperausscheidungen nach exzessivem Alkoholgenuss) und dadurch zunehmende **Ablehnung gegenüber dem Tourismus**,
- Irritation durch die Anwesenheit von Touristen auch ohne direkte physische Emissionen und dadurch aufkommende **Gefühle von Überfremdung**,
- **abnehmende Besucherzufriedenheit** in den betroffenen Destinationen infolge von Crowding-Effekten.

Als **indirekte Effekte** lassen sich anführen:

- **Strukturwandel im Einzelhandel:** Verdrängung der am Bedarf der ortsansässigen Bewohner ausgerichteten Angebote des Einzelhandels durch an den Touristen orientierte Geschäfte (z. B. Souvenir- und Kunstläden),
- **Wandel der Gastronomie:** Verdrängung der Bewohner aus ihren Stammlokalen und Entstehung von an den Besuchern ausgerichteten gastronomischen Angeboten,
- **Nutzungsrivalität auf dem Wohnungsmarkt:** Verknappung und Verteuerung von Wohnraum auf dem Markt für Langzeitvermietungen durch die Ausbreitung der Sharing Economy bzw. Kurzzeitvermietungen für Besucher.

Dabei sind es die folgenden Faktoren, welche den Overtourism verursachen bzw. beschleunigen (vgl. Dodds/Butler 2019, S. 6 ff.; Kirstges 2020, S. 104 f.):

– Die **steigende Anzahl von Touristen:** Zwischen 1950 und 2019 hat sich die Zahl der weltweiten touristischen Ankünfte mehr als vervierzigfacht. Dabei wachsen vor allem der Individualtourismus, gefördert durch Billigflüge und günstige Privatunterkunftsangebote, sowie der Kreuzfahrttourismus, der sich auf bestimmte Hafenstädte konzentriert und dort massenweise Tagestouristen „ausspuckt".

– **Zunehmender Wohlstand,** einhergehend mit sinkenden Flugkosten, welche auf der Ausbreitung von Billigfluggesellschaften und der Liberalisierung des Luftverkehrs beruhen, hat das Reisen erheblich erschwinglicher gemacht. Ähnliches gilt für den Busverkehr mit dem Flixbus-Konzept.

– **Neue Gruppen von Touristen:** Wachsender Wohlstand und der Abbau von Reiseverkehrsbestimmungen, insbesondere Visaerleichterungen, haben die Anzahl der Touristen aus Schwellenländern, allen voran China und Indien, sprunghaft erhöht.

– **Wachstumszentrierte touristische Denkweise:** Vielfach wird der Tourismus als Beschäftigungs- und Entwicklungsfaktor mit im Vergleich zu Industrie und Rohstoffwirtschaft weniger gravierenden ökologischen Entwicklungen gesehen.

– **Kurzfristige Betrachtungsweise:** Der Fokus der Politik liegt mehr auf Wachstum, Profit und Wiederwahl, weniger auf langfristigen gesellschaftlichen und ökologischen Entwicklungen. Häufig mangelt es ihm zudem an demokratischen Abstimmungen und der Einbeziehung der lokalen Bevölkerung.

– **Erschließung neuartiger Destinationen:** Sinkende Reisekosten, die Ausweitung von Flugverbindungen und das Wachstum von Onlineplattformen lässt den Tourismus in neue Räume vorstoßen.

– **Ungleichgewichtige Berücksichtigung von Interessengruppen:** Insbesondere die ortsansässige Bevölkerung wird in touristische Planungsprozesse und Entwicklungen in zu geringem Ausmaß einbezogen und nur einseitig über die positiven Seiten des Tourismus wie Arbeitsplätze und Wirtschaftswachstum informiert.

– **Fragmentierung touristischer Anspruchsgruppen:** Die Tourismuswirtschaft präsentiert sich fragmentiert und gespalten und wird von Interessenskonflikten überschattet, was eine koordinierte Kooperation im Kampf gegen den touristischen Wildwuchs erschwert.

Eine besonders hervorzuhebende Rolle kommt dem immer breiter werdenden **Zugang zu Medien und Informationen** zu. Vor allem das Internet erleichtert den Zugang zu touristisch relevanten Informationen. Online-Plattformen wie Airbnb minimieren Eintrittsbarrieren, Risiken und Transaktionskosten bei der Suche und Vermittlung von Unterkünften. Sie gelten als Turbo des Overtourism. Soziale Medien und Blogs, auf denen Urlaubsschnappschüsse präsentiert werden und die gegenüber den meisten herkömmlichen Reiseführern und Touristenbroschüren ein Vielfaches an Sehenswürdigkeiten abbilden, befördern ihrerseits den Overtourism. Denn schon seit Beginn des

Reisens halten Menschen ihre Eindrücke von fremden Orten in Bildern fest. In den Urlaub zu fahren, ohne Fotos zur Erinnerung oder die Zuhausegebliebenen zu machen, gilt heute mehr denn je als undenkbar. Sie werden auf digitalen Plattformen veröffentlicht, die in Form eines Kreislaufs funktionieren. Touristen sehen auf ihnen ein Motiv und wollen an eben diesen Ort reisen. Dann posten sie es wiederum selbst mit der Botschaft: „Ich war hier". Der Erhalt vieler Likes gilt dann als Form sozialer Anerkennung.

Zu einem besonders unerwünschten Multiplikator hat sich der zu Facebook gehörende Online-Dienst **Instagram** zur Teilung von Fotos und Videos entwickelt. Denn oft lösen – nicht selten an schwer zugänglichen Orten – bereits wenige Bilder regelrechte Touristenströme aus, erst recht wenn sie von Prominenten gepostet werden. Ein Beispiel ist das an einer Felswand im Ostschweizer Appenzeller Land idyllisch gelegene Aescher Wildkirchli. Seit den Posts des Schweizer Tennisprofis Roger Federer wird das kleine denkmalgeschützte Bergrestaurant aus dem Jahr 1846 von Touristenmassen gestürmt. Dasselbe gilt u. a. für den vorher unbekannten, in den Südtiroler Dolomiten gelegenen Pragser Wildsee, den Felsvorsprung Trolltunga am Sørfjord, den Preikestolen über dem Lysefjord (beide Norwegen), den andischen Vinicunca (Rainbow Mountain) in Peru, das im Schweizer Kanton Tessin gelegene Verzascatal und die Straße der bunten Häuser (Rue Crémieux) in Paris.

Welche Bedeutung Filmen in diesem Zusammenhang zukommt, lässt sich am Blockbuster „Joker" aus dem Jahr 2019 ablesen. Vergleichbar mit den „Rocky Steps", den Stufen vor einem Museum in Philadelphia, die als Sehenswürdigkeit gepriesen werden, seit sich auf ihnen der Schauspieler Silvester Stallone im Boxerdrama „Rocky" hochschleppte, hat im „Joker" eine 132stufige Treppe zwischen der Shakespeare und Anderson Avenue im New Yorker Stadtteil Bronx, die der Hauptdarsteller Joaquin Phoenix im Clownskostüm erklimmt, zum Ärger von Anwohnern einen Selfie- und Instagram-Hype unter Touristen ausgelöst.

Derartige Hypes mögen nach einiger Zeit zwar wieder abflauen, das Potenzial, für Probleme zu sorgen, besitzen sie aber dennoch. Ferner können sich aus der von ihnen ausgeübten Anziehungskraft für Touristen auch Gefahren – u. U. sogar für Leib und Leben – erwachsen. So postete im Juni 2020 eine Influencerin mit über einer Million Followern auf Instagram ein spektakuläres Bild, das sie beim Baden in einer Gumpe des Wasserfalls am bayerischen Königsee zeigt. Die starke Strömung und der darunter in die Tiefe rauschende Wasserfall machen die Stelle für badende Wanderer besonders gefährlich. Es kam dort bereits zu mehreren Unfällen. Ein Jahr zuvor ereignete sich eine besonders schwere Tragödie, als zwei junge Männer sogar ums Leben kamen. Das Management des Nationalparks Berchtesgaden zeigte sich über den Post empört und sprach wegen der Gefahr, in die sich nachahmende Wanderer begeben, sowie der Befürchtung einer Beeinträchtigung der Natur (u. a. durch Campen, Lagerfeuer, Müll und Drohnenflüge), von Dummheit und Ignoranz (vgl. Merkle 2021; hr.1 2019; SZ 2019b; Welt 2020f).

Demographische und sozioökonomische Treiber	Technologische Treiber		Treiber im Zielgebiet
	Transport/Verkehr	Kommunikation	
Mehr und wohlhabendere Menschen			Unterschiedliche Interessen der Bereisten
Verhaltensänderung	Schnelles und preiswertes Reisen	Soziale Medien	Wachstumsgedanke
Neue Zielgruppen von Touristen	Billigflieger	Destinationswerbung	Kurzfristige Sichtweise
Reiseerleichterungen	Kreuzfahrten	Leichtes, sicheres und schnelles Buchen	Förderung von Tourismusprojekten
Mehr Touristen	Mehr Touristen	Mehr Touristen	Konzentration auf Wachstum

OVERTOURISM

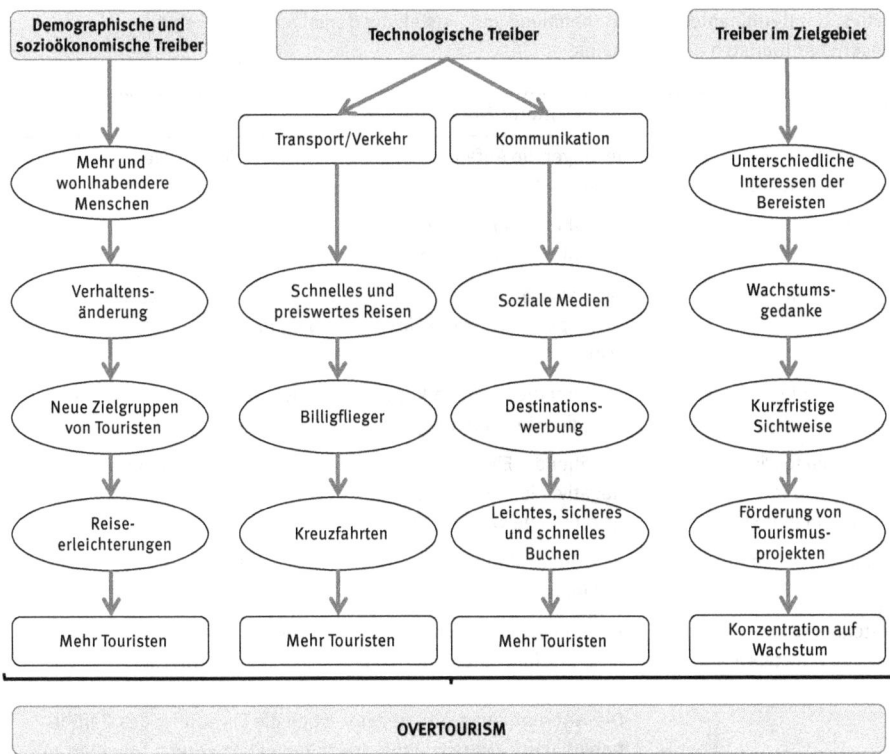

Abb. 5.1: Faktoren der Verursachung und Verstärkung des Overtourism
Quelle: Eigene Darstellung in Anlehnung an Dodds/Butler 2019, S. 16.

Abbildung 5.1 fasst die den Overtourism begünstigenden Faktoren zusammen.

Im Zusammenhang mit Overtourism kommt dem Begriff „Tourist" – ganz im Gegenteil zum „Reisenden" – ein negatives Rollenverständnis zu, indem dieser als unerwünscht und störend empfunden wird:

> Während der Reisende für Freiheit, Abenteuer und Individualität steht [...], haftet dem Touristen der „Geruch der vulgären Masse [...] an [...]. Demnach muss der Tourist als ebenso arrogant-respektloser wie einfältig-fordernder Eindringling möglichst bequem und risikofrei zu Sehenswürdigkeiten geführt werden, um sich vor diesen – klassisch mit Sonnenbrille und in weißen Socken sandalierend oder zeitgemäßer mit Sonnenbrille und kleinem Rucksäckchen bewaffnet – fotografieren und sich anschließend als Herdenmitglied der gleichgesinnten kitschliebhabenden Souvenirschnäppchenjäger übers Ohr hauen zu lassen. Der Reisende hingegen taucht ein, erlebt Abenteuer und ist ernsthaft interessiert (Reif et al. 2019, S. 384).

Wichtig ist dabei, dass Wahrnehmung und Einstellung der ortsansässigen Bevölkerung gegenüber Touristen und Tourismus in Abhängigkeit einer Vielzahl von Variablen positiv wie negativ variieren können (vgl. Tabelle 5.2).

Tab. 5.2: Determinanten der Wahrnehmung und Einstellung der lokalen Bevölkerung gegenüber Touristen und Tourismus

Einflussfaktor	Beobachteter Zusammenhang
Soziale Bindung oder Aufenthaltsdauer	Je länger die Aufenthaltsdauer, desto negativer ist die Haltung gegenüber der Tourismusentwicklung.
Wissen	Je mehr Wissen die Einwohner über Tourismus haben, desto positiver wird dieser wahrgenommen.
Kontaktstufe	Je intensiver die Interaktion der Einwohner mit den Touristen ist, desto positiver ist die Einstellung der Einheimischen gegenüber Touristen.
Konzentration	Je höher die Besucherkonzentration ist, desto negativer ist die Haltung der Einwohner gegenüber den Touristen.
Nähe zum touristischen Zentrum oder Attraktionspunkt	Je näher die Einwohner am touristischen Zentrum wohnen, desto negativer ist deren Einstellung gegenüber dem Tourismus. Auch gegenteilige Wirkung möglich.
Persönliche Abhängigkeit	Einwohner sind positiver gestimmt, wenn der Tourismus ihre Existenzgrundlage bildet.
Beteiligung an Freizeitaktivitäten	Einwohner haben eine positive Wahrnehmung, wenn sie erkennen, dass der Tourismus die Freizeiteinrichtungen verbessert bzw. neue schafft. Die Wahrnehmung wird negativ, wenn die Einwohner das Gefühl haben, den Zugang zu ihren Freizeitaktivitäten durch Touristen zu verlieren.
Demographie	Soziodemographische Aspekte (Alter, Sprache, Geschlecht, Familienstand etc.) beeinflussen die Wahrnehmung der Einwohner gegenüber dem Tourismus.
Saisonalität	In größeren Gemeinden ist zur Hauptsaison eine negative Einstellung der Einwohner gegenüber dem Tourismus erkennbar.
Entwicklungsstadium einer Destination	Je niedriger der Entwicklungsstand einer Destination ist, desto positiver ist die Einstellung der Einwohner gegenüber dem Tourismus. Auch gegenteilige Entwicklung möglich: Einwohner einer gut entwickelten Destination äußern eine positive Wahrnehmung gegenüber dem Tourismus und unterstützen die Tourismusentwicklung.

Quelle: Herntrei 2019, S. 112 ff.

5.1.3 Städte als Brennpunkte des Overtourism

Betroffen vom Overtourism sind insbesondere größere städtische Destinationen und in ihnen wieder ganz bestimmte Hotspots, wie z. B. der Markusplatz in Venedig, die Promenade La Rambla in Barcelona oder die Piazza Navona in Rom, von deren Besuch – zumindest zu bestimmten Stoßzeiten – manche Reiseveranstalter und -verleger mittels Not-to-go-Listen mittlerweile abraten (vgl. Schulz et al. 2020, S. 548). Zwar treten derartige Entwicklungen mittlerweile auch in ländlich geprägten Räumen (z. B. Macchu Picchu, Boracay, Neuschwanstein) auf. Doch ist es gerade die Multioptionalität von Städten, d. h. die Möglichkeit zur Verknüpfung verschiedenster Aktivitäten im urbanen Raum, welche Städtereisen bei Touristen so hoch im Kurs stehen lässt (vgl. Winsky 2020, S. 217). Städte sind daher durch eine überdurchschnittliche Intensität und Dichte touristischer Attraktionen charakterisiert. Mehr als 45 % der internationalen Reisen führen in Städte. Der **Städtetourismus** weist somit ein schnelles und massiv voranschreitendes Wachstum auf. Die Übernachtaufenthalte in den 33 wichtigsten Destinationen des internationalen Städtetourismus haben zwischen 2008 und 2017 um 57 % zugenommen, in den korrespondierenden 15 Ländern dagegen nur um 26 % (vgl. Presse 2018). Tourismus wird mittlerweile als Spielart urbaner Konsumkultur anerkannt, Reisen als moderne Form „gelebten Glücks" wahrgenommen (vgl. Friedl 2018, S. 67).

Zum Aushängeschild des Overtourism sind in Europa vor allem zwei Städte geworden: Venedig und Barcelona (vgl. Neumair et al. 2019, S. 33 f. und 43 f.). In **Venedigs** historischer Altstadt, in der heute nur noch ca. 50.000 Einwohner leben, halten sich in den Sommermonaten täglich bis zu 80.000 Touristen auf. An manchen Tagen, v. a. in der Hauptsaison, sind Sehenswürdigkeiten wie die Rialto-Brücke oder der Markusplatz vor Menschenansammlungen praktisch unzugänglich, Menschenmassen schieben sich durch die engen Gassen oder über die kleinen Brücken. Das Problem wird durch die vielen, auf engstem Raum verteilten Souvenirstände zusätzlich verschärft. Auch in den Wasserstraßen herrschen Raumprobleme, wenn sich Einwohner, Pendler und Touristen in den öffentlichen Wassertaxis (Vaporetti) gegenseitig den Platz wegnehmen. Auf dem Canal Grande und in den engen Seitenkanälen beschimpfen sich die Fahrer von Gondeln, privaten und öffentlichen Booten. In dem dichten Schiffsverkehr, in dem oft keine Regeln gelten oder mit zu hoher Geschwindigkeit gefahren wird, ereignen sich immer wieder tödliche Unfälle. So kamen im Sommer 2018 beim Zusammenstoß eines Fischerbootes mit einem Motorboot sowie beim Kippen eines Schiffs wegen Wellengangs drei Menschen ums Leben, mehrere wurden verletzt.

Zum besonderen Ärgernis haben sich die vielen Tagestouristen entwickelt, die von den Kreuzfahrtschiffen kommen. Diese schrauben den Massentourismus auf ein unerträglich hohes Niveau hoch. In Venedig sind ihre Ankünfte zwischen 1997 und 2017 um 436 % gewachsen. Kreuzfahrtpassagiere gelten als wenig rentable Gäste, da sie ihre Verpflegung zumeist selbst mitbringen und stattdessen – jährlich fallen in Venedig rund 58.000 t Müll an – sehr viel Plastikmüll hinterlassen.

Obwohl Venedig wegen seiner hohen Preise bekannt ist, kommt es immer wieder zu teils spektakulären „Touristenabzocken", welche es in die internationalen Schlagzeilen schaffen. So wurde Anfang 2018 ein Vorfall bekannt, bei dem einer Gruppe von vier japanischen Studenten für vier Fischplatten, Steaks und Mineralwasser über 1.100 Euro in Rechnung gestellt wurden.

Das Gedrängel und rücksichtslose Verhalten vieler Kurzzeitbesucher, welche die wichtigsten Sehenswürdigkeiten in kürzester Zeit abhaken, ohne sich für andere

Stadtteile oder das kulturelle Angebot der vielen Galerien und Museen zu interessieren, stößt vielen Venezianern auf. Zudem bedrohen die für das Passieren der Schiffe notwendige Vertiefung der Fahrrinnen sowie der durch die riesigen Schiffsschrauben erzeugte Wellenschlag die Fundamente der historischen Gebäude und deren Bausubstanz.

Die 1,6 Mio. Einwohner zählende katalanische Hauptstadt **Barcelona** muss heute ca. 9. Mio. Touristen jährlich verkraften – eine Vervierfachung gegenüber 1990. Damit rangiert sie direkt hinter London und Paris, die allerdings wesentlich mehr Einwohner und Fläche aufweisen. Erstmals war es im Sommer 2017 nicht mehr möglich, spontan und ohne Voranmeldung die Sagrada-Familia-Basilika – Barcelonas Wahrzeichen, das jährlich rund 4,5 Mio. Besucher anlockt – zu besichtigen.

Die Mieten sind wegen der vielen Kurzzeitvermietungen horrend. So werden rund um den bei Touristen sehr beliebten Stadtstrand im ehemaligen Arbeiterviertel Barcelonata im Monat teilweise 800 Euro für eine 35 qm-Wohnung fällig. Ein großes Problem stellen auch die auf den nächtlichen Straßen herum lärmenden Touristenhorden sowie ausufernde Feste in den angemieteten Wohnungen dar[32]. Hinzukommen Müll- und Drogenprobleme sowie öffentliches Urinieren.

Aber nicht nur große Städte, auch kleinere Orte laborieren mittlerweile am Overtourism. Ein besonders abschreckendes Beispiel stellt die kleine, im österreichischen Salzkammergut gelegene Marktgemeinde Hallstatt dar. An sommerlichen Spitzentagen drängen sich bis zu 10.000 Touristen durch das malerische 750-Einwohner-Dorf. Zwischen 2012 und 2018 hat sich die Anzahl der jährlich ankommenden Reisebusse von ca. 5.000 auf knapp 20.000 vervierfacht (vgl. NZZ 2019a).

Dennoch treten tourismusbezogene Konflikte insbesondere in größeren Städten auf. Denn der Tourismus steht im Wettbewerb um den urbanen Raum und damit in direktem Zusammenhang mit kritischen städtischen Entwicklungen wie z. B. Immobilienspekulation, Kommerzialisierung und Privatisierung des öffentlichen Raums, Gentrifizierung und Verdrängung, steigende Mieten und Wohnungsnot, Verlust an regionaler Identität etc. Diese Tendenzen stellen bereits jenseits des Tourismus ein Problem dar und sind damit Gegenstand zivilgesellschaftlicher und politischer Auseinandersetzungen, werden vom Tourismus aber weiter wesentlich verschärft, wie es insbesondere das häufige Zusammenspiel von Touristifizierung und Gentrifizierung deutlich macht (vgl. Novy/Grube 2018, S. 6).

Während es sich bei der **Gentrifizierung** um einen lokalen Aufwertungsprozess durch den Zuzug neuer Bewohnergruppen handelt, stehen bei der **Touristifizierung** die Touristen als Entwicklungsparameter im Mittelpunkt. Dadurch, dass diese ihre ei-

---

32 Im November 2019 entschied sich Airbnb, mit speziellen Einsatzteams strikter gegen unerlaubte sog. Partyhäuser und -wohnungen vorzugehen. Trauriger Auslöser dafür war eine ausufernde Halloween-Feier in der kalifornischen Stadt Orinda, bei der durch Schüsse fünf Menschen ums Leben kamen (vgl. Welt 2019c).

genen Nutzungsansprüche mitbringen und entfalten, handelt es sich um den Wandel der Bewohner- und Angebotsstrukturen in städtischen Quartieren infolge eines wachsenden Tourismus.

Die Touristifizierung macht Städte – konkreter: Urbane Atmosphäre und Attraktivität zu einer Ware mit Tauschwert:

> Touristen bezahlen für ein Hotelzimmer, einen Platz im Café oder die Teilnahme an einem Stadtrundgang, und damit hat die „Nutzung" der Stadt für sie einen Tauschwert. Sie „konsumieren" das Produkt Stadt, sowohl räumlich als auch visuell (Saretzki 2020, S. 114).

Die Proteste und der Unmut gegen den Overtourism richten sich indes nicht gegen den Städtetourismus generell, sondern mehr gegen spezifische Ausprägungen städtetouristischer Aktivität wie z. B. Party- und Clubtourismus, Kreuzfahrttourismus und vor allem den Homesharing-Tourismus, d. h. die gewerbsmäßige Kurzvermietung via Online-Plattformen wie Airbnb[33], Wimdu, 9flats oder Housetrip, welche die Anzahl der Wohnungsangebote für die ortsansässige Bevölkerung reduziert. Aufgrund der höheren Rentabilität von Kurzzeitvermietungen wird dem Markt für Langzeitvermietungen Wohnraum genommen. Dieser Wohnraumentzug tritt lokal stark konzentriert, vor allem in innerurbanen Lagen mit ohnehin bereits angespannter Situation auf dem Wohnungsmarkt, auf und treibt die Mieten weiter in die Höhe (vgl. Seidl et al. 2018, S. 74).

Erheblicher Unmut besteht auch über die Entstehung sog. **„New Tourism Areas"**, indem sich der Tourismus räumlich in solche städtischen Räume ausdehnt, die ursprünglich gar nicht als touristische Destinationen konzipiert waren und sich, außerhalb der gängigen „tourist bubbles" bzw. des touristischen Mainstreams befindend, jenseits herkömmlicher, ausgetretener Entwicklungspfade („off the beaten track tourism") formiert haben. Sie geraten zunehmend ins Visier von sog. **Hipster Holidays**, bei denen nicht mehr die klassischen Attraktionen einer Stadt, sondern vielmehr angesagte, alternative Szenenviertel im Vordergrund stehen. Die bei klassischen kulturorientierten Städtetouristen verbreiteten passiv rezipierbaren Stimuli werden vom Erlebnis des aktiven „Eintauchens" abgelöst. Der „New Urban Tourism" fußt damit auf der urtouristischen Suche nach authentischen Erfahrungen, genauer gesprochen nach Zugängen zum authentischen urbanen Alltag. Damit geht die räumliche Verlagerung touristischer Aktivitäten weg von den alten Kulturzentren und herkömmlichen Zonen mit Sehenswürdigkeiten („Straßen der Ameisen") und touristischer Infrastruktur hin zu „gewöhnlichen" urbanen Arealen mit subkultureller Prägung einher, denen es an Sehens- oder Erlebniswürdigkeiten im engeren Sinn mangelt und stattdessen das neu inszenierte Alltägliche versprechen. Dieses sog. „Liveseeing"

---

33 Das 2009 in San Francisco gegründete Unternehmen verwaltet eigenen Angaben zufolge heute weltweit rund drei Mio. Unterkünfte in 65.000 Städten und hat eine Zielgruppe von mehr als 200 Mio. Gästen (vgl. Seidl et al. 2018, S. 71).

setzt auf den urbanen Alltag und authentische Erlebnisse als touristische Attraktion, wodurch neue Aktions- und Aufenthaltsräume für Touristen entstehen, die durch Erfahrungsberichte und Bilder in den sozialen Medien zunehmend an Bedeutung gewinnen, was die touristische Nachfrage nach ihnen steigen lässt.

Als Beherbergung werden oftmals nicht mehr klassische Hotels, sondern eben jene in der Kritik stehenden Unterkünfte der Sharing Economy (z. B. Airbnb) gewählt, die Touristen und Bewohner einer Destination einander näher bringen und damit ein authentisches Aufenthaltserlebnis versprechen. Sie gelten als „Enabler" und „Facilitator" des „New Urban Tourism". Die Bewohner, oft „hochmobile Menschen mit postmodernen, flexiblen Lebensstilen und nicht-konformistischen Lebensentwürfen" (Kagermeier 2021, S. 31), laden in ihrer Rolle als Gastgeber ihre Unterkünfte mit touristischer Bedeutung auf und performieren sie zu erlebenswerten Räumen. Bei den Besuchern werden dadurch spezifische Erwartungshaltungen hervorgerufen, sodass neuartige stadttouristische Destinationen auf der Landkarte des Tourismus verortet werden. Genau an dieser Stelle entzünden sich dann erhebliche **soziale Spannungen**, wenn der Tourismus in die (Rückzugs-)Räume und Alltagswelten der bereisten Lokalbevölkerung eindringt und diese zu verändern beginnt, denn durch Unruhe, hohe Fluktuation, An- und Abreisen zu Tagesrandzeiten sowie abweichendes Nutzungsverhalten sich in Urlaubssituation befindlicher Touristen kann aus einem Haus faktisch ein Hotel werden. Hinzu kommt das Problem einer Übernutzung des öffentlichen Raums in Form von Lärmbelästigung und Vermüllung, für die der Tourismus zwar nicht originär verantwortlich ist, die er aber ohne Zweifel drastisch verschärft. Ähnlich verhält es sich mit Kriminalität, insbesondere dem mit einem ferienorientierten Erlebnistourismus in Zusammenhang stehenden Drogenhandel, der zwar auch kein genuin touristisches Folgeproblem ist, in Ausmaß und Lokalisierung aber wesentlich vom Tourismus geprägt wird (vgl. Kagermeier 2021, S. 28 ff.; Neumair et al. 2019, S. 44 f.; Novy/Grube 2018, S. 5 f.; Arlt 2018, S. 64; Seidl et al. 2018, S. 73; Gude/Rohde 2018, S. 14 f.; Sommer/Stors 2021).

Der Prozess der Touristifizierung läuft in vier Phasen ab (vgl. Pfeiffer/Foljanty 2006):

1. **Imageprägung**
   - Verstärkter Zuzug junger Menschen mit hohem Bildungsniveau und kreativem Potenzial (z. B. Studenten, Künstler, Kulturschaffende etc.),
   - Entstehung von Freiräumen für alternative Lebensformen,
   - Entwicklung eines alternativen Angebots von Cafés, Kneipen, Clubs, Galerien, Geschäften etc., die auch junge Touristen ansprechen.
2. **Etablierte Szenenviertel**
   - Wachsendes Angebot an Geschäften, Kneipen, Cafés etc.,
   - Bewerbung in Onlinemedien und Magazinen,
   - erleichterter Zugang durch bessere Anbindung an den ÖPNV,
   - erste Preissteigerungen bei Mieten und gastronomischem Angebot,
   - frühe Belästigungstendenzen der Anwohner z. B. durch Lärmemissionen.

3. **Touristenattraktion**
   - Attraktivitätssteigerungen durch aufwändige Gebäudesanierungen,
   - weiter ansteigende Mieten,
   - Anpassung der Geschäftssortimente an die Nachfrage junger touristischer Szenegänger (Accessoires, Interieur, Markenartikel etc.),
   - Anlocken von Immobilieninvestoren,
   - steigende Preise im Gastronomiegewerbe,
   - Vordringen großer Gastronomieketten (z. B. Hans im Glück, Starbucks, Pret a Manger, Hard Rock Cafe) mit erheblichem Raumbedarf.
4. **Touristenviertel**
   - Etablierung als feste touristische Sehenswürdigkeit,
   - Zunahme der Touristenströme,
   - kulturelle Großprojekte,
   - Besetzung der Ladenflächen durch finanzstarke Filialisten,
   - Ausweitung von Büroräumen zum Prestigegewinn,
   - Zweitwohnsitze sowie Kurzzeitvermietung via Onlineplattformen,
   - Nutzungskonflikte zwischen Mietern und Unternehmen,
   - weiter steigende Mieten,
   - Verdrängung der alltäglichen Wohn- und Geschäftsnutzung,
   - verlorengegangener Charakter als funktionsgemischtes innerstädtisches Wohnquartier und Identitätswechsel zum touristischen Anziehungspunkt.

5.1.4 Lösungsansätze

Damit es erst gar nicht zu Overtourism kommt, empfiehlt die Unternehmensberatung Roland Berger das frühzeitige Ergreifen von **Präventionsmaßnahmen** (vgl. AHGZ 2018):
- **Entwicklung einer gemeinsamen Strategie von Tourismusmanagement und Stadtplanung**, in welche Richtung sich Stadt und Tourismus bzgl. Infrastruktur, Umwelt und Lebensqualität entwickeln sollen (Leitbild),
- **Belebung und Aufwertung tourismusärmerer Stadtviertel** zur Entlastung der Zentren und besseren Verteilung der Touristenzahlen,
- **Upgraden von Gästesegmenten:** Entwicklung wertschöpfungssteigernder Angebote zur gezielten Ansprache von Luxusgästen (Qualität vor Quantität).

Sind Städte bereits vom Overtourism betroffen, kann die Tourismuspolitik zur **Eindämmung** zu mehreren, teils unterschiedlich erfolgreichen und politisch durchsetzbaren Ansätzen bzw. Instrumenten greifen. Dabei lassen sich **marktwirtschaftliche** (Verteuerung bzw. Erhöhung von Preisen) **und ordnungspolitische Maßnahmen** (Verbote, Einschränkungen, Auflagen, Verknappungen, Kontingentierungen etc.) un-

terscheiden (vgl. Schulz et al. 2020, S. 549). Die Welttourismusorganisation (UNWTO) schlägt folgende Strategien vor (vgl. UNWTO 2018b):
– Größere geografische Verteilung der Touristen,
– Bewerbung unbekannterer Attraktionen,
– Reglementierungen und Beschränkungen,
– Verbesserung der Infrastruktur,
– Partizipation der ortsansässigen Bevölkerung,
– Information und Sensibilisierung der Touristen.

Der derzeit am häufigsten praktizierte Ansatz, die **Begrenzung der Besucherzahlen**, setzt an der Betrachtung und Behandlung des Overtourism als klassisches mikroökonomisches Problem an: Eine Ressource, in diesem Fall eine touristische Destination oder Sehenswürdigkeit, wird übernutzt, wobei volkswirtschaftliche Kosten (Verringerung der Lebensqualität der einheimischen Bevölkerung, Zerstörung kultureller Stätten, ökologische Kosten etc.) anfallen, die aber von den Touristen nicht getragen werden. Die ökonomische Standardlösung liegt in der Erhebung einer Lenkungsabgabe (Pigou-Steuer; vgl. Exkurs 13 und Kap. 6) zur Reduzierung der touristischen Nachfrage (vgl. NZZ 2019b). Das Problem dabei ist, dass es keine Gewissheit darüber gibt, wie hoch die Steuer sein muss, um eine reduzierende Wirkung zu entfalten. Zudem existieren sehr viele unterschiedliche Ansatzpunkte zur Erhebung der Steuern.

Zur Reduzierung der Besucherzahlen wird daher häufig auf eine **Beschränkung bzw. Kontingentierung des Zugangs zu touristischen Attraktionen** gesetzt (vgl. Exkurs 14). Beispiele sind die Cinque Terre in Italien, wo es eine jährliche Begrenzung gibt, das indische Taj Mahal, dessen Besuchszeit auf maximal drei Stunden begrenzt ist, Machu Picchu in Peru, wo nicht nur die Aufenthaltsdauer[34], sondern auch die Zahl der täglichen Touristen auf 2.500 beschränkt ist, oder Venedig, wo seit 2021 Schiffe ab 55.000 Bruttoregistertonnen nicht mehr durch den Kanal von Guidecca und damit entlang der Sehenswürdigkeiten wie dem Markusplatz entlangfahren dürfen, sondern außerhalb im Festlandshafen Marghera anlegen müssen. Der Zusammenstoß eines Kreuzfahrtschiffs mit einem Touristenboot 2019 beförderte sogar die Diskussion über ein vollständiges Verbot der Schiffsgiganten.

In manchen Destinationen kommt es auch zum **Ausschluss von Touristen**. Auf einigen thailändischen Inseln sowie Stränden oder der philippinischen Insel Boracay werden Touristen für mehrere Monate im Jahr komplett ausgesperrt. Ein weiteres Beispiel ist die berühmte Markthalle La Boquería in Barcelona, die als touristisches Highlight gilt. Die Touristen, die für gewöhnlich gar nichts kaufen, sondern nur stehenbleiben, um zu schauen, zu fotografieren und die Atmosphäre zu genießen, haben sich zu einem Ärgernis für die echten, ortsansässigen Kunden entwickelt, die –

---

34 Das auf vier Stunden limitierte Ticket kostet für ausländische Touristen 65 US-$.

gerade an Wochenenden – ihre Einkäufe nicht mehr befriedigend abwickeln können. 2015 wurde daher die Entscheidung getroffen, an Frei- und Samstagen Touristengruppen ab 15 Personen vom Markt zeitweise auszusperren (vgl. Jamieson/Jamieson 2019, S. 227; Saretzki 2020, S. 112; Schulz et al. 2020, S. 562).

Besucher lassen sich nur bei bestimmten Attraktionen oder Nutzung ausgewählter Verkehrsmittel (z. B. Kreuzfahrtschiffe) reduzieren bzw. ausschließen. Besteht hingegen die Sehenswürdigkeit z. B. in einer ganzen Stadt, bleibt nur eine natürliche Beschränkung. Möglich ist dies zum einen durch Verteuerung wie z. B. die **Erhöhung oder Einführung von Steuern** auf touristische Leistungen, insbesondere Übernachtungs- und Beherbergungsleistungen. So hat die Stadt Amsterdam zusätzlich zur Touristenabgabe von sieben Prozent des Übernachtungspreises (eine der höchsten in ganz Europa) 2019 eine Bettensteuer von drei Euro je Nacht und Gast beschlossen (vgl. FAZ 2019a).

Auch das **Verlangen von Eintrittspreisen**, wie es z. B. beim Betreten des Venediger Markusplatzes seit 2019 der Fall ist, kommt in Frage. Allerdings dürfte es hier weniger um die Eindämmung des Touristenandranges, sondern mehr um die Finanzierung von Instandhaltungs- und Reinigungsarbeiten gehen.

Vergleichbar mit Eintrittspreisen ist die **Abschaffung von Vergünstigungen**. So hat die Graubündner Gebirgsdestination Davos 2019 beschlossen, die Gratisgästekarte abzuschaffen, welche die kostenlose Nutzung der regionalen Bergbahnen ermöglichte und daher für einen beispiellosen Run auf diese gesorgt hat, mit denen die vorhandenen Beförderungskapazitäten nicht mehr Schritt halten konnten (vgl. Südostschweiz 2019).

Zum anderen lassen sich die Besucherzahlen angebotsseitig durch eine **Limitierung der Übernachtungsmöglichkeiten** bei Hotel- oder Privatunterkünften wie Airbnb eingrenzen. In Barcelona z. B. soll die Bettenzahl über die Reglementierung der Vermietung von Privatquartieren – Wohnungsbesitzer benötigen eine Vermietungslizenz und dürfen jeweils nur noch ein Quartier vermieten – sowie die Annullierung neuer Hotelgroßprojekte erreicht werden. Auf Mallorca hat die Regionalregierung 2018 beschlossen, die Anzahl der Betten innerhalb von fünf Jahren von 440.000 auf 320.000 zu senken. Geschafft werden soll dies über eine drastische Einschränkung bzw. Verteuerung der Vergabe von Lizenzen zur Vermietung von Privatwohnungen (je nach Saison und Region bzw. Stadtteil bis zu 4.000 Euro), den Genehmigungsstopp für den Bau neuer Hotels und Ferienwohnungen sowie die Schließung von solchen Beherbergungsbetrieben, welche nicht den geforderten Komfortstandards entsprechen. Ebenfalls 2018 hat die Stadtverwaltung von Lissabon ein Gesetz zur Schaffung „kontrollierter Zonen", in denen das Wachstum des Vermietungsangebots gebremst werden soll, beschlossen (vgl. Neumair et al. 2019, S. 45). Insbesondere sollten private mit kommerziellen Unterkünften gleichgestellt werden. So zahlen Airbnb-Anbieter in manchen Städten immer noch keine Steuern und Gebühren.

Beim **Vorgehen gegen unerwünschte Privatvermietungen** werden entsprechende Zweckentfremdungsverordnungen erlassen und durchsuchen städtische

Kontrolleure die Internetseiten der Anbieter nach nicht genehmigten Vermietungen, wobei sie nicht selten von Hotelbetreibern unterstützt werden, denen private Vermieter ein Dorn im Auge sind. Allerdings lassen sich immer nur stichprobenhafte Kontrollen vornehmen. Der gesamte Markt ist unüberschaubar. Ferner wirkt die Datenschutzgesetzgebung erschwerend, da sie eine automatisierte Überprüfung der Personalangaben der Anbieter und eine Verknüpfung von Datenbanken, wie es für eine effektive Kontrolle erforderlich wäre, verbietet. Auch steht in vielen Ländern einem Vermietungsverbot das Grundrecht auf Eigentum entgegen. Ferner kann die Vermietung von Wohnungen für Privathaushalte eine bedeutende Einnahmenquelle darstellen. Gleiches gilt für lokale Handwerksbetriebe, da viele Wohnungen, bevor sie auf den Markt kommen, renoviert, saniert und modernisiert werden müssen (vgl. Friedl 2018, S. 68; Schulz et al 2020, S. 550).

Eine andere Möglichkeit beim Vorgehen gegen den Overtourism ist es, an den **touristischen Verkehrsmitteln** anzusetzen. In Salzburg z. B. müssen in die Altstadt fahrende Reisebusse im Voraus über ein Online-Buchungssystem für 50 Euro einen Zeitslot von 20 Minuten für die An- und Abfahrt von den Busterminals buchen (vgl. Standard 2019). In Rom dürfen seit 2019 Reisebusse überhaupt nicht mehr durchs historische Stadtzentrum fahren, sondern müssen an bestimmten Parkplätzen außerhalb der Verbotszone halten. Für das 30 minütige Parken in der Zone vor dem Petersplatz oder dem Kolosseum z. B. fällt eine Gebühr von 240 Euro je Bus an, die auf die Touristen umgeschlagen wird (vgl. Focus 2019). Denkbar sind auch die Erhöhung von Steuern auf Flugbenzin oder der Landegebühren auf Flughäfen, um Billigfluglinien abzuhalten.

Eine ebenso originelle wie absurde Idee besteht in der **Kopie begehrter Destinationen.** So wurden Teile des österreichischen Dorfs Hallstatt und des gleichnamigen Sees in Südchina originalgetreu nachgebaut, was allerdings keineswegs zur Entlastung des Originals, sondern vielmehr zur Explosion der Besucherzahlen geführt hat. Denn zum einen bildet die Kopie aufgrund des Nachbaus nur kleiner Teile keinen wirklichen Ersatz, zum anderen hat das immense Medienecho darauf das „echte" Hallstatt auf einen Schlag noch bekannter gemacht (vgl. NZZ 2019b).

Die derzeit vielversprechendste Strategie liegt in der **Dispersion**, d. h. der räumlichen und zeitlichen Entzerrung der Touristenströme z. B. durch den Einbezug aller Jahreszeiten, die Heranführung der Touristen zu den Sehenswürdigkeiten jenseits der Stoßzeiten bei gleichzeitig verkürztem Aufenthalt im Stadtzentrum oder flexible Öffnungszeiten von Museen. Auch die Ankunftszeiten ließen sich timen bzw. flexibilisieren. In der 44.000 Einwohner zählenden Stadt Dubrovnik z. B., die 2011 als Kulisse für die US-amerikanische Fantasy-Serie Games of Thrones sowie 2017 für die Blockbuster Star Wars VIII: Die letzten Jedi und Robin Hood diente und deren ca. 400 × 300 m großer Altstadtbereich, in dem nur noch ca. 1.000 Einwohner leben, mittlerweile von zwei Mio. Touristen im Jahr aufgesucht wird, legen die Kreuzfahrtschiffe bislang an drei bestimmten Wochentagen an. Man will den Reedereien vorschreiben, dass nicht alle Schiffe an denselben Tagen anlegen und die Zahl auf zwei Schiffe pro Tag limitieren. Ergänzen lassen sich derartige Maßnahmen z. B. durch einen Ausbau des öffentlichen Nahverkehrs sowie Apps zur Information über aktuelle Besucherzahlen oder Wartezeiten bei Sehenswürdigkeiten (vgl. Arlt 2018, S. 66; SZ 2018).

Eine weitere Option ist die **Ausweitung der Saison**, wie sie z. B. auf Island vorgesehen ist. Bis Ende der 2000er Jahre war die Insel eine nur wenig bekannte touristische Destination, was der berühmte Ausbruch des Vulkans Eyjafjallajökull im Jahr 2010, Instagram sowie die Erfolge der dortigen Fußballnationalmannschaft änderten, sodass heute auf einen Isländer schon sechs Touristen kommen. Eine Ausweitung der Saison über die Sommermonate hinaus soll den Overtourism zeitlich entzerren und ihm Einhalt gebieten.

Die zeitliche Entzerrung von Touristenströmen bildet aber nur eine eingeschränkte Option, da insbesondere Familien an die Ferienmonate während des Sommers gebunden sind. Eine räumliche Entzerrung gelingt indes, wenn sich Besucher durch ein gezieltes Destinationsmarketing mit entsprechendem Storytelling auch an andere Orte abseits der touristischen Hotspots locken lassen. Einen neuartigen Weg geht hier die niederländische Hauptstadt Amsterdam, die 2019 entschied, das internationale Tourismusmarketing komplett einzustellen – der zig tausendfach als Selfiemotiv genutzte zwei Meter hohe rotweiße Schriftzug „I amsterdam" vor dem Rijksmuseum wurde bereits Ende 2018 entfernt –, um zu verhindern, dass bis 2025 jährlich 30 Mio. Touristen die 860.000-Einwohner-Metropole heimsuchen. Gelingen soll dies zum einen durch Beendigung des Drogentourismus. Das geduldete Kiffen in Coffeeshops wird als eine der Hauptursachen des dortigen Overtourism gewertet, sodass die Stadtverwaltung Anfang 2021 entschied, ausländischen Besuchern, von denen die meisten regelmäßig aus Großbritannien kommen, den Zugang zu den Coffeeshops zu verwehren. Zum anderen wird die **Umlenkung der Touristenströme** aus bzw. um Amsterdam herum praktiziert, indem umgebende und benachbarte Destinationen, wie z. B. das im Norden Amsterdams gelegene älteste holländische Industriedorf Zaanse Schans mit seinen vielen prächtigen Speicherbauten und bunten Windmühlen oder der in Amsterdam Beach umbenannte Strand von Zandvoort an der Nordsee, in das Destinationsmanagement einbezogen werden. Auch Dublin verfolgt den Ansatz, Touristen für andere Teile des Landes zu interessieren, um den Besucherandrang auf die Highlights der Stadt, wie z. B. das Book of Kells oder die Pub-Szene rund um die Temple Bar, abzuschwächen.

Einen ähnlichen Weg beschreiten die dänische Hauptstadt Kopenhagen und die südschwedische Stadt Malmö, die sich durch Errichtung der Øresund-Brücke als Greater Copenhagen vermarkten, um Touristen auch zum Besuch der jeweils gegenüberliegenden Gemeinde zu inspirieren.

In Berlin, wo so gut wie alle Touristen ins Zentrum oder die angesagten Innenstadtbezirke strömen, sollen eigene Tourismusbeauftragte unter dem Motto „Going Local Berlin" die Besucherströme von der Innenstadt in die Außenbezirke umlenken, indem Touristen der bisher verborgene Charme von Stadtteilen wie Spandau oder Marzahn-Hellersdorf nähergebracht werden soll. Ähnliche Konzepte verfolgen die Städte Wien und Salzburg (vgl. FAZ 2019a; Tagesschau 2019; Arlt 2018, S. 66; Welt 2019f; Kagermeier 2021, S. 148 f.).

Abgerundet und ergänzt werden all die geschilderten Maßnahmen durch vielfältige, teils skurrile **Verbote und Maßnahmen**, die sich gegen das Verhalten der Touristen richten. So lässt die Stadt Florenz seit Sommer 2017 im Zentrum einige Treppen und Plätze mit Wasser abspritzen, um Touristen, die sich dort essend niederlassen, zu vertreiben. In Rom gilt seit 2019 ein Sitzverbot auf der Spanischen Treppe, um die Beschädigung der Marmorstufen durch Kaugummis, Kaffee- und Rotweinflecken zu verhindern, welche das Ausruhen der Touristen auf den Stufen unweigerlich mit sich bringt. Auch das Baden in Brunnen sowie das Flanieren ohne T-Shirt oder Hemd sind mittlerweile verboten. In Venedig mussten 2019 zwei deutsche Touristen eine Strafe von 950 Euro zahlen, weil sie sich am Fuße der Rialto-Brücke einen Kaffee kochten, und wurden aufgefordert, die Stadt zu verlassen. Mailand hat u. a. Selfiesticks und Glasflaschen untersagt, Amsterdam Straßenmusik und Souvenirshops eingeschränkt. In den ligurischen Cinque Terre an der italienischen Riviera besteht seit 2019 ein Verbot für das Tragen von Flipflops und anderen Badelatschen. Hintergrund ist, dass sich Touristen mit ungeeignetem Schuhwerk auf den schlecht ausgebauten Wegen immer wieder verletzen und aufgrund der Unzugänglichkeit mancher abgelegenen Pfade teilweise mit Hubschraubern evakuiert werden müssen. Im japanischen Kyoto veröffentlichen einzelne Restaurants auf ihrer Homepage Informationen nur noch auf Japanisch und halten Platzkontingente für einheimische Gäste vor.

Auf Mallorca wird seit 2020 streng gegen den „Sauftourismus" vorgegangen. Denn immer häufiger kam es aufgrund exzessiven Alkoholkonsums in der jüngeren Vergangenheit zu Schlägereien, Sachbeschädigungen und zum sog. „Balconing", bei dem Touristen vom Hotelbalkon direkt in den Außenpool zu springen oder andere Hotelbalkone zu erreichen versuchen. Verkauf und Konsum von Alkohol werden in einigen Problemzonen (z. B. rund um die Schinkenstraße am Ballermann und auf der beliebten Ausgehmeile Punta Ballena in Magaluf) daher streng reglementiert (vgl. Welt 2019a, b und f; Focus 2017; Abendzeitung 2019).

5.2 Tourismus und Klimawandel

Eine alte Bauerregel besagt: „Kräht der Hahn auf dem Mist, ändert sich das Wetter oder bleibt wie's ist". So einfach wie dieses Sprichwort ist die Realität allerdings nicht. Denn seit einigen Jahrzehnten ist zu beobachten, dass sich das Wettergeschehen stärker als erwartet verändert. Dies bedingt die Notwendigkeit einer Anpassung der oft am Wetter ausgerichteten touristischen Aktivitäten.

5.2.1 Grundlagen des Klimawandels

Die Atmosphäre der Erde besteht überwiegend aus Stickstoff (N_2), Sauerstoff (O_2) und dem Edelgas Argon (Ar), die zusammen etwa 99,9 % der trockenen Luft ausmachen.

Die restlichen Bestandteile (0,1 %) werden als Spurengase bezeichnet. Dabei handelt es sich überwiegend um Kohlendioxid (CO_2), Neon (Ne), Helium (He) und Methan (CH_4) (vgl. DWD 2020a).

Von besonderer Bedeutung sind die **Treibhaus- bzw. Klimagase**, allen voran CO_2 und CH_4, gefolgt u. a. von Distickstoffoxid (N_2O). Diese haben das Potenzial, das Klima der Erde zu verändern. Ihre Wirkungsweise lässt sich mit einem Treibhaus, welches (kurzwellige) Sonnenstrahlung durchlässt und (langwellige) Wärmestrahlung „festhält", vergleichen. Neben den genannten trockenen Treibhausgasen sind noch Wasserdampf (H_2O) und Staub in der Atmosphäre zu finden, die den natürlichen Treibhauseffekt begünstigen. Dieser bewirkt, dass das globale Mittel der bodennahen Lufttemperatur 15 °C beträgt. Ohne ihn läge es bei −18 °C (vgl. UBA 2020a).

Zum natürlichen Treibhauseffekt gesellen sich vom Menschen verursachte **(anthropogene) Emissionen von Treibhausgasen** – allen voran CO_2, welches vor allem bei der Verbrennung fossiler Energieträger entsteht, und zu einem geringeren Teil auch Treibhausgase aus anderen Quellen wie z. B. CH_4-Emissionen aus der Rinderzucht. Lag die CO_2-Konzentration in vorindustrieller Zeit (um 1750) bei etwa 280 ppm (parts per million), ist diese auf heute 391 ppm angestiegen[35] (vgl. IPCC 2013, S. 11, 50, 52, 100 und 394).

Nun zeigen Temperaturbeobachtungen, dass sich das Klima in den letzten Jahrzehnten kontinuierlich erwärmt hat **(globale Erwärmung)**. Dabei ist der größte Teil des Anstiegs sehr wahrscheinlich auf die Zunahme der vom Menschen verursachten Treibhausgase in der Atmosphäre zurückzuführen (vgl. UBA 2020a; Exkurs 18).

Auch wenn der **Erwärmungstrend** der globalen Mitteltemperatur in Bodennähe zwischen 1880 und 2012 mit etwa 0,85 °C (vgl. IPCC 2013, S. 5) gering aussieht, lassen sich einerseits regional deutlich stärkere Anstiege verzeichnen. So beträgt der Temperaturanstieg z. B. im alpinen Raum in den letzten 150 Jahren bis zu 2 °C, wovon rund die Hälfte auf die letzten 30 Jahren entfällt. Anderseits verändern sich bereits bei geringem Temperaturanstieg zahlreiche weitere Klimakennzahlen wie Jahresniederschlag, Trockentage, Frosttage etc. (vgl. Formayer/Kromp-Kolb 2009, S. 9 f.).

Zusammenfassend lassen sich folgende mögliche **Auswirkungen des Klimawandels** auf Umwelt sowie menschliche Sicherheit und Gesundheit, aber auch Wirtschaft identifizieren (vgl. Haas/Schlesinger 2007, S. 132 f.; Eisenstein 2017b, S. 120):

– Die Erhöhung der globalen Durchschnittstemperatur sowie steigende Meerestemperaturen führen zu **veränderten Niederschlagsmustern** sowie **extremen Wetterlagen**. Starkregen, Unwetter (z. B. Tropenstürme), Überschwemmungen, aber auch Dürren, verstärkte Erosion, Wüstenbildung oder die Abnahme von Grundwasservorräten sind die Folge.

---

35 Zur besseren Vergleichbarkeit der Wirkung der unterschiedlichen Treibhausgase werden diese in CO_2-Äquivalente umgerechnet. Dabei wird z. B. CH_4 – entsprechend seiner Klimawirkung – mit dem Faktor 23 oder N_2O mit dem Faktor 310 multipliziert (vgl. Schlesinger 2004, S. 154).

- Die **Erwärmung der Ozeane** sowie eine vermehrte **Aufnahme von Kohlendioxid** aus der Atmosphäre und die damit verbundene Versauerung führen zu erheblichen Auswirkungen auf Korallen sowie zahlreiche Kleinstlebewesen. Das Ökosystem Ozean verändert sich.
- Der **Wandel von Ökosystemen**, d. h. die Verdrängung bzw. das Aussterben von Tier- und Pflanzenarten, deren Lebensräume nicht länger deren Anforderungen entsprechen, wird auch Einfluss auf die Landwirtschaft haben und somit zu verstärkt auftretenden Hungerkrisen führen.
- Durch einen **Anstieg des Meeresspiegels** sind besonders küstennahe Gebiete, Flussdeltas und Inseln von Überschwemmungen bedroht. Da viele Siedlungsräume in diesen Gebieten liegen, sind dort entsprechende Anpassungs- und Schutzmaßnahmen vorzunehmen.
- Steigende Lufttemperaturen sowie Hitzewellen und die daraus resultierenden Wirkungen auf das menschliche Herz-Kreislauf-System zeitigen **Gesundheitsrisiken.** Zu rechnen ist aber auch mit der Verbreitung von Schädlingen (z. B. Borkenkäfer) und Krankheitserregern (z. B. Malaria).
- Am gravierendsten wäre allerdings ein **abrupter** und nicht graduell verlaufender **Klimawandel.** Gemeint ist hiermit die Veränderung der ozeanischen Strömungen. Beispielsweise hätte ein Versiegen des Golfstroms einen extremen Kälteeinbruch in West- und Nordeuropa mit nicht absehbaren Schäden zur Folge.

Die skizzierten Auswirkungen des Klimawandels auf Umwelt und Gesundheit bedingen **wirtschaftliche Folgen**, die je nach Region und Branche unterschiedlich ausfallen und sich kaum quantifizieren lassen. Dies liegt daran, dass zentrale Bewertungsgrößen, wie z. B. der mögliche Temperaturanstieg sowie der Diskontfaktor[36], eine extrem breite Varianz aufweisen, mögliche Klimafolgen mit großer Ungewissheit behaftet sind sowie starke Interdependenzen zwischen ökonomischen (z. B. über Lieferketten), aber auch ökologischen, sozialen und technischen Systemen bestehen. Zur groben Abschätzung weisen entsprechende Studien übereinstimmend auf einen positiven Zusammenhang zwischen möglichen Schäden und potenziellen Temperaturerhöhungen hin. Die ökonomischen Anpassungskosten dürften daher umso größer sein, je stärker die Erderwärmung ausfällt (vgl. IPCC 2014, S. 659 ff. und 945 ff.). Unbeantwortet bleibt indes die Frage, ob Klimaschutzmaßnahmen im Rahmen von Kosten-Nutzen-Analysen einen positiven Ertrag abwerfen, also ob die Behebung ökonomisch vorteilhafter ist als die Vermeidung von Schäden.

Im Sinne des **Nachhaltigkeitsgedankens**, d. h. des Postulats einer Entwicklung, die es der heutigen Generation erlaubt, ihre Bedürfnisse zu befriedigen, ohne dass den nachfolgenden Generationen die Möglichkeit dazu genommen wird, sowie des Vor-

---

36 Zinssatz, mit dem sich zukünftige Zahlungen auf einen bestimmten Zeitpunkt abzinsen lassen, um den Gegenwartswert zu ermitteln.

sorge- und Verursacherprinzips (vgl. Exkurs 1; Kap. 4.1.2.1) erscheint es angebracht, Maßnahmen zu ergreifen, die einerseits durch Reduktion von Ressourcenverbrauch und Treibhausgasemissionen das Ausmaß und die Geschwindigkeit des Wandels mindern **(Mitigationsstrategie)**, andererseits durch Verringerung von Vulnerabilität bzw. Erhalt oder Ausbau von Anpassungsfähigkeit die Anpassung an veränderte Klimabedingungen ermöglichen **(Adaptionsstrategie)** (vgl. Kap. 5.2.3; Schlesinger 2004, S. 154; UNWTO 2008, S. 13; Kreilkamp 2011, S. 214; Eisenstein 2017b, S. 120).

5.2.2 Doppelfunktion des Tourismus

Der Klimawandel, d. h. langfristige Wetteränderungen, tangiert den Tourismus in doppelter Hinsicht (vgl. Bischof et al. 2017, S. 223): Zum einen als Verursacher (vgl. Kap. 5.2.2.1), zum anderen als Betroffener (vgl. Kap. 5.2.2.2).

5.2.2.1 Tourismus als Verursacher

Eine exakte Bezifferung des Anteils des Tourismus an den globalen Treibhausgasemissionen ist ebenso wenig möglich wie die Ermittlung seines Beitrags zur globalen Wertschöpfung (vgl. Kap. 4.3.1). Betrachtet man lediglich den Binnentourismus, dürfte dieser für weniger als drei Prozent der nationalen Treibhausgasemissionen verantwortlich sein (vgl. Müller 2007, S. 126). Die Welttourismusorganisation (UNWTO) sieht den Anteil des Tourismus an den globalen Treibhausgasemissionen bei rund vier bis sechs Prozent (vgl. UNWTO 2008, S. 33). Nach einer Berechnung des Magazins „Nature Climate Change" liegt der Wert bei rund acht Prozent, wenn nicht nur Verkehr, Beherbergung und Aktivitäten, sondern auch die Lieferketten des Tourismus in die Berechnung miteinbezogen werden.

Allen Studien gemein ist, dass es sich lediglich um Schätzwerte handelt, die auf unterschiedlichen Wertschöpfungsketten sowie diversen Annahmen und/oder Vereinfachungen beruhen, z. B. ob während des Urlaubs zu Hause nicht eingenommene Mahlzeiten aus der Bilanz herauszurechnen sind oder bei Flugreisen auch der emittierte Wasserdampf in großen Höhen zu berücksichtigen ist (vgl. Lenzen et al. 2018, S. 523; Mailer 2019, S. 214; Tagesspiegel 2018).

Dennoch besteht heute allgemeiner Konsens darüber, dass dem Tourismus ein erheblicher Anteil an den globalen CO_2-Emissionen zuzurechnen ist, wenn auch diese im Vergleich zu seinem Anteil an der globalen Wertschöpfung – wie bei allen Dienstleistungsbranchen üblich – unterdurchschnittlich ausfallen. Da touristische Aktivitäten eng mit dem Wohlstand einer Volkswirtschaft verknüpft sind, ist zu erwarten, dass im Zuge eines zunehmenden weltweiten Wohlstands der Tourismussektor und somit auch die damit verbundenen Treibhausgasemissionen wachsen werden. Sie dürften sogar überproportional steigen, da gerade Flugreisen mit ihrem besonders hohen CO_2-Ausstoß erst ab einer bestimmten Wohlstandsschwelle möglich sind (vgl. SEFEP 2020; Lenzen et al. 2018, S. 525).

Dies belegt auch ein Blick auf den individuellen Beitrag von Urlaubsreisen zum persönlichen CO_2-Ausstoß, der sich z. B. über den CO_2-Rechner des Umweltbundeamtes (vgl. UBA 2020b) recht einfach ermitteln lässt. Dort ist das CO_2-Profil einer in Deutschland lebenden Durchschnittsperson mit einem CO_2-Austoß von 11,6 t jährlich angegeben. Diese fliegt im Jahr vier Stunden, verbringt knapp zwei Wochen im Hotel und gibt dafür rund 1.200 Euro aus (vgl. Stiftung für Zukunftsfragen 2020). Ohne diese Reiseaktivitäten sinken die durchschnittlichen CO_2-Emissionen auf rund 10 t, d. h. Reisen stehen für durchschnittlich rund 14 % der eigenen CO_2-Emissionen oder anders ausgedrückt: Ein zweiwöchiger Urlaub entspricht den CO_2-Emissionen von zwei Monaten zu Hause.

Noch anschaulicher wird die Wirkung des Urlaubs auf die CO_2-Bilanz, wenn eine Fernreise unternommen wird. So erhöhen 20 Stunden Interkontinentalflug hin und zurück (z. B. Deutschland-Florida) samt einem entsprechend längeren Aufenthalt in der Destination sowie höherer Konsumausgaben die CO_2-Emissionen auf rund 16,5 t (+65 %). Davon entfallen allein 4,8 t auf den Flug (ca. +50 %). Somit haben vor allem längere Fernreisen einen signifikanten Einfluss auf die persönliche Klimabilanz. Die Bedeutung des Transports für die touristisch induzierten Treibhausgasemissionen unterstreicht auch die Welttourismusorganisation (UNWTO), die diesem Bereich 75 % (weitere 21 % für Unterkunft und 4 % für Urlaubsaktivitäten) der Treibhausgasemissionen im Tourismus zurechnet (vgl. UNWTO 2019c, S. 12; Mailer et al. 2019, S. 213).

5.2.2.2 Tourismus als Betroffener

Der Tourismus leistet nicht nur einen relevanten Beitrag zu den globalen Treibhausgasemissionen, sondern ist auf vielfältige Art und Weise von den – bereits heute beobachtbaren – Klimaveränderungen auch direkt betroffen – positiv wie negativ.

Klimatische Bedingungen verkörpern eine oder sogar die zentrale Einflussdeterminante des Tourismus. Viele Tourismusformen und -aktivitäten hängen von natürlichen Ressourcen (z. B. Schnee, Wasserqualität) ab. Sie stehen und fallen mit adäquaten klimatischen Verhältnissen in den touristischen Destinationen (z. B. Bade- und Strandtourismus, Wintersporttourismus). Oftmals bestimmen sie auch Länge und Qualität touristischer Saisonzeiten und damit die wirtschaftliche Tragfähigkeit.

Es lassen sich direkte und indirekte Folgen des Klimawandels für den Tourismus identifizieren. Neben den **direkten Folgen der Erwärmung** (wärmere Winter, heißere Sommer) und den damit einhergehenden meteorologischen Wirkungen (veränderte Niederschlagsmengen und Zunahme von Wetterextremen wie Wirbelstürme und Starkregen) treten **indirekte Folgen der Klimaveränderung** (Verlust von Biodiversität, Anstieg des Meeresspiegels, vermehrte Ausbreitung von Krankheiten) auf (vgl. Neumair et al. 2019, S. 68 f.; Rein/Strasdas 2017, S. 57 ff.; UNWTO 2008, S. 61 ff.).

Die Folgen des Klimawandels wirken auf die verschiedenen Formen des Tourismus negativ oder positiv und dabei unterschiedlich intensiv. Als gut erforscht gelten die Auswirkungen für den (alpinen) **Wintersporttourismus**. Die prognostizierte, aber bereits auch zu beobachtende Abnahme der Schneetage unter die sog. 100-Tage-Grenze, d. h. dass Skigebiete an mindestens 100 Tagen im Jahr in Betrieb sein müssen, um rentabel zu sein, stellt ein gravierendes Problem für Wintersportaktivitäten dar. Vor allem tieferliegende Skigebiete sind von einer geringeren Schneesicherheit sowie einer kürzeren Saison samt sinkenden Einnahmen betroffen. So ist in den letzten fünf Jahrzehnten die Schneezeit auf der Nordseite der Alpen um 22 bis 27, auf der Südseite sogar um 24 bis 34 Tage zurückgegangen. Ausgleichsmaßnahem durch Beschneiungsanlagen führen zu erhöhten Kosten, benötigen Minusgrade zum Betrieb und sind ökologisch fragwürdig. Generell lässt sich festhalten, dass der Skibetrieb immer teurer und die Wintersaison immer kürzer wird, womit sich die Frage nach der Wirtschaftlichkeit aufwändiger skitouristischer Infrastruktur stellt (vgl. Neumair et al. 2019, 183 ff.; FAZ 2021c).

Der **Sommerbergtourismus** dagegen könnte von denselben Effekten profitieren, wenn sich z. B. die Wandersaison verlängert und das Klima milder wird. Auch dürften solche Destinationen dann eine Alternative zu einer extremer werdenden sommerlichen Hitze im Mittelmeerraum und damit zum **Strand- und Badetourismus** darstellen und daher eine erhöhte Nachfrage entfalten (vgl. Formayer/Kromp-Kolb 2009, S. 12 f.). Die deutschen Küsten hingegen profitieren von einer längeren Badesaison im Sommer infolge steigender Temperaturen und geringerer Niederschläge. Insgesamt könnte sich die Sommersaison bis zum Jahr 2100 um ca. 60 Tage verlängern (vgl. dwif 2019; Eisenstein 2017b, S. 120).

Tourismusformen, die stark von einem Habitat **(z. B. Meeres- und Tauchtourismus oder Naturtourismus)** abhängig sind, dürften durch den Klimawandel einem größeren Anpassungsdruck ausgesetzt sein. Bekannte Beispiele sind die Erwärmung der Ozeane und somit verbundener Schäden am Ökosystem Korallenriff sowie die damit einhergehenden negativen Auswirkungen auf den Tauchtourismus (vgl. SEFEP 2020). Die Einschränkung des Zugangs zu Nationalparks wegen höherer Waldbrandgefahr infolge längerer Trockenperioden ist ein weiteres Beispiel (vgl. Tagesschau 2020).

Für den **Städtetourismus** stellt sich die Lage ambivalent dar, da dieser nur bedingt von klimatischen Bedingungen abhängig ist und durch von äußeren Einflüssen eher gering tangierte Kultur- und Geschäftsreisende geprägt ist. Ob dann ggf. längere Saisonzeiten mehr Freizeittouristen bedeuten oder extreme Wetterereignisse zum Ausbleiben von Touristen führen, lässt sich nicht pauschal beantworten. Treten jedoch länger andauernde Auswirkungen des Klimawandels wie Wassermangel oder extreme Hitze hinzu, dürften städtische Infrastrukturen an ihre Grenzen stoßen und negative Aspekte überwiegen.

Bei der Bewertung der Betroffenheit einer Destination durch den Klimawandel sind aber nicht nur die Tourismusform, sondern vor allem auch die geographische Lage sowie die Widerstandsfähigkeit der Infrastruktur zu beachten (vgl. Kap. 6). Letztendlich bleibt auch offen, wie die Reaktion der Touristen auf den Klimawandel sowohl in zeitlicher (Reisezeitpunkt) als auch räumlicher Hinsicht (Destinationswahl) ausfallen und sich die touristische Nachfrage zwischen den Destinationen umverteilen wird (vgl. IPCC 2013, S. 677 ff.).

5.2.3 Tourismuspolitische Klimaschutzmaßnahmen

Die Tourismuspolitik muss sich in punkto Klimafragen einer Reihe von **Herausforderung** stellen. Sie hat als Vermittler zwischen den verschiedenen Interessengruppen zu dienen (vgl. Exkurs 18), die sich je nach Betroffenheit eine strikte Klimaschutzpolitik oder eine eher wirtschaftsfreundliche Ausgestaltung der Rahmenbedingungen wünschen, sowie die Bedürfnisse der Gäste zu integrieren. Auch muss sie das Spannungsfeld zwischen einer etablierten touristischen Ausrichtung und ggf. einer klimabedingten Neuorientierung in den Griff bekommen. So sollte die Tourismuswirtschaft im Rahmen der **Mitigationsstrategie** einerseits einen Beitrag zur Verringerung der Treibhausgase leisten, ohne dabei ihre ökonomische Grundlage zu verlieren (vor allem durch Preissteigerungen und Nutzungsverbote), vor dem Hintergrund der **Adaptionsstrategie** andererseits den Effekten des Klimawandels mit konkreten Maßnahmen entgegentreten (vgl. Freyer 2015, S. 626; Abbildung 5.2).

Ansätze zur Umsetzung einer **Mitigationsstrategie** wurden bereits ausführlich in den Kapiteln über die tourismusbezogene Ausgestaltung umweltpolitischer Instru-

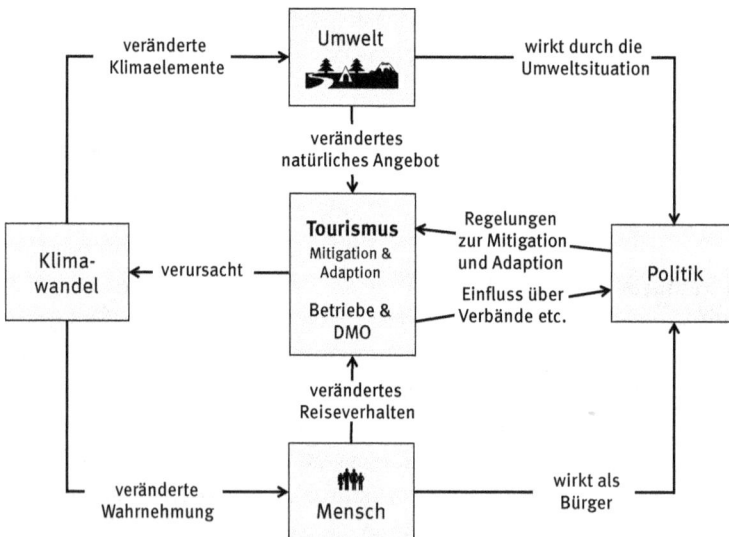

Abb. 5.2: Tourismus als Betroffener und Verursacher des Klimawandels im Spannungsfeld der Tourismuspolitik
Quelle: Eigene Darstellung.

mente (vgl. Kap. 4.1.3), tourismusrelevante Fördermaßnahmen (vgl. Kap. 4.3.3) sowie Verkehr und Tourismus (vgl. Kap. 4.4.4) erörtert und werden an dieser Stelle nur noch überblicksartig dargestellt.

Exkurs 18: Klimawandel – eine kritische Diskussion

Vom Menschen emittierte Treibhausgase und ihr Beitrag zum Klimawandel sind oftmals Gegenstand hitziger, teils unsachlich geführter Diskussionen. Der **Kern der Diskussion** dreht sich dabei nicht – wie vielleicht anzunehmen wäre – darum, ob es den Klimawandel überhaupt bzw. vom Menschen verursachte Emissionen von Treibhausgasen gibt – beides ist eindeutig auch vom Laien nachzuprüfen –, sondern um die Bedeutung der vom Menschen verursachten Emissionen von Treibhausgasen auf das globale Klima.

Die unterschiedliche Bewertung der Bedeutung anthropogener Emissionen von Treibhausgasen geht auf die Komplexität der Materie sowie die Betroffenheit verschiedener Akteure zurück. Nur wenige Experten sind in der Lage, die Simulationen der Klimamodelle zu beurteilen. Diese zeigen recht übereinstimmend, dass ein positiver Zusammenhang zwischen anthropogenen Emissionen von Treibhausgasen sowie dem Treibhauseffekt und damit Klimaveränderungen existiert.

Wie bei jedem Modell sind aber auch hier gewisse Annahmen zu treffen sowie Vereinfachungen vorzunehmen. Dies bietet wiederum Angriffsfläche, um Ergebnisse anzuzweifeln. So lässt sich dann recht leicht die Behauptung aufstellen, dass nicht die vom Menschen verursachten Treibhausgase für den Klimawandel, sondern nicht oder unzureichend berücksichtigte natürliche Einflussfaktoren, wie z. B. der Zyklus der Sonnenaktivität, verantwortlich sind.

Die so gesäten, begründeten oder unbegründeten **Zweifel** führen dann dazu, dass die von der Politik geplanten oder ergriffenen Maßnahmen zur Reduktion der anthropogenen Emissionen von Treibhausgasen (Energiesteuern, Lizenzsysteme etc.) in ihrer Wirkung zur Begrenzung des Treibhauseffekts sowie zum Klimaschutz bezweifelt werden. Dies liegt vor allem darin begründet, dass die getroffenen Maßnahmen für Verbraucher preissteigernd – Urlaubsreisen könnten für bestimmte Verbrauchergruppen (z. B. ärmere Familien) durchaus unerschwinglich werden – und für Anbieter, z. B. durch das Verbot von Heizpilzen in der Außengastronomie, möglicherweise umsatzreduzierend wirken. Da mögliche Klimaschäden zudem erst in Zukunft und ggf. in fernen Regionen auftreten, fällt meist auch die persönliche Betroffenheit eher gering aus. So scheinen z. B. viele Touristen zwar zu wissen, dass ihr Reiseverhalten klimaschädlich ist und verhalten sich zu Hause auch weitestgehend umweltfreundlich, doch kümmert sie das wenig, wenn sie auf Reisen gehen. Sie repräsentieren damit die oft zitierte Lücke zwischen Bewusstsein bzw. Einstellung und tatsächlichem Verhalten (**„Attitude-behaviour-gap"**).

Das **Spannungsfeld zwischen Skeptikern und Befürwortern** von Klimaschutzmaßnahmen entlädt sich z. B. in touristischen Projekten. Aufgabe der Tourismuspolitik muss es dann sein, zwischen den unterschiedlichen Positionen zu vermitteln, d. h. Bedenken auf beiden Seiten aufzugreifen und Lösungen anzubieten. Als Vermittlungsidee ließe sich versuchen, den Fokus weg vom Klimaschutz auf die Endlichkeit von Ressourcen zu lenken. Bei einer steigenden Anzahl von Erdbewohnern mit dem Bedürfnis nach einem höheren Lebensstandard sowie einer begrenzten Menge an Ressourcen stehen diese pro Person in immer geringerem Umfang und zu einem höheren Preis zur Verfügung, d. h. die Reduktion des Ressourcenverbrauchs ist ökonomisch geboten, um einen dauerhaften wirtschaftlichen Betrieb aufrechtzuerhalten. Somit lässt sich Klimaschutz als **Investition in Ressourceneffizienz des Tourismus und Zukunftssicherung** verstehen.

Quellen: Mailer 2019, S. 214 und 220; dwif 2019; Codoni/Koch 2010; DW 2011.

Im Rahmen der umweltpolitischen Instrumente sind vor allem Maßnahmen, welche die Emissionen im Bereich Verkehr verringern, zu ergreifen. Umweltsteuern sind hier das gängige Instrument. Ob allerdings eine ausreichend große Gruppe an Touristen wirklich bereit oder in der Lage ist, deutliche finanzielle Mehrausgaben zur Reduktion ihrer Emissionen zu leisten, dürfte die spannendste Frage sein. Auch Informationskampagnen, Ge- und Verbote sowie das Konzept der Moral Persuasion („flight shame") können durchaus einen Beitrag zur Reduktion von Treibhausgasen liefern. Ferner trägt die Tourismuspolitik durch Fördermaßnahmen zu mehr Energieeffizienz in Betrieben unterstützend zum Klimaschutz bei. Staatshilfen für Luftverkehrsunternehmen (z. B. Lufthansa, Condor etc.; vgl. Kap. 4.3.4) scheinen im Kontext der Reduktion von Treibhausgasen dagegen eher kontraproduktiv zu sein. Zuletzt leistet auch die Verkehrsplanung ihren Part, wenn z. B. umweltfreundliche Mobilitätskonzepte für das Reisen in eine Destination sowie die Beförderung innerhalb derselben geschaffen werden (vgl. Kap. 4.4.4). Zudem sind strategische Überlegungen anzustellen, ob sich reisebedingte Emissionen z. B. durch das Ansprechen von Zielgruppen aus räumlich näheren Märkten oder das Ausloben von Anreizen für Besucher, welche die Destination vergleichsweise länger besuchen, reduzieren lassen. Grundsätzlich scheint eine Qualitätsstrategie (vgl. Exkurs 3) hier ein gangbarer Weg zu sein.

Die Entwicklung und Umsetzung einer **Adaptionsstrategie** ist eine zentrale tourismuspolitische Aufgabe der Destinationen selbst, da sich dort klimatische Veränderungen konkret manifestieren und auswirken. Aber auch auf anderen politischen Ebenen kommt es zum Einsatz unterschiedlicher umweltpolitischer Maßnahmen (vgl. Kap. 4.1.3). Hier sind die Bereitstellung benötigter Informationen durch Institutionen der Europäischen Union sowie Umweltbundes- und Landesämter, aber auch (finanzielle) Förderprogramme zu nennen. Zudem sind auch weitere tourismuspolitische Akteure (z. B. NGOs) aktiv, die versuchen, ihre Anliegen im Kontext des Klimawandels (z. B. Verhinderung des Ausbaus einer Skidestination durch Beschneiungsanlagen) durchzusetzen (vgl. Exkurs 8; Kap. 2.2.4).

Auch wenn die Ausrichtung von Adaptionsstrategien – je nach Betroffenheit und (politischer) Überzeugung – durchaus gegenläufig (z. B. Ausbau von Beschneiungsanlagen versus Abkehr vom klassischen Skitourismus) ausfallen können, sollten die Wahrung der touristischen Attraktivität sowie der Verminderung der Vulnerabilität einer Destination durch eine entsprechende Anpassung des touristischen Angebots als übergeordnetes Ziel im Mittelpunkt stehen.

Am Beginn einer Adaptionsstrategie steht die Bewertung der Klimaänderungsverletzlichkeit einer Destination, aus der anschließend entsprechende Maßnahmen abzuleiten sind. Dieser Prozess ist möglichst kleinräumig umzusetzen, da der Klimawandel auf die in der jeweiligen Region ausgeübten touristischen Aktivitäten sowohl in zeitlicher als auch räumlicher Hinsicht unterschiedlich wirkt.

Die Bewertung von Klimaänderungssensitivität und -verletzlichkeit von Destinationen mit ihren jeweiligen touristischen Schwerpunkten setzt zuerst an der Identifizierung relevanter Klimaelemente[37] für Tourismusaktivitäten innerhalb der Destination, z. B. mittels Expertenabschätzung, an. Davon ausgehend sind die bereits eingetretenen sowie prognostizierten Effekte des Klimawandels auf die Klimaelemente (u. a. Niederschlag) möglichst kleinräumig im Verhältnis zu den Klimafaktoren[38] (u. a. Höhenlage) zu ermitteln. Dazu lassen sich regionale Klimastudien bzw. -simulationen, wie z. B. PRUDENCE (Prediction of Regional Scenarios and Uncertainties for Defining European Climate Change Risks and Effects) oder REMO (Regional Climate Model), heranziehen (vgl. UBA 2020c, S. 18).

Ein für die Tourismuswirtschaft anschaulich aufbereitetes Klimamodell für Deutschland lässt sich der App „Klimawandel und Tourismus" des Umweltbundeamts entnehmen. Das Informationssystem stellt mittlere klimatische Entwicklungen in den deutschen Reisegebieten als Karten, Tabellen und Zeitreihen bereit. Vergangenheitsbezogene Daten beruhen auf Messungen des Deutschen Wetterdienstes. Die Klimaprojektionen werden anhand verschiedener Klimamodelle auf einem Raster von 12 km × 12 km berechnet und auf die Reisegebiete übertragen (vgl. Tabelle 5.3).

Die erfassten Änderungen von Temperatur, Niederschlag und Niederschlagshäufigkeit etc. stellen die Grundlage zur Beurteilung dar. Zur Übersicht können die Ver-

Tab. 5.3: Touristisch relevante Klimakennzahlen

Touristisch relevante Klimakennzahlen	Verfügbare Mittelwerte für folgende Zeiträume
Eistage [Anzahl]	Gesamtzeitraum 1961–2019
Hitzeintensität [°C]	Referenzperiode 1961–1990
Hitzetage [Anzahl]	Gegenwart 1990–2019
Jahresmitteltemperatur [°C]	Nahe Zukunft 2031–2060
Jahresniederschlag [mm]	Ferne Zukunft 2071–2100
Regenintensität [mm/d]	
Schneetage [Anzahl]	
Schwületage [Anzahl]	
Sommertage [Anzahl]	
Starkregentage [Anzahl]	
Sturmtage [Anzahl]	
Trockentage [Anzahl]	

Quelle: UBA 2020d.

[37] Als Klimaelemente werden die mess- und beobachtbaren Elemente des Wetters bezeichnet, die zur Beschreibung des Klimas herangezogen werden, wie z. B. Temperatur, Luftdruck, Luftfeuchtigkeit, Wind, Niederschlag, Bewölkung, meteorologische Sichtweite, Sonnenscheindauer, Strahlung (vgl. DWD 2020b).

[38] Klimafaktoren beeinflussen die Klimaelemente und damit das Klima eines Standortes. Wesentliche natürliche Klimafaktoren sind geographische Breite, topographische Höhe und Exposition, Entfernung vom Meer und anderen größeren Wasserflächen, Bodenart und Bodenbedeckung. Hinzu kommen anthropogene Faktoren wie Bebauung und Abwärme (vgl. DWD 2020c).

änderungen z. B. mit einer graduellen Abstufung von „starke Zunahme" bis „starke Abnahme" klassifiziert sowie ggf. durch „nicht relevant" und „noch keine Aussage möglich" ergänzt werden. Anschließend sind die jeweiligen Tourismusaktivitäten hinsichtlich Klimaänderungssensitivität und -vulnerabilität, z. B. durch Expertenabschätzungen, zu bewerten und zu priorisieren. Hilfreich dabei können Schwellenwerte tourismusrelevanter Klimaparameter sein (vgl. Formayer/Kromp-Kolb 2009, S. 14 f.; Tabelle 5.4).

Tab. 5.4: Schwellenwerte tourismusrelevanter Klimaparameter

Klimaparameter	Schwellenwert
Thermische Eignung	18 °C bis 29 °C PET[*]
Hitzestress	> 35 °C PET[*]
Kältestress	< 0 °C PET[*]
Bewölkung	Bewölkung < 4 Achtel (0 Achtel = wolkenlos, 1–3 Achtel = heiter bzw. leicht bewölkt, 4–6 Achtel = wolkig, 7 Achtel = stark bewölkt und 8 Achtel = bedeckt)
Nebel	Relative Luftfeuchtigkeit > 93 Prozent
Schwüle	Dampfdruck > 18 hPa (Hektopascal)
Trockener Tag	Niederschlag < 1 mm
Nasser Tag	Niederschlag > 5 mm
Stürmischer Tag	Windgeschwindigkeit > 8 m pro Sekunde
Skifahrpotenzial	Schneedecke > 30 cm

[*] PET = Psychologisch äquivalente Temperatur: Maß für das thermische Empfinden des Menschen, das sich aus Lufttemperatur, Wind- und Feuchtigkeitsverhältnissen sowie Strahlungsströmen zusammensetzt.
Quelle: Matzarakis 2009, S. 254.

Der Bewertung schließt sich die Ableitung konkreter, auch betrieblicher Adaptionsmaßnahmen an. Die Aufgaben der Tourismuspolitik liegen hier in der Schaffung adäquater Strukturen wie z. B. der Bereitstellung von personellen und finanziellen Kapazitäten, der Integration und Kooperation maßgeblicher Stakeholder und Experten, der Zuordnung der Aufgaben, der Benennung von Verantwortlichen sowie der Kommunikation der Ergebnisse (vgl. UBA 2020c, S. 15 ff.). Folgende Benchmarks bzw. Best-Practice-Lösungen können dabei herangezogen werden (vgl. UBA 2020c, S. 29 f.):

- Im Rahmen der **Produktanpassung** gilt es alternative, innovative und/oder erlebnisorientierte sowie nachhaltige Angebote zu entwickeln und bereitzustellen, also das Angebot zu diversifizieren. Möglichkeiten liegen in Aufbau bzw. Förderung kultureller Veranstaltungen, Schlechtwetter- und Wellnessangeboten und Naturerlebnissen. So könnten sich Orte in den Bergen als Ganzjahresreiseziele positionieren und Badeorte stärker die Nebensaison anstelle des Hochsommers als beste Reisezeit kommunizieren. Der Aufbau veränderter Nachfragemuster ist durch entsprechende Marketingmaßnahmen zu begleiten.

– **Technisch-bauliche Maßnahmen** können erstens die Folgen veränderter Klimabedingungen abfedern. Beispiele aus dem Skitourismus sind künstliche Beschneiungen und Schneespeicher oder die Verlagerung von Skigebieten in höhere Lagen. Allgemein lassen sich auch Maßnahmen zum Wassersparen in touristischen Einrichtungen und Außenanlagen ergreifen, witterungsunabhängigere Freizeitangebote schaffen, Klimatisierung und Kühlung von touristisch genutzten Gebäuden einrichten sowie finanzielle Hilfen für betroffene Anbieter touristischer Infrastruktur bereitstellen. Um zweitens die Folgen von Extremereignissen beherrschbarer zu machen, bieten sich ferner technisch-bauliche Maßnahmen an. Zu nennen sind z. B. der Ausbau von (Wander-)Wegen inkl. Beschattung gegen Hitze sowie Steganlagen, die sich Wasserständen anpassen. Die Stabilität der Küsten lässt sich durch das Anlegen von Salzwiesen oder den Aufbau künstlicher Korallenriffe fördern. Auch die Beseitigung von Sturmschäden, wie z. B. das künstliche Aufschütten von Stränden nach Sturmfluten, ist zu nennen.

– **Krisenprävention und -management** sollen gefährdete touristische Gebiete systematisch beobachten und analysieren sowie Gefahrenszenarien für den Tourismus erarbeiten (z. B. Risikokartierungen erstellen). Hieraus können Auflagen an touristische Infrastrukturen abgeleitet, touristische Leistungsträger und Verbände sensibilisiert und Kommunikationskonzepte erstellt werden. Auch Gästeinformation sowie die Schulung von Personal in Bezug auf Klimaschutzmaßnahmen und das Verhalten in Krisensituationen lassen sich darauf aufbauen.

Kritsch anzumerken bleibt, dass solche Maßnahmen möglicherweise nur kurzfristig Abhilfe schaffen und negative Nebenwirkungen entfalten könnten. Z. B. benötigt eine Klimatisierung Energie und verursacht damit i. d. R. wiederum CO_2-Emissionen. Zudem stoßen einige Maßnahmen an ihre Grenzen: Wintersportler bevorzugen echten Schnee. Dagegen erweisen sich Schneekanonen als wasser- und energieintensiv und helfen umso weniger, je weiter die Temperaturen steigen. Manche Urlauber mögen auch keine „künstlichen Küsten", weshalb Küstenschutzmaßnahmen, wie z. B. Molen, ein Reiseziel für Touristen u. U. weniger attraktiv machen.

5.3 Corona-Virus – Zeitenwende im Tourismus?

Keine Branche leidet wohl so sehr unter der Corona-Pandemie wie der Tourismus. Airlines lassen ihre Maschinen am Boden, Flughäfen sind verwaist, Stadthotels müssen schließen, Reisebüros bangen um ihre Existenz (NZZ 2020k).

Aufgrund seiner Aktualität gilt das Thema Reisen und Corona in der tourismuswissenschaftlichen Forschung noch weitgehend als terra incognita. Dennoch steht bereits jetzt fest, dass das Reisen zu den während der Corona-Pandemie am meisten vermissten Aktivitäten rechnet. Auch existiert schon heute die Gewissheit, dass die Folgen des **Corona-Virus** für die Tourismuswirtschaft in einem noch nie da gewesenen Ausmaß ruinös und existenzvernichtend sind, da sie sämtliche Aspekte der touristischen Leistungskette betreffen. Erholte sich der Tourismus nach bisherigen Krisen, wie z. B. 9/11 oder der Finanz-, Wirtschafts- und Eurokrise, immer wieder vergleichsweise schnell, dürfte er an der Corona-Krise wohl am stärksten und längsten laborieren. Das Virus könnte damit eine „Stunde null" in der gesamten Tourismusbranche bedeuten.

5.3.1 Virus und Tourismus – zwei Seiten derselben Medaille

Ende 2019 wurde zunächst in China und dann Anfang 2020 in Europa das die CO-VID-19-Erkrankung auslösende Corona-Virus SARS-CoV-2 (Severe acute respiratory syndrome coronavirus type 2) systematisch nachgewiesen. Das hochinfektiöse Virus ist sehr leicht durch Tröpfcheninfektion sowie Aerosole übertragbar und kann u. a. schwere Lungenkrankheiten auslösen. Eine Inkubationszeit von bis zu 14 Tagen, verbunden mit der Möglichkeit einer Übertragung trotz fehlender Symptome aufgrund eines sehr milden Krankheitsverlaufs, macht das Virus besonders heimtückisch und gefährlich (vgl. RKI 2020). Seine globale Ausbreitung hat weite Teile der Weltwirtschaft, darunter auch Deutschland, in die schwerste Rezession seit Ende des Zweiten Weltkriegs gestürzt.

Der Tourismus ist von einer derartigen Pandemie in doppelter Hinsicht betroffen: Zum einen wird er fast vollständig seiner Geschäftsgrundlage beraubt – mit ruinösen Folgen:

> Eine Erfolgsbranche und die Urlaubslust, die bisher für über 300 Millionen Jobs und ein Zehntel der globalen Wirtschaftsleistung standen, wurden von einem unsichtbaren Virus binnen weniger Tage fast komplett dahingerafft. Venedig, Mallorca, Mount Everest: Was gestern noch ein begehrtes, oft überlaufenes Ziel war, ist über Nacht zum Ladenhüter geworden (Welt 2020c).

Zum anderen macht er sich – ungewollt – zum Überträger von Viren und Krankheiten. Denn in einer Pandemie sind Reisende Risikofaktoren. Die starke lokale Konzentration von Touristen an wenigen oder gar nur einem einzelnen Ort beflügelt das Infektionsgeschehen. Die Internationalität von Gästen und globale Reiseketten wiederum begünstigen die geografische Verbreitung und erhöhen die Ausbreitungsgeschwindigkeit von Krankheitserregern. Es ist vor allem das im Urlaub vom alltäglichen Lebensstil abweichende sorglose Verhalten von Touristen, welches das Risiko- und Vorsichtsbewusstsein in den Ferien sinken lässt. Alkoholgenuss und Partylaune sowie die damit einhergehende körperliche Nähe wirken auf Infektionskrankheiten wie ein Brandbeschleuniger, wie das Beispiel des Tiroler Skiorts Ischgl zeigt (vgl. Exkurs 19).

Exkurs 19: Tourismus als Verbreiter des Corona-Virus: Das Beispiel Ischgl

Die im Tiroler Paznaun gelegene Gemeinde Ischgl gilt als einer der **Hotspots** für die Verbreitung des Corona-Virus in Europa im Jahr 2020. Hunderte Touristen und touristische Arbeitskräfte haben sich dort Anfang 2020 mit dem Virus infiziert, es in ihre Heimatländer getragen und dort unbewusst verbreitet.

Das einstige Bergbauerndorf, in dem auf 1.600 Einwohner knapp 12.000 Touristenbetten in fast 400 Hotels kommen, verzeichnet jährlich rund 1,4 Mio. Übernachtungen und charakterisiert sich durch einen ausgeprägten Skizirkus und vielfältigen Après-Ski-Betrieb. Das „Delirium Alpinum", das die Bild Zeitung schon mal als „Tal der sündigen Schneehasen" bezeichnete und in dem sich Etablissements wie der „Kuhstall", „Nikis Stadl", die „Champagnerhütte", die „Schatzi Bar", „Free-ride", „Kitzloch" oder die „Trofana Alm" finden, ist bei Skitouristen aus aller Welt sehr beliebt und genießt den Ruf, der **„Ballermann der Berge"** oder das **„Ibiza der Alpen"** zu sein. Der Umgang mit der Corona-Krise dürfte das Image von Tirols Topdestination für Wintersporttourismus allerdings stark beschädigt haben. Denn seither steht der Name Ischgl eher für zögerliches Krisenmanagement, verheerende Kommunikation, gefährliche Fahrlässigkeit sowie nicht zuletzt Vertuschung und Filz aus Tourismusindustrie, Wirtschaft und Politik.

Dass Viren in einer Skidestination per se auf sehr bequeme Ausbreitungsbedingungen stoßen, dürfte auf den ersten Blick nur wenig überraschend sein: Eine starke Fluktuation von Touristen, das Stehen in der Schlange vor Liften und Seilbahnen, das gemeinsame Fahren in Gondeln sowie der auf Skihütten übliche sehr geringe Abstand zwischen sehr vielen Menschen beim Après-Ski im Dunstkreis von Alkohol und Partylaune machen es Viren sehr einfach. Allerdings wurde im Fall Ischgl von Gemeinde, Behörden bis zur Spitze der Tiroler Landesregierung so vieles falsch gemacht, dass die Staatsanwaltschaft ein Ermittlungsverfahren wegen des Verdachts der Gefährdung durch ansteckende Krankheiten in die Wege geleitet und der Tiroler Landtag einen Untersuchungsausschuss eingesetzt hat. Zahlreiche E-Mail-Korrespondenzen, Krisenstabsprotokolle und WhatsApp-Nachrichten belegen, dass die Gefahr verharmlost und heruntergespielt sowie wesentliche Informationen zurückgehalten wurden. Eine unabhängige Expertenkommission kam im Oktober 2020 nach monatelanger Untersuchung sowie der Befragung von 53 Personen, darunter Betroffene, Vertreter der Tourismus- und Seilbahnwirtschaft sowie Verantwortliche auf Gemeinde-, Bezirks-, Landes- und Bundesebene, in einem 703 Seiten starken Bericht zum Schluss, dass es zu **folgenschweren Fehleinschätzungen** gekommen und viel zu zögerlich gehandelt worden sei.

Was war genau passiert? Ende Februar 2020 schickt ein Gastronom eine Mitarbeiterin nach einem positiven Corona-Test nach Hause, ohne dies der Gesundheitsbehörde gemeldet zu haben. Am 29. Februar treten beim Rückflug einer Reisegruppe aus Island, die zuvor in Ischgl war, 15 Covid-19-Fälle auf. Davon erfuhren die Tiroler Behörden erstmals am 5. März, gingen aber davon aus, dass die Ansteckungen erst während des Fluges erfolgt seien, auf dem sich ein weiterer Erkrankter, der zuvor in Italien war, befand. Zwar informierten die Isländer die Tiroler Behörden tatsächlich über den infizierten Fluggast. Allerdings wussten diese am Nachmittag des 5. März auch, dass die Isländer an zwei verschiedenen Tagen mit zwei unterschiedlichen Flugzeugen zurückgeflogen waren und dass bei einigen von ihnen die ersten Symptome bereits vor ihrer Abreise einsetzten. Dennoch verschickte der Landespressedienst am selben Abend folgende Pressemitteilung: „Isländische Gäste im Tiroler Oberland dürften sich bei Rückflug im Flugzeug mit Corona-Virus angesteckt haben". Später wird eine E-Mail bekannt, in welcher der Landecker Bezirkshauptmann dem Tiroler Landeshauptmann schrieb: „Dann hätten wir Ischgl vorerst aus dem Schussfeld". Die isländischen Behörden erklärten dagegen noch am 5. März Tirol in einer Reisewarnung zum Risikogebiet.

Am 7. März melden die Gesundheitsbehörden den ersten offiziell bestätigten Corona-Fall in Ischgl. Der in einer Après-Ski-Bar („Kitzloch"), in der auch die erkrankten Isländer verkehrten, arbeitende aus Deutschland stammende Barkeeper gilt als der mutmaßliche „Superspreader" im Skiort. Engere Kontaktpersonen aus dem Arbeitsumfeld werden daraufhin unter Quarantäne gestellt, die Bar vorübergehend geschlossen.

Am 8. März teilt eine Beamtin der Landessanitätsdirektion noch mit, dass eine Ausbreitung des Virus auf Gäste der Bar aus medizinischer Sicht eher unwahrscheinlich sei. Später kommt heraus, dass eine Mitarbeiterin des Tiroler Krisenstabs am gleichen Tag bei einer Besprechung laut Protokoll geäußert haben soll: „Wahrscheinlich viele Krankheitsfälle zu erwarten in Zusammenhang mit der Bar". Obwohl die Virenübertragung für die Verantwortlichen klar erkennbar gewesen ist, öffnet nach einem Austausch des Personals und einer Wischdesinfektion das besagte Lokal wieder.

Nur einen Tag später, am 9. März, werden 15 Kontaktpersonen des Barkeepers positiv getestet, woraufhin die Bar für den Rest der Saison geschlossen wird. Am selben Tag erhält der Tourismusverband Paznaun vier E-Mails von in Ischgl infizierten Urlaubern aus Deutschland, Dänemark und der Schweiz. Als diese an den Bezirkshauptmann weitergeleitet werden, antwortet dieser dem Tourismusverband: „Private Meldungen können wir leider nicht mehr beantworten".

Einen Tag später, am 10. März, wird der Betrieb in sämtlichen Après-Ski-Bars in Ischgl gestoppt. Nochmals erst einen Tag später, dem 11. März (einem Mittwoch), verkündet die Tiroler Landesregierung das vorzeitige Ende der Skisaison in Tirol – dies allerdings erst mit Ablauf des Wochenendes am 15. März (einem Sonntag), was drei weitere Tage Liftbetrieb und Après-Ski auf den Hütten bedeutet. Selbst am letzten Tag kursieren in sozialen Netzwerken noch Fotos von hunderten, dicht an dicht auf Sonnenterassen neben den Pisten gedrängten Skifahrern. Erst am nächsten Tag, dem 16. März, schließen sämtliche Hotelbetriebe. Damit verging zwischen der erstmaligen Unterrichtung der Behörden über eine mögliche Ausbreitung des Virus in Ischgl und der Beendigung der Skisaison eine Spanne von zehn Tagen, in der sich das Virus ungehindert ausbreiten konnte.

Doch damit nicht genug: Am Freitag, den 13. März, zwei Tage vor Ende der Saison, erklärt die österreichische Bundesregierung Ischgl und das gesamten Paznauntal, in dem sich zu diesem Zeitpunkt noch rund 8.000 Urlauber befanden, zum Risikogebiet und verhängt eine Quarantäne. Danach kommt es zu chaotischen Zuständen – **mit fatalen Folgen für ganz Europa:** Ohne auf das Virus getestet zu werden, verlassen viele Urlauber Hals über Kopf den Ort. Sie werden aufgefordert, sich ohne Unterbrechung nach Hause und in Selbstquarantäne zu begeben. Sie müssen zwar ein Formular ausfüllen, kontrolliert wird dies allerdings nicht, da die Kontaktdaten nicht an die Behörden in den Heimatorten übermittelt werden. Im Gegenteil: Am nächsten Tag wird bekannt, dass hunderte quarantänepflichtige Abreisende – in Ermangelung von Reiseverbindungen am Freitagabend – die Nacht in Hotels u. a. in Innsbruck, Lech am Arlberg und München verbracht und dort für eine weitere Ausbreitung des Virus gesorgt haben. Ferner hat der Tiroler Tourismusverband bereits vor Verkündung der Quarantäne über die geplanten Maßnahmen informiert, sodass einige Hoteliers ihre ausländischen Arbeitskräfte nach Hause entließen. Die Gefahr, dass dies eine weitere Verbreitung begünstigen könnte, wurde verkannt. Erst am 18. März stellt das Land Tirol schließlich alle seiner 279 Gemeinden unter Quarantäne.

Auch wenn Behörden und Regierung im Nachhinein gebetsmühlenartig versicherten, „alles richtig gemacht zu haben", stellt sich der Fall Ischgl nicht nur als Virenschleuder, sondern auch als Sumpf von Vertuschung, Versagen, Filz und Lobbyismus dar. Zu groß war die Sorge von Tourismus- und Bergbahnlobbyisten über die wirtschaftlichen Folgen eines abrupten Saisonabbruchs, dass sich die Politik bei der Abwägung der Interessen der für Tirol so wichtigen Tourismusbranche gegenüber der öffentlichen Gesundheit schwertat und nur zögerlich handelte. So soll der Vorsitzende der Tiroler Wirtschaftskammer, gleichzeitig Vertreter der einflussreichen Seilbahnwirtschaft und Nationalratsabgeordneter der österreichischen Volkspartei in Wien, den Betreiber der besagten Après-Ski-Bar in Erwartung negativer wirtschaftlicher Folgen in einer SMS aufgefordert haben, seinen Betrieb zu schließen, um die Wintersaison zu retten – zu einem Zeitpunkt als Politik und Behörden die Gefahr öffentlich noch herunterspielten. Offenbar wurden kommerzielle über gesundheitliche Interessen gestellt. Der dadurch angerichtete Imageschaden des Skizirkus Ischgl dürfte den wirtschaftlichen Verlust eines frühzeitigen Saisonabbruchs daher deutlich übertreffen.

Der österreichische Verbraucherschutzverein wirft den lokalen Tiroler Behörden vor, zu langsam und unzureichend auf den Ausbruch reagiert zu haben. Ende September 2020 reichte er vier Amtshaftungsklagen gegen die Republik Österreich ein. Bei den Klägern handelte es sich um die Hinterbliebenen eines Betroffenen, der an Covid-19 gestorben ist. Bei zwei weiteren Personen ist die Erkrankung so schwer verlaufen, dass sie zum Zeitpunkt der Einreichung der Klage immer noch in Behandlung waren. Ein weiterer Betroffener war zwar wieder genesen, muss aber mit Spätfolgen rechnen.

Kurz nach Einreichung der Klagen hat die Tiroler Staatsanwaltschaft wegen „vorsätzlicher oder fahrlässiger Gefährdung von Menschen durch übertragbare Krankheiten" konkrete Ermittlungen gegen vier Beschuldigte eingeleitet. Dabei handelt es sich um den Ischgler Bürgermeister, den Landecker Bezirkshauptmann sowie zwei Mitarbeiter der Bezirkshauptmannschaft Landeck.

Den Medien gilt Ischgl inzwischen „als Symbol für Gier, Realitätsverlust, Lobbyinteressen und den Hang, Gewinne zu privatisieren und Schäden, zumal gesundheitliche, auf dem Konto der Allgemeinheit abzubuchen" (Hechenblaikner/Gmünder 2020).

Quellen: SZ 2020a, b und c; FAZ 2020d und e; NZZ 2020c; Spiegel Online 2020d; profil 2020a und b; Hechenblaikner/Gmünder 2020.

Von Ischgl aus hat sich das Virus über den halben Kontinent verbreitet. Anhand tausender mit Standortdaten verknüpfter Instagram-Posts lässt sich die Herkunft vieler Ischgl-Touristen im Frühjahr 2020 und damit die Ausbreitung des Virus erkennen. Betroffen waren u. a. Großbritannien, Island, Polen, Tschechien, Niederlande, Belgien, Schweiz, skandinavische Länder und vor allem Deutschland. Eine Studie des Instituts für Weltwirtschaft in Kiel hat aufgrund der Ermittlung von auf das Robert-Koch-Institut zurückgehenden Erkenntnissen in den 401 deutschen Landkreisen Ischgl sogar als **Ground Zero der Pandemie** in Deutschland identifiziert. Demnach hat ein bereits um zehn Prozent kürzerer Anfahrtsweg nach Ischgl die Infektionsrate durchschnittlich um neun Prozent erhöht. Fast die Hälfte aller deutschen Corona-Infektionen bis April 2020 war auf Ischgl-Touristen zurückzuführen (vgl. Handelsblatt 2020; Spiegel Online 2020c).

5.3.2 Tourismuspolitische Maßnahmen

Neben vielseitigen wirtschaftlichen Hilfsmaßnahmen (vgl. Kap. 4.3.4) hat die Politik auf das Thema Tourismus und Corona mit zahlreichen restriktiven Maßnahmen reagiert. Dazu gehören vor allem Maßnahmen zu Gesundheitsschutz und Hygiene (vgl. Kap. 5.3.2.1) sowie die Ausweisung von Risikogebieten und die Verhängung von Reiseverkehrsbeschränkungen (vgl. Kap. 5.3.2.2).

5.3.2.1 Gesundheitsschutz- und Hygieneauflagen

Grundsätzlich kommen neue soziale Normen häufig in Zeiten des Umbruchs bzw. Krisensituationen, in denen es um die Ausbalancierung neuartiger Interessenkonflikte geht, auf. Die Bedrohung durch das Coronavirus hat neben veränderten Begrüßungsritualen neue Normen wie Hygieneregeln, Abstandsgebot und das Tragen von Alltagsmasken („Mund-Nasen-Bedeckung") hervorgerufen (vgl. Diekmann 2020, S. 237). Insbesondere letztere, früher bei asiatischen Touristen belächelt, gehören mittlerweile zum festen sozialen Repertoire und stehen symbolisch für den Umgang einer besonderes betroffenen und verunsicherten Branche mit der Pandemie.

Tabelle 5.5 veranschaulicht am Beispiel Bayerns, wie die einzelnen Bereiche der Tourismuswirtschaft von Gesundheitsschutz- und Hygieneauflagen betroffen sind. Exkurs 20 enthält die Vorgaben der Bayerischen Staatsregierung für Hygienekonzepte im Bereich Beherbergung. Die Tourismuswirtschaft ist gut beraten, diese allgemein geltenden Maßnahmen durch eigene, spezifische betriebliche Hygienemaßnahmen zu ergänzen. Exkurs 21 zeigt dies beispielhaft am Schutz- und Hygienekonzept eines Schweizer Familienhotels.

Tab. 5.5: Touristische Einschränkungen und Auflagen während der Corona-Pandemie in Bayern (Stand Juli 2020)

Betroffener Bereich	Öffnung und Zugang	Aufenthalt und Hygiene	Weitere Informationen
Allgemeine Regelungen für alle nachfolgenden Bereiche	Es gelten die allgemeinen Kontakt- und Hygieneregeln	Hygienekonzept erforderlich	/
Restaurants, Cafés und Gaststätten Biergärten und Außengastronomie	Geöffnet; Dokumentationspflicht personenbezogener Daten	Erlaubt; Mund-Nasen-Bedeckung verpflichtend außerhalb des Sitzplatzes	Hygienekonzept Gastronomie (Handlungsempfehlungen)
Bars, Pubs und Kneipen Diskotheken und Clubs	Geschlossen	Geschlossen	/
Hotels, Pensionen, Jugendherbergen Ferienwohnungen und -häuser Camping- und Wohnmobilstellplätze	Geöffnet; Dokumentationspflicht personenbezogener Daten	Erlaubt; Mund-Nasen-Bedeckung verpflichtend außerhalb der Wohneinheit oder des Sitzplatzes im Restaurant; für sanitäre Einrichtungen in Gemeinschaftsbereichen gelten erhöhte Hygienemaßnahmen	Hygienekonzept Beherbergung (Vorgaben)
Privatunterkünfte	Geöffnet	Aktuell im Detail durch Verordnungen nicht geregelt und/oder kommuniziert	/
Verkehr (inkl. Binnenschifffahrt und Seilbahn)	Geöffnet	Erlaubt; Mund-Nasen-Bedeckung verpflichtend im Personennah- und -fernverkehr	Der Betrieb von Flusskreuzfahrtschiffen wird analog zu ortsfesten Hotels behandelt, siehe Hotels, Pensionen, Jugendherbergen
Busreisen	Gestattet; Dokumentationspflicht personenbezogener Daten	Erlaubt; Mund-Nasen-Bedeckung verpflichtend; erhöhte Hygienemaßnahmen.	Rahmenkonzept für betriebliche Schutz- und Hygienekonzepte von touristischen Dienstleistern

Tab. 5.5: (Fortsetzung)

Betroffener Bereich	Öffnung und Zugang	Aufenthalt und Hygiene	Weitere Informationen
Flughäfen	Geöffnet	Erlaubt; Mund-Nasen-Bedeckung verpflichtend	/
Großveranstaltungen und Events (Kultur und Sport) Kleinkunst und Kultur Theater und Oper	Eingeschränkt; Kapazitätsgrenze: Bis zu 100 Gäste in geschlossenen Räumen und bis zu 200 Gäste im Freien; bei zugewiesenen und gekennzeichneten Sitzplätzen gilt: Bis zu 200 Personen in geschlossenen Räumen und bis zu 400 Personen im Freien	Erlaubt; Mund-Nasen-Bedeckung in geschlossenen Räumen außerhalb des festen Sitzplatzes verpflichtend	Mund-Nasen-Bedeckung auch für Mitwirkenden in geschlossenen Räumen verpflichtend, in denen sich auch Besucher aufhalten oder der Mindestabstand nicht eingehalten werden kann
Messe und Kongresse (öffentlich)			Rahmenkonzept für Infektionsschutz- und Hygienekonzepte bei der Durchführung von Messe- und Kongressveranstaltungen
Tagungen und Meetings (geschlossener Teilnehmerkreis)	Gestattet, wenn diese im beruflichen Kontext stehen	Gestattet	Tagungen mit einem geschlossenen Teilnehmerkreis fallen in den Bereich der beruflichen Aus- und Weiterbildung
Freizeitaktivitäten (outdoor)	Geöffnet; Kapazitätsgrenze: Nicht mehr als ein Besucher pro 10 qm zugängliche Fläche; Dokumentationspflicht personenbezogener Daten	Erlaubt; Steuerung des Zutritts; Mund-Nasenbedeckung verpflichtend, wenn der Mindestabstand sowie nicht eingehalten werden kann; erhöhte Hygienemaßnahmen	Rahmenkonzept für betriebliche Schutz- und Hygienekonzepte von touristischen Dienstleistern
Freizeitaktivitäten (indoor) Freizeitparks		Erlaubt; Steuerung des Zutritts; Mund-Nasenbedeckung verpflichtend; erhöhte Hygienemaßnahmen	

Tab. 5.5: (Fortsetzung)

Betroffener Bereich	Öffnung und Zugang	Aufenthalt und Hygiene	Weitere Informationen
Geführte Touren und Aktivitäten	Stadt- und Gästeführungen, Berg-, Kultur- und Naturführungen sowie Führungen in Schauhöhlen und Besucherbergwerken sind gestattet	Keine gesonderten Auflagen	Rahmenkonzept für betriebliche Schutz- und Hygienekonzepte von touristischen Dienstleistern
Freibäder Freizeitbäder	Geöffnet; Kapazitätsgrenze: Eine Person je 10 qm Fläche für zugängliche Bereiche einschließlich der Becken	Erlaubt; Steuerung des Zutritts; Mund-Nasen-Bedeckung bei der Nutzung von Umkleiden und WC-Anlagen verpflichtend	Rahmenkonzept für Kureinrichtungen zur Verabreichung ortsgebundener Heilmittel, Hallen- und Freibädern sowie Wellnesseinrichtungen in Thermen und Hotels
Zoos und botanische Gärten Museen und Ausstellungen	Geöffnet; Kapazitätsgrenze: nicht mehr als eine Person je 10 qm Fläche für zugängliche Bereiche	Erlaubt	Vorschriften für Führungen, siehe Geführte Touren und Aktivitäten; für gastronomische Angebote siehe Restaurants, Cafés und Gaststätten
Kinos	Geöffnet; Kapazitätsgrenze: Bis zu 100 Gäste in geschlossenen Räumen und bis zu 200 Gäste im Freien; bei zugewiesenen und gekennzeichneten Sitzplätzen gilt: Bis zu 200 Personen in geschlossenen Räumen und bis zu 400 Personen im Freien	Erlaubt, Steuerung des Zutritts und des Aufenthalts; Mindestabstandsregeln gelten auch in den Kinosälen; Mund-Nasen-bedeckung in Innenräumen außerhalb des festen Sitzplatzes verpflichtend	Rahmenkonzept für Kinobetriebe

Quelle: In Anlehnung an Kompetenzzentrum Tourismus des Bundes 2020b und Sechster Bayerischer Infektionsschutzmaßnahmenverordnung.

Exkurs 20: Hygienekonzept Beherbergung der Bayerischen Staatsministerien für Gesundheit und Pflege sowie Wirtschaft, Landesentwicklung und Energie ab dem 30.05.2020

Zum Vollzug des Infektionsschutzgesetzes (IfSG) wird folgendes Rahmenkonzept für betriebliche Schutz- und Hygienekonzepte von Beherbergungsbetrieben und anderen Anbietern touristischer Unterkünfte bekannt gemacht:

1. Organisatorisches

1.1 Die Beherbergungsbetriebe und Anbieter touristischer Unterkünfte (Herbergsgeber) erstellen ein betriebliches Schutzkonzept unter Berücksichtigung von Mitarbeitern und Gästen und unter Beachtung der geltenden Rechtslage und der arbeitsmedizinischen Schutz- und Vorsorgeregelungen.

1.2 Die Herbergsgeber schulen ihre Mitarbeiter (innerbetriebliche Maßnahmen) und berücksichtigen dabei deren speziellen Arbeits- und Aufgabenbereich, ihre Qualifikation und sprachlichen Fähigkeiten. Die Mitarbeiter werden über den richtigen Umgang mit Mund-Nasen-Bedeckung und allgemeine Hygienevorschriften informiert und geschult. Mitarbeiter mit akuten respiratorischen Symptomen jeglicher Schwere dürfen nicht arbeiten.

1.3 Die Herbergsgeber kommunizieren die Notwendigkeit der Einhaltung der Sicherheitsmaßnahmen an ihre Gäste. Gegenüber Gästen, die die Vorschriften nicht einhalten, wird von allen Möglichkeiten der vorzeitigen Vertragsbeendigung konsequent Gebrauch gemacht.

1.4 Die Herbergsgeber kontrollieren die Einhaltung des betrieblichen Schutzkonzeptes seitens der Mitarbeiter und – soweit möglich – der Gäste und ergreifen bei Verstößen alle vertraglich möglichen Maßnahmen.

1.5 Verfügen die Herbergsgeber auch über gastronomische Einrichtungen, sind die einschlägigen Vorgaben zur Gastronomie einschließlich der lebensmittel-hygienischen Vorgaben bei Wiederaufnahme des Betriebs umzusetzen.

2. Generelle Sicherheits- und Hygieneregeln

2.1 Jede Wohneinheit (wie z. B. Zimmereinheit, Ferienwohnung, Ferienhaus oder jedes sonstige Wohnobjekt wie Wohnwagen, Wohnmobil oder feste Mietunterkunft) muss über eine eigene Sanitäreinrichtung verfügen.

2.2 Oberstes Gebot ist die Einhaltung der Abstandsregel von 1,5 m in allen Gemeinschaftsbereichen einschließlich der sanitären Einrichtungen sowie beim Betreten und Verlassen der Räumlichkeiten und auf Fluren, Gängen, Treppen und im Außenbereich. Dies gilt für Gäste und Mitarbeiter. Nach Möglichkeit soll die Bewegungsrichtung beim Betreten und Verlassen von Räumen vorgegeben sein. Einzuhaltende Abstände im Zugangs- und gegebenenfalls Wartebereich sind entsprechend kenntlich zu machen. Personen, für die im Verhältnis zueinander die allgemeine Kontaktbeschränkung gemäß der jeweils aktuellen Rechtslage nicht gilt, haben die Abstandsregel nicht zu befolgen.

2.3 Vermieter, Mitarbeiter und Gäste müssen in Gemeinschaftsbereichen eine Mund-Nasen-Bedeckung tragen. Vermieter und Mitarbeiter müssen eine Mund-Nasen-Bedeckung insbesondere in allen Räumlichkeiten tragen, in denen sich Gäste aufhalten. Ausgenommen davon sind weitläufige Außenbereiche, z. B. Parkanlagen.

2.4 Vom Besuch von Beherbergungsbetrieben oder touristischen Unterkünften sind ausgeschlossen: – Personen, die in den letzten 14 Tagen Kontakt zu COVID-19-Fällen hatten, und – Personen mit unspezifischen Allgemeinsymptomen und respiratorischen Symptomen jeder Schwere. Die Gäste sind vorab in geeigneter Weise über diese Ausschlusskriterien zu informieren (z. B. Aushang,

Aufnahme in die Buchungsbestätigung). Sollten Gäste während des Aufenthalts Symptome entwickeln, haben sie sich unverzüglich zu isolieren und dürfen Gemeinschaftsräumlichkeiten nicht mehr betreten. Sie haben so rasch wie möglich den Aufenthalt zu beenden.

2.5 Gästen und Mitarbeitern werden ausreichend Waschgelegenheiten, Flüssigseife, Einmalhandtücher und gegebenenfalls Händedesinfektionsmittel bereitgestellt. Mitarbeiter werden im richtigen Händewaschen geschult. Sanitäre Einrichtungen im Gemeinschaftsbereich sind mit Seifenspendern und Einmalhandtüchern auszustatten.

2.6 Jeder Herbergsgeber erstellt ein individuelles Reinigungskonzept, das zusätzlich die Nutzungsfrequenz von Kontaktflächen, z. B. Türgriffen, berücksichtigen muss.

2.7 Jeder Herbergsgeber hat für die für Mitarbeiter oder Gäste frei zugänglichen Bereiche über ein Lüftungskonzept zu verfügen. Zur Gewährleistung eines regelmäßigen Luftaustausches ist die Lüftungsfrequenz abhängig von der Raumgröße und Nutzung zu erhöhen. Alle gegebenen Möglichkeiten der Durchlüftung aller Räumlichkeiten sind zu nutzen. Bei eventuell vorhandenen Lüftungsanlagen ist darauf zu achten, dass es zu keiner Erregerübertragung kommt, z. B. durch Reduzierung des Umluftanteils, Einbau und häufigem Wechsel von Filtern.

2.8 Der Herbergsgeber hat über ein auf Infektionsminimierung ausgelegtes Parkplatzkonzept zu verfügen, wenn nach der Zahl der erwarteten Gäste regelmäßige Begegnungen zu erwarten sind.

2.9 Die Aufbewahrung und Reinigung von Arbeitskleidung sowie die sonstige Wäschereinigung (z. B. Tisch- und Bettwäsche) erfolgen unter Beachtung des Arbeitsschutzstandards und der Hygienestandards.

3. Umsetzung der Schutzmaßnahmen für Mitarbeiter und Gäste im betrieblichen Ablauf

3.1 Allgemeine Regelungen

3.1.1 Die Gäste sind darauf hinzuweisen, dass bei Vorliegen von Symptomen einer akuten Atemwegserkrankung jeglicher Schwere oder von Fieber eine Beherbergung nicht möglich ist.

3.1.2 Die Gäste sind über das Einhalten des Abstandsgebots von mindestens 1,5 m und über die Reinigung der Hände unter Bereitstellen von Desinfektionsmöglichkeiten oder Handwaschgelegenheiten mit Seife und fließendem Wasser zu informieren.

3.1.3 Die Gäste sind darauf hinzuweisen, dass das gemeinsame Sitzen im Gemeinschaftsbereich ohne Einhalten des Mindestabstands von 1,5 m und das gemeinsame Beziehen einer Wohneinheit sowie das gemeinsame Anmieten einer Parzelle auf einem Campingplatz nur den Personen gestattet ist, für die im Verhältnis zueinander die allgemeine Kontaktbeschränkung gemäß jeweils aktueller Rechtslage nicht gilt.

3.1.4 Die Gäste müssen ab Betreten des Betriebes und bei Bewegungen im Gebäude eine Mund-Nasen-Bedeckung tragen, ausgenommen am Tisch des Restaurantbereichs sowie in ihrer Wohneinheit. Auf weitläufigen Außengeländen (z. B. Campingplätzen) kann auf eine Mund-Nasen-Bedeckung verzichtet werden, sofern der Mindestabstand von 1,5 m eingehalten wird.

3.2 Beherbergung

3.2.1 Nur diejenigen Personen, für die im Verhältnis zueinander die allgemeine Kontaktbeschränkung gemäß jeweils aktueller Rechtslage nicht gilt, dürfen gemeinsam eine Wohneinheit beziehen oder eine Parzelle auf einem Campingplatz gemeinsam anmieten. Beim Check-in werden die Kontakte zwischen dem Vermieter und seinen Mitarbeitern einerseits und Gästen andererseits sowie der haptische Kontakt zu Bedarfsgegenständen (z. B. Stifte, Meldescheine) auf das Notwendige beschränkt oder so gestaltet, dass nach jeder Benutzung eine Reinigung oder Auswechslung erfolgt.

3.2.3 In allen Gemeinschaftsbereichen sind die Abstandsregeln einzuhalten. Die Abstandsregeln gelten auch für jedermann in allen Betriebsbereichen.

3.2.4 Insbesondere bei der Reinigung der Wohneinheit werden die geltenden Hygiene- und Reinigungsstandards konsequent eingehalten. Die Reinigung der Gäste- und Gemeinschaftszimmer hat möglichst in Abwesenheit der Gäste zu erfolgen, um Kontakte zu vermeiden.

3.2.5 Der Einsatz von Gegenständen in den Wohneinheiten, die von einer Mehrzahl von Gästen benutzt werden (z. B. Stifte, Magazine, Zeitungen, Tagesdecken, Kissen), ist auf ein Minimum zu reduzieren und so zu gestalten, dass nach jeder Benutzung eine Reinigung oder Auswechslung erfolgt. Das gilt auch in anderen Bereichen (z. B. Tagungsbereich).

3.2.6 Die Nutzung von zugehörigen Schwimmbädern, Saunen, Wellness- und Fitnessbereichen richtet sich nach der für solche Einrichtungen geltenden Rechtslage.

3.2.7 Die Zulässigkeit von Massagebehandlungen und Beauty-Anwendungen richtet sich nach der für diese Anwendungen geltenden Rechtslage. Die danach zulässigen körpernahen Dienstleistungen sind auch in den Beherbergungsbetrieben zulässig. Die nach der geltenden Rechtslage vorgegebenen Sicherheitsmaßnahmen (z. B. Mund-Nasen-Bedeckung) sind einzuhalten. Der Zugang wird über Vorabterminierung gesteuert.

3.2.8 Die Zulässigkeit von organisierten Freizeitangeboten richtet sich nach der für derartige Angebote geltenden Rechtslage.

3.2.9 Um eine Kontaktpersonenermittlung im Falle eines nachträglich identifizierten CO-VID-19-Falles unter Gästen oder Personal zu ermöglichen, können die Kontaktdaten der Gäste (Name, Vorname, Wohnort, Telefonnummer oder E-Mail-Adresse, Zeitraum des Aufenthaltes) auf Anforderung den zuständigen Gesundheitsbehörden weitergegeben werden. Die Dokumentation ist so zu verwahren, dass Dritte sie nicht einsehen können und die Daten vor unbefugter oder unrechtmäßiger Verarbeitung und vor unbeabsichtigtem Verlust oder unbeabsichtigter Schädigung geschützt sind. Die Daten müssen zu diesem Zweck einen Monat aufbewahrt werden. Sofern die Daten aufgrund einer anderen Rechtsgrundlage noch länger aufbewahrt werden müssen, dürfen sie nach Ablauf eines Monats nach ihrer Erhebung nicht mehr zu dem in Satz 1 genannten Zweck verwendet werden. Der Gastgeber hat den Gast bei Erhebung der Daten entsprechend den Anforderungen an eine datenschutzrechtliche Information gemäß Art. 13 der Verordnung (EU) 2016/679 in geeigneter Weise über die Datenverarbeitung zu informieren.

4. Inkrafttreten

Diese Bekanntmachung tritt am 30. Mai 2020 in Kraft.

Erläuterungen Dieses Rahmenkonzept für die Hygiene in Beherbergungsbetrieben und für die Zurverfügungstellung von Unterkünften jeglicher Art zu privaten touristischen Zwecken ist zu beachten, soweit in einer Rechtsverordnung des Staatsministeriums für Gesundheit und Pflege auf Grund des § 32 IfSG darauf als Grundlage für betriebliche Schutz- und Hygienekonzepte verwiesen wird. Beherbergungsbetriebe sind Orte, in denen typischerweise viele Menschen auf oft relativ engem Raum zusammentreffen, in engem persönlichen Kontakt stehen und Gegenstände oder Einrichtungen gemeinsam oder kurz hintereinander benutzen. Daher besteht in Beherbergungsbetrieben eine relativ hohe abstrakte Gefahr der Übertragung von Krankheitserregern. Das Gleiche gilt für andere Anbieter von Unterkünften für private touristische Zwecke. Es war daher infektionsschutzrechtlich erforderlich, unter anderem die Zurverfügungstellung jeglicher Unterkünfte für private touristische Zwecke zeitweilig grundsätzlich zu untersagen, um eine zu rasche Ausbreitung der Pandemie in Bayern zu verhindern, das Infektionsgeschehen zu bremsen und eine Überlastung des Gesundheitssystems zu vermeiden. Aufgrund der mittlerweile eingetretenen Abschwächung des Infektionsgeschehens können nun auch die Beherbergung und andere Anbieter von Unterkünften für private touristische Zwecken wieder zugelassen werden. In allen Fällen ist dies jedoch nur unter Beachtung strikter Schutz- und Hygienemaßnahmen vertretbar; hierzu zählt insbesondere die grundsätzliche Einhaltung eines Mindestabstands und eine weitgehende Pflicht zum Tragen einer Mund-Nasen-Bedeckung nach Maßgabe der jeweiligen Regelung des infektionsschutzrechtlichen Verordnungsgebers. Die Beherbergungsbetriebe und Vermieter haben auf Grund entsprechender Regelungen, die durch Rechtsverordnung auf Grund des § 32 IfSG getroffen worden sind, jeweils eigene Schutz- und Hygienekonzepte auszuarbeiten. Als Grundlage und Richtschnur für diese Konzepte dient das in Nrn. 1 bis 3 dieser Bekanntmachung niedergelegte Rahmenkonzept, das auf der Grundlage einer infektionsschutzrechtlichen Beurteilung sowie auf der Grundlage von Vorschlägen des DEHOGA Bayern zwischen dem Staatsministerium für Gesundheit und Pflege, dem Staatsministerium für Wirtschaft, Landesentwicklung und Energie sowie dem Beauftragten für Bürokratieabbau der Staatsregierung abgestimmt worden ist. Weitere Verbände des Beherbergungsgewerbes (Landesverband Bauernhof- und Landurlaub Bayern e. V., Deutscher Ferienhausverband, Landesverband der Campingwirtschaft in Bayern, Verein zum Erhalt der bayerischen Wirtshauskultur) sowie die Träger von Schullandheimen, Jugendbildungsstätten und das Jugendherbergswerk wurden in die Ausarbeitung einbezogen. Die betrieblichen Schutz- und Hygienekonzepte müssen auf diesem Rahmenkonzept aufbauen und es für den jeweiligen Betrieb bestmöglich umsetzen. Verstöße gegen diese Verpflichtung sind nach Maßgabe der Rechtsverordnung, die auf diese Bekanntmachung Bezug nimmt, mit Bußgeld bedroht.

Quellen: BayMBl 2020.

Exkurs 21: Hygiene- und Schutzmaßnahmen des Grand Hotel Kronenhof in Pontresina (auzugsweise)

1. Erkrankungen bei Gästen

1.1 Hotelgäste

- Sollte ein Gast Krankheitssymptome während seines Aufenthalts entwickeln, ist es zwingend notwendig, dass der Gast die Rezeption telefonisch informiert und sein Zimmer vorerst nicht verlässt.
- Die Rezeption erkundigt sich nach den genauen Symptomen und dem Allgemeinzustand des Gastes.
- Die Rezeption informiert die Direktion und bespricht das weitere Vorgehen (Arzttermin, Quarantänezimmer etc.).

1.2 Restaurantgäste

Sollte ein Gast mitteilen, dass er vor Kurzem oder nach dem Restaurantbereich positiv auf Corona getestet worden ist oder Krankheitssymptome hat, muss umgehend der Vorgesetzte kontaktiert werden, der dann die Direktion in Kenntnis setzt und das weitere Vorgehen abspricht.

2. Restaurant- und Barbetrieb

2.1 Grundregeln

- Ab fünf Personen muss eine Person ihre Kontaktdaten (Name, Wohnort, Telefonnummer, Datum, Zeit, Tischnummer) angeben. Bei weniger als fünf Personen an einem Tisch sind die Kontaktdaten erwünscht, aber nicht zwingend erforderlich.
- Kontaktlisten werden für die vorgeschriebene Dauer von 14 Tagen beim Abteilungsleiter aufbewahrt, anschließend datenschutzkonform entsorgt und nicht für andere Zwecke verwendet.
- Zwingende 14tägige Protokollführung, welcher Mitarbeiter welchen Tisch bedient hat.

2.2 Reinigung

Nach jedem Gast/Gebrauch wird gereinigt/desinfiziert/gewechselt:
- Tabletts, Kreditkartenterminal, Menükarten und Kugelschreiber,
- Salz- und Pfeffermenagen, Ölkaraffen etc.,
- Tischdecken außer bei Verwendung zu wechselnder Napperons,
- Moltons müssen nicht gereinigt oder gewechselt werden.

2.3 Umgang mit Gästen

Speisen dürfen innerhalb der Gästegruppe, jedoch nicht mit den Nachbartischen geteilt werden.

2.4 Servicevorschriften

- Gäste werden vom Oberkellner platziert.
- Die Aufenthaltsdauer beim Gast, insbesondere beim Servieren der Speisen, ist möglichst kurz zu halten.
- Jeder Chef de Rang bedient eine Station. Commis de Rang werden dem jeweiligen Chef de Rang zugewiesen und bedienen nur diese Station.
- Es wird eine Liste erstellt, welcher Chef de Rang mit welchen Commis de Rang zusammenarbeitet und welche Stationen bedient werden.
- Der Getränke- und Weinservice wird wie gewohnt angeboten.
- Eindecken und Service finden mit Mehrwegstoffhandschuhen statt.
- Die Speisen werden nur mit Service-Torchon (Küchentuch) oder Handschuhen serviert.
- Service-Torchon oder Handschuhe werden nach Gebrauch ausgetauscht.
- Es gibt keine Guéridons (Beistelltische, auf denen der Kellner vor dem Gast arbeitet, z. B. tranchiert, Beilagen warm stellt oder Flaschen entkorkt).
- Zigarren sind vom Gast selbst zu schneiden.
- Schmutzige Tischwäsche wird nur in verschlossenen Säcken gelagert und transportiert.
- Die Mitarbeiter tragen Hygienemasken, Köche arbeiten mit Plastikhandschuhen.
- Es werden keine Büffets angeboten.
- Das Frühstück wird à la carte, alle Speisen portioniert serviert.
- In den Außenbereichen werden Wolldecken nur auf Wunsch des Gastes ausgehändigt.

2.7 Roomservice

- Die Übergabe von Tabletts und Trolleys wird vor der Zimmertür durchgeführt, auf Wunsch des Gastes auch im Zimmer.
- Alles Speisen und Getränke werden abgedeckt serviert.
- Es wird kein geschnittenes Brot angeboten.
- Trolleys und Tabletts werden nach jedem Service desinfiziert.
- Bei den Amenities wird kein schnell verderbliches Obst (z. B. Erdbeeren) verwendet.
- Der Service wird mit Handschuhen durchgeführt.

2.8 Bar/Lobby

- Es finden keine Gästeaperos statt.
- Alle Barutensilien und -maschinen werden nach jedem Gebrauch gereinigt und am Ende der Schicht desinfiziert.
- Es werden keine Barhocker angeboten.

3. Front Office

- Es befindet sich ein Desinfektionsmittelständer im Eingangsbereich.
- Schilder mit den Schutzmaßnahmen des Bundesamts für Gesundheit sind für die Gäste sichtbar angebracht.
- Die maximale Anzahl von Personen im Rezeptionsbereich wird auf sechs reduziert.
- Bodenmarkierungen zur Einhaltung des Mindestabstands von 1,5 m sind angebracht.
- Die Zimmerschlüssel werden nach jeder Entgegennahme desinfiziert.
- Gäste werden geben, ihren Zimmerschlüssel bei sich zu behalten und erst bei Abreise wieder abzugeben.
- Sämtliche Oberflächen an der Rezeption werden regelmäßig gereinigt und desinfiziert.
- Desinfektionsmittel, Masken und ein kontaktloses Fieberthermometer stehen den Gästen auf Anfrage zur Verfügung.
- Die Gäste werden gebeten, ihre Wünsche und Fragen dem Concierge telefonisch mitzuteilen, um die Ansteckungsgefahr durch telefonischen Kontakt zu mindern. Gegebenenfalls kann ein persönlicher Termin vereinbart werden, damit es im Rezeptionsbereich nicht zu längeren Wartezeiten kommt.

4. Concierge/Chasseur/Portier

4.1 Infomaterial und Spiele

- Informationsmaterialien, wie z. B. Wanderwegkarten, werden nur auf Anfrage durch die Gäste vergeben.
- Kegeln und Billardspielen ist möglich. Die dazu notwendigen Utensilien lassen sich beim Concierge ausleihen und werden nach jeder Nutzung desinfiziert. Dasselbe gilt für Gemeinschaftsspiele.

4.2 Garderobe

- Es erfolgt eine regelmäßige Reinigung der Garderoben.
- Die Kleiderbügel, -stangen und -haken werden regelmäßig desinfiziert.

4.3 Transfers

- Während der An- und Abreisetransfers zu den Bahnhöfen tragen die Mitarbeiter Handschuhe und Mundschutz.
- Nach jedem Transfer werden die Autos desinfiziert und ein Protokoll darüber geführt.
- Für die Gäste stehen auf Anfrage Handschuhe, Mundschutz und Desinfektionsmittel im Auto zur Verfügung.
- Die Transfers finden für maximal eine Gästegruppe/Partei pro Fahrt an.

4.4 Valet Parking

Das Tragen von Handschuhen und Masken ist für die Fahrer obligatorisch.

4.5 Gepäckservice

- Das Tragen von Handschuhen ist für die Portiers obligatorisch.
- Der Mindestabstand wird beim Gepäckservice eingehalten.
- Das Gepäck wird an der Zimmertür entgegengenommen, auf Wunsch auch in das Zimmer gestellt.

5. An- und Abreise

5.1 Anreise

– Beim Öffnen der Autotür tragen die Mitarbeiter Handschuhe.
– Online Check-In: Gäste erhalten ein bis zwei Tage vor Anreise eine E-Mail und werden gebeten, alle erforderlichen Daten online auszufüllen. Damit wird gewährleistet, dass beim Check-In nur noch der Meldeschein unterschrieben werden muss.
– Der Zimmerschlüssel wird vor Aushändigung desinfiziert.
– Die Gäste werden unter Einhaltung des Mindestabstands zum Aufzug begleitet.
– Auf Wunsch des Gastes findet eine Begleitung zum Zimmer statt („Rooming"), anderenfalls wird der Weg dorthin mündlich erklärt.

5.2 Abreise

– Es wird um kontaktlose Bezahlung gebeten. Das Kartenlesegerät wird nach jedem Gebrauch desinfiziert.
– An stark frequentierten Tagen können die Gäste ihre Rechnung bereits am Vorabend bezahlen.
– Der Zimmerschlüssel wird nach Entgegennahme desinfiziert.
– Finale Rechnungen werden per E-Mail verschickt und nur auf Wunsch des Gastes ausgedruckt.

6. Housekeeping

– Für alle Zimmermädchen, Portiers und Hausdamen ist das Tragen von Handschuhen und Masken obligatorisch.
– Handschuhe werden nach jeder Bad- und Zimmerreinigung gewechselt.
– Der Mundschutz wird regelmäßig, mindestens aber alle vier Stunden gewechselt.
– Bei den Briefings wird der Mindestabstand eingehalten, ansonsten muss ein Mundschutz getragen werden.
– Zur Kontrolle der Auflagen und Regeln bei den Mitarbeitern wird ein tägliches Briefing durchgeführt.
– Das Arbeitsmaterial wird täglich desinfiziert.
– Bei sämtlichen Gästekontakten wird der Mindestabstand eingehalten.
– Die Zimmerreinigung wird nur durchgeführt, wenn kein Gast im Zimmer ist.
– In jedem Zimmer werden neue Reinigungstücher/Bodentücher verwendet.
– Arbeiten werden nur alleine oder zu zweit unter Wahrung des Mindestabstands durchgeführt. Teams bleiben bestehen und werden nicht durchmischt.
– Die Zimmer werden bei jeder Reinigung gelüftet.
– Schmutzwäsche wird nur mit Handschuhen angefasst.
– In jedem Zimmer wird die Gästewäsche in einen separaten Beutel gepackt.
– Falls es einen Corona-Fall gibt, wird die Bett- und Frotteewäsche in einen roten Plastikbeutel gepackt, verschlossen und pesönlich an die Wäscherei übergeben.
– Alle kritischen Flächen und Stellen werden desinfiziert: Tür- und Fenstergriffe, Türklingel, Lichtschalter, Telefon, Tee- und Kaffeemaschine, Minibar, Nespresso-Box, Schrank- und Schubladenknöpfe, Schreibutensilien und -mappen (inkl. Inhalt), TV-Fernbedienung, Bücher etc.
– Geschirr und Gläser werden täglich gewechselt und gereinigt.
– Auf Dekorationskissen und Tagesdecken wird verzichtet. Dasselbe gilt für Zeitschriften und Prospekte. Fernsehprogramme werden nach jeder Abreise ausgetauscht.
– Zusätzliche Handtücher oder Bademäntel werden nur auf Anfrage zur Verfügung gestellt.
– Gästepräferenzen werden wie gewohnt vorbereitet.

- Mitarbeiter werden täglich im gleichen Bereich eingeteilt, damit verschiedene Kontakte so selten wie möglich entstehen.
- Auf den Zimmern liegt ein Gästeinformationsbrief aus.
- In den öffentlichen Bereichen werden Türgriffe, Treppengeländer, Liftknöpfe etc. regelmäßig gereinigt und desinfiziert.

7. Spa

7.1 Personenzahl

Im gesamten Spabereich (Garderoben, Pool, Jacuzzi, Kidspool, Dampfbad, Solegrotte, Saunen, Ruheräume etc.) wird auf die maximal zulässige Personenzahl geachtet.

7.2 Reinigungsmethoden

- Alle Kontaktstellen und -flächen werden alle zwei Stunden desinfiziert.
- Treatment-Liegen und Kosmetikstühle werden nach jedem Gast gereinigt und desinfiziert.
- Die Wasserqualität des Pools sowie die Dosierung keimhemmender Mittel wird vom Bademeister zweimal täglich sichergestellt.
- Fitnessgeräte werden von jedem Gast vor und nach seiner Benutzung mit den vorhandenen Desinfektionsmitteln gereinigt.

7.3 Persönliche Hygiene
- Den Gästen stehen an der Spa-Rezeption Desinfektionsmittel zur Verfügung.
- Jeder Therapeut desinfiziert sich vor dem Gast sichtbar die Hände.
- Jeder Mitarbeiter wäscht sich regelmäßig, insbesondere vor der Ankunft am Arbeitsplatz, vor und nach den Pausen sowie vor und nach jedem Gästekontakt, die Hände.

7.4 Ablauf bei Verdachtsfällen

Sobald erkannt wird, dass sich ein Gast krank anhört bzw. fühlt oder ihm das Unwohlsein anzusehen ist (z. B. Schweißperlen, gläserne Augen), wird ihm ein Mundschutz gegeben und er gebeten, den Spa-Bereich zu verlassen. Anschließend ist die Hoteldirektion über den Vorfall zu informieren.

7.5 Schutz der Gäste

- Nur gesunde Gäste dürfen den Spa-Bereich betreten.
- Vor jedem Spa-Treatment wird Fieber gemessen. Die Behandlung wird nur bei normaler Körpertemperatur durchgeführt.
- Vor der Behandlung desinfiziert sich der Gast an der Spa-Rezeption die Hände und nimmt sich eine Schutzmaske.
- Das Tragen der Schutzmasken ist bei Behandlungen – außer bei Gesichtsbehandlungen – obligatorisch. Ansonsten gilt im Spa-Bereich keine Maskenpflicht.

7.6 Behandlung
- Kein Handschlag bei Begrüßung.
- Gäste und Therapeut waschen sich die Hände in der Behandlungskabine.
- An jedem Waschbecken befindet sich ein Desinfektionsmittel.
- Massage: Der Therapeut trägt eine Maske, der Gast nur, wenn er in Rückenlage ist.
- Maniküre/Pediküre/Körperbehandlungen: Therapeut und Gast tragen eine Maske.
- Gesichtsbehandlung: Der Therapeut trägt ein Plexiglasvisier und eine Maske, der Gast nichts.
- Masken und Einweghandschuhe werden nach jeder Behandlung entsorgt.

- Die Therapeuten wechseln ihre Maske alle vier Stunden.
- Tee oder Wasser werden den Gästen entweder in einem „Handfree" Dispenser oder in Einwegflaschen, Nüsse und Trockenfrüchte werden abgepackt aus einem Korb dargeboten.
- Der Bezug der Nackenkissen, welche jedem Gast angeboten werden, wird nach jedem Gast gewechselt und gewaschen.
- Nach der Behandlung wird der Behandlungsraum gelüftet, Türgriffe und Kopfteile der Massagebetten werden desinfiziert.

7.7 Schwimmbad / Sauna

- Desinfektionsmittelspender stehen bereit.
- Maximale Personenzahl ist einzuhalten.
- Liegen im Poolbereich und im Ruheraum mit 1,5 m Abstand.
- Liegen werden nach Gebrauch desinfiziert.
- Bei Liegen mit Stoffbezug ist ein Handtuch als Unterlage zu benutzen.
- Garderobenfächer werden abends, alle Handgriffe mehrmals täglich desinfiziert.
- In den Saunas finden keine Aufgüsse statt.

Quellen: Grand Hotel Kronenhof 2020.

5.3.2.2 Reiseverkehrsbeschränkungen und Risikogebiete

Die Klassifikation von Ländern und Regionen als **Risikogebiete** soll den Tourismus dorthin gezielt drosseln, um die Gefahr der Einschleppung des Virus aus diesen Gebieten zu reduzieren. Die Einstufung internationaler Risikogebiete erfolgt in Deutschland durch das Robert-Koch-Institut in gemeinsamer Abstimmung mit Bundesgesundheitsministerium, Auswärtigem Amt und Bundesinnenministerium auf Basis einer Betrachtung der Infektionszahlen (50 Fälle je 100.000 Einwohnern innerhalb von sieben Tagen[39]) und einer qualitativen Bewertung. Wird ein Land in diese Gruppe aufgenommen, wird vor nicht notwendigen touristischen Reisen dorthin gewarnt. Eine derartige **Reisewarnung** (vgl. Kap. 4.5.4) ist zwar kein Reiseverbot. Jedoch besteht für Touristen bei ihrer Rückkehr erstens eine Testpflicht und zweitens die Verpflichtung, sich in Quarantäne zu begeben, aus der man sich erst nach mehreren Tagen mit einem erneuten Test freitesten kann[40].

Die Quarantänepflicht, eventuell verbunden mit Verdienstausfällen, und ggf. drohende Kosten für Corona-Tests schmälern die Reiseströme. Ferner dürfen Touristen nicht damit rechnen, mit Hilfe des Auswärtigen Amtes nach Hause geholt zu werden (vgl. Kap. 4.5.4). Konkrete Auswirkungen gibt es auch für den Schutz durch Auslandskrankenversicherungen, da sich Versicherer im Falle einer Reisewarnung weigern könnten, für die Behandlungskosten aufzukommen. Anfang Februar 2021 galten 162 Länder ganz oder teilweise als Risikogebiete.

---

39 Auch Länder unterhalb dieses Inzidenzwertes können zu Risikogebieten erklärt werden, wenn z. B. das Gesundheitssystem unzureichend ist oder keine verlässlichen Daten vorliegen.
40 Diese Möglichkeit entfällt im Falle sog. Virusmutationsgebiete.

Weil Infektionsherde schnell entstehen, können von der Einstufung als Risikogebiet auch Touristen betroffen sein, die in solche Länder reisen, die erst nach ihrer Abreise als unsicher eingestuft werden. Welche weitreichenden Folgen dies haben
kann, wurde im Juli 2020 an einer von Großbritannien plötzlich und überraschend
vorgenommen Einstufung von Spanien als Risikogebiet deutlich, nachdem die Co-
vid-19-Fälle dort wieder schneller angestiegen sind. Von der damit verbundenen Quarantänepflicht wurden nicht nur gewöhnliche Spanientouristen aus Großbritannien,
sondern sogar dort verweilende britische Regierungsmitglieder kalt erwischt. Ähnliches ereignete sich wenig später im Falle Frankreichs. Um noch vor Inkrafttreten einer
zweiwöchigen Quarantänepflicht wieder zu Hause zu sein, kam es bei der Abreise bri-
tischer Frankreichtouristen zu tumultartigen Zuständen. Flugzeuge, Züge und Fähren
waren überfüllt (vgl. FAZ 2020i und 2020k; SZ 2020d).

Eine noch schärfere Maßnahme als die Einstufung von Risikogebieten stellen **Reiseverkehrsbeschränkungen** – u. U. sogar durch Grenzschließungen, wie es sie in
weiten Teilen Europas im Frühjahr 2020 gab – dar. Sie machen aus epidemiologischer
Sicht Sinn, wenn die Ansteckungsraten zwischen in- und ausländischen Räumen erheblich variieren, wie es z. B. bei Bayern und Tirol sowie dem Saarland und Elsass
der Fall war. Hinzu kommen politische Erwägungen, denn Einreisebeschränkungen
sollen ein Gefühl von Sicherheit und Kontrolle vermitteln. Politisch nur schwerlich
vertretbar erscheint, den eigenen Bürgern Reisebeschränkungen aufzuerlegen, ohne
gleichzeitig das Risiko von außen eingeschleppter Neuinfektionen reduzieren zu wollen (vgl. Spiegel Online 2020b; Zolles 2020, S. 7). Anfang 2021 kappten die meisten
europäischen Länder sämtliche Flugverbindungen aus Großbritannien, Irland, Portugal, Brasilien und Südafrika, nachdem dort mutierte Varianten des Virus aufgetreten
waren. Deutschland schloss erneut seine Grenzen zu Tirol und Tschechien.

Welche hohen Wellen das Reisen in Corona-Zeiten bis in die höchsten Ebenen von
Politik und Gesellschaft schlagen kann, zeigt ein Beispiel aus den Niederlanden. Dort
brach im Oktober 2020 das Königspaar (Willem Alexander und Máxima) samt Familie
zu einem Urlaub nach Griechenland auf. Weil just zum selben Zeitpunkt im eigenen
Land ein coronabedingter Teil-Lockdown galt und die dortige Regierung wenige Tage
zuvor die Bevölkerung ermahnt hatte, auf Reisen zu verzichten, zog sich die Königs-
familie empörte und wütende Reaktionen vieler Niederländer samt dem entsprechenden medialen Unmut zu, weshalb es die Reise vorzeitig abbrechen und sich bei den
Bürgern per Videobotschaft entschuldigen musste (vgl. Welt 2020g).

5.3.3 Ökonomische Folgen für die Tourismuswirtschaft

Die Auswirkungen der Pandemie machen der Tourismuswirtschaft auf vier Ebenen zu
schaffen: Erstens sind die Umsetzung staatlicher **Hygieneauflagen** und die Einführung von **Hygienekonzepten** (vgl. Exkurs 20 und 21) zu nennen. Diese verursachen
nicht nur Kosten, sondern schmälern im Falle der Reduzierung von Gästezahlen, ins-

besondere im Beherbergungsgewerbe, auch die Erlöse. Hinzu kommt der bürokratische Aufwand, denn viele Betriebe können alleine schon vom Arbeitsaufwand her die behördlichen Auflagen, vor allem die Erfassung und Kontrolle der Angaben der Gäste zu Reise- und Hygieneverhalten sowie Gesundheitszustand, kaum erfüllen.

Zweitens sind es die Maßnahmen, mit denen Staaten eine Verbreitung des Virus verhindern wollen, allen voran **Lockdowns und Reiseverkehrsbeschränkungen samt Grenzschließungen** (vgl. Kap. 5.3.2.2), welche, wie Abbildung 5.3 zeigt, die Mobilität von Menschen als touristische Kernvoraussetzung minimieren und damit den Tourismus erschweren oder gar unmöglich machen:

> Die EU-Außengrenze: Dicht für Touristen. Der deutsche Reisepass, der normalerweise Tür und Tor öffnet, erlaubt noch nicht einmal das Passieren der Grenze zu Polen oder Österreich. Eine Bundeskanzlerin, die ohne mit der Wimper zu zucken, das Urlauben verbietet. Schleswig-Holstein, das über Nacht alle Inseln sperrt und eine komplette Einreisesperre für Touristen verhängt. Das Auswärtige Amt, das generell vor nicht notwendigen touristischen Reisen ins Ausland warnt, als sei die ganze Welt ein Kriegsgebiet wie Afghanistan oder Syrien. Nicht zu vergessen die vielen Flugzeuge, die komplett am Boden bleiben, und die Kreuzfahrtschiffe, die weltweit eingemottet werden, sofern sie noch irgendwo einen Hafen zum Anlegen finden (Welt 2020c).

Drittens lastet die Einstufung vieler klassischer Destinationen als **Risikogebiete** (vgl. Kap. 5.3.2.2) schwer auf dem Tourismus. Neben der Befürchtung, sich dort mit dem Virus zu infizieren, sind es Wiedereinreiserestriktionen, insbesondere Quarantänepflichten, sowie das Tragen möglicher Kosten für u. U. mehrfache Testungen, die vor Reisen dorthin abschrecken.

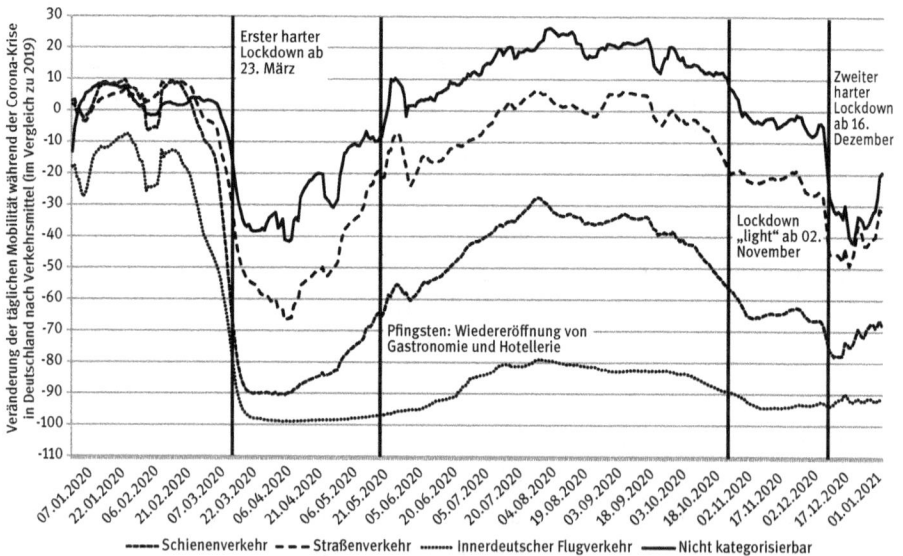

Abb. 5.3: Corona und Mobilität 2020
Quelle: Destatis 2021.

Erfolgt eine Einstufung als Risikogebiet, kann dies für touristische Destinationen den Todesstoß bedeuten. Ein einträgliches Beispiel ist der Deutschen liebste Urlaubsinsel Mallorca, die nebst den anderen balearischen Inseln im Sommer 2020 zum Risikogebiet erklärt wurde. 35 % der balearischen Wirtschaftsleistung sowie drei von vier Arbeitsplätzen hängen am Tourismus. Im Juli 2020 waren 72.000 Einwohner als arbeitslos gemeldet – ein Plus von 91 % gegenüber dem Vorjahresmonat 2019. Hinzu kamen 120.000 Kurzarbeiter[41] (vgl. FAZ 2020l). Ein ähnlicher Fall ist nach einer entsprechenden Einstufung Tirol, wo der Tourismus direkt oder indirekt jeden dritten Euro erwirtschaftet und das Rückgrat der Wirtschaft bildet:

> Der Tiroler Tourismus hat ja schon einiges überlebt: Föhnstürme, zu wenig Schnee, zu viel Schnee, Lawinenunglücke. Aber noch keine Naturgewalt hat die gesamte Branche […] bislang so in den Grundfesten erschüttert wie jene Nachricht […], als Deutschland Tirol […] zum Risikogebiet erklärte (SZ 2020e).

Viertens hatten viele Haushalte aufgrund von Arbeitslosigkeit oder Kurzarbeit **finanzielle Einbußen** zu erleiden, die – verbunden mit ungewissen Zukunftsaussichten – zu einem Konsumverzicht führen. Bereits bei früheren wirtschaftlichen Krisen hat sich immer wieder herausgestellt, dass vor allem finanzielle Bedrängnisse für Urlaubs- und Reiseverzicht verantwortlich zeichnen. Da Einsparungen bei den gängigen Lebenshaltungskosten (z. B. für Ernährung, Wohnen und Bekleidung) nur schwer möglich sind, fällt monetären Engpässen zuvorderst das Reisen zum Opfer. Entweder wird der Urlaub verkürzt, in preislich günstigere Destinationen verlagert, bei Nebenausgaben vor Ort gespart oder ganz auf ihn verzichtet. So sanken die Reiseausgaben der Deutschen von 73,1 Mrd. (2019) auf 45,1 Mrd. Euro (2020) und damit um 38 % (vgl. F. U. R. 2021b; Bauer 2020, S. 28).

Obige Effekte und Restriktionen ließen den internationalen Tourismus im Jahr 2020 um 72 % gegenüber dem Vorjahr einbrechen. Wurden 2019 weltweit noch 1,46 Mrd. touristische Ankünfte verzeichnet, waren es im ersten Pandemiejahr nur ca. 400 Mio. Damit bewegte sich der internationale Tourismus in etwa auf dem Niveau von 1989 und damit einer Zeit, in der noch der alte Ost-West-Dualismus bestand. Weltweit stehen in der Tourismuswirtschaft 120 Mio. Arbeitsplätze auf dem Spiel (vgl. F. U. R. 2021a; Manager Magazin 2020a).

Tabelle 5.6 konkretisiert diese Effekte anhand von Ergebnissen einer vom Deutschen Industrie- und Handelskammertag unter Unternehmen aus dem Reise- und Gastgewerbe 2020 durchgeführten Umfrage zu den Auswirkungen der Corona-Krise.

---

41 Kurzarbeitergeld kommt in der spanischen Tourismuswirtschaft nur bedingt zur Anwendung, da sein Erhalt an eine Weiterbeschäftigung für sechs Monate nach Auslaufen der Zahlungen geknüpft ist. Für viele Tourismusbetriebe würde dies eine Beschäftigung über das Saisonende hinaus bedeuten (vgl. RND 2020).

Tab. 5.6: Auswirkungen der Corona-Krise auf Reise- und Gastgewerbe

Welche Auswirkungen hat das Corona-Virus auf Ihre Geschäfte?

	Stillstand der geschäftlichen Tätigkeit	Stornierung von Aufträgen	Liquiditäts- engpässe	Drohende Insolvenz
Reisewirtschaft	82 %	80 %	55 %	38 %
Gastgewerbe	91 %	66 %	59 %	40 %
Gesamtwirtschaft	43 %	48 %	41 %	18 %

Quelle: DIHK 2020.

Demnach wird die Gefahr von geschäftlichem Stillstand, der Stornierung von Aufträgen, Liquiditätsengpässen sowie drohender Insolvenzen im Vergleich zur Gesamtwirtschaft als überproportional hoch bewertet.

In der deutschen Tourismuswirtschaft wurden in den Monaten März bis Dezember 2020 **Umsatzausfälle** von fast 69 Mrd. Euro (ca. 34 Mrd. Euro durch fehlende Tages-, ca. 35 Mrd. Euro durch fehlende Übernachtungsreisen) registriert. Bezogen auf das komplette Jahr 2020 wurde im Gastgewerbe ein Umsatzverlust von 40 % gegenüber dem Vorjahr verzeichnet. Einzelne touristische Teilbranchen, wie z. B. Reiseveranstalter, Busreise- und Kreuzfahrtanbieter, dürfte es noch deutlich härter treffen (vgl. DTV 2020; Welt 2020e; FAZ 2020b; dwif 2021).

Insgesamt fällt die **Betroffenheit der Gesamtreisebranche** früher, tiefer und länger als bei allen anderen Branchen aus. Dass selbst bei erfolgreicher Wiedereröffnung touristischer Betriebe Umsätze und betriebliche Überschüsse auf dem Niveau der Vorjahre auch längerfristig unerreichbar sein dürften, lässt sich auf folgende Ursachenkomplexe zurückführen (vgl. u. a. IW Consult 2020, S. 37):
- Kosten der Maßnahmen zum Gesundheitsschutz,
- stark reduzierte Kapazitätsauslastungen durch Auflagen und/oder niedrige Gästezahlen,
- Verbot bzw. Unterlassung infektionssensibler Formen des Tourismus (z. B. Messen, Konzerte, Sportgroßveranstaltungen, Volksfeste etc.),
- Verhinderung des grenzüberschreitenden Tourismus durch bestehende oder erneut verhängte Reiseverkehrsbeschränkungen,
- Kosten der Wiedereröffnung von Betriebsstätten,
- verunsicherte und ggf. sparsamere Gäste.

Betriebswirtschaftlich besonders hervorzuheben ist das Problem der **Fixkostenbelastung**, welche von den Unternehmen auch bei ruhendem Betrieb oder geringer Auslastung trotzdem zu tragen ist, d. h. je höher der Fixkostenanteil ausfällt, desto stärker wird jeder Euro an verbleibendem Umsatz belastet, was schnell in die Verlustzone führt. Damit ist die Höhe der Fixkosten neben dem Umsatzeinbruch die entscheidende betriebswirtschaftliche Stellschraube. Je nach Einzelbranche wird der Fixkostenanteil an den gesamten Kosten in der Tourismuswirtschaft durchschnittlich auf 20 bis 30 %

geschätzt. In einzelnen Branchen, wie z. B. bei Kreuzfahrtschiffen mit ihren hohen Kapitalbindungen, fällt dieser Anteil noch wesentlich höher aus (vgl. IW Consult 2020, S. 17 f.).

Die geschilderten Umsatzeinbrüche erzwingen eine Reduzierung der Personalkosten, die in einer personalintensiven Dienstleistungsbranche wie dem Tourismus neben den Fixkosten besonders hoch ausfallen, was zum Abbau von Arbeitsplätzen führt. Abbildung 5.4 zeigt, dass in der Tourismuswirtschaft (vor allem Gastronomie, Beherbergung sowie Reisebüros und Reiseveranstalter) im Vergleich zu anderen Wirtschaftssektoren der Unternehmensanteil, der aufgrund der Krise mit einem **Stellenabbau** rechnet, besonders groß ist. So trennte sich der Reiseveranstalter TUI in der Corona-Krise von 8.000 Mitarbeitern. Insgesamt gelten in der deutschen Tourismuswirtschaft bis zu 1,2 Mio. Arbeitsplätze als gefährdet (vgl. Welt 2020a; IW 2020, S. 15; BTW 2020).

Der Fixkosten- und Personalkosteneffekt schlägt sich besonders deutlich im Beherbergungsgewerbe nieder, das als überdurchschnittlich gebeutelt gilt. So wurden z. B. im April 2020 deutschlandweit nur noch 4,3 Mio. Übernachtungen gezählt (3,8 Mio. durch inländische, 0,5 Mio. durch ausländische Gäste) – ein Rückgang von fast 89,5 % gegenüber April 2019. Für das gesamte Jahr 2020 ist die Summe aller Übernachtungen auf 299 Mio. gesunken. Dies bedeutet einen Einbruch um 40 % gegenüber 2019 und markiert den niedrigsten Stand seit dem Vorliegen gesamtdeutscher Ergebnisse im Jahr 1992 mit damals 318 Mio.

Stellenabbau in Deutschland
Anteile der Unternehmensmeldungen in %

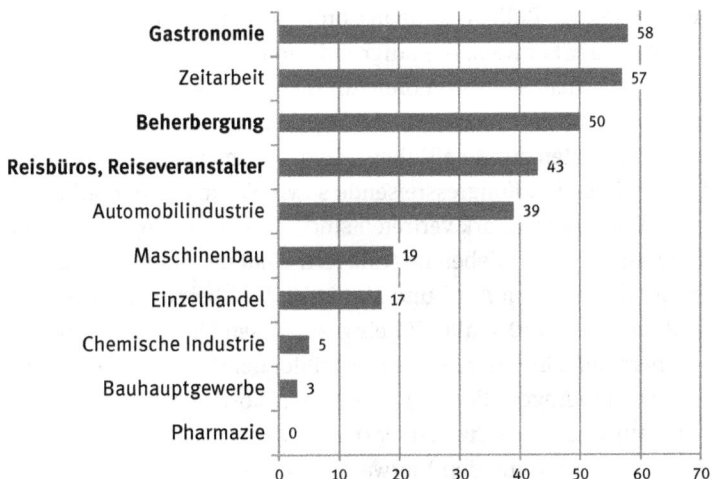

Abb. 5.4: Aufgrund der Corona-Pandemie in ausgewählten deutschen Branchen erwarteter Stellenabbau (in Prozent der Unternehmen)
Quelle: FAZ 2020 f.

Diese Entwicklungen machen sich auch in der Arbeitsmarktstatistik bemerkbar. Zum 30. Juni 2020 arbeiteten im deutschen Beherbergungsgewerbe 79.000 Personen weniger als zum Vorjahreszeitpunkt – und dies obwohl mehr als eine Million Beschäftigte zumindest zeitweise bereits in Kurzarbeit geschickt wurden. Im August 2020 machten fast 80 % der Unternehmen im Hotel- und Gastgewerbe von Kurzarbeitergeld Gebrauch (vgl. Manager Magazin 2020b; Spiegel Online 2020a; FAZ 2020o; SZ 2021).

Dabei besteht ein großer Unterschied zwischen Hotels in Städten und in klassischen Urlaubsregionen. Da viele Urlauber während der Pandemie im Inland bleiben, sind letztere weniger stark betroffen als Stadthotels, deren Geschäftsmodell stark von Geschäftsreisen, Messen und Kongressen abhängt, welche größtenteils abgesagt wurden. Dies belegt auch ein Einblick in den Schweizer Hotelmarkt, wo sich die Marktsituation in der Krise sogar dreigeteilt präsentierte (vgl. FAZ 2020h; NZZ 2020e, f, g und i):

- **Stadthotels mit Fokus auf ausländische Geschäfts- und Kulturreisende:** Als nahezu hoffnungslos erweist sich die Lage der Hotels in größeren Städten wie Zürich, Basel, Bern und Lausanne. Zum einen bleibt die Gruppe der Geschäftsreisenden aus und dürfte aufgrund des ausgelösten Digitalisierungsschubs künftig auch nicht mehr so stark anwachsen. Zum anderen gibt es kaum Buchungen von Messeteilnehmern oder Kulturreisenden, solange Messen und größere Kulturveranstaltungen abgesagt bleiben. Besonders gravierend erweist sich dabei die Situation in Genf, wo sich gleich 14 Fünfsternehäuser konzentrieren – so viele wie nirgendwo anders in der Schweiz. Keine andere Region im Land ist derart stark von internationalen Gästen abhängig. Schweizer Touristen, wie sie z. B. in der Ostschweiz mit einem Gästeanteil von zwei Dritteln ins Gewicht fallen, spielen in Genf mit unter 20 % nur eine relativ geringe Rolle. Gerade in Corona-Zeiten dürfte die am dichtesten besiedelte Stadt der Schweiz, die aufgrund ihrer Enklavenlage am westlichsten Landeszipfel für viele Schweizer ohnehin schwerer als andere Reiseziele erreichbar ist, von diesen noch stärker gemieden werden. In normalen Zeiten zählen dagegen Sommertouristen aus dem Nahen Osten, welche der Hitze ihrer Heimat entfliehen, Geschäfts- und Kongressreisende sowie Vertreter internationaler Organisationen, wie sie in Genf stark vertreten sind, zu den wichtigsten Gästen. Während der Corona-Pandemie blieben fast alle fern – mit der Konsequenz, dass auf dem Höhepunkt der Krise im April und Mai 2020 die Übernachtungszahlen um über 90 % einbrachen und 70 % aller Hotels geschlossen blieben. Im Juli 2020 schloss das Le Richemond, eines der Aushängeschilder der Genfer Luxushotellerie, seine Pforten, was 130 Angestellt ihren Arbeitsplatz kostete.
- **Hotels mit Fokus auf ausländische Reisegruppen:** Hart trifft es auch solche Hotels, die sich, wie z. B. rund um den Vierwaldstättersee oder im Berner Oberland, auf Gruppenreisende aus dem ost- und südasiatischen Raum spezialisiert haben. In Interlaken z. B., von wo Touristen mit der Jungfraubahn aufs Jungfraujoch („Top of Europe") fahren, entfielen 2019 zwei Drittel aller Übernachtungen

auf Gäste aus China, Indien, Südkorea und die Golfstaaten, während nicht einmal jeder fünfte Gast aus der Schweiz kam. Selbst wenn es gelänge, die Zahl der inländischen Gäste zu verdoppeln, bliebe in einer solchen Situation die Mehrzahl der Hotelzimmer leer. Außerdem würden mehr Schweizer trotzdem weniger Einnahmen bedeuten. Denn während ein Gast aus dem Inland durchschnittlich 140 CHF pro Tag ausgibt, sind es bei chinesischen und indischen über 300 CHF, bei Arabern sogar mehr als 400 CHF.

– **Ferienhotels mit Fokus auf inländische Gäste:** Besser sieht es dagegen für solche Betriebe aus, die sich eher auf Schweizer Gäste konzentriert haben. Diese profitierten in der Krise davon, dass ein Großteil der einheimischen Bevölkerung auf Auslandsreisen verzichtet und seine Ferien in heimischen Regionen verbracht hat, wie sie sich insbesondere in ländlichen und bergigen Regionen, wie z. B. in Graubünden oder dem Wallis, befinden, wo man den Fokus nicht einseitig oder größtenteils auf Fernmärkte wie China und Indien gelegt hat.

Insgesamt fällt der Blick in die Zukunft für die Hotelbranche, für welche die Krise sehr viel länger dauern dürfte als die Pandemie durch das Virus anhält, recht trübe aus, da Unternehmen wie Privathaushalte trotz staatlicher Hilfen wegen Umsatz- und Verdienstausfällen als gebeutelt gelten. Die Chancen für die Hotellerie liegen eher in der Vorbereitung auf die Zeit nach der Krise. Ansätze bilden hier die Optimierung von Prozessen und Kostenstrukturen, die Konzeption von Aktionen und Kampagnen zur Wiederankurbelung von Buchungen sowie – sofern entsprechende Liquiditätsreserven vorhanden sind – die Nutzung einer geringen Auslastung oder gar einer vorübergehenden Totalschließung zur Durchführung notwendiger Renovierungen oder Modernisierungen (vgl. Dietl 2020, S. 11).

Das Ausbleiben von Übernachtungsgästen führt auch zu entsprechenden Umsatzeinbrüchen im Einzelhandel vieler klassischer Urlaubsdestinationen. So macht der Einzelhandel in bestimmten Tiroler Wintersportdestinationen wie Seefeld, St. Anton am Arlberg oder Ischgl bis zu 95 % seines Umsatzes mit Übernachtungsgästen. Rund ein Drittel des Jahresumsatzes entfällt dabei auf die Monate Dezember und Januar, in denen aufgrund des Lockdowns im Winter 2020/21 die Gäste komplett fernblieben (vgl. ORF 2020).

Neben dem Hotelgewerbe leidet der **MICE** (Meetings, Incentives, Conventions, Exhibitions bzw. Events)-Tourismus besonders heftig am Coronavirus. Die Anbieter von Veranstaltungsstätten für Seminare, Tagungen und Kongresse etc. konnten 2020 aufgrund von Hygieneregeln nur 30 % der eigentlichen Sitzplatzkapazitäten anbieten und mussten auf fast zwei Drittel ihres Umsatzes verzichten (vgl. EITW 2020). Viele internationale und nationale Messen, wie z. B. ausgerechnet die Internationale Tourismus-Börse in Berlin mit rund 10.000 Ausstellern aus über 180 Ländern und 160.000 Besuchern, wurden verschoben oder gar völlig abgesagt – mit gravierenden Folgen für die lokale Tourismus- und Eventwirtschaft.

Gleiches gilt für **Sportgroßveranstaltungen**, die im Jahr 2020 fast ausnahmslos der Pandemie zum Opfer gefallen sind (z. B. Olympische Spiele in Tokio, Eishockey-WM in der Schweiz, Fußball-EM in zwölf europäischen Städten, Leichtathletik-EM in Paris, Schwimm-EM in Budapest, Golf Ryder Cup in Whistling Straits, New York und Boston Marathon). Erst ab Mai 2020 fanden einzelne Sportveranstaltungen mit einer überschaubaren Anzahl an aktiven Sportlern und einem ausgefeiten Hygienekonzept, wie z. B. im Fußball oder Tennis, wieder statt – wenn auch ohne Publikum (Geisterspiele) und damit ohne Fanmobilität.

Alleine in Deutschland fielen zudem schätzungsweise mehrere Zehntausend **kulturelle Veranstaltungen** (z. B. Oberammergauer Passionsspiele, Bayreuther Festspiele, Karl-May-Festspiele Bad Segeberg), **Konzerte** (z. B. Wacken Open Air, Rock am Ring, Rock im Park), **Märkte** (z. B. Weihnachts- und Jahrmärkte) sowie **Volksfeste, Events und Festivals** wegen der Pandemie aus. Ein besonderes Beispiel ist das Münchner Oktoberfest als größtes Volksfest der Welt mit normalerweise über sechs Mio. Besuchern und mehr als einer Mrd. Euro Umsatz. Zur Unterstützung der Schausteller wurden, wie z. B. in München unter dem Slogan „Summer in the City", temporär sog. „Pop-up-Freizeitparks" ins Leben gerufen, die allerdings nicht einen Bruchteil der normalen Umsätze gerieren konnten.

Dass es nicht unbedingt zur kompletten Absage von Veranstaltungen hätte kommen müssen, zeigt das Beispiel der Salzburger Festspiele 2020. Für diese wurde gemeinsam mit Gesundheitsexperten ein umfassendes Präventionskonzept erarbeitet und umgesetzt. Es ließ sich dabei nachweisen, dass die getroffenen Maßnahmen das Infektions- und Verbreitungsrisiko minimierten. So gab es unter 76.500 Besuchern keinen einzigen Infektionsfall, während unter den 1.400 Mitwirkenden nur ein einziger Covid-19-Fall in der Administration auftrat. Das Salzburger Präventionskonzept wurde daher weltweit von vielen anderen Kultureinrichtungen übernommen (vgl. Salzburger Festspiele 2020).

Nicht zu vergessen sind touristisch genutzte Einrichtungen wie Museen, Kinos, Freizeitparks, Bäder, Zoos, botanische Gärten etc., die ebenfalls an der Pandemie laborierten, auch wenn sie unter besonderen Hygieneauflagen teilweise geöffnet waren (vgl. Tabelle 5.5).

Insgesamt fällt der Zukunftsausblick – Stand 2020 – für die gesamte Tourismusbranche trübe aus. Tabelle 5.7 zeigt die auf einer Branchenbefragung des dwif (Deutsches wissenschaftliches Institut für Fremdenverkehr e. V.) beruhende Einschätzung der Erholung einzelner Segmente der Tourismuswirtschaft (Frage: „Wie schätzen Sie die Regenerationsgeschwindigkeit der folgenden Marktsegmente & Angebotsgruppen nach Beendigung der Ausgangs- und Reisebeschränkungen in Deutschland ein?"). Dabei wird lediglich in den Bereichen Tagesreisen/Freizeitwirtschaft sowie Gastronomie eine vergleichsweise rasche Erholung unterstellt.

Nach einer 2020 vom Ifo-Institut durchgeführten Umfrage sehen sich 85 % der deutschen Reisebüros und -veranstalter in ihrer Existenz bedroht, gefolgt von Hotels (76 %) und Gaststätten (67 %) (vgl. Manager Magazin 2020b).

Tab. 5.7: Beurteilung der Regeneration einzelner tourismuswirtschaftlicher Segmente im Zuge der Corona-Krise

Wie entwickelt sich die Nachfrage?	Rasch wieder ansteigend	Mäßig wieder ansteigend	Sehr langsam wieder ansteigend	Kann ich nicht einschätzen
Tagesreisen/Freizeitwirtschaft	73 %	20 %	5 %	2 %
Kurzreisen	48 %	41 %	9 %	2 %
Längere Reisen	3 %	43 %	49 %	6 %
Klassischer Geschäftsreisemarkt	37 %	35 %	16 %	12 %
MICE-Markt	4 %	28 %	25 %	43 %
Incoming Tourismus	7 %	31 %	44 %	19 %
Gastronomie	60 %	35 %	3 %	3 %
Beherbergungsbetriebe (Ketten)	16 %	58 %	9 %	18 %
Beherbergungsbetriebe (KMU)	18 %	61 %	16 %	5 %
Beherbergungsbetriebe (Privatvermieter)	25 %	55 %	17 %	3 %

Quelle: dwif 2020.

Insgesamt zeichneten sich in Deutschland im Pandemiejahr 2020 folgende **tourismusökonomischen Entwicklungstrends** ab, wobei es nicht nur Verlierer, sondern auch ein paar Gewinner gibt (vgl. Welt 2020k):

– Landesweit ging die Anzahl der touristischen Ankünfte zwischen Januar und August 2020 um 45,1 % zurück. Am stärksten waren die beiden Stadtstaaten Berlin (–57,9 %) und Hamburg (–53 %), am schwächsten Mecklenburg-Vorpommern (–28,7 %) betroffen.

– Als touristische Destinationen am stärksten wurden die Großstädte getroffen. Spitzenreiter ist München, wo die Zahl der Ankünfte zwischen Januar und August 2020 um 59,2 % nachließ, gefolgt von Frankfurt a. M. (–59,0 %), Berlin (–57,9 %) und Köln (–54,9 %).

– Während das Durchschnittsalter des Deutschlandtouristen 2019 42,9 Jahre betrug, sank es 2020 (Januar bis August) um gut ein Jahr. Damit haben mehr jüngere Deutsche im eigenen Land Urlaub gemacht, wobei es diese tendenziell eher in Städte und Berge zog.

– Die Anzahl der Fernverkehrsfahrgäste ist bei der Bahn gegenüber dem entsprechenden Vorjahreszeitraum um 43 %, die der Fluggäste zwischen Januar und August 2020 um fast 70 % eingebrochen.

Zu den wenigen innerdeutschen Gewinnern, die in den Sommermonaten Juli und August 2020 zum Teil ein Plus an Gästezahlen gegenüber dem Vorjahreszeitraum erzielten, gehören ländliche Urlaubsregionen wie die Thüringer Rhön (+14,4 %), gefolgt von der Mecklenburgische Seenplatte (+11,8 %), der Sächsischen Schweiz (+10,9 %) und der Region Potsdam (+9,2 %). Einen – wenn auch begrenzten – Erfolg verzeichneten mit einem Plus von 1,8 % ferner die deutschen Campingplätze. Profitieren konnten auch die Hersteller von Selbstbräunungsmitteln. So kauften die Deutschen als Trost für ausgefallenen Strandurlaub im ersten Halbjahr 2020 rund 13 % mehr Selbstbräuner.

Zu den echten Gewinnern der Corona-Krise zählt ferner das globale Klima (vgl. Kap. 5.2). Wie ein internationales Forscherteam in der Fachzeitschrift „Nature Climate Change" berichtete, lagen die globalen CO_2-Emissionen Anfang April 2020 um 17 % unter denen des Vorjahreszeitpunktes. Im Flugverkehr wurden sogar 60 % weniger ausgestoßen (vgl. Bogdanovic 2020).

Neben den ökonomisch verheerenden Pandemiefolgen für die Tourismuswirtschaft sind letztlich auch die **psychologischen Wirkungen** der Krise nicht zu unterschätzen: Wenn Tourismus nicht mehr oder kaum noch stattfindet, lassen sich auch die Sehnsüchte vieler Menschen nach fremden Ländern, Stränden und Meer nicht mehr erfüllen.

5.3.4 Wandel von Reisebedingungen und -verhalten

Aufgrund der Aktualität der Ereignisse und Entwicklungen mangelt es noch an aussagekräftigen empirischen Untersuchungen, um konkrete und repräsentative Aussagen über die coronabedingten Veränderungen des Reisens treffen zu können. Einer im European Journal of Social Psychology veröffentlichten Studie zufolge dauert es allerdings zwischen 18 und 254 Tagen, bis sich beim Menschen neue Verhaltensweisen und Gewohnheiten durchgesetzt haben (vgl. Bogdanovic 2020). Die Corona-Krise wird jedoch länger anhalten und Reiseverhalten und -präferenzen zumindest mittelfristig beeinflussen.

> Welcher Urlaubsort garantiert, dass es dort nicht erneut zu einem Lockdown kommt? Wie sieht es in den Ferienregionen mit der ärztlichen Versorgung aus? Welche Verkehrsmittel sind sicher? Und stecke ich mich im Flugzeug womöglich mit dem Corona-Virus an? (Schlautmann 2020).

Dabei ist die Sorge vor Ansteckung gar nicht das größte Reisehemmnis. Denn auf die Frage: „Was sind ihre größten Sorgen, wenn Sie nächste Woche in den Urlaub fahren würden?" gaben in einer repräsentativen Umfrage von YouGov 2020 35 % der befragten Deutschen an, „die Urlaubsreise aufgrund von Beschränkungen nicht richtig genießen zu können". Die Furcht, „sich am Urlaubsort mit dem Corona-Virus infizieren zu können", rangiert erst mit deutlichem Abstand auf Platz zwei (18 %), gefolgt von der Befürchtung, „während oder nach dem Urlaub in Quarantäne zu müssen (13 %) (vgl. YouGov 2020).

Die Besorgnis vor der Unmöglichkeit eines unbeschwerten Reisegenusses, gepaart mit der Furcht vor Infektionen, sowie Quarantänebestimmungen und Mobilitätsbeschränkungen haben zu weitgehendem Reiseverzicht geführt – 2020 unternahmen die Deutschen 29 % weniger Urlaubs- und sogar 60 % weniger Kurzreisen als im Vorjahr, womit die Urlaubsreiseintensität[42] von 78 auf 63 % absackte (vgl. F. U. R. 2021b) – und den Trend zum Cocooning, d. h. zum Rückzug aus dem öffentlichen Raum in die eigenen vier Wände (vgl. Exkurs 22), gestärkt.

Exkurs 22: Cocooning

Cocooning (englisch verpuppen) beschreibt den Trend, sich aus der Öffentlichkeit in das häusliche Privatleben (die eigenen vier Wände) zurückzuziehen. Der Begriff wurde 1981 von der US-Trendforscherin Faith Popcorn als Reaktion von Teilen der Bevölkerung auf den „Kalten Krieg" eingeführt. Seitdem erfährt er immer wieder während bedrohlich empfundener Krisen (u. a. Terroranschläge vom 11. September 2001 oder die Corona-Pandemie) neue Aufmerksamkeit.

Neben dem „freiwilligen" kann es auch zu einem „unfreiwilligen" Cocooning kommen, d. h. man zieht sich aufgrund rechtlicher (z. B. Ausgangsbeschränkungen während der Corona-Pandemie) oder privater (z. B. wirtschaftlicher oder gesundheitlicher) Zwänge aus der Öffentlichkeit zurück. Zeitlich kann Cocooing als ein auf Dauer angelegtes oder vorübergehendes Lebenskonzept ausgelegt sein. Ersteres greift schwerpunktmäßig den Schutz des Kokons, letzteres die Metamorphose der Raupe zum Schmetterling, um gestärkt bzw. verändert aus einer Krise hervorzugehen, auf.

Kernelement des Cocooning ist die Suche nach Vertrautem und Sicherheit in einer Welt, die vielen – vor allem in Krisenzeiten – als zu kompliziert, stressig sowie nicht beherrschbar gilt und damit oftmals auch als überfordernd und uninteressant anmutet. Es verbleibt nur der Rückzug in Bereiche, die man selbst gestalten kann. Es sinkt die Lust, Neues zu entdecken und der konstruierte Lebensraum soll wie ein Kokon Schutz bieten – ganz nach dem Motto „My Home is My Castle". Das Zuhause ist in einer angenehmen Atmosphäre zu halten, die Unbeschwertheit, Wohlbefinden sowie Vertrauen erzeugt. Niederschlag findet dieses Lebensgefühl in dem deutschen Wort „gemütlich", dem amerikanischen Begriff „Cosy Home" oder der skandinavischen Bezeichnung „Hygge". Zudem gewinnt die Gemeinschaft mit Familie oder Freunden – verbunden mit gemeinsamen Mahlzeiten, Spielen etc. – an Wert.

Die **Digitalisierung** leistet diesem Trend weiteren Vorschub. Leistungsstrake Internetverbindungen samt preiswerter und ausgefeilter Technik ermöglichen es, die Freizeit zu gestalten (z. B. Kontakt zu Freunden halten, umfangreiche Informations- und Unterhaltungsangebote nutzen, einkaufen oder Essen bestellen), ohne dazu Haus oder Wohnung zu verlassen. Das Leben wird damit oft billiger, bequemer und sicherer.

Die **Wirkung des Cocoonings auf den Tourismus** dürfte dazu führen, dass sich bei manchen Touristen ein Mentalitätswandel rund ums Reisen vollzieht, das Vertraute (Bekannte) dem Neuen (Unbekannten) vorgezogen wird und die Bereitschaft zum Entdecken, d. h. Risiken einzugehen, sinkt.

Um ein hohes Maß an Vertrauen auszustrahlen, müssen Destinationen entweder dem Gast bereits gut bekannt sein, kulturelle Anknüpfungspunkte (z. B. Sprache) und/oder räumliche Nähe zum Heimatland aufweisen, um bei allen Aspekten des Reisens als sicher zu gelten. Damit werden räumlich-kulturell nahe Destinationen attraktiver sowie kürzere längeren Reisen vorgezogen. Sicherheitsmaßnahmen, z. B. in Form glaubwürdiger (Online-)Bewertungen und Absicherungen (z. B. Reiserücktrittsversicherungen, Stornierungsmöglichkeiten), sowie Vertrauen in Unterkunft (z. B.

---

42 Bevölkerungsanteil, der jährlich mindestens eine Reise von fünf Tagen oder mehr unternimmt.

ordentliche Reinigung oder Desinfektion) und die Destination (z. B. ordnungsgemäße Umsetzung von Corona-Regelungen), aber auch der persönliche Kontakt werden an Bedeutung gewinnen.

Eine hohe Qualität privater und öffentlicher touristischer Dienstleistungen erhält damit den Vorzug gegenüber der reinen Quantität einer Reise (z. B. drei Wochen mit tausenden von Flugmeilen). Individuelle sowie kreative touristische Konzepte (z. B. gemütliche Ferienhäuser, Hütten, Lodges, Apartments, Baumhäuser, Natur- und Waldhütten, Weingarten-Kellerstöckl, Hausboote etc.), aber auch die individuelle und damit flexible sowie sichere An- und Abreise mit dem PKW erscheinen attraktiver. Da Ferienmobile viele dieser Attribute erfüllen, dürften sie weiteren Zuspruch erhalten, während größere Hotels eher bei den Verlierern zu verorten sein dürften.

Das Übernachtungsangebot ist um klassische, mit einer Reise verbundene Attribute – dies in vertrauenswürdiger Form – zu ergänzen, wenn auch sicherlich nicht vollständig zu substituieren. Mahlzeiten mit ausgesuchten regionalen Spezialitäten oder zu festgelegten Themen (Food Tour) könnten per Lieferdienst oder als Picknick-Set angeboten werden. Ein hochwertig-attraktives Home Gym oder Home Spa kann den Besuch öffentlicher Sport- und Fitness-Einrichtungen sowie Bädern bequemer und hygienischer werden lassen. Exklusiv zugängliche sowie individuell-hochwertig in der Destination produzierte Infotainment-Angebote (z. B. Masterclass.com) würden ein sicheres Freizeitanagebot ergänzen, über die Destination informieren sowie als mögliche Schlechtwetteralternativen dienen und so zur kontinuierlichen Kundenbindung beitragen.

Für die Tourismuspolitik bedeutet all dies, dem neuen Trend offen gegenüberzustehen, die dafür notwendigen Rahmenbedingungen, wie z. B. in der Raumplanung (vgl. Kap. 4.4.4), zu schaffen sowie neue Angebote und eine verstärkte Netzwerkbildung zu fördern, da diese zur regionalen und saisonalen Entflechtung der Tourismusströme beitragen dürften.

Quellen: Copenhagen Institute for Futures Studies 2020; Sanad Capital 2020; Riedmeier 2020; Scenario Management International 2017, S. 16ff; Snider 2013; Streifzug Media 2020; Group Nao 2020.

Wenn im Krisenjahr 2020 überhaupt Reisen stattfanden – dann unter den Maximen „Irgendwie weg von zu Hause statt hin zu Zielen für Entdecker" und „Flucht aus [...] den eigenen vier Wänden, aber keine Experimente" (FAZ 2021a). Führten im Vorkrisenjahr 2019 noch 74 % aller deutschen Urlaubsreisen ins Aus- und nur 26 % ins Inland, stellte das Jahr 2020 dieses Verhältnis auf den Kopf. Der Anteil an Inlandsreisen schoss auf 45 % in die Höhe, während der von Auslandsreisen auf 55 % einbrach (vgl. F. U. R. 2020 und 2021b). Die Pandemie hat damit ein zeitweises **Anwachsen des Binnen- auf Kosten des Outgoing Tourismus** bewirkt. Konsequenz sind hierzulande steigende Preise. Nach Angaben des ARD-Magazins Plusminus kostete im Sommer 2019 eine Übernachtung im Hotel oder in einer Ferienwohnung in Mecklenburg-Vorpommern durchschnittlich 147,74 Euro. 2020 waren es dagegen 168,60 Euro. In Bayern schnellte der Preis sogar von 146,65 Euro auf 190,35 Euro nach oben. Allerdings dürfte das Bedürfnis nach flexiblen Buchungen und Sicherheit auf Reisen vor der Erwartung eines günstigen Preis-Leistungs-Verhältnisses rangieren (vgl. Schlautmann 2020; FAZ 2021a).

Zog es vor Corona noch viele Menschen in die Ferne, wählten 2020 mehr ein Urlaubsziel in der Nähe – im Idealfall ohne Flugzeug erreichbar – und gleichzeitig in ausreichender Entfernung zu anderen Urlaubsgästen. Einkasernierte Hotelgäste, Todesfälle auf Kreuzfahrtschiffen und gestrandete Flugpassagiere haben ihre Spuren hinterlassen. Langfristig könnte dies dazu führen, dass nicht mehr jedes Jahr eine Fernreise unternommen wird. Denn die Menschen lernen die Vorzüge bzw. Reize näher gelegener Destinationen zu schätzen. Kürzere Wege und Naherholung verleihen ein Gefühl von Sicherheit. Hinzukommen niedrigere Anfahrtskosten sowie mehr Flexibilität und Unabhängigkeit bei der Nutzung individueller Verkehrsmittel (vgl. Bogdanovic 2020; Kirig 2020).

Bei der **Verkehrsmittelwahl** wird sich ein noch stärkerer Zuwachs des motorisierten Individualverkehrs auf Kosten des potenziell als gefährlicher empfundenen und durch Restriktionen (z. B. Abstandsregeln, Maskenschutz) belasteten öffentlichen Verkehrs abzeichnen (vgl. Zolles 2020, S. 8). Dieser Trend schlägt sich auch in der Entwicklung des Kauf- und Mietmarkts für Freizeitfahrzeuge[43] nieder. So verzeichnete die Branche im Sommer 2020 einen starken Zuwachs an Neuzulassungen (in einigen Segmenten um fast 90 %). Dem Reisen in den „eigenen vier Wänden" werden eine besonders hohe Sicherheit vor dem Corona-Virus sowie der Genuss von Urlaub ohne Beschränkungen zugesprochen.

Ob der Outgoing Tourismus und insbesondere der Ferntourismus wieder in die Gänge kommt, wird neben dem Infektionsgeschehen vor Ort, der Einstufung von Risikogebieten und Reiseverkehrsbeschränkungen ganz wesentlich davon abhängen, ob und wie die **Fluggesellschaften** das Infektionsrisiko in den Griff bekommen. Neben einer Maskenpflicht an Bord verweisen diese zwar auf die sog. Hepa[44] -Filter, mit denen sich nahezu alle bedenklichen Partikel aus der Kabine filtern lassen sollen. Vergleichbar mit der Sterilität eines Operationssaals werde die Luft im Flugzeug alle drei Minuten komplett ausgetauscht. Zudem ströme diese von der Decke zum Boden, wodurch sich Viren übertragende Aereosole im Raum kaum verbreiten könnten. Ein Restrisiko bleibt aber dennoch bestehen: Solange das Flugzeug am Gate steht, arbeiten die Klimaanlagen nur mit verminderter Kraft, sodass insbesondere beim Ein- und Aussteigen die Ansteckungsgefahr wieder steigt. Auch verpflichten sich die Fluggesellschaften aus Rentabilitätsgründen nicht, Nachbarsitze unbesetzt zu lassen (vgl. Schlütmann 2020; FAW 2020).

Unterdessen haben einige Airlines auf bestimmten Strecken eine Testpflicht eingeführt. Sie dient der Sicherheit an Bord und der Lockerung der Quarantänevorschriften im Zielland sowie bei der Rückkehr aus Risikogebieten ins Heimatland. An Bord gelassen werden nur noch Passagiere, die sich vorher einem kostenlosen Schnelltest unterziehen, dessen Ergebnis negativ ist. Bei einem positiven Testergebnis wird dem Passagier der Zugang verwehrt und er kann auch nicht umbuchen (vgl. Welt 2020h).

Das **Kreuzfahrtsegment** ist während der Pandemie vollkommen zum Erliegen gekommen. Der Umstand, dass sich auf den Schiffen die Wege von bis zu 7.000 Kreuz-

---

43 Reisemobile mit eigenem Antrieb (Kastenwagen, Alkoven und Liner) sowie Wohnwagen bzw. Caravans (Anhänger ohne Selbstantrieb).

44 „High Efficiency Particulate Absorption"

fahrtpassagieren häufig kreuzen, begünstigt dort die Ausbreitung des Virus. Eingeprägt haben sich hier die Bilder von Häfen, die ein Anlegen verhinderten und große Schiffe in schwimmende Quarantänestationen mit Hunderten von Infizierten verwandelten[45]. Das im Juli 2020 wieder aufgenommene Angebot einzelner europäischer Reedereien sieht keine Landgänge, sondern nur noch Seetage („Blue Cruises" bzw. „Kreuzfahrten ins Nirgendwo") vor. Bühnenshows, Diskotheken, Poolparties und Buffets sind indes tabu. Für den Ernstfall stehen Infektionskabinen bereit (vgl. Welt 2020d).

Tiefgreifende Umwälzungen stehen – zumindest kurz- bis mittelfristig – auch in Teilbereichen des alpinen **Wintersporttourismus** ins Haus. Aus Furcht vor einem zweiten Ischgl (vgl. Exkurs 19) werden große Saisonauftaktveranstaltungen ebenso entfallen wie der klassische Après-Ski-Zirkus. Statt auf Live Musik, Halligalli und Barbetrieb dürften viele alpine Wintersportdestinationen auf Kulinarik, Gemütlichkeit und Ambiente setzen.

Während es auf den Pisten unproblematisch sein dürfte, Sicherheitsabstände einzuhalten, könnte dies bei Warteschlangen vor Seilbahnen und Liften sowie während der Fahrt schwieriger sein. Kamerasysteme sollen daher die Einhaltung von Abständen kontrollieren. Die Schlangen vor den Kassen dürften durch einen Online-Erwerb von Skipässen und Tageskarten entfallen. Ferner könnten Anstellen und Nutzung der Aufstiegshilfen nur mit Maske möglich sein. Ebenso ist es in Zubringer- und Skibussen. Die Bereitschaft zum Tragen von Masken dürfte im Winter größer als im Sommer ausfallen, da sie zusätzliche Wärme stiften. Während die Mehrheit der Fahrbetriebsmittel wie Schlepp- und Sessellifte, bei welchen zwischen den Fahrgästen entsprechend Plätze freizuhalten sind, offen ist, setzt man bei Seilbahnen – ähnlich wie bei Skibussen – auf Desinfektion mittels Kaltvernebelungsgeräten und sorgt – bei Reduzierung der Fahrgastzahlen – für eine bessere Belüftung sowie eine Beschleunigung bzw. Verkürzung der Fahrtzeiten unter die infektionskritische Zeit von 15 Minuten. Ranger könnten die Einhaltung von Abständen auf den Pisten im Auge behalten.

Die Skihütten sind ohnehin geschlossen, die Sitzbänke davor mit Absperrbändern versehen. Skischulen lassen indes nur eine begrenzte Personenzahl, die nicht zu vermischen ist, zu, Beginn- und Schlusszeiten werden gestaffelt, um größere Menschenansammlungen zu vermeiden. In Tschechien wurde sogar direkt an den Pisten die Vorlage eines negativen Testergebnisses verlangt, das nicht älter als 72 h Stunden sein durfte.

Trotz all dieser Maßnahmen fallen die Auswirkungen des Virus für Gebirgsdestinationen schwerwiegend aus. Einer Analyse der Innsbrucker Gesellschaft für An-

---

45 Ein abschreckendes Beispiel ist die „Diamond Princess", die im Februar 2020 im Hafen von Yokohama unter eine zweiwöchige Quarantäne gestellt wurde und die Weltöffentlichkeit über Berichte in sozialen Medien zum Zeugen eines desaströsen und folgenschweren gesundheitlichen Notstandsmissmanagements werden ließ. Von 3.711 Passagieren und Besatzungsmitgliedern aus 56 Ländern haben sich 712 Personen infiziert und kamen sieben ums Leben, was sich – Expertenansichten zufolge – bei frühzeitiger Evakuierung des Schiffs hätte vermeiden lassen (vgl. Maier et al. 2021, S. 27).

gewandte Wirtschaftsforschung (GAW) zufolge verloren 2020 alleine in den öster-
reichischen Alpen 62.500 Beschäftigte – bei 1,3 Mio. Erwerbsstätigen im gesamten
Alpenraum – ihren Arbeitsplatz. Der Verlust an Wertschöpfung betrug über sieben
Milliarden Euro (vgl. FAZ 2020m; SZ 2020f; PNP 2020).

Am gravierendsten wirkt sich die komplette Schließung von Skigebieten aus.
Während diese im Winter 2020/21 z. B. in der Schweiz und in Österreich[46] überwiegend
für die einheimische Bevölkerung geöffnet waren, mussten in anderen Ländern (z. B.
Frankreich, Italien, Deutschland) sämtliche Aufstiegshilfen geschlossen werden, obwohl vielerorts ausgefeilte Hygienekonzepte erarbeitet und reichlich Investitionen
getätigt wurden. Für viele Skigebiete handelt es sich dabei um die Hauptumsatzzeit
während der gesamten Saison, zu der auf jeden Euro für Lift- und Seilbahnbeförde-
rung im regionalen Schnitt vier weitere für Essen, Übernachtung und Skiausrüstung
kommen.

Während viele Bergbahnbetreiber, Hoteliers, Vermieter, Gastronomen und Ein-
zelhändler um ihre Existenz bangen, fürchten Naturschützer den unkontrollierten
Ansturm von Skitourengehern und Schneewanderern, von denen Verkehrsandrang,
Menschenansammlungen, Schäden für Bergwälder und Natur sowie die Erhöhung
von Lawinenrisiken mit der Gefahr einer Überlastung der ohnehin pandemiegeplag-
ten Krankenhäuser erwartet werden (vgl. Welt 2020i; SZ 2020g; Business Insider 2020;
FAZ 2020q).

Der **Geschäftsreisetourismus** dürfte tendenziell abnehmen, seit Homeoffice und
Videokonferenzen zu einer gängigen und akzeptierten Praxis im Geschäfts- und Be-
rufsleben avanciert sind. Schätzungen zufolge haben die deutschen Unternehmen im
Jahr 2020 durch den weitgehenden Verzicht auf Handlungsreisen um die 50 Mrd. Euro gespart. Durch digitale Termine lassen sich aber nicht nur die direkten Kosten für
Reisen und Veranstaltungen einsparen sowie die unternehmensinterne CO_2-Bilanz
verbessern. Auch die Zeit, die Beschäftigte bisher in Bahn, Flugzeug oder Auto ver-
brachten, kann in Zukunft in andere Aufgaben investiert werden. Allerdings wird der
Drang, mit Geschäftspartnern und -kollegen direkt und persönlich in Kontakt treten
zu wollen, dazu führen, den klassischen Geschäftsreisetourismus neuen Medien und
Techniken nicht vollständig zu opfern. Dafür sind informelle Treffen in Pausen von
Veranstaltungen oder im Rahmen von Geschäftsessen im Hinblick auf kreativen Aus-

---

46 In einigen schweizerischen und österreichischen Skigebieten kam es in der Wintersaison 2020/21
zu Bildung von Corona-Clustern, in denen sich auch die bis zu 70 % ansteckendere britische Muta-
tion B.1.1.7 befand. In Wengen im Berner Oberland, wo ein Gast aus Großbritannien als Superspreader ausgemacht wurde, sagte der Kanton Bern das berühmte Lauberhornskirennen ab. Im Bündner
Nobel-Ski-Ort St. Moritz wurden zwei Luxushotels unter komplette Quarantäne gestellt. In Flachau
im Salzburger Pongau verbreitete sich das Virus von einem Skilehrerkurs mit über 150 Teilnehmern
ausgehend. In anderen österreichischen Skigebieten, wie z. B. in St. Anton am Arlberg, entpuppten
sich ausländische Skitouristen (u. a. aus Großbritannien, Schweden und Dänemark) als kreative Lock-
down-Brecher, indem sie Zweitwohnsitze anmeldeten oder als Grund für ihren Aufenthalt angaben,
auf Arbeitssuche zu sein (vgl. FAZ 2021b).

tausch oder die Anbahnung neuer Kontakte zu bedeutend. Auch Vertrauensverhältnisse zu Mitarbeitern oder Kunden lassen sich per Computer nur schwer aufbauen. Digitale Techniken dürften das persönliche Meeting daher nicht komplett ersetzen, sondern eher ergänzen. Die Zukunft des **Messe- und Kongresstourismus** wird dagegen von der Lockerung der Restriktionen für derartige Großveranstaltungen abhängen (vgl. Zolles 2020, S. 12 f.; Welt 2021).

Ein weiterer Trend ist, dass die Corona-Krise den Auswüchsen des **Overtourism** (vgl. Kap. 5.1) zumindest eine Unterbrechung verordnet hat. Ob Barcelona, Venedig, Dubrovnik oder Hallstatt: Der Massentourismus mit seinen negativen Auswüchsen legt eine Zwangspause ein. Stellenweise wirken die Destinationen wie leergefegt. Statt dem „Overtourism" regiert der „Undertourism". Dies bedeutet einerseits für vom Tourismus stark abhängige Orte und Regionen eine wirtschaftliche Katastrophe. Optimisten sehen in einer solchen Entschleunigungsphase andererseits aber auch die Chance zur Redefinierung des am Overtourism stark gelittenen Verhältnisses der Einwohner zu ihrer Destination bzw. ihrer Umgebung. Die temporäre „Rückeroberung" ihrer Lebensräume durch die lokale Bevölkerung könnte zur Neubewertung der perzeptuellen Tourismusakzeptanz führen (vgl. Bauer et al. 2020, S. 97). Ein plastisches Beispiel dafür ist Mallorca: Wo sich wie in El Arenal oder Magaluf sonst alkoholisierte, lärmende und jegliche Benimmregeln vergessende deutsche und britische Touristen tummelten, entdeckten viele Mallorquiner, welche sich nicht mit Touristen um Platz für ihre Strandtücher streiten mussten, die Liebe zu ihrer Insel wieder, auch wenn sich die wirtschaftliche Abhängigkeit vom Tourismus während der Pandemie desaströs auswirkte.

In Rom z. B. haben die Einheimischen die Piazza Navona, um welche von den Römern ob der Touristenmassen für gewöhnlich ein großer Bogen gemacht wird, zurückerobert. Man trifft sich zu Aperitif und Essen. Ohne Lärm und Gedränge erscheint die Ewige Stadt plötzlich in einem ganz anderen Licht, was paradoxerweise wieder einen, wenn auch neuen touristischen Akzent setzt:

> Einsam im Pantheon oder vor dem Trevi-Brunnen zu stehen, fühlt sich unbeschreiblich an. Man versteht plötzlich, warum diese Bau- und Kunstwerke so berühmt sind, und man kann sie bewundern, ohne von einer plärrenden amerikanischen oder chinesischen Reisegruppe zur Seite gedrängt, von einem Rosenverkäufer belästigt oder von einem Carbiniere mit Trillerpfeife zurechtgewiesen zu werden. Selbst die berüchtigten Banden von Taschendieben sind mit dem Virus verschwunden. Wenn man spätabends um das beleuchtete Kolosseum oder über das Forum Romanum spaziert, begegnet man höchstens vereinzelten Liebespaaren oder kleineren Gruppen von Jugendlichen, die es mit dem Distanzhalten nicht so ernst nehmen wie andere Mitbürger (NZZ 2020h).

Wird diese touristische Verschnaufpause nicht zum Nachdenken über sanftere oder umweltverträglichere Tourismuskonzepte bzw. eine Abkehr vom quantitativ orientierten Massen- hin zu einem Qualitätstourismus (vgl. auch Exkurs 3) genutzt – in Venedig wird seit Auslaufen des letzten Kreuzfahrtschiffs zu Karneval 2020 darüber nachge-

dacht, die für den Overtourism maßgeblich verantwortlichen Kreuzfahrtschiffe aus-
zusperren und an der Waterfront Wohn- und Grünflächen entstehen zu lassen (vgl.
NZZ 2020j) –, dürfte der wirtschaftlich bedeutsame, aber ungeliebte Massentourismus mit der Wahrscheinlichkeit einer wiederkehrenden Jahreszeit bald zurück sein.
Doch selbst in diesem Fall ließe sich aus der Pandemie lernen: Die in Bezug auf das
Virus ubiquitär praktizierte Maxime „Begrenzen – Lenken – Entzerren" könnte unter
dem Diktum der Tourismuspolitik neue Debatten um die Lenkung und Steuerung von
Touristen- und Besuchergruppen sowie Sinnhaftigkeit und Akzeptanz von Zugangs-
beschränkungen entfachen (vgl. Bauer et al. 2020, S. 97; Kap. 6).

Eine bedeutende Rolle wird in diesem Zusammenhang der durch die Pandemie
beschleunigte Trend zur Digitalisierung spielen. Zukünftig dürfte ein stundenlanges
Anstehen z. B. vor der Sixtinischen Kapelle oder dem Louvre entfallen, wenn sich mit-
tels digitaler Algorithmen die Eintrittspreise dem tageszeitlich stark schwankenden
Nachfrageniveau anpassen und damit die Besucherströme besser lenken lassen (vgl.
NZZ 2020k).

Die Kehrseite ist, dass ausgerechnet das Corona-Virus durch die Kombination von
verstärktem Binnentourismus mit Naherholungsverkehr, insbesondere im näheren
Umfeld größerer städtischer Agglomerationen, eine **neue Dimension des Overtour-
ism** hervorgebracht hat. So gesellte sich während der Pfingstferien 2020 in vielen
Urlaubsregionen Deutschlands zu einem verstärkten regionalen Ausflugsandrang
ein massives nationales Tourismusaufkommen aus anderen Landesteilen. Typische
Beispiele sind die Bodenseeregion, viele Ostseebäder sowie das Münchner Umland
rund um die oberbayerischen Hausberge (Benediktenwand, Blomberg, Brauneck,
Heimgarten, Herzogstand, Hörnle, Rotwand, Wendelstein, Zugspitze etc.) und Seen
(Tegernsee, Schliersee, Starnberger See, Ammersee, Kochelsee, Walchensee etc.).
Dort kam es – zum Zorn vieler Bewohner und lokaler Bürgermeister – nicht nur zu
kollapsähnlichen Verkehrs- und Parksituationen sowie zunehmendem Müllaufkom-
men, sondern auch zur Gefahr der Bindung und Ansteckung von Rettungskräften.
In Orten wie Wallgau, Grainau oder Kochel kam es daher zu Protestaktionen aufge-
brachter Einwohner.

Ähnliche Szenen ereigneten sich zu Weihnachten 2020. Trotz Ausgangsbeschränkungen und stillgelegter Aufstiegshilfen kam es in einigen deutschen Wintersportor-
ten (z. B. im Erzgebirge, Sauerland, Schwarzwald, Taunus, Bayerischer Wald, Region
Schliersee, Chiemgau, Allgäu) zu einem heftigen Besucherandrang mit der Folge von
Verkehrsbehinderungen und -unfällen, überlasteten Parkplätzen, Falschparkerei sowie unerwünschten Gruppenbildungen und nicht zuletzt einigen schweren Unfällen
mit der Gefahr der Überlastung der Notaufnahmen in Krankenhäusern. In Österreich,
wo die Lifte in Betrieb waren, mussten einige Skigebiete (z. B. in Kärnten oder am Sem-
mering) komplett gesperrt werden (vgl. Welt 2020l).

Viele Orte stehen diesen Problemen ohnmächtig gegenüber. So wirken die Erhöhung der Parkgebühren an den Parkplätzen der Hausberg- und Kreuzeck-/Alpspitz-
bahn auf 15 Euro am Tag durch die Gemeinde Garmisch-Partenkirchen – ähnliches

gilt für die Gemeinde Kochel und den Dreisessel im Landkreis Freyung-Grafenau – oder die gänzliche Sperrung der Parkplätze in bestimmten Allgäuer Skigebieten (z. B. Fellhorn, Kanzelwand, Nesselwang, Oberstdorf-Kleinwalsertal) zur Fernhaltung von Pistengehern und Rodlern während des stillgelegten Liftbetriebs im Winter 2020/21 eher wie ein hilfloses Aufbäumen als ein konsequent geplantes Vorgehen gegen den überbordenden Ausflugsverkehr. Neben dem Verkehrsproblem geht es dabei auch um ungeklärte Haftungs- und Versicherungsfragen (vgl. SZ 2020h und i; BR 2020).

Für Ärger sorgt auch das Wildcampen. Da Wohnmobile und Stellplätze ausgebucht sowie Plätze in Berghütten aufgrund der Abstandsregeln begrenzt waren, campierten viele Wanderer entlang überlaufener Wanderwege oder auf Parkplätzen – mit entsprechenden Problemen der wilden Müll- und Fäkalienentsorgung. Beispiele sind der europäische Fernwanderweg von Oberstdorf nach Meran oder der Parkplatz der Karwendelbahn in Mittenwald.

5.3.5 Zukunftsszenarien für den Tourismus

Das Kopenhagener Institut für Zukunftsstudien hat vier Szenarien entworfen, wie es mit dem Tourismus weitergehen könnte. Diese ergeben sich aus der jeweiligen Kombination zweier Dichotomien („Fear vs. Fun and Travel" sowie „Offene vs. Geteilte Welt") (vgl. Copenhagen Institute for Futures Studies 2020; Tabelle 5.8).

Aus den Trends lassen sich unterschiedliche Entwicklungsszenarios für den Tourismus ableiten: Szenario A **„Das wohl Bekannte und Vertraute"** („Fear and Travel" und „Offene Welt") ist durch folgende Merkmale gekennzeichnet:

- Die Welt ist fast wieder in Ordnung, aber die Touristen bleiben zu Hause,
- die Einstellung zum Reisen hat sich gewandelt, die Bereitschaft zum Erkunden ist gesunken,
- für touristische Ziele gilt: Bekannt und vertraut mit geographischer Nähe und kultureller Affinität zum Heimatland,
- hohe Bedeutung von Sicherheitsmaßnahmen: Risikoratings, Versicherungen, Absicherungen für sämtliche Bestandteile einer Reise,
- Kurzreisen (z. B. Wochenendtrips) nehmen zu,
- die (wahrgenommene) Qualität touristischer Dienstleistungen am Zielort spielt eine wichtige Rolle,
- Regionen, die das Virus am schlimmsten getroffen hat, werden stigmatisiert.

Für Szenario B **„von Berlin nach Warnemünde"** („Fear and Travel" und „Geteilte Welt) gilt:

- Die Welt ist physisch und mental in zu bereisende und nicht zu bereisende Zonen aufgeteilt,
- Grenzen lassen sich schwer überqueren: Eine Grenze ist ein Kontrollpunkt, bei dessen Überschreiten sich Touristen nicht sicher fühlen,

Tab. 5.8: Touristische Zukunftstrends vor dem Hintergrund der Corona-Pandemie

Indikatoren	„Fear and Travel"	„Fun and Travel"
Verhalten	– Rückzug in ein gemütliches, gut ausgestattetes Zuhause (Cocooning) und Homeoffice – keine Lust auf Abenteuer – sinkende Konsumneigung	– Rückkehr zur Normalität vor Corona (2023 = 2019) – Angst, etwas zu verpassen – Konsumneigung wie vor der Krise – Technik und Fortschritt zur Lösung der Probleme
Freizeit	– Erlebnisgestaltung („slow and regional") – Vertrautes wird bevorzugt	– gewohnte Betonung von Spaß und Freiheit – Entdeckung von Neuem
Destination	– Kontrolle, Sicherheit und Schutz an erster Stelle – kein Vertrauen in Destinationen mit vielen Menschen	– keine explizite Betonung von Sicherheitsaspekten – Vertrauen in – wenn nötig – entsprechende Sicherheits- und Hygienevorkehrungen

Indikatoren	„Geteilte Welt"	„Offene Welt"
Maxime	– Regionaler Fokus und geringere Konsumneigung	– Gemeinsame Verantwortung, die Welt wieder auf Kurs zu bringen
Grenzen	– Aufteilung der Welt in Go- und No-Go-Zonen – eingeschränkt passierbare oder geschlossene Grenzen – Visabeschränkungen	– weitgehend offene Grenzen – pragmatische Lösungen zum grenzüberschreitenden Reisen – Ausnutzung technischer Möglichkeiten zur Kontrolle erneuter Ausbrüche
Wirtschaft	– sinkendes Bruttoinlandsprodukt und höhere Arbeitslosigkeit – trotz höherer Steuern geringeres Haushaltsbudget – stagnierende Entwicklung	– Rückkehr „normaler" Probleme (z. B. China vs. USA) – begrenzte wirtschaftliche Auswirkungen – sich erholendes Bruttoinlandsprodukt – Entwicklung resilient-adaptiver Systeme

Quelle: In Anlehnung an Copenhagen Institute for Futures Studies 2020.

– touristische Destinationen schränken die Anzahl der Besucher ggf. per Los ein,
– „Social Distancing" als Hauptanliegen von Touristen,
– (individuelle) Alternativen zum traditionellen Tourismus gewinnen an Bedeutung,
– man ist autark unterwegs (z. B. mit Wohnmobil) oder urlaubt in einsamen Ferienhäusern,
– „Balkonien" als Alternative,
– nur private, keine öffentlichen Verkehrsmittel,
– Vertrauen in die nationale und lokale Umgebung.

Szenario C „**Verknüpfung europäischer Oasen**" („Fun and Travel" und „Geteilte Welt") charakterisiert sich wie folgt:
- Grenzen und Checkpoints bleiben bestehen,
- internationale Beziehungen haben sich verschlechtert, wogegen supranationale Zusammenschlüsse (z. B. EU) ankämpfen,
- Verbraucher und Touristen sind ungeduldig und wollen Versäumtes nachholen,
- bilaterale Absprachen: Deutsche dürfen nach Österreich reisen, nicht aber nach Italien,
- jede Destination gibt sich eigene Regeln. Einige sind geschlossen, andere rund um die Uhr geöffnet,
- technologische Neuerungen spielen eine wichtige Rolle,
- Frustration über Reisebeschränkungen führt zum Import bzw. Ersatz von Reiseerlebnissen (Musik, Wein, Feiern etc.),
- Touristen versuchen, Beschränkungen mit Tricks zu umgehen,
- Sicherheit ist Behörden wichtiger als den Touristen.

In Szenario D „**Zurück im Sattel**" („Fun and Travel" und „Offene Welt") gelten folgende Merkmale:
- Die Pandemie rückt auf der globalen Agenda nach hinten,
- die Welt ist wieder „offen",
- Sicherheit genießt zwar nach wie vor einen hohen Stellenwert, ist für den einzelnen Touristen aber kein Thema mehr,
- schneller Aufschwung und hohe Nachfrage in Bereichen, die nicht direkt von Arbeitslosigkeit betroffen sind,
- Nebeneinander von Spaß und Solidarität durch Bereisen auch solcher Destinationen, die von der Pandemie schwer betroffen waren,
- Ergänzung bestehender Konsummuster um neue Gewohnheiten (mehr Digitalität und Hygiene),
- neue Unternehmen übernehmen solche, welche der Pandemie zum Opfer gefallen sind.

Unabhängig davon, welchen Verlauf die Entwicklung nehmen wird, herrscht in der gesamten Tourismusbranche erhebliche Unsicherheit über Wahrscheinlichkeit, Länge und Form weiterer Lockdowns, neue Virusmutationen, die Verlängerung von Reisebeschränkungen und -verboten sowie Quarantäneauflagen, Gedankenspiele über Reisefreiheit für Geimpfte, veränderte Ferienregelungen sowie nicht zuletzt den Verlauf der gesamtwirtschaftlichen Entwicklung. Allerdings lässt sich davon ausgehen, dass gerade für den deutschen Konsumenten Urlaubsreisen ein wichtiges Gut verkörpern, von dem er sich nicht trennen will, sofern die Rahmenbedingungen es zulassen. Dafür sind reisebedingte Motive und Sehnsüchte ursächlich, die bei vielen Menschen selbst Corona nicht ins Wanken bringt (vgl. F. U. R. 2021b). Ob es allerdings wirklich zur Rückkehr eingespielter Reisemuster kommt, hängt nicht nur von der Verteilung eines wirksamen Impfstoffs, der Entwicklung effektiver Medikamente und Therapien sowie der Verbreitung erprobter Schnelltests, sondern auch von psychologischen Faktoren sowie sich wandelnden individuellen Einstellungen gegenüber Reisen und Tourismus generell ab.

Um der Tourismuswirtschaft in der Corona-Krise aber ein wenig Orientierung und Handlungssicherheit zu vermitteln, hat das Kompetenzzentrum Tourismus des Bundes im Frühjahr 2020 vier **Phasen für den Verlauf der Corona-Krise** und dementsprechende Fahrpläne zur Erholung der Tourismusbranche skizziert (vgl. Kompetenzzentrum Tourismus des Bundes 2020a):

- **Lockdown:** Zustand, in dem das öffentliche Leben weitgehend stillgelegt ist. Die Tourismuswirtschaft ist nahezu vollständig zum Erliegen gekommen.
- **Lockerung:** Nach wie vor Restriktionen in punkto Bewegungs- und Versammlungsfreiheit sowie strenge Hygienebestimmungen. Innerdeutsche Freizeitreisen im Familienverbund mit Übernachtungsanteil sind erlaubt. Grenzüberschreitendes Reisen ist nur im Geschäfts-, nicht aber im Freizeitbereich möglich.
- **Belebung:** Die Reisewarnungen des Auswärtigen Amtes (vgl. Kap. 4.5.4) werden sukzessive für immer mehr Länder aufgehoben, können aber bei Bildung neuer Infektionsherde sofort wieder verhängt werden. Der Aufschwung in der Tourismuswirtschaft verläuft zu dieser Entwicklung nicht direkt linear.
- **Normalisierung:** Impfstoffe und wirkungsvolle Therapien sind verfügbar. Alle Reisebeschränkungen werden abgebaut. Die Reisetätigkeit befindet sich wieder auf dem Niveau des Vorkrisenjahrs 2019.

Bis zur Überwindung der Corona-Krise schlägt die Welttourismusorganisation (UNWTO) folgende Prinzipien und Schritte eines sicheren Reisens vor (vgl. Abbildung 5.5).

Suchen & buchen	Unterwegs	Destination
• Beschaffung von Informationen über gesundheitliche Anforderungen aus dem Herkunftsland & Reiseziel • Beschaffung von Informationen zu Stornierungsbedingungen bei Krankheit während der Reise oder in der Destination • Nutzung von nationalen Tracing-Apps	• Einhaltung von Distanzregeln • Kontaktloses Bezahlen in Verkehrsmitteln • Beachtung von Hinweisen im Nah- und Fernverkehr • Nutzung des kontaktlosen Eincheckens und Einsteigens am vorher zugewiesenen Sitzplatz • Begrenzung des Handgepäcks • Kontaktlose Grenzkontrollen • Beachtung (inter)nationaler Gesundheitsvorschriften	• SMS an Besucher bei Ankunft über allgemeine Regelungen und Vorschriften • Herunterladen von Destinations-Tracking-Apps • Beachtung von spezifischen Gesundheitsvorschriften (Unterkunft, Restaurants, Attraktionen …) • Kontaktloses Bezahlen & Check-in • Nutzung von E-Tickets und E-Booking für Besuche und Unterhaltung

Abb. 5.5: Konzept der Welttourismusorganisation (UNWTO) für sicheres Reise in Corona-Zeiten
Quelle: UNWTO 2020, verändert.

Bis dahin gilt: Touristische Angebote müssen sich an den geltenden Reisebeschränkungsmaßnahmen sowie Abstands- und Hygieneregeln orientieren. Das bedeutet gleichzeitig, dass sog. „Holiday-Distancing"-Angebote (keine langen Schlangen am Büffet, kein Gedränge an Pools und Stränden sowie in vollbesetzten Verkehrsmitteln, eine eingeschränkt nutzbare touristische Infrastruktur etc.) vorübergehend den Reisemarkt kleiner und für den Endkunden teurer werden lassen dürften (vgl. Ifo Institut 2020). Auch könnte ein entsprechender Impfnachweis zur standardmäßigen Voraussetzung für die Bereisung ausgewählter Ziele oder die Nutzung bestimmter Reiseverkehrsmittel werden.

Unabhängig von der Dauer der Krise lassen sich aus Corona aber bereits jetzt die folgenden Erkenntnisse und Lehren ziehen (vgl. Reisereporter 2020; Maier et al. 2021, S. 28):

– Reisen und Urlaub sind – nicht nur in finanzieller Hinsicht – keine Selbstverständlichkeit, sondern ein **Privileg**. Die Pandemie hat offen gezeigt, dass Reisefreiheit etwas sehr Fragiles ist und schnell vorbei sein kann.
– **Naherholung** gewinnt an Bedeutung. Gezwungenermaßen haben während der Pandemie viele Menschen ihr direktes Umfeld, d. h. die eigene Stadt oder Region, kennen und schätzen gelernt. Gleichzeitig macht virtuelles Reisen den Besuch anderer Orte (z. B. Museen, Stadtführungen) ohne physischen Ortswechsel möglich, sodass die Bedeutung von Nähe und Ferne im touristischen Kontext neu zu verhandeln ist.
– **Deutschland** ist ein **unterschätztes Reiseziel:** Reisebeschränkungen und der damit einhergehende Verzicht auf Auslandsreisen haben deutlich gemacht, dass Deutschland eine sehr vielseitige touristische Alternative ist und mit so manchen Fernzielen durchaus mithalten kann.
– **Hygienestandards** werden geschätzt: Die Corona-Pandemie hat vielen Touristen ins Bewusstsein gerufen, wie wichtig Hygiene und Sicherheitsregeln im Urlaub sind. Warum sollte man Desinfektionsmittelspender in den Hotellobbies nicht auch nach der Pandemie stehen lassen? Denn Viren und Bakterien gibt es auch jenseits von Corona in ausreichendem Maße.
– **Digitalisierung** erleichtert das Reisen: Digitale Pass- und Visakontrollen, Bezahlung mit dem Handy oder per Online-Bezahldiensten, kontaktloses Einchecken in Hotels etc. gab es zwar schon vor der Pandemie, Notwendigkeit und Vorteile spürten viele Touristen aber erst im Jahr 2020.
– **Öffentliche Verkehrsmittel** haben sich als nicht ausreichend pandemietauglich erwiesen – mit der Konsequenz, dass mehr Menschen auf das umweltschädlichere Auto zurückgegriffen haben.

Als Ergebnis dieser Entwicklungen sollte in der Post-Corona-Zeit weder ein generelles Verzichten auf Reisen noch eine Rückkehr zur Normalität, sondern eine kritische Reflexion über einen verantwortungsvollen, resilienten Tourismus (vgl. Kap. 6) im Vordergrund stehen (vgl. Maier et al. 2021, S. 29).

6 Resilienter Tourismus

Um auf die Herausforderungen der Tourismuspolitik im Speziellen, wie z. B. in den Bereichen Overtourism, Klimawandel, Corona (vgl. Kap. 5), sowie im Allgemeinen, wie z. B. auf den Gebieten Umwelt, Soziales, Gesundheit, Wirtschaft, Sicherheit, Entwicklung etc. (vgl. Kap. 4), angemessen reagieren zu können, sind unter Bezugnahme tourismuspolitischer Institutionen (vgl. Kap. 3) sowie unter Berücksichtigung der Ansprüche einzelner Interessengruppen im Tourismus (vgl. Kap. 2) die Rahmenbedingungen für die Tourismuswirtschaft so zu gestalten, dass die positiven Effekte des Tourismus maximiert und die negativen minimiert werden. Um dies dauerhaft und stabil zu gewährleisten, sind resiliente tourismuswirtschaftliche Strukturen vonnöten.

Resilienz bedeutet, dass das touristische System gegenüber Krisen belastbar bzw. widerstandfähig ist und im Falle krisenhafter Entwicklungszusammenhänge wieder zu seiner normalen Funktionsweise zurückkehren kann. Dies setzt die Antizipation möglicher Krisen bereits im Frühstadium durch innovative Entwicklungen voraus. Damit steht der Resilienzbegriff nicht nur für einen „Bounce-Back-" (in das Ausgangsstadium zurückzukehren), sondern auch einen „Bounce-Forward"-Effekt, also die Fähigkeit, langfristig zu prosperieren. Es gilt solche Strukturen zu schaffen, die nicht nur der Wiederherstellung des Status Quo vor einer Krise, sondern auch der kontinuierlichen Anpassung an sich verändernde Rahmenbedingungen sowohl auf individuellbetrieblicher als auch staatlicher Ebene dienen (vgl. Roth 2020; Corradini 2019, S. 237; Hartmann 2018, S. 67).

Der Aufbau resilienter Strukturen beginnt mit einer **Situationsanalyse**, die Vulnerabilität[47] und Anpassungsfähigkeit eines touristischen Systems gegenüber möglichen Krisen (Diskontinuitäten bzw. Disruptionen) erfasst. Eine besondere Herausforderung stellen hierbei die vielfältigen Interaktionen des touristischen mit anderen Systemen (Tourismuspanarchie[48]) wie dem ökologischen (z. B. Wasserangebot), tech-

---

47 Ein mögliches Maß zur Ermittlung der Vulnerabilität ist der Resilienzgrad. Dieser zeigt das Maß an Belastbarkeit an, die absorbiert oder aufgenommen werden kann, bevor ein System seine Struktur ändert (vgl. Fontanari/Kredinger 2017, S. 7 ff.).

48 Panarchie bezeichnet eine Struktur, die das Verhältnis von komplexen Systemen untereinander beschreibt. Diese ist zwar einer Hierarchie ähnlich, weist jedoch keine starren, von oben nach unten gerichtete, sondern funktionale Interaktionen und wechselseitige Beeinflussungen auf. Größere und damit langsamer reagierende Ebenen legen dabei die Bedingungen fest, innerhalb derer kleinere, flexiblere sowie schneller reagierende Ebenen funktionieren. Das Konzept der Tourismuspanarchie beschreibt ein mehrstufiges touristisches System: Niedere Subsysteme, wie z. B. Unterkünfte, Mobilitätsinfrastrukturen oder Attraktionen, stellen die Basisstrukturen der Tourismusdestination dar, weshalb diese in der Lage sein müssen, stabil zu arbeiten und Disruptionen standzuhalten, um eine attraktive und sichere Destination zu gewährleisten. Denn bereits ein schwaches Subsystem kann dem Gesamtsystem entscheidend schaden. Höheren Ebenen fällt oftmals eine strategische Funktion hinsichtlich des Managements von Resilienz sowie des Aufbaus relationaler Verbindungen zu infrastrukturellen, sozialen und natürlichen Ebenen zu (vgl. Corradini 2019, S. 239 f.).

https://doi.org/10.1515/9783110663891-006

nischen (z. B. Verkehrs-, Ver- und Entsorgungsinfrastruktur), gesellschaftlichen (z. B. Gesundheitssystem), wirtschaftlichen (z. B. Lebensmittelversorgung) etc., aber auch seinen Subsystemen (z. B. Beherbergungs-, Gastronomie-, Event-, Kur-, Messe- oder Freizeitsystem) dar. Hält z. B. die Wasserversorgung aufgrund ökologischer und/oder technischer Bedingungen der Nachfrage der Beherbergungsgäste nicht stand, kommt es durch unzufriedene Gäste und/oder Einwohner zur Störung des touristischen Gesamtsystems und damit einer Krise (vgl. Corradini 2019, S. 235 ff.; Scuttari/Corradini 2018, S. 37; Schabbing 2018, S. 167; Fontanari/Kredinger 2017, S. 5).

In einem derartig komplexen Gefüge lassen sich kaum alle möglichen Krisen ex ante erfassen, weshalb kritische Ressourcen (Robustheit) sowie zentrale Weiterentwicklungsfähigkeiten (Agilität) zu schaffen sind, um auf Unsicherheiten reagieren zu können. Aufgabe der Tourismuspolitik ist es, frühzeitig Robustheit (z. B. die Widerstandsfähigkeit von Infrastrukturen gegenüber Naturgefahren) sowie Agilität bestehender Strukturen (z. B. Offenheit der Bevölkerung für Innovationen durch Fort- und Weiterbildungsprogramme) zu fördern (vgl. Hartmann 2018, S. 67; Zacher 2018, S. 55; Pechlaner/Innerhofer 2018, S. 3).

Ein zentraler Punkt zur Erhöhung der **Robustheit** ist die Schaffung redundanter Strukturen. Redundanz lässt sich einerseits durch Übererfüllung, andererseits durch Vielfalt (Diversität) der benötigten Ressourcen erreichen. Fehlt z. B. in einer Wintersportdestination der Schnee, ließe sich mit entsprechender Technik (Beschneiungsanlagen sowie Wasserspeicher) in gewissem Umfang Abhilfe schaffen. Bietet die Destination zudem alternative Angebote (z. B. Wellness, SPAs, Indoor-Sportmöglichkeiten), könnten die Gäste darauf ausweichen. Allerdings steht dieser Ansatz dem ökonomischen Effizienzprinzip entgegen. Die Schaffung vielfältiger Angebote widerspricht ferner dem Umweltschutzgedanken sowie einer sparsamen Flächennutzung.

Auch Diversität in der Nachfragestruktur kann die Robustheit fördern. So haben z. B. in der Schweiz während der Corona-Pandemie manche Hotelbetriebe davon profitiert, dass sie gezielt auch auf einheimische Gäste gesetzt und damit die Abhängigkeit von internationalen Besuchern, die aufgrund von Reiseverkehrsbeschränkungen ausblieben, reduziert haben (vgl. Hartmann 2018, S. 69 f.; Uğur 2018, S. 91; Lukesch et al. 2010, S. 23 f.; Kap. 5.3.3).

Die **Agilität** beschreibt die Fähigkeit, zum einen auf Krisen rasch und flexibel zu reagieren, zum anderen proaktiv Veränderungen im Umfeld (z. B. Gästeverhalten und -wünsche, neue Trends) zu erkennen und angemessen darauf zu antworten. Dabei können digitale Plattformen und Netzwerkstrukturen, deren Ausbau während der Corona-Pandemie stark vorangetrieben wurde, helfen, derartige Veränderungen durch Transparenz, Dialog und Feedback besser wahrzunehmen und umzusetzen. So kann z. B. ein digitales Besucherlenkungskonzept einen Hot-Spot entlasten und ggf. Touristen zu weniger frequentierten Stellen in der Destination lotsen. Mit der digitalen Buchung und Bezahlung von Eintrittskarten ließen sich Warteschlangen vermeiden. Apps von Attraktionen könnten Gästeströme lenken und diese mit Informationen versorgen. Digitale Feedbackmöglichkeiten stellen indes ein geeignetes Instrument zur

Erfassung von Kundenwünschen dar (vgl. Pechlaner/Innerhofer 2018, S. 5; Zacher 2018, S. 55 f.; Schabbing 2018, S. 165 f.; Hartmann 2018, S. 70 ff.).

Die Wucht der **Corona-Krise** (vgl. Kap. 5.3) hat die gering ausgeprägte Krisenresilienz im Tourismus zu Tage gefördert, die noch durch Phänomene wie Overtourism (vgl. Kap. 5.1) und Klimawandel (vgl. Kap. 5.2) verstärkt wird. Dies bietet nun im Sinne des „bounce forward" eine Chance für Neuerungen und Wandel, wobei die Frage im Mittelpunkt steht,

> was für uns als Mensch, Tourist, Gast, Unternehmer und/oder Touristiker von Wert ist bzw. zukünftig von Wert sein sollte. Wollen wir die Welt von gestern wiederhaben? Möglicherweise nicht, denn so zufrieden waren wir ja damit anscheinend nicht, wie insbesondere die jüngere Generation das mit Blick auf den Klimawandel nachdrücklich kundgetan hat. Wollen wir nach Corona – wann auch immer das sein mag – tatsächlich wieder da anfangen, wo wir aufgehört haben? Wollen wir tatsächlich lieber „business as usual" und uns mehr oder weniger ambitioniert und selektiv Problemen wie dem Overtourism, dem Klimawandel, der Flugscham [...] widmen oder wollen wir lieber diese Stunde „Null" nutzen, um direkt über eine umfassende nachhaltige, digitale und zukunftsfähige Agenda im Tourismus zu diskutieren? (Gardini 2020, S. 3).

In diesem Kontext ist es Aufgabe der Tourismuspolitik, im Spannungsfeld konfliktärer Interessen im Tourismus, wie z. B. zwischen Reisenden und Bereisten sowie Urlaubs- und Lebensräumen, zu vermitteln, um auch künftig einen gesellschaftlich akzeptierten nachhaltigen Tourismus zu ermöglichen (vgl. Gardini 2020, S. 4).

Damit dies gelingen kann, reicht es nicht (mehr) aus, dass sich die Tourismuspolitik, z. B. in Form von Tourismusorganisationen, darauf konzentriert, durch unterstützende Maßnahmen touristische Produktentwicklungen oder Marketingaktivitäten zu fördern, um sich durch eine langsame Transformation des touristischen Angebots sich ändernden Nachfragebedingungen (z. B. ältere Zielgruppen, Nachhaltigkeit, Gesundheit, „Zurück zur Natur", neue Mobilitätsformen u. a.) anzupassen (vgl. Zacher 2020). Vielmehr muss es ihre Aufgabe sein, die Resilienzfähigkeit grundsätzlich zu stärken. Eine bedeutende Aufgabe ist dabei die **Allokation von Gütern.** Grundsätzlich ist dabei zunächst zu klären, welche Güter als gesellschaftlich wünschenswert zu erachten sind und welche nicht. Zu unterscheiden sind daher **meritorische** (gute bzw. nützliche) und **demeritorische** (schlechte bzw. schädliche) **Güter.** Die Politik versucht, den Konsum meritorischer Güter (z. B. durch Subventionen, Zertifikate/Siegel, Informationen) zu fördern und den Konsum demeritorischer Güter (z. B. durch Qualitätsstandards, Steuern, Ge- und Verbote) zu beschränken. Beispiele für meritorische Tourismusgüter sind u. a. Fitness, Gesundheit, Erholung, kultureller Konsum, für demeritorische touristische Güter z. B. Prostitution, Glückspiel, Alkohol und Drogen, zu langes Sonnenbaden, riskante (Sport-)Aktivitäten etc., wobei allerdings stets soziokulturelle Unterschiede zu beachten sind (vgl. Kap. 4.3.3; Bochert 2014, S. 73 ff.).

Eine Stärkung der Resilienz findet dann vor dem Hintergrund der spezifischen Arten von Gütern (vgl. Kap. 2.1.2.1) statt. Die Bereitstellung **privater Güter** – entsprechend ihrem Charakter als meritorische oder demeritorische Güter politisch gefördert oder eingeschränkt – obliegt in einer Marktwirtschaft privaten Unternehmen.

Überschreiten das Angebot an privaten Gütern und damit auch die dadurch ausgelöste Nachfrage quantitative Tagfähigkeitsgrenzen[49] (vgl. Kap. 5.1.1) und reduzieren Qualitätsversprechen, könnte die Tourismuspolitik regulierend (z. B. durch Ver- und Gebote, Steuern etc.) eingreifen, bevor die negativen Effekte zu einer Marktreaktion (z. B. Imageschäden, Ausbleiben von Gästen) führen (vgl. Bochert 2014, S. 91 ff.; Althof 2001, S. 80 ff.).

Zu den originären Aufgabenbereichen der Tourismuspolitik gehört allerdings die Bereitstellung **öffentlicher Güter** (vgl. Kap. 2.1.2.1), welche wegen ihrer oft unzureichenden Ausgestaltung eine Schwachstelle bei Krisen darstellen – sei es beim Overtourism der ungezügelte Zugang zum öffentlichen Raum (Attraktionen), in Sachen Klimawandel die Luftverschmutzung durch CO_2-Emissionen aufgrund der Wahl „falscher" Urlaubsformen bzw. Transportmittel oder bei der Corona-Pandemie die Bereitstellung von Sicherheit bzw. Gesundheit. Auch für eher regionale Krisen (z. B. Terrorakte oder Umweltkatastrophen) kann die unzureichende Bereitstellung öffentlicher Güter (z. B. Sicherheitskonzepte oder Wassermangel) ursächlich sein.

Unter den öffentlichen Gütern ist zwischen Club-, Allmende- und Kollektivgütern zu unterscheiden (vgl. Kap. 2.1.2.1): Die Allokation eines **Clubgutes** (z. B. Zugang zu einem Konzert) kann anhand der **Zahlungsbereitschaft** erfolgen (vgl. Bochert 2014, S. 50 f.). Diese markiert den Betrag, den ein Individuum für die Bereitstellung eines Gutes, hier einen Konzertbesuch, zu bezahlen bereit ist. Unter der Annahme, dass es für ein Konzert 1.000 Plätze gibt, ohne dass es zu Nutzungsrivalitäten kommt und die Fixkosten (z. B. 20.000 Euro für Gage, Technik und Aufbau) konstant sind sowie die Grenzkosten null betragen (d. h. es ist ausgabenseitig unerheblich, ob 0 oder 1.000 Personen am Konzert teilnehmen), kann der Anbieter – unter der Annahme, dass die Anzahl an Personen, die dem Konzert beiwohnen wollen, mit steigendem Preis linear fällt – anhand der Zahlungsbereitschaft ermitteln, wie viele Personen tatsächlich Zugang erhalten (sollen).

Abbildung 6.1 veranschaulicht diesen Zusammenhang: Bei einem Preis von 0 Euro würden 1.000 Personen das Konzert besuchen, bei 100 Euro niemand. In beiden Fällen wären die Einnahmen null, der Verlust würde sich wegen der Fixkosten auf 20.000 Euro beziffern. Der optimale Ertrag läge bei einem Preis von 50 Euro und damit 500 Zuschauern (Gewinn: 5.000 Euro = max. Erlös i. H. v. 25.000 Euro abzgl. 20.000 Euro Fixkosten). Durch Yield Management, d. h. eine dynamische, an der Nachfrage ausgerichtete Preisgestaltung, sowie eine Preisstaffelung für besondere Gruppen (z. B. Kin-

---

[49] Erfahrungs- und Richtwerte gehen z. B. bei der Nutzung von Stränden von 17 m² pro Person als Optimum aus, wobei auch knapp 8 m² von Gästen noch als akzeptabel empfunden werden. Bei Strandkörben liegt der Orientierungsrahmen bei 20 m² pro Korb, auf Liegewiesen von Bädern und Seen bei ca. 2 m² pro Gast. Skipisten sollten über 10 m² pro Person bieten, vor allem um Unfälle zu verringern. Feriendörfer rechnen mit rund 100 m² Platzbedarf pro Bett. Bei Grünflächen in Städten werden 100–300 m² veranschlagt, in Wäldern für eine ungestörte Erholung 400 m² pro Person (vgl. Althof 2001, S. 80).

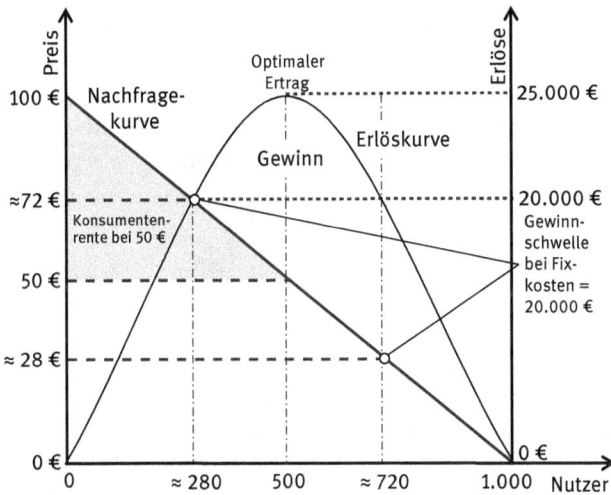

Abb. 6.1: Allokation bei Clubgütern
Quelle: Eigene Darstellung.

der) ließe sich der Ertrag weiter steigern. Hinsichtlich der Allokation der Plätze stellt sich nun die Frage, ob man das Konzert, z. B. im Rahmen einer Kulturwoche, den Gästen kostenlos anbietet oder die ertragsbedingt beste Allokation (500 Personen) oder aber eine andere Anzahl, z. B. kostendeckend möglichst vielen Gäste den Besuch zu ermöglichen (hier 723 Personen zu 27,70 Euro), zu wählen ist.

Die Anwendung der Zahlungsbereitschaft kommt auch für die Allokation eines **Allmendeguts** (z. B. eine öffentlich zugängliche Loipe) in Frage. Die dabei bestehende Nutzungsrivalität führt dazu, dass mit steigenden Gästezahlen der Nutzen pro Gast abnimmt. Somit sinkt der individuelle Nutzen mit der Anzahl der Nutzer, auch wenn der Gesamtnutzen der Einrichtung mit steigender Nutzerzahl bis zu einer bestimmten Tragfähigkeitsgrenze zunimmt. Ist diese erreicht, wird das Gut beschädigt und der Nutzen geht sowohl individuell und als auch insgesamt zurück (vgl. Bochert 2014, S. 63 ff.). Fehlende Ausschließbarkeit führt, wie die Problematik des Overtourism (vgl. Kap. 5.1) deutlich macht, zur Übernutzung touristischer Güter bei gleichzeitig abnehmendem Nutzen der Gäste. Die Lösung des Dilemmas liegt in der Überführung des Allmende- in ein zugangsbeschränktes, also privates Gut. Anhand der Zahlungsbereitschaft lässt sich dann der optimale Preis ermitteln, damit die Übernutzung reduziert wird.

Die Zahlungsbereitschaft zeigt somit anschaulich, wie Übernutzungen gedrosselt und damit Gästeströme kanalisiert werden können, um eine gewünschte Anzahl an Gästen oder Besuchern zu erreichen. Die Anwendung von Yield Management und/ oder saisonale Preisstaffelungen sind ein gängiges Verfahren, um die Resilienz von Destinationen zu erhöhen (vgl. Corradini 2019, S. 240).

Ferner lassen sich anhand der Analyse von Zahlungsbereitschaften auch die Präferenzen für öffentliche Güter und damit die Abschätzung der Verteilungswirkungen ermitteln. Ein Beispiel ist die Nutzung des öffentlichen Raums, welcher von Durchgängigkeit, Anonymität sowie staatlich gewährleisteter öffentlicher Sicherheit geprägt ist. Welchen Betrag ist z. B. ein Wirt für die Ausdehnung seines Gastronomiebetriebs in den öffentlichen Außenbereich bereit zu bezahlen? Kritisch ist bei einem derartigen Konzept allerdings einzuwenden, dass gewisse soziale Gruppen, welche die notwendigen Zahlungen nicht aufbringen können oder wollen, von Vorneherein von einer Nutzung ausgeschlossen sind (vgl. Exkurs 23).

Exkurs 23: Tourismus als Luxusgut?

Liegt die Lösung der Probleme Overtourism, Corona-Pandemie und Klimaschutz letztendlich in der **Preisgestaltung**? Wenn der Zugang zu Attraktionen beschränkt und zahlungspflichtig wird sowie Konsumsteuern (z. B. auf Kerosin) erhöht werden, würden deutlich weniger und nur noch zahlungskräftigere Menschen verreisen. Weniger Touristen bedeuten mehr Platz für die Aktivitäten der restlichen Reisenden, mehr Gesundheitsschutz sowie weniger CO_2-Emissionen. Um gewinnbringend zu wirtschaften, könnten bzw. müssten private Anbieter den verbleibenden zahlungskräftigen Touristen exklusive touristische Leistungen zu einem erhöhten Preis anbieten. Tourismus würde so (wieder) zu einem Luxusgut für Reiche und Eliten.

Also Preis hoch und alles gut? Ganz Abwegig ist dieses Szenario nicht. So taucht im Rahmen der **Klimaschutzdiskussion** immer wieder die Forderung auf, die Besteuerung von Flugbenzin deutlich zu erhöhen, um damit dem Fliegen einen Preis zu geben, der seinen negativen externen Effekten (vgl. Kap. 2.1.2.1) eher entspricht. Da Fliegen in der Tat im Vergleich zu anderen, klimafreundlicheren Verkehrsmitteln recht gering besteuert wird und es so zu einer Marktverzerrung kommt, ist diese Forderung zur Reduzierung von CO_2-Emissionen und Schaffung fairer Marktmechanismen durchaus berechtigt. Ein anderes Beispiel ist ein Skiliftbetreiber, der während der Corona-Pandemie beantragte, seine gesamte Anlage stundenweise nur einer einzelnen Familie zu vermieten. Exklusive Führungen z. B. in Zoos oder Museen unter Ausschluss der allgemeinen Öffentlichkeit sind auch heute schon ein gangbarer Weg. Weltweit sind in vielen Badedestinationen Stände privatisiert und nur einem zahlungskräftigen Publikum zugänglich. Venedig erhebt eine Eintrittsgebühr für Tagestouristen, die allerdings (noch) zu gering ausfällt, um eine steuernde Wirkung zu entfalten. Horrende Parkgebühren (z. B. in New York, Amsterdam, Wien) und/oder City-Mauten (z. B. in London, Stockholm, Oslo) wirken ebenso abschreckend.

Eine staatlich verordnete und von touristischen Betrieben freiwillig getragene oder wirtschaftlich erzwungene Erhöhung der Preise für Reisen und touristische Aktivitäten dürfte sich entweder durch entsprechende Lohnsteigerungen kompensieren lassen oder das Ziel einer „echten" Begrenzung von Touristen erreichen, falls sie hoch genug ausfällt, sodass es sich nur noch wohlhabende Menschen leisten können zu verreisen. Der Ausschluss trifft nicht nur Gering- und Normalverdiener, sondern auch Familien, die aufgrund von Ferienregelungen sowieso schon höhere Preise für ihren Urlaub bezahlen müssen.

Derartig tiefgreifende Schritte lassen sich durch rechtstaatlich-demokratische Entscheidungen nur legitimieren und umsetzen, wenn sie konsensorientiert und unter Wahrung von Grundrechten getroffen werden, die die UNWTO in ihrem Ethikkodex für Tourismus (vgl. Kap. 3.2.1.1) mit dem **Recht auf Tourismus** und touristische Freizügigkeit niedergelegt hat. Derartiges existiert zwar in Deutschland explizit nicht, jedoch garantiert das Grundgesetz eine freie Entfaltung der Persönlichkeit sowie allgemeine Freizügigkeit.

Das Ausschließen weiter Teile der Bevölkerung von einem nach individuellen Präferenzen gestalteten Tourismus dürfte daher nicht im Einklang mit Grundrechten und -freiheiten stehen und nicht nur den Tourismus als Wirtschaftszweig insgesamt mit seinen positiven Effekten wie Regionalentwicklung, Beschäftigung oder Erholungsfunktion in seiner Existenz gefährden, sondern auch die soziale Kohäsion innerhalb der Gesellschaft in Frage stellen.
Das Drehen an der Preisschraube kann damit nicht die Lösung sein. Tragfähiger als eine Angebotsverknappung über Preissteigerungen erscheint eine Ausweitung des Angebots – dies nicht zwangsläufig im quantitativen Sinn, sondern durch einen **Qualitätstourismus** (vgl. Exkurs 3), der auf den Wert und nicht den Preis einer Reise abzielt. Ideen wie das „Albergo Diffuso", welches aus Dörfern ein touristisches Gesamterlebnis formt, oder Slow-Travel-Initiativen zeigen dafür einen gangbaren Weg auf.

Die Bepreisung und/oder Umwandlung in private Güter, die bei Club- und Allmendegütern die Robustheit des Tourismus erhöhen können, sind bei **Kollektivgütern**, die für die touristische Agilität von Bedeutung sind (z. B. Aufbau digitaler Plattformen zur Verbesserung der Konnektivität, gewisse Fort- und Ausbildungsangebote zur Erhöhung der Gesamtqualität einer Destination, Marketinginitiativen, Trendstudien), nicht möglich. Deren Allokation lässt sich anhand der **Spieltheorie** illustrieren (vgl. Bochert 2014, S. 57 ff.). Diese beschreibt das rationale Entscheidungsverhalten in Konfliktsituationen, in denen der Erfolg des Einzelnen nicht nur vom eigenen, sondern auch dem Handeln Anderer abhängt. Im Grundkonzept der Spieltheorie gibt es zwei Akteure (A und B), die in Folge ihrer Entscheidungen nach bestimmten Spielregeln etwas verlieren oder gewinnen. Grundsätzlich können sie dabei kooperieren (zusammenarbeiten) oder nicht-kooperieren (defektieren). Die Ergebnisse der Entscheidungen werden in einer sog. Auszahlungs- oder Schadensmatrix dargestellt (vgl. Abbildung 6.2).

		B: kooperieren	B: defektieren
A	kooperieren	I 3 / 3	II 1 / 4
A	defektieren	III 4 / 1	IV 2 / 2

Abb. 6.2: Spieltheoretische Nutzenmatrix
Quelle: Eigene Darstellung.

Verhalten sich beide Spieler rational und kooperativ, können sie jeweils einen Nutzen von drei Einheiten erzielen. Der Gesamtnutzen beläuft sich auf sechs Einheiten. Verhalten sich beide hingen nicht kooperativ, dann erzielt jeder zwei Nutzeneinheiten (insgesamt vier). Es wäre also vorteilhaft zu kooperieren. Da allerdings ein kooperatives Verhalten vom anderen Spieler ausnutzbar ist, wird das unerwünschte Ergebnis von je zwei (= 4) Nutzeneinheiten eintreten. Dies liegt daran, dass es für Spieler A stets die bessere Strategie ist zu defektieren, wenn er das Verhalten von B berücksichtigt. Verhält sich Spieler B kooperativ und Spieler A nicht-kooperativ, erhält A vier anstatt drei Nutzeneinheiten. Agieren beide Spieler nicht-kooperativ, erhält A zwei anstatt einer Nutzeneinheit. Somit wird er rational logisch ein nicht-kooperatives Verhalten wählen (müssen), was man dann als dominante Strategie bezeichnet.

Anschaulich lässt sich dieser Zusammenhang am Beispiel des Destinationsmarketings erörtern. Investiert z. B. Hotelier A in das Destinationsmarketing, Hotelier B aber nicht, trägt nur A die Kosten und Hotelier B profitiert davon. Somit werden beide zunächst nur ein geringes Interesse haben, das Projekt zu unterstützen. Das Dilemma lässt sich lösen, wenn z. B. die Politik das Marketing durch Gebühren finanziert. Dann kann sich niemand der Abgabe entziehen und beide ziehen daraus Nutzen. Es braucht also eine dritte Instanz, die sicherstellt, dass ein kooperatives Verhalten nicht ausnutzbar ist.

Eine weitere Möglichkeit der Tourismuspolitik zur Verbesserung der Agilität liegt in der Flexibilisierung und Beschleunigung von Planungsvorgaben und Genehmigungsverfahren sowie ggf. Fördermöglichkeiten, die oftmals zu starr und langwierig sind, um adäquat auf Krisen reagieren zu können. Dies scheitert allerdings häufig an Ungelenkheit, Intoleranz sowie Eigeninteressen und Bereichsegoismen der zuständigen Behörden. Erschwerend wirken sich zusätzlich die zwischen einzelnen Akteursgruppen des Tourismus auftretenden Interessenkonflikte aus (vgl. Kap. 2).

Im Regelfall sollten einem touristischen Vorhaben (z. B. Bau und Betrieb eines Hotels oder Skilifts) eine individuelle, betrieblich-ökonomische Idee und Entscheidung zugrunde liegen, die durch ein Geflecht von privaten, geschäftlichen und politischen Kontakten geprägt ist. Im nächsten Schritt folgt die Sondierung der Realisierungsmöglichkeiten, also ob z. B. die Gemeinde und deren Vertreter gewillt sind, das Projekt grundsätzlich zu unterstützen, Fördergelder verfügbar sind, die vorhandene Infrastruktur das Vorhaben trägt, der Flächennutzungs- und Bebauungsplan das Konzept zulassen, es Unterstützung von Verbänden gibt, ökologische und/oder soziale Bedenken bestehen und daher Gegenwind von NGOs zu erwarten ist, genügend Beschäftigte vorhanden sind und wie die Mitbewerber vor Ort auf das Vorhaben reagieren. Erscheint das Projekt immer noch realisierbar, ist das Genehmigungsverfahren zu durchlaufen und bei positivem Ausgang anschließend das Projekt umzusetzen. In der Betriebsphase kann die Politik noch korrigierend auf das Vorhaben einwirken und versuchen, Kompromisse mit dem Betreiber auszuhandeln (vgl. Althof 2001, S. 172 ff.).

Die Vielzahl der an touristischen Projekten beteiligten Akteure ist allerdings groß, der Prozess der politischen Willensbildung komplex. Die Vorstellung, dass der Staat dabei wohlwollende und gerechte Entscheidungen trifft, zeugt häufig von Naivität, denn seine Vertreter, also Politiker/Parteien, Regierung und Verwaltung, sind – wie die Erkenntnisse der **Politischen Ökonomie** zeigen (vgl. Kap. 2.2) – an ihrem eigenen Nutzen, sei es Stimmen- oder Budgetmaximierung, Arbeitsminimierung oder Erhaltung ihrer Arbeitsplätze, interessiert. Es kann daher dazu kommen, dass sinnvolle Ideen und Vorstellungen nicht realisiert werden. So würde die Entlastung touristischer Betriebe von gewissen statistischen Erhebungen korrespondierende Stellen in den Ämtern obsolet machen und deshalb ein entsprechendes Blockadeverhalten der betroffenen Mitarbeiter gegen Entbürokratisierungsmaßnahmen provozieren. Mögen derartige Partikularinteressen schon kleinere Projekte verzögern oder verkomplizieren, können sie komplexere Vorhaben gar völlig zu Fall bringen (vgl. Bochert 2014, S. 133).

Eine Stärkung des Tourismus, der besonders in strukturschwachen Regionen einen ökonomischen Leitsektor und Wohlstandsfaktor darstellt, geht mit gesunden und innovativen Betrieben einher, deren Anliegen die Politik eigentlich offen gegenüberstehen müsste. Der Staat sollte lediglich dabei helfen, die Effizienz zu verbessern, innovative Ideen und Entwicklungen, z. B. durch ein vereinfachtes und beschleunigtes Planungsrecht, fördern anstelle zu behindern sowie öffentliche Güter für den Tourismus (z. B. Infrastruktur, Erholungsräume, freier Zugang zu landschaftlichen Attraktionen) bereitstellen.

Literatur

Abano.it (2020): Die Stadt von Abano Terme (https://www.abano.it/de/). Abgerufen am 19.12.2020.

Abendzeitung (2019): Mallorca greift härter gegen Sauftourismus durch. 12.12.2019, S. 14.

Ackeret, Matthias (2019): Die Sterbehilfe in der Schweiz ist längst außer Kontrolle. In: Swissinfo (https://www.swissinfo.ch/ger/gesellschaft/standpunkt_die-sterbehilfe-in-der-schweiz-ist-laengst-ausser-kontrolle/44599878). Abgerufen am 16.02.2020.

Aderhold, Peter (2011): Community Based Tourism (Gemeindetourismus) als Element einer zukunftsfähigen Tourismusentwicklung: Marktchancen und Risiken (https://www.fairunterwegs.org/news-medien/news/detail/community-based-tourism-gemeindetourismus-als-element-einer-zukunftsfaehigen-tourismusentwicklung/). Abgerufen am 02.10.2019.

AHGZ (Allgemeine Hotellerie- und Gastronomiezeitung) (2018): So können Städte den Overtourism bekämpfen (https://www.ahgz.de/news/studie-so-koennen-staedte-den-overtourism-bekaempfen,200012252559.html). Abgerufen am 15.09.2019.

Ahrens, Gerd-Axel (2018): Verkehrsplanung. In: Akademie für Raumforschung und Landesplanung (Hrsg.), Handwörterbuch der Stadt- und Raumentwicklung, S. 2805–2815, 5. Auflage. Hannover.

von Alemann, Ulrich; Loss, Kay; Vowe, Gerhard (1994): Politik – Eine Einführung. Opladen.

AllgäuHIT (2016): Oberallgäu – Obermaiselstein (https://www.allgaeuhit.de/Oberallgaeu-Obermaiselstein-Deutliche-Mehrheiten-bei-Buergerbegehren-ums-Riedberger-Horn-Balderschwang-und-Obermaiselstein-stimmen-fuer-Skischaukel-article10017670.html). Abgerufen am 04.12.2020.

AlpFoodway (2020a): AlpFoodway at a glance (https://www.alpine-space.eu/projects/alpfoodway/en/alpfoodway-at-a-glance). Abgerufen am 05.12.2020.

AlpFoodway (2020b): Pilot cases based on knowledge transfer (https://www.alpine-space.eu/projects/alpfoodway/en/activities-and-results/goals-and-activities/pilot-actions). Abgerufen am 05.12.2020.

AlpFoodway (2020c): Connecting Food Heritage and Tourism in the Region Pfaffenwinkel (https://www.alpine-space.eu/projects/alpfoodway/en/activities-and-results/goals-and-activities/pilot-actions/muas_pfaffenwinkel). Abgerufen am 05.12.2020.

Alpine Space programme (2020): What is the Alpine Space programme? (https://www.alpine-space.eu/about/the-programme/what-is-the-alpine-space-programme). Abgerufen am 05.12.2020.

Althof, Wolfgang (2001): Incoming-Tourismus, 2. Auflage. München.

Ammer, Ulrich; Pröbstl, Ulrike (1991): Freizeit und Natur. Probleme und Lösungsmöglichkeiten einer ökologisch verträglichen Freizeitnutzung. Hamburg.

APEC (Asia Pacific Economic Cooperation) (2020): Tourism (https://www.apec.org/Groups/SOM-Steering-Committee-on-Economic-and-Technical-Cooperation/Working-Groups/Tourism). Abgerufen am 20.02.2020.

Arlt, Wolfgang (2018): Overtourism als Weckruf für die Tourismusindustrie und die Tourismuswissenschaft. In: Zeitschrift des Bundesverbands für Wohnen und Stadtentwicklung e. V., Nr. 2/2018, S. 63–66.

Auswärtiges Amt (2020): Rückholaktion und weltweite Reisewarnung: FAQ (https://www.auswaertiges-amt.de/de/ReiseUndSicherheit/reisenwarnung-europa/2337860). Abgerufen am 17.04.2020.

Bandi Tanner, Monika; Pfammatter, Adrian; Weber, Romina; Lehmann Friedli, Therese (2018): Förderung der Strategiefähigkeit touristischer Unternehmen durch nationale Tourismuspolitiken. In: Zeitschrift für Tourismuswissenschaft, 10. Jg., Nr. 2, S. 161–183.

https://doi.org/10.1515/9783110663891-007

Barr, Abigail; Dekker, Marleen; Fafchamps, Marcel (2010): The Formation of Community based Organizations in Sub-Sahara-Africa: An Analysis of a quasi-experiment. Leiden.

Bauer, Alfred; Gardini, Marco A.; Skock, André (2020): Overtourism im Spannungsverhältnis zwischen Akzeptanz und Aversion. In: Zeitschrift für Tourismuswissenschaft, 12. Jg., Nr. 1, S. 88–114.

Bauer, Richard (2020): Den Gast der Zukunft verstehen und gewinnen – Gästetrends für touristische Angebote nutzbar machen. In: Bauer, Richard; Neiß, Andreas; Westreicher, Clemens; Zolles, Helmut (Hrsg.), Tourismus nach Covid-19. Gut durch die Krise kommen und neu durchstarten. Perspektiven und Strategien für eine zukunftsstarke Branche, S. 27–53. Wien.

Baumgartner, Christian (2013): Armutsminderung durch Tourismus. In: Aderhold, Peter; Kösterke, Astrid; von Laßberg, Dietlind; Steck, Birgit; Vielhaber, Armin (Hrsg.), Tourismus in Entwicklungs- und Schwellenländer, S. 213–216. Studienkreis für Tourismus und Entwicklung e. V. Seefeld.

Bayerische Staatskanzlei (2019): Rücknahme der Alpenplanänderung (https://www.bayern.de/ruecknahme-der-alpenplanaenderung/). Abgerufen am 04.12.2020.

Bayern Tourismus Marketing GmbH (2019): Urlaub in Bayern (https://www.bayern.by/). Abgerufen am 20.6.2019.

BayMBl (Bayerisches Ministerialblatt) (2020): Corona-Pandemie: Hygienekonzept Beherbergung. Gemeinsame Bekanntmachung der Bayerischen Staatsministerien für Gesundheit und Pflege und für Wirtschaft, Landesentwicklung und Energie vom 22. Mai 2020. München.

Becker, Christoph (2007): Tourismuspolitik und Tourismusförderung. In: Becker, Christoph; Hopfinger, Hans; Steinecke, Albrecht (Hrsg.), Geographie der Freizeit und des Tourismus, S. 381–394, 3. Auflage. München.

Becker, Christoph (2009): Sicherheit als Zukunftstrend im Tourismus – ein TA-Projekt. In: Zeitschrift für Tourismuswissenschaft, 1. Jg., Nr. 1, S. 93 f.

Behrends, Sylke (2001): Neue Politische Ökonomie. München.

Belz, Christian; Bieger, Thomas (2006): Customer-Value. Kundenvorteile schaffen Unternehmensvorteile, 2. Auflage. Landsberg am Lech.

Berg, Waldemar (2008): Gesundheitstourismus und Wellnesstourismus. München.

Berg, Waldemar (2014): Grundlagen des Tourismus. Lehrbuch in 5 Modulen, 2. Auflage. München.

Beyer, Matthias (2003): Partizipation als Herausforderung für Tourismusprojekte in der Entwicklungszusammenarbeit. Handlungsempfehlungen für eine partizipative Projektarbeit (= Schriftenreihe für Tourismus und Entwicklung). Ammerland.

Bieger, Thomas (2010): Tourismuslehre – Ein Grundriss, 3. Auflage. Bern.

Bischof, Michael; Schmude, Jürgen; Bauer, Manuela (2017): Tourismus und Klimawandel – Eine nachfrageseitige Analyse zu Wahrnehmung und Reaktion am Beispiel der Alpen. In: Zeitschrift für Tourismuswissenschaft, 9 Jg., Nr. 2, S. 221–247.

Bloomberg (2020): Dubai Inc. Debt Distress Emerges as a Risk for Corporate Sector (https://www.bloomberg.com/news/articles/2020-05-31/bofa-warns-on-dubai-inc-debt-distress-if-downturn-sustained). Abgerufen am 19.12.2020.

BMFSFJ (Bundesministerium für Familie, Senioren, Frauen und Jugend) (2019): Familienferienstätten: Urlaub für alle Familien. Hintergrundmeldung vom 05.07.2019 (https://www.bmfsfj.de/bmfsfj/themen/familie/familienleistungen/familienurlaub-in-familienferienstaetten/familienferienstaetten--urlaub-fuer-alle-familien/73840?view=DEFAULT). Abgerufen am 26.10.2019.

BMI (Bundesministerium des Innern, für Bau und Heimat) (2019): Einreise und Aufenthalt von EU-Bürgern (EU-Freizügigkeit) (https://www.bmi.bund.de/DE/themen/migration/aufenthaltsrecht/freizuegigkeit-eu-buerger/freizuegigkeit-eu-buerger-node.html). Abgerufen am 11.08.2019.

BMK (Österreichisches Bundesministerium für Klimaschutz, Umwelt, Energie, Mobilität, Innovation und Technologie (2020): Anwendungen und Ziele. Umweltverträglichkeitsprüfung (UVP) (https://www.bmk.gv.at/themen/klima_umwelt/betrieblich_umweltschutz/uvp/uvp.html). Abgerufen am 22.12.2020.

BMU (Bundesministerium für Umwelt, Naturschutz und nukleare Sicherheit) (2020): Flächenverbrauch – worum geht es? (https://www.bmu.de/themen/nachhaltigkeit-internationales/nachhaltige-entwicklung/strategie-und-umsetzung/reduzierung-des-flaechenverbrauchs/). Abgerufen am 30.5.2020.

BMWFJ (Bundesministerium für Wirtschaft, Familie und Jugend) (2012): Die Bedeutung von Qualität im österreichischen Tourismus. Eine integrativ-orientierte Analyse und Zusammenführung (https://www.wko.at/branchen/tourismus-freizeitwirtschaft/hotellerie/Bedeutung_Qualitaetstourismus_in_A_(1).pdf). Abgerufen am 19.12.2020.

BMWi (Bundesministerium für Wirtschaft und Energie) (2013): Tourismuspolitischer Bericht der Bundesregierung. 17. Legislaturperiode. Berlin.

BMWi (Bundesministerium für Wirtschaft und Energie) (2016): Aktionsprogramm Zukunft Mittelstand. Berlin.

BMWi (Bundesministerium für Wirtschaft und Energie) (2017a): Tourismuspolitischer Bericht der Bundesregierung. 18. Legislaturperiode. Berlin.

BMWi (Bundesministerium für Wirtschaft und Energie) (2017b): Wirtschaftsfaktor Tourismus in Deutschland. Kennzahlen einer umsatzstarken Querschnittsbranche. Ergebnisbericht. Berlin.

BMWi (Bundesministerium für Wirtschaft und Energie) (2018): Koordinierungsrahmen der Gemeinschaftsaufgabe Verbesserung der regionalen Wirtschaftsstruktur (https://www.bmwi.de/Redaktion/DE/Downloads/J-L/koordinierungsrahmen-gemeinschaftsaufgabe-verbesserung-regionale-wirtschaftsstruktur-ab-25082017.html). Abgerufen am 02.01.2020.

BMWi (Bundesministerium für Wirtschaft und Energie) (2019a): UNWTO (https://www.bmwi.de/Redaktion/DE/Artikel/Tourismus/unwto.html). Abgerufen am 02.05.2019.

BMWi (Bundesministerium für Wirtschaft und Energie) (2019b): Europäische Tourismuspolitik (https://www.bmwi.de/Redaktion/DE/Artikel/Tourismus/europaeische-tourismuspolitik.html). Abgerufen am 08.05.2019.

BMWi (Bundesministerium für Wirtschaft und Energie) (2019c): Organisationsplan (https://www.bmwi.de/Redaktion/DE/Downloads/M-O/organisationsplan-bmwi.pdf?__blob=publicationFile&v=183). Abgerufen am 20.6.2019.

BMWi (Bundesministerium für Wirtschaft und Energie) (2019d): Eckpunkte der Bundesregierung – Orientierungsrahmen für eine nationale Tourismusstrategie (https://www.bmwi.de/Redaktion/DE/Downloads/E/eckpunkte-tourismusstrategie.pdf?__blob=publicationFile&v=6). Abgerufen am 20.6.2019.

BMWi (Bundesministerium für Wirtschaft und Energie) (2019e): Barrierefreiheit (https://www.bmwi.de/Redaktion/DE/Artikel/Tourismus/tourismuspolitik-schwerpunkte-barrierefreiheit.html). Abgerufen am 26.10.2019.

BMWi (Bundesministerium für Wirtschaft und Energie) (2019f): Wirtschaft in den Regionen stärken (https://www.bmwi.de/Redaktion/DE/Dossier/regionalpolitik.html). Abgerufen am 02.01.2020.

BMWi (Bundesministerium für Wirtschaft und Energie) (2019g): Fachkräfte für Deutschland (https://www.bmwi.de/Redaktion/DE/Dossier/fachkraeftesicherung.html). Abgerufen am 10.01.2020.

BMWi (Bundesministerium für Wirtschaft und Energie) (2020): „Digital Jetzt" – Neue Förderung für die Digitalisierung des Mittelstands (https://www.bmwi.de/Redaktion/DE/Dossier/digital-jetzt.html). Abgerufen am 18.11.2020.

BMZ (Bundesministerium für wirtschaftliche Zusammenarbeit und Entwicklung) (2018): Tourismus in der Entwicklungszusammenarbeit (https://www.bmz.de/de/zentrales_downloadarchiv/ Service/ITB/bmz_fly_itb_105x210_05_web.pdf). Abgerufen am 20.08.2019.

BMZ (Bundesministerium für wirtschaftliche Zusammenarbeit und Entwicklung) (2019a): Tourismus – eine Chance für nachhaltige Entwicklung (https://www.bmz.de/de/themen/nachhaltige_ wirtschaftsentwicklung/tourismus/index.html). Abgerufen am 18.08.2019.

BMZ (Bundesministerium für wirtschaftliche Zusammenarbeit und Entwicklung) (2019b): Tourismusprojekte der Entwicklungszusammenarbeit (http://www.bmz.de/webapps/tourismus/content/ de/downloads/2019_GIZ_Projektliste_de.pdf). Abgerufen am 20.08.2019.

BN (Bund Naturschutz in Bayern e. V.) (2020): Riedberger Horn: Achterbahnfahrt um Alpenplan (https://www.bund-naturschutz.de/alpen/riedberger-horn). Abgerufen am 04.12.2020.

Bochert, Ralf (2010): Politik der Destination. Ordnungspolitik im Incomingtourismus. Berlin.

Bochert, Ralf (2014): Tourismuspolitik, 2. Auflage. Berlin.

Bogdanovic, Dijana (2020): Corona: Tourismus im Wandel (https://globalinvestor.de/artikel/corona-tourismus-im-wandel). Abgerufen am 28.12.2020.

Böhret, Carl; Jann, Werner; Kronewett, Eva (1988): Innenpolitik und politische Theorie: Ein Studienbuch. Opladen.

Boven, Christine (2018): Tourismus und Terrorismus und die Rolle von Risikowahrnehmung: Forschungsansätze. In: Hahn, Silke; Neuss, Zeljka (Hrsg.), Krisenkommunikation in Tourismusorganisationen: Grundlagen, Praxis, Perspektiven, S. 19–34. Wiesbaden.

BpB (Bundeszentrale für politische Bildung (2017): Reisefreiheit (https://www.bpb.de/ nachschlagen/zahlen-und-fakten/globalisierung/52792/reisefreiheit). Abgerufen am 11.08.2019.

BpB (Bundeszentrale für politische Bildung (2019): Reisefreiheit/Freizügigkeit (https://www.bpb. de/nachschlagen/lexika/das-junge-politik-lexikon/165495/reisefreiheit-freizuegigkeit). Abgerufen am 11.08.2019.

BR (Bayerischer Rundfunk) (2020): Bergbahnbetreiber sperren Skitourengehern Parkplätze (https://www.br.de/nachrichten/bayern/bergbahnbetreiber-sperren-wegen-skitourengehern-parkplaetze,Slm93YF). Abgerufen am 17.12.2020.

Breidenbach, Raphael (2002): Freizeitwirtschaft und Tourismus. Wiesbaden.

Brenner, Ludger (2007): Strukturen und Probleme des Tourismus in Mexiko. In: Becker, Christoph; Hopfinger, Hans; Steinecke, Albrecht (Hrsg.), Geographie der Freizeit und des Tourismus, S. 691–702, 3. Auflage. München.

Brenner, Ludger; Aguilar, Adrián Guillermo (2002): Luxury Tourism and Regional Economic Development in Mexico. In: The Professional Geographer, Vol. 54, No. 4, S. 500–520.

Brenner, Maximilian (2020): Overcoming Overtourism in Europe: Towards an institutional-behavioral research agenda. In: Zeitschrift für Wirtschaftsgeografie, 64. Jg., Nr. 2, S. 74–87.

Brittner-Widmann, Anja; Widmann, Torsten (2017): Freizeit als raumprägender Faktor. Begriffsabgrenzungen, Entwicklungen, Auswirkungen und Herausforderungen. In: Praxis Geographie, 47. Jg., Nr. 2, S. 4–10.

Brown, Desmond (2000): Tourism and Foreign Investment in Afrika. In: Dieke, Peter (Hrsg.), The Political Economy of Tourism Development in Africa, S. 274–284. Elmsford.

Brun, Wibecke; Wolff, Katharina; Larsen, Svein (2011): Tourist Worries after Terrorist Attacks: Report form a field Experiment. In: Scandinavian Journal of Hospitality and Tourism, Vol. 11, No. 3, S. 387–394.

BTW (Bundesverband der Deutschen Tourismuswirtschaft) (2012): Kernforderungen der Tourismuswirtschaft (http://www.btw.de/cms/upload/Presse_und_Publikationen/Flyer_und_ Broschueren/BTW-Flyer_Kernforderungen_2012.pdf). Abgerufen am 20.06.2019.

BTW (Bundesverband der Deutschen Tourismuswirtschaft) (2020): 1,2 Millionen Arbeitsplätze in der Tourismuswirtschaft sind akut gefährdet. Schnelle und unbürokratische Beihilfen notwendig (http://www.btw.de/presse-publikationen/pressemitteilungen/1004-12-
millionen-arbeitsplaetze-in-der-tourismuswirtschaft-sind-akut-gefaehrdet-schnelle-und-
unbuerokratische-beihilfen-notwendig.html). Abgerufen am 26.07.2020.

BTW (Bundesverband der Deutschen Tourismuswirtschaft)/ Afrika-Verein der Deutschen Wirtschaft (2019): Entwicklungsfaktor Tourismus (https://www.btw.de/cms/upload/Presse_und_
Publikationen/Pressemeldungen/Grundlagenpapier.pdf). Abgerufen am 18.08.2019.

Bundesrat (2018): Internationaler Vergleich der Tourismuspolitik und -förderung. Bern.

Bundesregierung (2019): Nationale Tourismusstrategie auf dem Weg (https://www.
bundesregierung.de/breg-de/aktuelles/nationale-tourismusstrategie-auf-dem-weg-1603864).
Abgerufen am 20.06.2019.

Burmeister, Hans-Peter (1998): Auf dem Weg zu einer Theorie des Tourismus. Loccum.

Insider, Business (2020): Merkel für Schließung aller Skigebiete bis in den Januar. In den Alpen
stehen Milliarden Euro auf dem Spiel (https://www.businessinsider.de/politik/deutschland/
merkels-wintersport-lockdown-studie-warnt-vor-milliarden-verlusten-c/). Abgerufen am
09.12.2020.

Cassens, Manfred (2013): Gesundheitstourismus und touristische Destinationsentwicklung. München.

Chilla, Tobias; Kühne, Olaf; Neufeld, Markus (2016): Regionalentwicklung. Stuttgart.

Codoni, Davide; Koch; Karl (2010): Lageanalyse des Schweizer Tourismus. In: Die Volkswirtschaft.
Plattform für Wirtschaftspolitik, 01.09.2010.

Commision of the European Communities (1995): The Role of the Union in the Field of Tourism. Commission Green Paper. Brüssel.

Copenhagen Institute for Futures Studies (2020): Danish Consumers – Travelling from Corona to the
Future. Trends and scenarios for the future of the tourism sector. Kopenhagen.

Corradini, Philipp (2019): Resilienz im Tourismus. Ein destinationsspezifischer Ausblick. In: Pechlaner, Harald (Hrsg.), Destination und Lebensraum. Perspektiven touristischer Entwicklung,
S. 235–256. Wiesbaden.

Coy, Martin (2005): Geographische Entwicklungsländerforschung. In: Schenk, Winfried; Schliephake, Konrad (Hrsg.), Allgemeine Anthropogeographie, S. 727–765. Gotha.

CTO (Caribbean Tourism Organization) (2020): Objectives (https://www.onecaribbean.org/about-
cto/). Abgerufen am 20.02.2020.

Danielzyk, Rainer; Münter, Angelika (2018): Raumplanung. In: Akademie für Raumforschung und
Landesplanung (Hrsg.), Handwörterbuch der Stadt- und Raumentwicklung, S. 1931–1942,
5. Auflage. Hannover.

DAV (Sektion München des Deutschen Alpenvereins e. V.) (2020): Brennpunkt Riedberger Horn: Das
Ringen um den Alpenplan (https://www.alpenverein-muenchen-oberland.de/riedberger_horn).
Abgerufen am 04.12.2020.

DEHOGA (Deutscher Hotellerie- und Gaststättenverband) (2016): Nachhaltiges Wirtschaften in Hotellerie und Gastronomie. Tipps und Handlungsanweisungen (https://www.dehoga-bundesver-
band.de/fileadmin/Startseite/05_Themen/Energie/DEHOGA_Umweltbroschu__re_Oktober_
2016.pdf). Abgerufen am 19.12.2020.

DEHOGA (Deutscher Hotellerie- und Gaststättenverband) (2020): Über uns (https://www.dehoga-
bundesverband.de/ueber-uns/). Abgerufen am 19.12.2020.

DEHOGA (Deutscher Hotellerie- und Gaststättenverband) Bayern (2019): Bürokratieabbau (https://
www.dehoga-bayern.de/aktuelles/positionen/buerokratieabbau/). Abgerufen am 17.11.2020.

Destatis (Statistisches Bundesamt) (2020): 7,9 Mio. schwerbehinderte Menschen leben in Deutschland. Pressemitteilung Nr. 230 vom 24.6.2020 (https://www.destatis.de/DE/Presse/Pressemitteilungen/2020/06/PD20_230_227.html). Abgerufen am 14.12.2020.

Destatis (Statistisches Bundesamt) (2021): Mobilitätsindikatoren auf Basis von Mobilfunkdaten (https://www.destatis.de/DE/Service/EXDAT/Datensaetze/mobilitaetsindikatoren-mobilfunkdaten.html). Abgerufen am 07.02.2021.

Deutscher Bundestag (2018): Sachstand Tourismuspolitik in Deutschland. Berlin.

Deutscher Bundestag (2019): Ausschuss für Tourismus (https://www.bundestag.de/tourismus). Abgerufen am 13.08.2019.

Deutsches Ärzteblatt (2013): Patienten weltweit „auf Achse". In: Deutsches Ärzteblatt, 110. Jg., Nr. 35/36, S. 16–18.

DGT (Deutsche Gesellschaft für Tourismuswissenschaft) (2020): Über uns (https://www.dgt.de/dgt/ueber-uns/). Abgerufen am 19.12.2020.

DHV (Deutscher Heilbäderverband) (2019a): Über uns (https://www.deutscher-heilbaederverband.de/der-verband/ueber-uns/). Abgerufen am 20.06.2019.

DHV (Deutscher Heilbäderverband) (2019b): Jahresbericht 2019. Berlin.

Diekmann, Andreas (2020): Entstehung und Befolgung neuer sozialer Normen. In: Zeitschrift für Soziologie, 49. Jg., Nr. 4, S. 236–248.

Dietl, Moritz (2020): Jetzt für die Zeit nach der Krise aufstellen. In: Tophotel, Nr. 4/2020, S. 10 f.

DIHK (Deutscher Industrie- und Handelskammertag) (2020): Coronakrise im Reise- und Gastgewerbe. Berlin.

Diller, Christian (2018): Raumordnung. In: Akademie für Raumforschung und Landesplanung (Hrsg.), Handwörterbuch der Stadt- und Raumentwicklung, S. 1889–1906, 5. Auflage. Hannover.

Dodds, Rachel; Butler, Richard (2019): The enablers of overtourism. In: Dodds, Rachel; Butler, Richard (Hrsg.) (Hrsg.), Overtourism – Issues, Realities and Solutions, S. 6–21. Berlin/Boston.

Dreyer, Axel; Dreyer, Daniela; Obieglo, Diana (2001): Krisenmanagement im Tourismus: Grundlagen, Vorbeugung und kommunikative Bewältigung. München.

Dreyer, Axel; Rütt, Klaus (2008): Im Zeichen des Tsunami – Touristisches Ereignis- und Krisenmanagement bei der TUI. In: Roselieb, Frank; Dreher, Marion (Hrsg.), Krisenmanagement in der Praxis. Von erfolgreichen Krisenmanagern lernen, S. 57–82. Berlin.

DRV (Deutscher Reiseverband) (2011): Europa: EU-Strategie für den Tourismus (https://www.drv.de/pressecenter/aktuelles/detail/europa-eu-strategie-fuer-den-tourismus.html). Abgerufen am 08.05.2019.

DRV (Deutscher Reiseverband) (2019): Über uns (https://www.drv.de/ueber-uns.html). Abgerufen am 20.06.2019.

DTV (Deutscher Tourismusverband) (2016): Tourismus nachhaltig und fair finanzieren: die Tourismusabgabe. Berlin.

DTV (Deutscher Tourismusverband) (2019): Struktur und Aufgaben (https://www.deutschertourismusverband.de/verband/aufgabenstrukturen.html). Abgerufen am 20.06.2019.

DTV (Deutscher Tourismusverband) (2020): Zahlen-Daten-Fakten – Das Tourismusjahr 2019 im Rückblick. Bonn.

DTV (Deutscher Tourismusverband)/DHV (Deutscher Heilbäderverband) (2005): Begriffsbestimmungen – Qualitätsstandards für die Prädikatisierung von Kurorten, Erholungsorten und Heilbrunnen. Gütersloh.

DW (Deutsche Welle) (2011): Kosmische Strahlung bestimmt das Klima (https://www.dw.com/de/kosmische-strahlung-bestimmt-das-klima/a-15561632#:~:text=F%C3%BCr%20sie%20ist%20vor%20allem,das%20Klima%20auf%20der%20Erde). Abgerufen am 05.02.2021.

DWD (Deutscher Wetterdienst) (2020a): Spurengase (https://www.dwd.de/DE/forschung/ atmosphaerenbeob/zusammensetzung_atmosphaere/spurengase/spurengase_node.html). Abgerufen am 19.12.2020.

DWD (Deutscher Wetterdienst) (2020b): Klimaelemente (https://www.dwd.de/DE/service/lexikon/ Functions/glossar.html;jsessionid=76F100BD1EBAE3A239E927D51F0F88C7.live31092?lv2= 101334&lv3=101420). Abgerufen am 22.12.2020.

DWD (Deutscher Wetterdienst) (2020c): Klimafaktoren (https://www.dwd.de/DE/service/lexikon/ Functions/glossar.html?lv2=101334&lv3=101422). Abgerufen am 22.12.2020.

dwif (Deutsches wissenschaftliches Institut für Fremdenverkehr e. V.) (2019): Klimawandel als Risiko und Chance: Müssen Mittelgebirge & Alpen umsteuern? (https://www.dwif.de/news/item/ tourismus-klimawandel-fachworkshop.html). Abgerufen am 19.12.2020.

dwif (Deutsches wissenschaftliches Institut für Fremdenverkehr e. V.) (2020): dwif-Kurzbefragungen lokaler/regionaler Tourismusorganisationen & der Freizeitwirtschaft (https://www.dwif.de/ news/item/corona-befragung-tourismus.html). Abgerufen am 19.12.2020.

dwif (Deutsches wissenschaftliches Institut für Fremdenverkehr e. V.) (2021): Corona-Kompass. Schlüsselkennziffern für den Tourismus. Update Februar 2021 (https://www.dwif.de/news-events/corona-kompass.html). Abgerufen am 10.03.2021.

Eid, Michael; Vangerow-Kühn, Thomas (2018): The DISC Initiative. Zum Potenzial von Community Based Organizations für die Entwicklungszusammenarbeit. In: Praxis Geographie, 48. Jg., Nr. 3, S. 18–19.

Eisenkopf, Alexander (2018): Verkehrspolitik. In: Akademie für Raumforschung und Landesplanung (Hrsg.), Handwörterbuch der Stadt- und Raumentwicklung, S. 2817–2827, 5. Auflage. Hannover.

Eisenstein, Bernd (2017a): Der Ast, auf dem man sitzt …. In: Eisenstein, Bernd; Schmudde, Rebekka; Reif, Julian; Eilzer, Christian (Hrsg.), Tourismusatlas Deutschland, S. 102 f. Konstanz/München.

Eisenstein, Bernd (2017b): Klimawandel und Tourismus. Tourismus: Opfer und Täter?! In: Eisenstein; Bernd; Schmudde; Rebekka; Reif, Julian; Eilzer, Christian (Hrsg.), Tourismusatlas Deutschland, S. 120 f. Konstanz/München.

EITW (Europäisches Institut für Tagungswirtschaft an der Hochschule Harz) (2020): Auswirkungen des Corona-Virus auf den deutschen Veranstaltungsmarkt: Phase 2. Wernigerode.

Endreß, Christian; Petersen, Nils (2012): Die Dimensionen des Sicherheitsbegriffs (https://www. bpb.de/politik/innenpolitik/innere-sicherheit/76634/dimensionen-des-sicherheitsbegriffs). Abgerufen am 15.05.2020.

Engelbauer, Manuel; Job, Hubert (2018): Tourismus in Kenia. Naturräumliche Gunstfaktoren versus politische Abhängigkeiten. In: Praxis Geographie, 48. Jg., Nr. 3, S. 42–44.

Engels, Barbara (2008): Räumliche Ansprüche des Sektors „Freizeit und Tourismus" an Natur und Landschaft. In: Technologiefolgeabschätzung – Theorie und Praxis, 17. Jg., Nr. 2, S. 52–59.

Engl, Christoph (2017): Destination Branding. Von der Geografie zur Bedeutung. Konstanz/München.

ETC (European Travel Commission) (2019a): Our members (https://etc-corporate.org/our-members/). Abgerufen am 20.06.2019.

ETC (European Travel Commission) (2019b): What we do (https://etc-corporate.org/what-we-do/). Abgerufen am 23.05.2019.

Europäische Gemeinschaft (1984): Entschließung des Rates vom 10. April 1984 zu einer Fremdenverkehrspolitik der Gemeinschaft. Brüssel.

Europäische Kommission (2010): Mitteilung der Europäischen Kommission vom 30.06.2010: Europa – wichtigstes Reiseziel der Welt: Ein neuer politischer Rahmen für den europäischen Tourismus. Brüssel.

Europäische Kommission (2016): EU-Förderung für den Tourismussektor 2014–2020. Brüssel.

Europäisches Parlament (2018): Tourismus (http://www.europarl.europa.eu/factsheets/de/sheet/ 126/tourismus). Abgerufen am 07.05.2019.

Fassmann, Heinz (2001): Regionalismus, Föderalismus, Supranationalismus. Begriffe und Konzepte. In: Forum Politische Bildung (Hrsg.), Regionalismus, Föderalismus, Supranationalismus, S. 5–10. Innsbruck/Wien.

FAW (Frankfurter Allgemeine Woche) (2020): Ab in den Urlaub. Nr. 25, 12.06.2020.

FAZ (Frankfurter Allgemeine Zeitung) (2019a): Touristen überfordern Amsterdam. 20.08.2019, S. 20.

FAZ (Frankfurter Allgemeine Zeitung) (2019b): Seit 1993 nicht mehr angepasst (https://www.faz. net/aktuell/wirtschaft/geld-fuer-thomas-cook-kunden-seit-1993-nicht-mehr-angepasst-16448673.html). Abgerufen am 18.11.2019.

FAZ (Frankfurter Allgemeine Zeitung) (2019c): Ferienflieger Condor bekommt Staatshilfe. 25.09.2019, S. 15.

FAZ (Frankfurter Allgemeine Zeitung) (2020a): Condor fliegt mit neuer Staatshilfe weiter. 28.04.2020, S. 15.

FAZ (Frankfurter Allgemeine Zeitung) (2020b): Bis zu 11 Milliarden Euro weniger Umsätze für Hotels und Reisebüros (https://www.faz.net/aktuell/wirtschaft/corona-60-prozent-aller-tourismus-unternehmen-vor-insolvenz-16753477.html). Abgerufen am 11.05.2020.

FAZ (Frankfurter Allgemeine Zeitung) (2020c): Milliardenhilfen für die Lufthansa. 25.04.2020, S. 28.

FAZ (Frankfurter Allgemeine Zeitung) (2020d): Der Filz von Ischgl (https://www.faz.net/aktuell/ politik/ausland/tirol-will-aufklaerung-in-corona-krise-der-filz-von-ischgl-16694930.html). Abgerufen am 13.05.2020.

FAZ (Frankfurter Allgemeine Zeitung) (2020e): Warum die Après-Ski-Party in Ischgl viel zu lang ging (https://www.faz.net/aktuell/gesellschaft/gesundheit/coronavirus/corona-hotspot-ischgl-ansteckung-im-skigebiet-16683500.html). Abgerufen am 13.05.2020.

FAZ (Frankfurter Allgemeine Zeitung) (2020f): Jedes fünfte Unternehmen plant Stellenabbau. 12.05.2020, S. 17.

FAZ (Frankfurter Allgemeine Zeitung) (2020g): Wer vom Tourismus abhängig ist. 03.06.2020, S. 17.

FAZ (Frankfurter Allgemeine Zeitung) (2020h): Schweiz buhlt um Deutsche. 06.06.2020, S. 20.

FAZ (Frankfurter Allgemeine Zeitung) (2020i): Spanien-Urlauber müssen in Großbritannien in Quarantäne (https://www.faz.net/aktuell/gesellschaft/gesundheit/coronavirus/grossbritannien-spanien-urlauber-muessen-in-quarantaene-16876706.html). Abgerufen am 28.07.2020.

FAZ (Frankfurter Allgemeine Zeitung) (2020j): Zerreißprobe für internationale Lieferketten. 13.08.2020, S. 17.

FAZ (Frankfurter Allgemeine Zeitung) (2020k): Alles, nur keine Quarantäne (https://www.faz. net/aktuell/gesellschaft/gesundheit/coronavirus/britische-touristen-alles-nur-keine-quarantaene-16907539.html). Abgerufen am 17.08.2020.

FAZ (Frankfurter Allgemeine Zeitung) (2020l): Eine Hiobsbotschaft für Mallorca. 17.08.2020, S. 2.

FAZ (Frankfurter Allgemeine Zeitung) (2020m): Gemütlichkeit statt Exzess. 16.09.2020, S. 18.

FAZ (Frankfurter Allgemeine Zeitung) (2020n): Gipfelallianz spaltet Tirol. 20.11.2019, S. 22.

FAZ (Frankfurter Allgemeine Zeitung) (2020o): Das große Sterben der Hotels. 20.09.2020, S. 22.

FAZ (Frankfurter Allgemeine Zeitung) (2020p): Alles hängt am nächsten Sommer. 11.12.2020, S. 22.

FAZ (Frankfurter Allgemeine Zeitung) (2020q): Das Wintermärchen für Skiläufer fällt aus (https: //www.faz.net/aktuell/wirtschaft/kein-wintermaerchen-fuer-skilaeufer-17109754.html). Abgerufen am 19.12.2020.

FAZ (Frankfurter Allgemeine Zeitung) (2021a): Ungewissheiten im Gepäck. 18.01.2021, S. 22.

FAZ (Frankfurter Allgemeine Zeitung) (2021b): Wie Touristen die Corona-Regeln in Österreich umgehen (https://www.faz.net/aktuell/politik/ausland/wie-touristen-die-corona-regeln-in-oesterreich-umgehen-17167846.html). Abgerufen am 30.01.2021.

FAZ (Frankfurter Allgemeine Zeitung) (2021c): Bis zu 34 Tage weniger Schnee. 20.03.2021, S. 9.

Findeisen, Genia (2016): Tourismusentwicklung in Indochina: Vietnam/Laos/Kambodscha. In: Geographische Rundschau, 68. Jg., Nr. 2, S. 32–38.

Fitreisen (2020): Abano Terme (https://www.fitreisen.de/footer/abano-terme/). Abgerufen am 19.12.2020.

Focus (2017): Florenz will Urlauber mit Wasser vergraulen (http://www.focus.de/reisen/italien/touristen-massen-in-italien-florenz-will-urlauber-mit-wasser-vergraulen_id_7205624.html). Abgerufen am 02.06.2017.

Focus (2018): Deutsche Kliniken umwerben Patienten im Ausland – die Risiken tragen Sie (https://www.focus.de/gesundheit/arzt-klinik/klinik/medizintourismus-krankenhaeuser-werben-im-ausland-illegal-fuer-patienten-zum-leidwesen-der-deutschen_id_9234147.html). Abgerufen am 14.11.2019.

Focus (2019): Selbst kleine Städte versinken in Touristen-Massen. So soll der Kollaps verhindert werden (https://www.focus.de/reisen/europa/kampf-dem-bus-kollaps-wie-beliebte-urlaubsziele-unter-den-touristen-massen-leiden_id_10799297.html). Abgerufen am 14.09.2019.

FONA (Forschung für Nachhaltigkeit (2019): BioTip – Die Grenzen der Widerstandskraft von Ökosystemen erforschen (https://www.fona.de/de/massnahmen/foerdermassnahmen/biotip.php). Abgerufen am 04.12.2020.

Fontanari, Martin; Kredinger, Dirk (2017): Risiko- und Resilienzbewusstsein. Empirische Analysen und erste konzeptionelle Ansätze zur Steigerung der Resilienzfähigkeit von Regionen, ISM Working Paper Nr. 9. Dortmund und Münster.

Formayer, Herbert; Kromp-Kolb, Helga (2009): Klimawandel und Tourismus in Oberösterreich (https://meteo.boku.ac.at/report/BOKU-Met_Report_18_online.pdf). Abgerufen am 19.12.2020.

Freundeskreis Riedberger Horn (2020): Die unabhängige Bürgerbewegung aus der Region (https://www.freundeskreis-riedberger-horn.de/). Abgerufen am 04.12.2020.

Frey, Bruno S.; Kirchgässner, Gebhard (2002): Demokratische Wirtschaftspolitik, 3. Auflage. München.

Freyer, Walter (2015): Tourismus. Einführung in die Fremdenverkehrsökonomie, 11. Auflage. München.

Freyer, Walter; Müller, Uta (2014): Tourismuspolitik im Spannungsfeld zwischen Legitimierung und Implementierung. In: Conrady, Roland; Ruetz, David (Hrsg.), Tourismus und Politik. Schnittstellen und Synergiepotentiale (= Schriften zu Tourismus und Politik, Nr. 16), S. 11–26. Berlin.

Friedl, Harald (2018): „Touristen raus aus unseren Städten!". Der „neue" Widerstand gegen Overtourism: Ursachen, Zusammenhänge, Perspektiven. In: Zeitschrift des Bundesverbands für Wohnen und Stadtentwicklung e. V., Nr. 2/2018, S. 67–70.

Fritsch, Michael; Wein, Thomas; Ewers, Hans-Jürgen (2005): Marktversagen und Wirtschaftspolitik, 6. Auflage. München.

Fürst, Dietrich; Scholles, Frank (2001): Planungstheorie. In: Fürst, Dietrich; Scholles, Frank (Hrsg.), Handbuch Theorien und Methoden der Raum- und Umweltplanung, S. 9–15. Dortmund.

F. U. R. (Forschungsgemeinschaft Urlaub und Reisen) (2020): Erste Ergebnisse der 50. Reiseanalyse zur ITB 2020. Kiel.

F. U. R. (Forschungsgemeinschaft Urlaub und Reisen) (2021a): Urlaubsreistrends 2021. Die Startbedingungen für den Tourismus (https://reiseanalyse.de/wp-content/uploads/2021/01/Pressetext-FUR-RA-CMT-2021-EPK.pdf). Abgerufen am 10.03.2021.

F. U. R. (Forschungsgemeinschaft Urlaub und Reisen) (2021b): Erste Ergebnisse der 51. Reiseanalyse zur ITB 2021. Kiel.

Galtung, Johan (1972): Eine strukturelle Theorie des Imperialismus. In: Senghaas, Dieter (Hrsg.), Imperialismus und strukturelle Gewalt. Analysen über abhängige Reproduktion, S. 29–104. Frankfurt a. M.

Gardini, Marco (2020): Corona – der Kairos-Moment der Tourismusindustrie? In: Zeitschrift für Tourismuswissenschaft, 12. Jg., Nr. 1, S. 2–6.

Gärtner, Stefan (2003): Sparkassen als Akteure einer integrierten Regionalentwicklung: Potential für die Zukunft oder Illusion? (https://www.iat.eu/aktuell/veroeff/2003/gr2003-05.pdf). Abgerufen am 19.12.2020.

GBE (Gesundheitsberichterstattung des Bundes) (2019): Gesundheitspolitik (http://www.gbe-bund.de/glossar/Gesundheitspolitik.html). Abgerufen am 21.10.2019.

Generalanzeiger Bonn (2017): Auf dem Petersberg beginnt die Sanierung (http://www.general-anzeiger-bonn.de/region/siebengebirge/koenigswinter/Auf-dem-Petersberg-beginnt-die-Sanierung-article3516509.html). Abgerufen am 20.06.2019.

Giampiccoli, Andrea; Jugmohan, Sean; Mtapuri, Oliver (2015): Characteristics and Policies of Community-Based Tourism in the Case of Jamaica. In: Caucasus Journal of Social Sciences – Business and Economics, No. 8, January, S. 45–70.

Gipfelfieber (2018): Und tschüss, Alpenplan: Die Skischaukel der Schande am Riedberger Horn (https://gipfelfieber.com/und-tschuess-alpenplan-die-skischaukel-der-schande-am-riedberger-horn/). Abgerufen am 04.12.2020.

Goodwin, Harold (2017): The challenge of overtourism. Responsible Tourism Partnership Working Paper 4 (https://haroldgoodwin.info/pubs/RTP%27WP4Overtourism01%272017.pdf). Abgerufen am 14.09.2019.

Göttel, Sonja (2017a): Erholung und Regeneration an der Schnittstelle zwischen Tourismus und Medizin. In: Eisenstein, Bernd; Schmudde, Rebekka; Reif, Julian; Eilzer, Christian (Hrsg.), Tourismusatlas Deutschland, S. 94 f. Konstanz/München.

Göttel, Sonja (2017b): Vom Trend zum Ausdruck für ganzheitliche Lebensqualität. In: Eisenstein, Bernd; Schmudde, Rebekka; Reif, Julian; Eilzer, Christian (Hrsg.), Tourismusatlas Deutschland, S. 96 f. Konstanz/München.

Götz, Konrad; Stein, Melina (2018): Freizeitmobilität und -verkehr. In: Schwedes, Oliver (Hrsg.), Verkehrspolitik. Eine interdisziplinäre Einführung, S. 323–346, 2. Auflage. Wiesbaden.

Kronenhof, Grand Hotel (2020): Stay Safe. Sicherheits- und Schutzmaßnahmen COVID-19. Pontresina.

Grand Hotel Terme & SPA – Montegrotto Terme (2020): Abano und Montegrotto: Worin unterscheiden sich die beiden Kurorte? (https://www.grandhotelterme.it/de/thermen-hotel-montegrotto/abano-und-montegrotto-terme-worin-unterscheiden-sich-die-beiden-kurorte). Abgerufen am 19.12.2020.

Groß, Matilde (2017): Gesundheitstourismus. Konstanz/München.

Groß, Sven; Grimm, Bente (2019): Umweltfreundliche Verkehrsmittelwahl in der Urlaubsregion. In: Zeitschrift für Tourismuswissenschaft, 11. Jg., Nr. 1, S. 109–148.

Grossauer, Franz (2019): Überörtliche Raumplanung. In: Stöglehner, Gernot (Hrsg.), Grundlagen der Raumplanung. Theorien, Methoden, Instrumente, S. 235–273. Wien.

Große Hüttmann, Martin; Wehling, Hans-Georg (Hrsg.) (2013a): Supranational. In: Das Europalexikon, 2. Auflage. Bonn (https://www.bpb.de/nachschlagen/lexika/das-europalexikon/177292/supranational). Abgerufen am 31.07.2019.

Große Hüttmann, Martin; Wehling, Hans-Georg (Hrsg.) (2013b): Theorien der europäischen Integration. In: Das Europalexikon, 2. Auflage. Bonn (https://www.bpb.de/nachschlagen/lexika/das-europalexikon/177303/theorien-der-europaeischen-integration). Abgerufen am 31.07.2019.

Group Nao (2020): The end of Tourism? (https://groupnao.com/5714-2/). Abgerufen am 23.12.2020.

Gude, Sigmar; Rohde, Martin (2018): Positive und negative Aspekte des Tourismus. Verdrängung der Stammbewohner am Beispiel Berlins. In: Planerin, Nr. 6/2018, S. 13–15.

Haas, Hans-Dieter; Martin, Neumair Simon (2019): Regionalentwicklung. In: Gabler Wirtschaftslexikon (https://wirtschaftslexikon.gabler.de/definition/regionalentwicklung-46534). Abgerufen am 01.01.2020.

Haas, Hans-Dieter; Neumair, Simon Martin (2015): Wirtschaftsgeographie, 3. Auflage. Darmstadt.

Haas, Hans-Dieter; Neumair, Simon Martin; Schlesinger, Dieter Matthew (2009): Geographie der Internationalen Wirtschaft. Darmstadt.

Haas, Hans-Dieter; Schlesinger, Dieter Matthew (2007): Umweltökonomie und Ressourcenmanagement. Darmstadt.

Hall, Colin Michael (1994): Tourism and Politics. Policy, Power and Place. Chichester.

Handelsblatt (2018): Die Mövenpick-Steuer wackelt (https://www.handelsblatt.com/politik/deutschland/eugh-urteil-die-moevenpick-steuer-wackelt/22581284.html?ticket=ST-13555130-UfnGtLUfP7bOgomOeGdP-ap1). Abgerufen am 18.11.2019.

Handelsblatt (2020): Virenschleuder Ischgl: Wie das Coronavirus nach Deutschland kam (https://www.handelsblatt.com/unternehmen/dienstleister/tourismus-virenschleuder-ischgl-wie-das-coronavirus-nach-deutschland-kam/25864898.html). Abgerufen am 27.05.2020.

Hänsch, Juliane (2012): Touristische Verkehrskonzepte im Schnittbereich von Tourismuspolitik und Verkehrspolitik. Saarbrücken.

Hartmann, Stefan (2018): Resilient tourism destinations? Governance implications of bringing theories of resilience and adaptive capacity tourism practice. In: Innerhofer, Elisa; Fontanari, Martin; Pechlaner, Harald (Hrsg.), Destination Resilience. Challenges and opportunities for destination management and governance, S. 66–67. Routledge.

Häusler, Nicole; Strasdas, Wolfgang (2003): Training Manual for Community-based Tourism. Nachtrag zu „The Ecotourism Training Manual for Protected Area Managers". Zschortau.

Hechenblaikner, Lois; Gmünder, Stefan (2020): Ischgl. Göttingen.

Hein, Wolfgang (1998): Unterentwicklung – Krise der Peripherie. Opladen.

Held, Natalia; Hunziker, Christian (2009): Von den besten Tourismusdestinationen lernen. In: Die Volkswirtschaft. Das Magazin für Wirtschaftspolitik, Nr. 3/2009, S. 62–65.

Helmich, Gisela (1977): Stellungnahme zur wachsenden Kritik touristischer Entwicklungshilfe (= Sonderreihe Fremdenverkehr Nr. 7 des Instituts für Fremdenverkehr und Verkehrswirtschaft). St. Gallen.

Hemmer, Hans-Rimbert (2002): Wirtschaftsprobleme der Entwicklungsländer, 3. Auflage. München.

Herntrei, Markus (2019): Tourist go home! Beobachtungen zu Overtourism und einer sinkenden Tourismusakzeptanz in Europa. Welche Folgen ergeben sich für Wissenschaft und Praxis? In: Pechlaner, Harald (Hrsg.), Destination und Lebensraum. Perspektiven touristischer Entwicklung, S. 107–123. Wiesbaden.

Hinterholzer, Thomas; Jooss, Mario (2013): Social Media Marketing und Management im Tourismus. Heidelberg/Berlin.

Hobe, Stephan (2014): Einführung in das Völkerrecht, 10. Auflage. Tübingen.

Hofmann, Wilhelm; Dose, Nicolai, Wolf; Dieter (2015): Politikwissenschaft, 3. Auflage. Konstanz/München.

Hotel Terme Leonardo (2020): Thermal Kur in Abano Terme (https://www.termeleonardo.com/de/thermal-kur). Abgerufen am 19.12.2020.

HOTREC (Hotels, Restaurants and Cafés in Europe) (2019): About Us (https://www.hotrec.eu/). Abgerufen am 23.05.2019.

Hr1Online (2019): Instagramability: Wenn Insta-Reise-Fotos zum Fluch werden (https://www.hr1.de/programm/besser-leben/instagramability-100~_p-11.html). Abgerufen am 30.09.2019.

IATA (International Air Transport Association) (2019): Vision and Mission (https://www.iata.org/about/Pages/mission.aspx). Abgerufen am 06.05.2019.

ICAO (International Civil Aviation Organisation) (2019): Vision and Mission (https://www.icao.int/about-icao/Council/Pages/vision-and-mission.aspx). Abgerufen am 06.05.2019.

Ifo Institut (2020): Branchenatlas Reisebranche (https://www.ifo.de/branchenatlas/reisebranche). Abgerufen am 27.11.2020.

IHK Heilbronn-Franken (2016): Merkblatt zur Gründung und Führung eines Beherbergungsbetriebs (http://heilbronn.ihk.de/ximages/1433410_merkblattb.pdf). Abgerufen am 19.12.2020.

Ilius, Jennifer; Akinyemi, Felicia; Schweikart, Jürgen (2014): Community-Based Tourism als Instrument zur Armutsbekämpfung am Beispiel von Fallstudien in Ruanda. In: Zeitschrift für Tourismuswissenschaft, 6. Jg., Nr. 3, S. 255–272.

Illing, Kai-Torsten (2009): Gesundheitstourismus und Spa-Management. München.

ILO (International Labour Organization) (2011): Toolkit on Poverty Reduction through Tourism in Rural Areas. Genf.

Interreg Europe (2020): What is Interreg Europe? (https://www.interregeurope.eu/about-us/what-is-interreg-europe/). Abgerufen am 05.12.2020.

IPCC (Intergovernmental Panel of Climate Change) (2013): Climate Change 2013: The Physical Science Basis. Contribution of Working Group I to the Fifth Assessment Report of the Intergovernmental Panel on Climate Change. Cambridge.

IPCC (Intergovernmental Panel of Climate Change) (2014): Climate Change 2014: Impacts, Adaptation, and Vulnerability. Cambridge.

IW (Institut der Deutschen Wirtschaft) Consult (2020): Handlungserfordernisse zur Stützung der deutschen Tourismuswirtschaft während der Covid-19-Krise. Eine Studie für den Bundesverband der Deutschen Tourismuswirtschaft. Köln.

Jamieson, Walter; Jamieson, Michelle (2019): Managing overtourism at the municipial/destination level. In: Dodds, Rachel; Butler, Richard (Hrsg.), Overtourism – Issues, Realities and Solutions, S. 219–233. Berlin/Boston.

Janssen, Gerold (2018): Raumordnungsverfahren. In: Akademie für Raumforschung und Landesplanung (Hrsg.), Handwörterbuch der Stadt- und Raumentwicklung, S. 1919–1929, 5. Auflage. Hannover.

Job, Hubert; Fröhlich, Hellmut; Geiger, Anna; Kraus, Felix; Mayer, Marius (2013): Der Alpenplan – eine raumplanerische Erfolgsgeschichte. In: Job, Hubert; Mayer, Marius (Hrsg.), Tourismus und Regionalentwicklung in Bayern. Arbeitsberichte der Akademie für Raumforschung und Landesplanung Nr. 9, S. 213–242. Hannover.

Job, Hubert; Mayer, Marius; Haßlacher, Peter; Nischik, Gero; Knauf, Christoph; Pütz, Marco; Essl, Josef; Marlin, Andreas; Kopf, Manfred; Obkircher, Stefan (2017): Analyse, Bewertung und Sicherung alpiner Freiräume durch Raumordnung und räumliche Planung. Forschungsberichte der Akademie für Raumforschung und Landesplanung Nr. 7. Hannover.

Job, Hubert; Paesler, Reinhard; Vogt, Luisa (2005): Geographie des Tourismus. In: Schenk, Wilfried; Schliephake, Konrad (Hrsg.), Allgemeine Anthropogeographie, S. 581–628. Gotha/Stuttgart.

Job, Hubert; Vogt, Luisa (2007): Freizeit/Tourismus und Umwelt – Umweltbelastungen und Konfliktlösungsansätze. In: Becker, Christoph; Hopfinger, Hans; Steinecke, Albrecht (Hrsg.), Geographie der Freizeit und des Tourismus, S. 851–864, 3. Auflage. München.

Job, Hubert; Weizenegger, Sabine (2007): Tourismus in Entwicklungsländern. In: Becker, Christoph; Hopfinger, Hans; Steinecke, Albrecht (Hrsg.), Geographie der Freizeit und des Tourismus, S. 629–640, 3. Auflage. München.

Job, Hubert; Woltering, Manuel (2016): Regionalentwicklung durch Tourismus in Großschutzgebieten. In: Nachrichten der Akademie für Raumforschung und Landesplanung., Nr. 3–4/2016, S. 42–45.

Kagermeier, Andreas (2016): Tourismusgeographie. Konstanz/München.

Kagermeier, Andreas (2020): Tourismus in Wirtschaft, Gesellschaft, Raum und Umwelt, 2. Auflage. Tübingen.

Kagermeier, Andreas (2021): Overtourism. München.

Kagermeier, Andreas; Erdmenger, Eva (2019): Overtourism: Ein Beitrag für eine sozialwissenschaftlich basierte Fundierung und Differenzierung der Diskussion. In: Zeitschrift für Tourismuswissenschaft, Vol. 11, Nr. 1, S. 65–98.

Kagermeier, Andreas; Erdmenger, Eva (2021): Overtourism. Eine humangeographische Annäherung an die Relevanz von sozialen Tragfähigkeitsgrenzen. In: Geographische Rundschau, 73. Jg., Nr. 1/2, S. 10–14.

Kahlenborn, Walter; Kraack, Michael; Carius, Alexander (1999): Tourismus- und Umweltpolitik. Ein politisches Spannungsfeld. Berlin/Heidelberg.

Karl, Helmut (2012): Regionale Wirtschaftspolitik. In: Bröcker, Johannes; Fritsch, Michael (Hrsg.), Ökonomische Geographie, S. 242–300. München.

Kaspar, Claude (1991): Die Tourismuslehre im Grundriss, 4. Auflage. Bern.

Kaspar, Claude (1996): Gesundheitstourismus im Trend. In: Kaspar, Claude (Hrsg.), Jahrbuch der schweizerischen Tourismuswirtschaft 1995/1996, S. 53–61. St. Gallen.

Kirch, Anna-Lena (2020): Tourismuspolitik. In: Weidenfeld, Werner; Wessels, Wolfgang; Tekin, Funda (Hrsg.), Europa von A bis Z. Taschenbuch der europäischen Integration, S. 561–564, 15. Auflage. Wiesbaden.

Kirig, Anja (2020): Tourismus nach Corona: Alles auf Resonanz (https://www.zukunftsinstitut.de/artikel/tourismus-nach-corona-alles-auf-resonanz/). Abgerufen am 28.12.2020.

Kirstges, Torsten (2020): Tourismus in der Kritik. Klimaschädigender Overtourism statt sauberer Industrie? München.

Kitzbühel Tourismus (2019): Kitzbühel. Geschäftsbericht 2019. Jahresabschluss 2018 (http://manager.kitzbuehel.com/media/geschaeftsbericht-kitzbuehel-tourismus-2019.pdf). Abgerufen am 29.12.2020.

Klingebiel, Stephan (2013): Entwicklungszusammenarbeit – Eine Einführung. Bonn.

Klump, Rainer (1992): Einführung in die Wirtschaftspolitik. Theoretische Grundlagen und Anwendungsbeispiele, 2. Auflage. München.

Knoll, Gabriele (2018): Handbuch Wellnesstourismus. München/Konstanz.

KOF (Konjunkturforschungsstelle der ETH Zürich) (2019): Wie der Wechselkurs sich auf die Schweizer Tourismusregionen auswirkt. In: KOF Bulletin, Nr. 119/2019 (https://kof.ethz.ch/news-und-veranstaltungen/news/kof-bulletin/kof-bulletin/2018/06/wie-der-wechselkurs-sich-auf-die-schweizer-tourismusregionen-auswirkt.html). Abgerufen am 03.12.2019.

Kolbeck, Felix; Rauscher, Marion (2020): Tourismus-Management. Die betriebswirtschaftlichen Grundlagen, 3. Auflage. München.

Kompetenzzentrum Tourismus des Bundes (2019): Tourismusförderung. Förderprogramme auf einen Blick (https://www.kompetenzzentrum-tourismus.de/wissen/tourismusfoerderung). Abgerufen am 15.03.2019.

Kompetenzzentrum Tourismus des Bundes (2020a): Recovery-Check #2: Binnentourismus erholt sich deutlich früher als der internationale Tourismus (https://www.kompetenzzentrum-tourismus.de/ueber-uns/aktuelles/363-recovery-check-2-binnentourismus-erholt-sich-deutlich-frueher). Abgerufen am 18.05.2020.

Kompetenzzentrum Tourismus des Bundes (2020b): Tourismus-Wegweiser: Bayern (https://tourismus-wegweiser.de/detail/?bl=by&lang=de). Abgerufen am 26.07.2020.

Kompetenzzentrum Tourismus des Bundes (2020c): Themen (https://www.kompetenzzentrum-tourismus.de/themen). Abgerufen am 19.12.2020.

Kreilkamp, Edgar (2011): Klimawandel und Tourismus – Herausforderungen für Destinationen. In: Zeitschrift für Tourismuswissenschaft, 3. Jg., Nr. 2, S. 203–219.

Kreisgruppe Kempten-Oberallgäu/Bund Naturschutz in Bayern e. V. (2020): Riedberger Horn bekommt Schutzzone C zurück (https://kempten.bund-naturschutz.de/projekte-brennpunkte/skischaukel-riedbergerhorn). Abgerufen am 04.12.2020.

Lampert, Heinz (2002): Sozialpolitik. In: Hasse, Rolf; Schneider, Hermann; Weigelt, Klaus (Hrsg.), Lexikon Soziale Marktwirtschaft. Wirtschaftspolitik von A bis Z, S. 395–398. Paderborn et al.

Landesbetrieb Geoinformation und Vermessung (2020): Informationen über UVP-pflichtige Vorhaben finden (https://www.uvp-verbund.de/). Abgerufen am 22.12.2020.

Langhagen-Rohrbach, Christian (2005): Raumordnung und Raumplanung. Darmstadt.

Lanz Kaufmann, Eveline (1999): Wellness-Tourismus: Marktanalyse und Qualitätsanforderungen für die Hotellerie. Schnittstellen zur Gesundheitsförderung (= Berner Studien zu Freizeit und Tourismus, Band 38). Bern.

LBV (Landesbund für Vogelschutz in Bayern e. V.) (2020): Rettet das Riedberger Horn! Alpenplan und Birkhuhn in Gefahr (https://www.lbv.de/naturschutz/standpunkte/alpen/riedberger-horn/). Abgerufen am 04.12.2020.

Lehmann, Meike; Heinemann, Annika (2009): Touristische Leitbilder. Der strategische Planungsprozess von Destinationen (= Heilbronner Reihe Tourismuswirtschaft, Nr. 6). Berlin.

Lenzen, Manfred; Sun, Ya-Yen; Faturay, Futu; Ting, Yuan-Peng; Geschke, Arne; Malik, Arunima (2018): The carbon footprint of global tourism. In: Nature Climate Change, Vol. 8, June 2018, S. 522–528.

Leschinsky, Alexander (1995): Qualitätsmanagement im Tourismus. In: Fontanari, Martin; Rohte, Sven (Hrsg.), Management des europäischen Tourismus, S. 229–241. Wiesbaden.

Letzner, Volker (2014): Tourismusökonomie. Volkswirtschaftliche Aspekte rund ums Reisen, 2. Auflage. München.

Leung, Yu-Fai; Spenceley, Anna; Hvenegaard, Glen; Buckley, Ralf (Hrsg.) (2019): Tourismus- und Besuchermanagement in Schutzgebieten: Leitlinien zur Nachhaltigkeit. Gland. Schriftenreihe Best-Practice-Leitlinien für Schutzgebiete Nr. 27, Übersetzung aus dem Englischen.

Liefner, Ingo; Schätzl, Ludwig (2012): Theorien der Wirtschaftsgeographie, 10. Auflage. Paderborn.

Lohmann, Martin; Schmücker, Dirk (2015): Nachfrage nach gesundheitsorientierten Urlaubsformen in Deutschland. In: Zeitschrift für Tourismuswissenschaft, 7. Jg., Nr. 1, S. 5–18.

Lübbert, Claudia (1999): Qualitätsorientiertes Umweltschutzmanagement im Tourismus, Wirtschaft & Raum, Band 4. München.

LUBW (Landesanstalt für Umwelt, Messungen und Naturschutz Baden-Württemberg) (2018): Leitfaden für die kommunale Landschaftsplanung in Baden-Württemberg. Rottenburg a. N.

Luft, Hartmut (2010): Grundlegende Tourismuslehre. Theorie und Praxis, 2. Auflage. Gerlingen.

Lukesch, Robert; Payer, Harald; Winkler-Rieder, Waltraud (2010): Wie gehen Regionen mit Krisen um? Eine explorative Studie über die Resilienz von Regionen (https://www.moove-consulting.com/images/publikationen/1010DBS_studie_resilienz_bka_mai_2010.pdf). Abgerufen am 04.02.2021.

Lun, Lena-Marie; Pechlaner, Harald; Pichler, Sabine (2014): Politik und Tourismus: Die zukünftige Rolle von politischen Akteuren im Tourismus. In: Conrady, Roland; Ruetz, David (Hrsg.), Tourismus und Politik. Schnittstellen und Synergiepotentiale (= Schriften zu Tourismus und Politik, Nr. 16), S. 61–73. Berlin.

Maier, Janine; Scharfenort, Nadine; Voshage, Ina (2021): Resetting Tourism. Effekte, Herausforderungen und Chancen des Covid-19-Shutdowns. In: Geographische Rundschau, 73. Jg., Nr. 1/2, S. 26–29.

Maier, Jörg; Paesler, Reinhard; Ruppert, Karl (1977): Sozialgeographie (= Das Geographische Seminar). Braunschweig.

Mailer, Markus; Abegg, Bruno; Jänicke, Leandra; Bursa, Bartosz (2019): Mobilitätsbedingte Klima-wirkung einer alpinen Tourismusdestination. CO2-Bilanz und Einschätzung durch Touristen, Bewohner und Beschäftigte. In: Zeitschrift für Tourismuswissenschaft, 11. Jg., Nr. 2, S. 211–236.

Main, Mike; Warburton-Lee; John (2002): Wildlife Conservation. National Parks of Botswana (http://www.botswana.co.za/Wildlife_Conservation-travel/botswana-national-parks.html). Abgerufen am 26.12.2020.

Magazin, Manager (2018): Warum der Bund 35 Millionen Euro in dieses Haus investiert? (https://www.manager-magazin.de/lifestyle/reise/grandhotel-petersberg-das-einzige-luxushotel-in-deutschem-staatsbesitz-a-1191479.html). Abgerufen am 20.08.2019.

Manager Magazin (2020a): Corona-Krise bedroht weltweit 120 Millionen Jobs im Tourismus (https://www.manager-magazin.de/unternehmen/corona-krise-bedroht-weltweit-120-millionen-jobs-im-tourismus-a-73bdcf07-c7fc-41d5-b6dc-bdd0e9636f20). Abgerufen am 28.12.2020.

Manager Magazin (2020b): Jede fünfte Firma fürchtet ums Überleben (https://www.manager-magazin.de/unternehmen/ifo-jede-fuenfte-firma-sieht-existenz-durch-corona-bedroht-a-7f555463-99a8-40fb-b5df-951a433628ca). Abgerufen am 14.07.2020.

Mankiw, Gregory; Taylor, Mark (2012): Grundzüge der Volkswirtschaftslehre, 5. Auflage. Stuttgart.

Marschall, Stefan (2018): Das politische System Deutschlands, 4. Auflage. München.

Matzarakis, Andreas; Möller, Andreas; Kreilkamp, Edgar; Carstensen, Ines; Bartels, Claudia; Bu-randt, Simon; Endler, Christina (2009): Anpassungsstrategien zum Klimawandel touristischer Pilotdestinationen in Küsten- und Mittelgebirgsregionen. In: Mahammdzadeh, Mahammad; Biebeler, Hendrik; Bardt, Hubertus (Hrsg.), Klimaschutz und Anpassung an die Klimafolgen, S. 253–262. Köln.

Mayo, Anthony; Nohria, Nitin; Mendhro, Umaima; Cromwell, Johnathan (2010): Sheikh Mohammed and the Making of 'Dubai, Inc.'. In: Harvard Business School. Faculty & Research, Februar 2010.

Medical Tribune (2018): Medizintourismus: Die Suche nach dem spendablen Scheich (https://www.medical-tribune.de/meinung-und-dialog/artikel/medizintourismus-die-suche-nach-dem-spendablen-scheich/). Abgerufen am 14.11.2019.

MediKur Reisen (2020): MediKur-Zulage, wenn Ihre Krankenkasse den Zuschuss nicht bewilligt hat! (https://www.kuren.de/Infos/Krankenkassen-Zuschuesse/). Abgerufen am 19.12.2020.

Merkle, Julia (2021): Reisen für „Likes". Wie Instagram den Tourismus verändert. In: Geographische Rundschau, 73. Jg., Nr. 1/2, S. 16–19.

Michalowitz, Irina (2007): Lobbying in der EU. Wien.

Mihalic, Tanja (2020): Conceptualsing overtourism: A sustainability approach. In: Annals of Tourism Research., Vol. 84 (https://www.sciencedirect.com/science/article/pii/S0160738320301699). Abgerufen am 05.02.2021.

Milano, Claudio; Cheer, Joseph; Novelli, Marina (2018): Overtourism is becoming a major issue for cities across the globe (https://www.weforum.org/agenda/2018/07/overtourism-a-growing-global-problem). Abgerufen am 14.09.2019.

Milano, Claudio; Cheer, Joseph; Novelli, Marina (2019a): Overtourism and growth: a social move-ments perspective. In: Journal of Sustainable Tourism, Vol. 27, Issue 12, S. 1857–1875.

Milano, Claudio; Cheer, Joseph; Novelli, Marina (2019b): Overtourism and Tourismphobia: A Jour-ney Through Four Decades of Tourism Development, Planning and Local Concerns. In: Tourism Planning & Development, Vol. 16, Issue 4, S. 353–357.

MKRO (Ministerkonferenz für Raumordnung) (1979): Grundlagen der Ausweisung und Gestaltung von Gebieten für Freizeit und Erholung. Bonn.

MKRO (Ministerkonferenz für Raumordnung) (1992): Großflächige Freizeiteinrichtungen in der Raum-ordnung und Landesplanung. Bonn.

Moeder, Roland (2019): Tourismusrecht in der Unternehmenspraxis. München.

Müller, Hansruedi (2007): Tourismus und Ökologie. München.

Müller, Hansruedi (2011): Tourismuspolitik. Wege zu einer nachhaltigen Entwicklung. Chur.

Müller-Mahn, Detlef (2002): Entwicklungszusammenarbeit. In: Brunotte, Ernst; Gebhardt, Hans; Meurer, Manfred; Meusburger, Peter; Nipper, Josef (Hrsg.), Lexikon der Geographie, S. 318–320. Heidelberg/Berlin.

Mundt, Jörn (2001): Einführung in den Tourismus, 2. Auflage. München.

Mundt, Jörn (2004): Tourismuspolitik. München.

Mundt, Jörn (2013): Tourismus, 4. Auflage. München.

Nationalpark Hohe Tauern (2020): Raum für Wissen und Erlebnis (https://hohetauern.at/). Abgerufen am 26.12.2020.

Ndlovu, Joram; Nyakunu, Elias; Auala, Sisco (2011): Community Based Tourism in Twyfelfontein Conservancy: Exploring Local Community's Involvement. In: International Journal of Hospitality & Tourism Systems, Vol. 4, No. 2, S. 38–46.

Neiß, Andreas (2020): Finanzwirtschaftliche Erfolgsfaktoren – Neuausrichtung nach Covid-19. In: Bauer, Richard; Neiß, Andreas; Westreicher, Clemens; Zolles, Helmut (Hrsg.), Tourismus nach Covid-19. Gut durch die Krise kommen und neu durchstarten. Perspektiven und Strategien für eine zukunftsstarke Branche, S. 55–88. Wien.

Neumair, Simon Martin (2008): Agrarprotektionismus in Industrieländern: Das Beispiel der EU-Zuckermarktordnung – Perspektiven und Anpassungen der Zuckerwirtschaft in Bayern (= Wirtschaft und Raum, Band 16). München.

Neumair, Simon Martin; Schlesinger, Dieter Matthew; Haas, Hans-Dieter (2012): Internationale Wirtschaft. Unternehmen und Weltwirtschaftsraum im Globalisierungsprozess, 2. Auflage. München.

Neumair, Simon-Martin; Rehklau, Tatjana; Schlesinger, Dieter Matthew (2019): Angewandte Tourismusgeographie. Räumliche Effekte und Methoden. München.

Newsweek (2006): Dubai Inc (https://www.newsweek.com/dubai-inc-105993). Abgerufen am 26.12.2020.

Nielebock, Thomas (2016): Frieden und Sicherheit – Ziele und Mittel der Politikgestaltung. In: Neue Herausforderungen der Friedens- und Sicherheitspolitik. Deutschland & Europa. Landeszentrale für politische Bildung Baden-Württemberg., Nr. 71/2016, S. 6–17.

Nohlen, Dieter (2015): Lobby/Lobbyismus. In: Nohlen, Dieter; Grotz, Florian (Hrsg.), Kleines Lexikon der Politik, S. 363 f., 6. Auflage. München.

Novy, Johannes; Grube, Nils (2018): Streitgrund Stadttourismus. Über die Ursachen und Folgen der Debatte über Overtourism und Tourismusphobie. In: Planerin, Nr. 6/2018, S. 5–8.

Nuhn, Helmut; Hesse, Markus (2006): Verkehrsgeographie. Paderborn.

Nuscheler, Franz (2004): Lern- und Arbeitsbuch Entwicklungspolitik, 5. Auflage. Bonn.

Nuscheler, Franz; Nohlen, Dieter (1993): Was heißt Entwicklung? In: Nohlen, Dieter; Nuscheler, Franz (Hrsg.), Handbuch der Dritten Welt – Band 1: Grundprobleme, Theorien, Strategien, S. 55–75. Bonn.

NZZ (Neue Zürcher Zeitung) (2019a): Hallstatt – das überfüllte „Paradies". 24.08.2019, S. 14 f.

NZZ (Neue Zürcher Zeitung) (2019b): Was Ökonomen bei Overtourism raten. 24.08.2019, S. 15.

NZZ (Neue Zürcher Zeitung) (2020a): Zum Sterben in die Schweiz. 29.02.2020, S. 4.

NZZ (Neue Zürcher Zeitung) (2020b): Lufthansa wird teilverstaatlicht. 27.05.2020, S. 1.

NZZ (Neue Zürcher Zeitung) (2020c): Fast halb Ischgl war mit dem Corona-Virus infiziert. 27.06.2020, S. 1.

NZZ (Neue Zürcher Zeitung) (2020d): Ferienorte versuchen den Sommer zu retten. 22.05.2020, S. 8.

NZZ (Neue Zürcher Zeitung) (2020e): Schweizer Hoteliers im Glück. 05.06.2020, S. 8.

NZZ (Neue Zürcher Zeitung) (2020f): Eine Reise mit unbekanntem Ziel. 20.04.2020, S. 7.

NZZ (Neue Zürcher Zeitung) (2020g): Genf erlebt ein Annus horribilis. 25.07.2020, S. 9.

NZZ (Neue Zürcher Zeitung) (2020h): Die Römer erobern ihre Stadt zurück. 05.08.2020, S. 5.

NZZ (Neue Zürcher Zeitung) (2020i): Die können uns ins Füdle blasen. 10.08.2020, S. 26–28.

NZZ (Neue Zürcher Zeitung) (2020j): Wie Venedig den Overtourism überwinden könnte. 18.09.2020, S. 4.

NZZ (Neue Zürcher Zeitung) (2020k): Chancen für einen besseren Tourismus. 08.12.2020, S. 1.

OAS (Organization of American States) (2020): Tourism Security Program (http://www.oas.org/en/sms/cicte/prog-tourism-security.asp). Abgerufen am 20.02.2020.

Obinger, Herbert; Kittel, Bernhard; Wagschal, Uwe (2003): Politische Ökonomie – eine Einleitung. In: Obinger, Herbert; Wagschal, Uwe; Kittel, Bernhard (Hrsg.), Politische Ökonomie: Demokratie und wirtschaftliche Leistungsfähigkeit, S. 1–8. Opladen.

OECD (Organisation for Economic Cooperation and Development) (2018): Tourism Trends and Policies 2018. Paris.

OECD (Organisation for Economic Cooperation and Development) (2019a): OECD Tourism papers (https://www.oecd-ilibrary.org/industry-and-services/oecd-tourism-papers_23071672). Abgerufen am 05.05.2019.

OECD (Organisation for Economic Cooperation and Development) (2019b): OECD Tourism Trends and Policies (https://www.oecd-ilibrary.org/urban-rural-and-regional-development/oecd-tourism-trends-and-policies-2018_tour-2018-en). Abgerufen am 05.05.2019.

OECD (Organisation for Economic Cooperation and Development) (2019c): OECD Tourism Committee (https://www.oecd.org/cfe/tourism/oecd-tourism-committee.htm). Abgerufen am 05.08.2019.

Oechsle, Michael (2006): Internationalisierung der Luftverkehrsbranche. In: Haas, Hans-Dieter; Neumair, Simon Martin (Hrsg.), Internationale Wirtschaft, S. 511–534. München.

Okavango Delta Explorations (2020a): Accommodation (https://www.okavangodelta.com/accommodation/). Abgerufen am 26.12.2020.

Okavango Delta Explorations (2020b): Concessions (https://www.okavangodelta.com/map/concessions/). Abgerufen am 26.12.2020.

Olonetzky, Nadine (1998): Aus den Annalen des Bellevue Palace: Chronik und Fundstücke. In: Du – Die Zeitschrift der Kultur, 58. Jg., Nr. 8, S. 72–78.

Olson, Mancur (1965): The Logic of Collective Action. Cambridge (Mass.).

ORF (Österreichischer Rundfunk) (2020): Leere Geschäfte in den Tourismusorten (https://tirol.orf.at/stories/3079988/). Abgerufen am 17.12.2020.

Paesler, Ferdinand (2014): Regionalentwicklung und Mensch-Umwelt-Interaktion. Zwei Fallbeispiele aus Kenia und der Demokratischen Republik Kongo (= Würzburger Geographische Arbeiten, Band 113). Würzburg.

Palm, Petra (2000): Community Based Tourism als eine Form des nachhaltigen Tourismus in kommunalen Gebieten Namibias. Eschborn.

PATA (Pacific Asia Travel Association) (2020): PATA today (https://www.pata.org/about-pata/). Abgerufen am 20.02.2020.

Patzelt, Werner (2013): Einführung in die Politikwissenschaft. Grundriss des Faches und studiumbegleitende Orientierung. Passau.

Pechlaner, Harald; Innerhofer, Elisa (2018): Linking destinations and resilience – challenges and perspectives. In: Innerhofer, Elisa; Fontanari, Martin; Pechlaner, Harald (Hrsg.), Destination Resilience. Challenges and opportunities for destination management and governance, S. 3–13. Routledge.

Petermann, Thomas (1998): Folgen des Tourismus. Band 1: Gesellschaftliche, ökologische und technische Dimensionen. Berlin.

Pfeiffer, Verena; Foljanty, Lukas (2006): Die Touristen sind schon lange da. In: Urbanophil. Netzwerk für urbane Kultur (http://www.urbanophil.net/stadtentwicklung-stadtpolitik/die-touristen-sind-schon-lange-da-touristifizierung/). Abgerufen am 18.09.2019.

Pikkemaat, Birgit; Peters, Mike (2014): Innovationsförderungen im Tourismus – Herausforderungen für die Politik? In: Conrady, Roland; Ruetz, David (Hrsg.), Tourismus und Politik. Schnittstellen und Synergiepotentiale (= Schriften zu Tourismus und Politik, Nr. 16), S. 27–41. Berlin.

Pillei, Michael (2019): Aufgaben und Funktionsweise der Raumplanung. In: Stöglehner, Gernot (Hrsg.), Grundlagen der Raumplanung. Theorien, Methoden, Instrumente, S. 61–82. Wien.

Pillmayer, Markus; Scherle, Nicolai (2014): Tourismuslobbying im Spannungsdreieck von Ignoranz, Kirchturmpolitik und Opportunismus: Das Fallbeispiel Bayern. In: Conrady, Roland; Ruetz, David (Hrsg.), Tourismus und Politik. Schnittstellen und Synergiepotentiale (= Schriften zu Tourismus und Politik, Nr. 16), S. 111–124. Berlin.

Pillmayer, Markus; Scherle, Nicolai (2018): Krisen und Krisenmanagement im Tourismus – Eine konzeptionelle Einführung. In: Hahn, Silke; Neuss, Zeljka (Hrsg.), Krisenkommunikation in Tourismusorganisationen: Grundlagen, Praxis, Perspektiven, S. 3–18. Wiesbaden.

PNP (Passauer Neue Presse) (2020): Tschechische Polizei will ausländische Skifahrer kontrollieren (https://www.pnp.de/lokales/landkreis-regen/zwiesel/Tschechische-Polizei-will-auslaendische-Skifahrer-kontrollieren-3868496.html). Abgerufen am 17.12.2020.

Postma, Albert; Schmuecker, Dirk (2017): Understanding and overcoming negative impacts of tourism in city destinations: conceptual model and strategic framework. In: Journal of Tourism Futures, Vol. 3, Nr. 2, S. 144–156.

Preisendörfer, Peter (1999): Empirische Befunde und Analysen auf der Grundlage der Bevölkerungsumfragen „Umweltbewusstsein in Deutschland 1991–1998". Wiesbaden.

Presse (2018): Wie sich Städte vor Übertourismus schützen können (https://diepresse.com/home/schaufenster/reise/5545296/Wie-sich-Staedte-vor-Uebertourismus-schuetzen-koennen). Abgerufen am 14.09.2019.

Priebs, Axel (2013): Raumordnung in Deutschland. Braunschweig.

Priebs, Axel (2019): Die Stadtregion. Stuttgart.

profil (2020a): Causa Ischgl: Behörden spielten Corona-Gefahr herunter (https://www.profil.at/oesterreich/causa-ischgl-behoerden-spielten-corona-gefahr-herunter/401058831). Abgerufen am 09.10.2020.

profil (2020b): Ischgl: Kommission sieht „Fehleinschätzungen" (https://www.profil.at/oesterreich/ischgl-kommission-sieht-fehleinschaetzungen/401062977). Abgerufen am 17.10.2020.

Quack, Heinz-Dieter; Koppenhagen, Thorsten; Thiele, Franziska; Demborowski, Nina Martha (2019): Politische Förderung von nachhaltigen Mobilitätsangeboten im Tourismus. In: Zeitschrift für Tourismuswissenschaft, 11. Jg., Nr. 2, S. 187–209.

Quack, Heinz-Dieter; Wölfle, Felix (2018): Aktiv- und Gesundheitstourismus: Begriffe – Motivlagen – Ausprägungen. In: Heise, Pamela; Axt-Gadermann, Michaela (Hrsg.), Sport- und Gesundheitstourismus 2030. Wie die Generation plus den Markt verändert, S. 155–177. Wiesbaden.

Ramb, Bernd-Thomas (2019): Politik (https://wirtschaftslexikon.gabler.de/definition/politik-43947). Abgerufen am 01.04.2019.

Rathnow, Peter (2014): Internationales Management: Praxiserprobte Instrumente für den General Manager, 2. Auflage. München.

Regionalmanagement Weilheim-Schongau (2020): Regionale Lebensmittel – regionales Bewusstsein (http://www.regionalmanagement-wm.de/Inhalte/Projekte/AlpFoodway.asp?highmain=2&highsub=1&highsubsub=0). Abgerufen am 05.12.2020.

Reif, Julian (2019): Touristische Aktionsräume und die Wahrnehmung von Crowding. In: Zeitschrift für Tourismuswissenschaft, 11. Jg., Nr. 2, S. 257–287.

Reif, Julian; Harms, Tim; Eisenstein, Bernd (2019): Tourist-Sein oder nicht Tourist-Sein? Zur Reputation des Touristen. In: Zeitschrift für Tourismuswissenschaft, 11. Jg., Nr. 3, S. 381–402.

Rein, Hartmut; Strasdas, Wolfgang (2017): Nachhaltiger Tourismus, 2. Auflage. Konstanz.

Reisereporter (2020): 10 Dinge, die Reisende im Jahr 2020 aus Corona gelernt haben (https://www.reisereporter.de/artikel/12834-dinge-die-wir-im-corona-jahr-2020-ueber-das-reisen-gelernt-haben). Abgerufen am 01.01.2021.

REKA (2019a): Kurzporträt (https://reka.ch/de/unternehmung/ueberuns/Seiten/ueber-uns.aspx). Abgerufen am 14.03.2019.

REKA (2019b): Einzigartiges Geschäftsmodell (https://reka.ch/de/unternehmung/ueberuns/unternehmensprofil/geschaeftsmodell/seiten/geschaeftsmodell.aspx). Abgerufen am 14.03.2019.

Rickens, Christian (2019): Vieles spricht gegen eine Staatsbürgschaft für Condor. In: Handelsblatt (https://www.handelsblatt.com/meinung/kommentare/kommentar-vieles-spricht-gegen-eine-staatsbuergschaft-fuer-condor/25047298.html?ticket=ST-39918889-7MMXwdeIJDHxPrfRFbkP-ap6). Abgerufen am 03.01.2020.

Riedmeier, Julia (2020): Cocooning 3.0 – When the inside becomes the new outside (https://www.hausvoneden.com/urban-living/cocooning-3-0-when-the-inside-becomes-the-new-outside/#inline). Abgerufen am 23.12.2020.

Ritchie, J. R. Brent; Crouch, Geoffery Ian (2003): The Competetive Destionation: A Sustainable Tourism Perspective. Wallingford/Cambridge.

RKI (Robert Koch Institut) (2020): SARS CoV-2: Steckbrief zur Corona-Virus-Krankheit 2019 (CO-VID-19) (https://www.rki.de/DE/Content/InfAZ/N/Neuartiges_Coronavirus/Steckbrief.html). Abgerufen am 12.10.2020.

RND (Redaktionsnetzwerk Deutschland) (2020): Reisewarnung für Mallorca: Hotelier sieht nun Existenzen extrem bedroht (https://www.rnd.de/reise/reisewarnung-fur-mallorca-katastrophe-fur-hotels-restaurants-und-kneipen-kurzarbeit-in-spanien-kaum-moglich-7OVZPGQONBAFPMISDDVTNBJTG4.html). Abgerufen am 17.08.2020.

Rose, Richard (1976): The Problem of Party Government. Harmondsworth.

Rostow, Walt W. (1960): The stages of economic growth: A non-communist manifesto. Cambridge (MA).

Roth, Florian (2020): Bouncing forward – Wie Erkenntnisse aus der Resilienzforschung in der Co-rona-Krise helfen können (https://www.isi.fraunhofer.de/de/blog/2020/resilienz-corona-krise.html). Abgerufen am 04.02.2021.

Rulle, Monika (2007): Gesundheitstourismus in Europa im Wandel. In: Becker, Christoph; Hopfinger, Hans; Steinecke, Albrecht (Hrsg.), Geographie der Freizeit und des Tourismus, S. 225–236, 3. Auflage. München.

Salzburger Festspiele (2020): Information Coronavirus (Covid-19) (https://www.salzburgerfestspiele.at/faq-coronavirus). Abgerufen am 02.03.2021.

Sanad Capital (2020): Post-Covid-19 "cocooning" set to reinvigorate struggling local tourism and hospitality industry (https://www.sanadcapital.com.au/post/post-covid-19-cocooning-set-to-reinvigorate-struggling-local-tourism-and-hospitality-industry). Abgerufen am 23.12.2020.

Saretzki, Anja (2020): Haben Touristen ein Recht auf die Stadt? In: Reif, Julian; Eisenstein, Bernd (Hrsg.), Tourismus und Gesellschaft: Kontakte – Konflikte – Konzepte, S. 111–128. Berlin.

Scenario Management International (2017): Die Zukunft des Tourismus 2030 (https://www.scmi.de/images/downloads/dateien/scmi_szenariostudie_zukunft-tourismus-reisebranche_webversion.pdf). Abgerufen am 23.12.2020.

Schabbing, Bernd (2018): How to make destinations resilient – from theory to practical application. In: Innerhofer, Elisa; Fontanari, Martin; Pechlaner, Harald (Hrsg.), Destination Resilience. Challenges and opportunities for destination management and governance, S. 164–174. Routledge.

Scherhag, Knut (2019): Tourismuspolitik (https://wirtschaftslexikon.gabler.de/definition/tourismuspolitik-51117). Abgerufen am 07.02.2019.

Schlautmann, Christoph (2020): Deutschland bleibt zu Hause – Tourismusbranche drohen massive Umsatzeinbrüche. In: Handelsblatt Online (https://www.handelsblatt.com/unternehmen/dienstleister/coronakrise-deutschland-bleibt-zu-hause-tourismusbranche-drohen-massive-umsatzeinbrueche/25960736.html?ticket=ST-14245161-KfXF3mbVvrIJEmQewDfC-ap2). Abgerufen am 26.07.2020.

Schlesinger, Dieter Matthew (2004): CO_2-Ausstoß und Emissionshandel. In: Institut für Länderkunde (Hrsg.), Nationalatlas Bundesrepublik Deutschland, Band 8: Unternehmen und Märkte, S. 154–155. Heidelberg/Berlin.

Schlesinger, Dieter Matthew (2006): Unternehmerische Motive eines umweltgerechten Verhaltes (= Wirtschaft und Raum, Band 14). München.

Schlesinger, Dieter Matthew (2011): Der Wert von Labels: Zur Bedeutung von Grund- und Zusatznutzen im Verbraucherschutz. In: UMID: Umwelt und Mensch – Informationsdienst, Nr. 1/2011, S. 37–41.

Schliephake, Konrad (1985): Fremdenverkehr und Flächenkapazität – zur Frage von Flächenbelastung und Flächenverbrauch durch den Erholungstourismus. In: Arbeitskreise zur Landesentwicklung Hessen der ASG (Hrsg.), Landeignung und Bodenschutz, S. 175–205. Wiesbaden.

Schmitt, Martin (2019): Praxisbuch Reisesicherheit. Schutz und Sicherheit bei Auslandsreisen. Berlin.

Schmücker, Dirk; Sonntag, Ulf; Günther, Wolfgang (2019): Nachhaltige Urlaubsreisen: Bewusstseins- und Nachfrageentwicklung. Kiel.

Schmude, Jürgen (2002): Tourismusplanung. In: Brunotte, Ernst; Gebhardt, Hans; Meurer, Manfred; Meusburger, Peter; Nipper, Josef (Hrsg.), Lexikon der Geographie, S. 360. Heidelberg/Berlin.

Schmude, Jürgen; Karl, Marion; Weber, Florian (2020): Tourism and Terrorism: Economic impact of terrorists attacks on the tourism industry. The example of the destination of Paris. In: Zeitschrift für Wirtschaftsgeografie, 64. Jg., Nr. 2, S. 88–102.

Schmude, Jürgen; Namberger, Philipp (2015): Tourismusgeographie (= Geowissen kompakt), 2. Auflage. Darmstadt.

Schuler, Alexander (2014): Veränderungsprozesse von Destinationen: Einfluss und Rolle der Politik auf die Gestaltung des Wandels. In: Conrady, Roland; Ruetz, David (Hrsg.), Tourismus und Politik. Schnittstellen und Synergiepotentiale (= Schriften zu Tourismus und Politik, Nr. 16), S. 43–60. Berlin.

Schultze, Rainer-Olaf (2015a): Staat. In: Nohlen, Dieter; Grotz, Florian (Hrsg.), Kleines Lexikon der Politik, S. 624–626, 6. Auflage. München.

Schultze, Rainer-Olaf (2015b): Partei. In: Nohlen, Dieter; Grotz, Florian (Hrsg.), Kleines Lexikon der Politik, S. 445–448, 6. Auflage. München.

Schultze, Rainer-Olaf (2015c): Föderalismus. In: Nohlen, Dieter; Grotz, Florian (Hrsg.), Kleines Lexikon der Politik, S. 188–196, 6. Auflage. München.

Schulz, Axel; Eisenstein, Bernd; Gardini, Marco; Torsten, Kirstges; Berg, Waldemar (2020): Grundlagen des Tourismus, 3. Auflage. Berlin.

Schwark, Jürgen (2016): Handbuch Sporttourismus. Konstanz/München.

Scinexx (2007): Fazit: Alte Fehler in neuem Gewand. Qualitätstourismus verheerender als „Ballermänner" (https://www.scinexx.de/dossierartikel/fazit-alte-fehler-in-neuem-gewand/). Abgerufen am 26.12.2020.

Scuttari, Anna; Corradini, Philipp (2018): Multidisciplinary approaches to Resilience in tourism destination studies. A conceptual framework. In: Innerhofer, Elisa; Fontanari, Martin; Pechlaner, Harald (Hrsg.), Destination Resilience. Challenges and opportunities for destination management and governance, S. 33–48. Routledge.

SECO (Staatssekretariat für Wirtschaft) (2017): Tourismusstrategie des Bundes. Bern.

SEFEP (Smart Energy for Europe Platform) (2020): Klimawandel. Was er für den Tourismus bedeutet? Kernergebnisse aus dem Fünften Sachstandsbericht des IPCC (https://www.klimafakten. de/branchenbericht/was-der-klimawandel-fuer-den-tourismus-bedeutet). Abgerufen am 26.12.2020.

Seidl, Roman; Kadi, Justin; Plank, Leonhard (2018): Tourismus in der digitalen Stadt: Das Geschäft mit Airbnb. In: Zeitschrift des Bundesverbands für Wohnen und Stadtentwicklung e. V., Nr. 2/2018, S. 71–74.

Smeral, Egon (2003): Die Zukunft des internationalen Tourismus. Entwicklungsperspektiven für das 21. Jahrhundert. Wien.

Snider, Mike (2013): Cocooning: It's back and thanks to tech it's bigger (https://eu.usatoday. com/story/tech/personal/2013/02/15/internet-tv-super-cocoons/1880473/). Abgerufen am 23.12.2020.

Sommer, Christoph; Stors, Natalie (2021): New Urban Tourism: Orte, Konflikte und Regulierungsversuche. In: Geographische Rundschau, 73. Jg., Nr. 1/2, S. 20–25.

Sozialwerk.Bund (2021): Über uns (https://www.sozialwerk.bund.de/ueber-uns/). Abgerufen am 20.02.2021.

Online, Spiegel (2010): Hohn und Spott für die „Mövenpick-Partei" (https://www.spiegel.de/politik/deutschland/debatte-um-fdp-spende-hohn-und-spott-fuer-die-moevenpick-partei-a-672756. html). Abgerufen am 18.11.2019.

Spiegel Online (2014): Sozialtourismus ist das Unwort des Jahres (http://www.spiegel.de/kultur/gesellschaft/unwort-des-jahres-2013-a-943383.html). Abgerufen am 14.03.2019.

Spiegel Online (2019): Zurich zahlt Thomas-Cook-Kunden nur ein Sechstel zurück (https://www. spiegel.de/wirtschaft/unternehmen/thomas-cook-zurich-zahlt-kunden-des-reisekonzerns-nur-ein-sechstel-zurueck-a-1300833.html). Abgerufen am 03.01.2020.

Spiegel Online (2020a): 89 Prozent weniger Übernachtungen im April (https://www.spiegel.de/wirtschaft/corona-krise-in-hotels-und-pensionen-89-prozent-weniger-uebernachtungen-im-april-a-3f864051-2cd7-4345-a420-ab660734e97a). Abgerufen am 11.07.2020.

Spiegel Online (2020b): Europas Binnengrenzen sind zurück (https://www.spiegel.de/politik/ausland/schengen-was-bedeutet-corona-fuer-das-grenzenlose-europa-a-6abe3784-042f-4e47-9cdd-77943c6cbb4e). Abgerufen am 18.05.2020.

Spiegel Online (2020c): Ground Zero in den Alpen (https://www.spiegel.de/panorama/gesellschaft/corona-krise-in-ischgl-ground-zero-in-den-alpen-studie-a-daa05120-17e9-4d69-9bf3-4bca02944c2c). Abgerufen am 27.05.2020.

Spiegel Online (2020d): Verbraucherschützer verklagen Österreich nach Corona-Ausbruch in Ischgl (https://www.spiegel.de/panorama/justiz/ischgl-verbraucherschuetzer-klagen-nach-corona-ausbruch-gegen-oesterreich-a-44aa0287-576d-46c5-96e2-5d38c0164184). Abgerufen am 25.09.2020.

Stahl, Bernhard (2014): Internationale Politik verstehen. Opladen/Toronto.

Standard (2019): Reisebusse haben Salzburg weiter fest im Griff (https://www.derstandard.at/story/2000106824613/reisebusse-haben-salzburg-weiter-fest-im-griff). Abgerufen am 14.09.2019.

Steinecke, Albrecht (2011): Tourismus (= Das Geographische Seminar). Braunschweig.

Steinecke, Albrecht (2019): Tourismus und Luxus. München.

Steinecke, Albrecht; Herntrei, Marcus (2017): Destinationsmanagement, 2. Auflage. Konstanz/München.

Stiftung für Zukunftsfragen (2020): Reisekosten 2019 (http://www.tourismusanalyse.de/zahlen/daten/statistik/tourismus-urlaub-reisen/2020/reisekosten-2019/). Abgerufen am 26.12.2020.

StMWi (Bayerisches Staatsministerium für Wirtschaft, Landesentwicklung und Energie) (2020): Tourismusförderung (https://www.stmwi.bayern.de/service/foerderprogramme/tourismusfoerderung/). Abgerufen am 18.11.2020.

Störmann, Wiebke (2009): Regionalökonomik. Theorie und Politik. München.

Streifzug Media (2020): Cocooning wird zu Corcooning (https://www.streifzugmedia.com/bericht/cocooning-wird-zu-corcooning/). Abgerufen am 23.12.2020.

Südostschweiz (2019): Mit gezielten Maßnahmen gegen Overtourism (https://www.suedostschweiz.ch/tourismus/2019-08-27/mit-gezielten-massnahmen-gegen-overtourism). Abgerufen am 18.12.2019.

Swiss Deluxe Hotels (2013): 100 Jahre Bellevue Palace in Bern: Ein Stück Schweizer Geschichte. In: In Ambiance: The Official Magazine of Swiss Deluxe Hotels., Nr. 2/2013, S. 32–35.

Swiss Info (2013): Das Hotel Bellevue zwischen Mythos und Geschichte. 17.10.2013 (http://www.swissinfo.ch/ger/das-hotel-bellevue-zwischen-mythos-und-geschichte/37069798). Abgerufen am 20.06.2019.

SZ (Süddeutsche Zeitung) (2018): Wie geht's euch denn eigentlich? (http://www.sueddeutsche.de/reise/essay-wie-gehts-eigentlich-euch-1.3921713). Abgerufen am 02.04.2018.

SZ (Süddeutsche Zeitung) (2019a): Klinik de luxe (https://www.sueddeutsche.de/karriere/medizintourismus-klinik-de-luxe-1.4499241). Abgerufen am 14.11.2019.

SZ (Süddeutsche Zeitung) (2019b): Treppenwitz ohne Joker (https://www.sueddeutsche.de/reise/joker-treppe-new-york-bronx-1.4656194?print=true). Abgerufen am 26.10.2019.

SZ (Süddeutsche Zeitung) (2019c): Touristen büßen für deutsche Ausnahme (https://www.sueddeutsche.de/wirtschaft/thomas-cook-versicherung-1.4622090). Abgerufen am 18.11.2019.

SZ (Süddeutsche Zeitung) (2019d): Wo Urlauber Steuern oder Abgaben zahlen müssen (https://www.sueddeutsche.de/leben/tourismus-wo-urlauber-steuern-oder-abgaben-zahlen-muessen-dpa.urn-newsml-dpa-com-20090101-190520-99-297418). Abgerufen am 01.12.2019.

SZ (Süddeutsche Zeitung) (2019e): Zum Sterben in die Schweiz (https://www.sueddeutsche.de/politik/sterbehilfe-suizid-schweiz-1.4412140). Abgerufen am 16.02.2020.

SZ (Süddeutsche Zeitung) (2020a): Chronologie des Versagens (https://www.sueddeutsche.de/politik/corona-ischgl-tirol-chronologie-1.4848484). Abgerufen am 13.05.2020.

SZ (Süddeutsche Zeitung) (2020b): Wo die Gier feiert (https://www.sueddeutsche.de/politik/ischgl-coronavirus-tirol-1.4855289). Abgerufen am 13.05.2020.

SZ (Süddeutsche Zeitung) (2020c): Eine Kette von Fehlern in Ischgl (https://www.sueddeutsche.de/panorama/coronavirus-ischgl-tourismus-wintersport-1.4856108). Abgerufen am 13.05.2020.

SZ (Süddeutsche Zeitung) (2020d): Was sie jetzt zum Reisen wissen sollten (https://www.sueddeutsche.de/reise/coronavirus-reisewarnung-risikogebiet-urlaub-1.4815839). Abgerufen am 06.10.2020.

SZ (Süddeutsche Zeitung) (2020e): Tief im Tal. 08.10.2020, S. 31.

SZ (Süddeutsche Zeitung) (2020f): Windhaube hoch. 08.10.2020, S. 32.

SZ (Süddeutsche Zeitung) (2020g): Das Ski-Karussell steht still (https://www.sueddeutsche.de/bayern/bayern-ski-tourismus-corona-winter-lockdown-reaktionen-1.5135847). Abgerufen am 09.12.2020.

SZ (Süddeutsche Zeitung) (2020h): Neue Parkgebühren für Ausflügler an Garmischer Skipisten (https://www.sueddeutsche.de/bayern/tourismus-garmisch-partenkirchen-neue-parkgebuehren-fuer-ausfluegler-an-garmischer-skipisten-dpa.urn-newsml-dpa-com-20090101-201211-99-658089). Abgerufen am 09.12.2020.

SZ (Süddeutsche Zeitung) (2020i): Ansturm auf die Pisten (https://www.sueddeutsche.de/reise/skitouren-alpen-skigebiete-1.5149617). Abgerufen am 19.12.2020.

SZ (Süddeutsche Zeitung) (2021): Deutschland-Tourismus durch Corona-Pandemie hart getroffen (https://www.sueddeutsche.de/leben/tourismus-deutschland-tourismus-durch-corona-pandemie-hart-getroffen-dpa.urn-newsml-dpa-com-20090101-210113-99-05149). Abgerufen am 06.02.2021.

Tagesschau (2019): Massentourismus: Amsterdam will Besuchern sein Umfeld schmackhaft machen (https://www.tagesschau.de/multimedia/video/video-577941.html). Abgerufen am 14.09.2019.

Tagesschau (2020): Rauchentwicklung nach Waldbränden. Yosemite-Nationalpark macht dicht (https://www.tagesschau.de/ausland/waldbraende-kalifornien-145.html). Abgerufen am 26.12.2020.

Tagesspiegel (2018): Acht Prozent der Treibhausgase verursachen Touristen (https://www.tagesspiegel.de/wissen/klimawandel-acht-prozent-der-treibhausgase-verursachen-touristen/21253254.html). Abgerufen am 26.12.2020.

Tagesspiegel (2019): Bund wird geschädigten Pauschalurlaubern Geld zahlen (https://www.tagesspiegel.de/wirtschaft/folge-von-thomas-cook-pleite-bund-wird-geschaedigten-pauschalurlaubern-geld-zahlen/25321806.html). Abgerufen am 03.01.2020.

Tallinucci, Valeria (2019): Overcrowding in mature destination. In: Pechlaner, Harald (Hrsg.), Destination und Lebensraum. Perspektiven touristischer Entwicklung, S. 99–105. Wiesbaden.

Taurer, Werner (2018): Phänomen Overtourism. Strategien und Handlungsmöglichkeiten. In: Planerin, Nr. 6/2018, S. 9–10.

Thieme, Hans-Jörg (2002): Ordnungspolitik – Prozesspolitik. In: Hasse, Rolf; Schneider, Hermann; Weigelt, Klaus (Hrsg.), Lexikon Soziale Marktwirtschaft. Wirtschaftspolitik von A bis Z, S. 323–325. Paderborn.

Thiesing, Ernst-Otto; Henkel, Meike; Schmitt, Marieke (2017): Auswirkungen der Flüchtlingssituation auf den Tourismus: Eine empirische Untersuchung bei niedersächsischen Tourismusunternehmen, Tourismusorganisationen und touristisch geprägten Unternehmen. In: Zeitschrift für Tourismuswissenschaft, 9. Jg., Nr. 2, S. 193–220.

Research, Tirol Tourism (2020): Qualitätstourismus (http://p285140.mittwaldserver.info/glossar/qualit%C3%A4tstourismus). Abgerufen am 26.12.2020.

TouriSpo (2019): Aus für umstrittene Skischaukel am Riedberger Horn (https://www.skigebiete-test.de/skimagazin/aus-fuer-umstrittene-skischaukel-am-riedberger-horn.htm). Abgerufen am 04.12.2020.

Travelbook (2019): Deutschland beim Welt-Ranking der Pässe auf Platz zwei (https://www.travelbook.de/reisen/visa-restrictions-index-welt-ranking-der-reisepaesse). Abgerufen am 11.08.2019.

Tripadvisor (2018): Zukunft Gastgewerbe – Wohin geht die Reise? (https://tripadvisor.mediaroom.com/press-releases?item=125986). Abgerufen am 10.01.2020.

Turowski, Gerd (2005): Raumplanung. In: Akademie für Raumforschung und Landesplanung (Hrsg.), Handwörterbuch der Raumordnung, S. 893–898, 4. Auflage. Hannover.

UBA (Umweltbundesamt) (2019): Nachhaltiger Tourismus (https://www.umweltbundesamt.de/themen/wirtschaft-konsum/nachhaltiger-tourismus). Abgerufen am 21.09.2019.

UBA (Umweltbundesamt) (2020a): Wie funktioniert der Treibhauseffekt? (https://www.umweltbundesamt.de/service/uba-fragen/wie-funktioniert-der-treibhauseffekt). Abgerufen am 26.12.2020.

UBA (Umweltbundesamt) (2020b): CO_2 Rechner (https://uba.co2-rechner.de/de_DE/). Abgerufen am 26.12.2020.

UBA (Umweltbundesamt) (2020c): Handlungsleitfaden. Anpassung an den Klimawandel: Die Zukunft im Tourismus gestalten (https://www.umweltbundesamt.de/sites/default/files/medien/

376/publikationen/anpassung_an_den_klimawandel_die_zukunft_im_tourismus_gestalten_
barrierefrei_v2.pdf). Abgerufen am 26.12.2020.

UBA (Umweltbundesamt) (2020d): App Klimawandel und Tourismus (https://gis.uba.de/maps/
resources/apps/tourismus/index.html?lang=de). Abgerufen am 26.12.2020.

UBA (Umweltbundesamt) (2020e): Umweltbewusstsein und Umweltverhalten (https://
www.umweltbundesamt.de/daten/private-haushalte-konsum/umweltbewusstsein-
umweltverhalten#das-umweltbewusstsein-in-deutschland). Abgerufen am 08.12.2020.

UBA (Umweltbundesamt) (2020f): Umweltprüfungen (https://www.umweltbundesamt.de/
themen/nachhaltigkeit-strategien-internationales/umweltpruefungen#zum-begriff-der-
umweltprufungen). Abgerufen am 22.12.2020.

Uğur, Lauren (2018): Integrated destination governance: an evolutionary approach to open innovation and stakeholder engagement for resilient tourism destinations. In: Innerhofer, Elisa; Fontanari, Martin; Pechlaner, Harald (Hrsg.), Destination Resilience. Challenges and opportunities
for destination management and governance, S. 88–110. Routledge.

UNESCO (United Nations Educational, Scientific and Cultural Organization) (2013): Free flow:
Reaching Water Security through Cooperation. Paris.

UNWTO (United Nations World Tourism Organization) (1993): Empfehlungen zur Tourismusstatistik.
Madrid.

UNWTO (United Nations World Tourism Organization) (2008): Climate Change and Tourism. Respond-
ing to Global Challenges. Madrid.

UNWTO (United Nations World Tourism Organization) (2018a): About UNWTO (http://www2.unwto.
org/content/who-we-are-0). Abgerufen am 14.09.2019.

UNWTO (United Nations World Tourism Organization) (2018b): Overtourism? Understanding and
Managing Urban Tourism Growth beyond Perceptions. Madrid.

UNWTO (United Nations World Tourism Organization) (2019a): UNWTO Guidelines for Institutional
Strengthening of Destination Management Organizations (DMOs) – Preparing DMOs for new
challenges. Madrid.

UNWTO (United Nations World Tourism Organization) (2019b): Global Code of Ethics for tourisms
(https://www.unwto.org/global-code-of-ethics-for-tourism). Abgerufen am 15.11.2020.

UNWTO (United Nations World Tourism Organization) (2019c): Transport-related CO_2 Emissions of
the Tourism Sector – Modelling Results. Madrid.

UNWTO (United Nations World Tourism Organization) (2020): Global Guidelines to Restart Tourism
(https://webunwto.s3.eu-west-1.amazonaws.com/s3fs-public/2020-05/UNWTO-Global-
Guidelines-to-Restart-Tourism.pdf). Abgerufen am 26.07.2020.

Usleber, Verena (2019): Sprung in die Moderne mit Hochachtung vor der Historie. In: Top Hotel,
Nr. 10/2019, S. 78–83.

UVP-Portal des Bundes (2020): Wie läuft eine Umweltverträglichkeitsprüfung ab? (https://www.uvp-
portal.de/de/node/250). Abgerufen am 22.12.2020.

Vester, Heinz-Günter (2009): Tourismus und Terrorismus im Zeichen der Postmoderne. In: Zeitschrift
für Tourismuswissenschaft, 1. Jg., Nr. 1, S. 49–62.

VJC (Victoria Jungfrau Collection (2019a): Die Geschichte des Hotel Bellevue Palace in Bern (http:
//www.bellevue-palace.ch/sites/berne/files/description/history_bellevue_palace_bern_de.
pdf). Abgerufen am 20.06.2019.

VJC (Victoria Jungfrau Collection (2019b): Bellevue Palace in Bern: Gelebte Geschichte am Puls der
Zeit (https://www.vjc.ch/sites/default/files/description/190403_bellevue-palace_basistext_d.
pdf). Abgerufen am 20.06.2019.

Vogel, Anna (2020): Was ist Sicherheit? (https://www.lpb-bw.de/was-ist-sicherheit). Abgerufen am
15.05.2020.

Voigt, Stefan (1992): Die Welthandelsordnung zwischen Konflikt und Stabilität: Konfliktpotentiale und Konfliktlösungsmechanismen (= Schriftenreihe des Instituts für Allgemeine Wirtschaftsforschung der Albert-Ludwigs-Universität Freiburg, Band 46). Freiburg.

Volgger, Michael (2019): The end of tourism through localhood and overtourism? An exploration of current destination governance challenges. In: Pechlaner, Harald (Hrsg.), Destination und Lebensraum. Perspektiven touristischer Entwicklung, S. 137–151. Wiesbaden.

Vorlaufer, Karl (1996): Tourismus in Entwicklungsländern. Möglichkeiten und Grenzen einer nachhaltigen Entwicklung. Darmstadt.

Vorlaufer, Karl (2003): Tourismus in Entwicklungsländern. Bedeutung, Auswirkungen, Tendenzen. In: Geographische Rundschau, 55. Jg., Nr. 3, S. 4–13.

Wagner, Norbert; Kaiser, Martin (1995): Ökonomie der Entwicklungsländer, 3. Auflage. Stuttgart.

Wappelhorst, Sandra (2013): Klimaverträglicher touristischer Verkehr und die Rolle der Raumordnung. In: Job, Hubert; Mayer, Marius (Hrsg.), Tourismus und Regionalentwicklung in Bayern, S. 142–163. Arbeitsberichte der Akademie für Raumforschung und Landesplanung Nr. 9.

Watson; Llewellyn; Kopachevsky; Joseph (1996): Tourist Carrying Capacity: A Critical Look at the Discursive Dimension. In: Progress in Tourism and Hospitality Research, Vol. 2, No. 2, S. 169–179.

WEF (World Economic Forum) (2019): Travel & Tourism Competitiveness Report (https://www.weforum.org/reports/the-travel-tourism-competitiveness-report-2019). Abgerufen am 20.02.2021.

Weidenfeld, Werner (2010): Die Europäische Union. Paderborn.

Welt (2015): Wellness statt Kur – „Ich bin ja nicht krank" (https://www.welt.de/reise/nah/article144807346/Wellness-statt-Kur-Ich-bin-ja-nicht-krank.html). Abgerufen am 19.12.2020.

Welt (2016): Deutsche genießen weltweit größte Reisefreiheit (https://www.welt.de/reise/article153004859/Deutsche-geniessen-weltweit-groesste-Reisefreiheit.html). Abgerufen am 11.08.2019.

Welt (2017): Das Comeback der Kurbäder (https://www.welt.de/regionales/bayern/article162951182/Das-Comeback-der-Kurbaeder.html). Abgerufen am 21.04.2020.

Welt (2019a): Roms Polizei vertreibt Touristen von der Spanischen Treppe (https://www.welt.de/vermischtes/article198113357/Sitz-Verbot-Roms-Polizei-vertreibt-Touristen-von-der-Spanischen-Treppe.html). Abgerufen am 14.09.2019.

Welt (2019b): Deutsche Touristen kochen Kaffee in Venedig – fast 1000 Euro Strafe (https://www.welt.de/vermischtes/article197146441/Deutsche-Touristen-kochen-Kaffee-in-Venedig-fast-1000-Euro-Strafe.html). Abgerufen am 14.09.2019.

Welt (2019c): Airbnb geht gegen unerlaubte Hauspartys vor (https://www.welt.de/wirtschaft/article202885890/Nach-Schuessen-bei-Feier-Airbnb-geht-gegen-unerlaubte-Hauspartys-vor.html). Abgerufen am 03.11.2019.

Welt (2019d): „Condor fliegt weiter" – Altmaier will möglichst viele Jobs retten (https://www.welt.de/wirtschaft/article200896154/Thomas-Cook-Pleite-Bundesregierung-hilft-Condor-mit-380-Millionen-Euro.html). Abgerufen am 03.01.2020.

Welt (2019e): „Fahrlässig verschleppt" – Pleite kostet Steuerzahler Hunderte Millionen (https://www.welt.de/wirtschaft/article204241908/Thomas-Cook-Pleite-kostet-Steuerzahler-Hunderte-Millionen.html). Abgerufen am 03.01.2020.

Welt (2019f): So wehren sich Urlaubsorte gegen den Massenansturm (https://www.welt.de/reise/staedtereisen/article187900476/Massentourismus-Wie-sich-Urlaubsorte-gegen-den-Ansturm-wehren.html). Abgerufen am 13.10.2020.

Welt (2020a): Tui streicht in der Coronakrise 8.000 Stellen (https://www.welt.de/wirtschaft/article207940809/Reisekonzern-Tui-streicht-in-der-Corona-Krise-8000-Stellen.html). Abgerufen am 16.05.2020.

Welt (2020b): Gutschein statt Erstattung – so will Brüssel das Reise-Dilemma lösen (https: //www.welt.de/wirtschaft/article207921997/Pauschalreisen-und-Fluege-Bruessel-will-das-Gutschein-Dilemma-loesen.html). Abgerufen am 16.05.2020.

Welt (2020c): Wir werden Reisefreiheit wieder ganz neu zu schätzen wissen (https://www.welt.de/reise/Fern/article206736925/Corona-Wir-werden-Reisefreiheit-nach-der-Krise-wieder-neu-zu-schaetzen-wissen.html). Abgerufen am 18.05.2020.

Welt (2020d): Die „Reise im Kreis" führt die Kreuzfahrt ad absurdum (https://www.welt.de/wirtschaft/plus211795493/Tourismus-und-Corona-Neue-Kreuzfahrtrealitaet-ohne-Landgaenge.html). Abgerufen am 26.07.2020.

Welt (2020e): Umsatzeinbruch bei TUI um 98,5 Prozent (https://www.welt.de/wirtschaft/article213439570/Corona-Krise-Umsatzeinbruch-bei-TUI-um-98-5-Prozent.html?cid=onsite.onsitesearch). Abgerufen am 13.08.2020.

Welt (2020f): „Dummheit" und „Ignoranz" – Verband attackiert Influencerin für Foto (https: //www.welt.de/vermischtes/article209067627/Yvonne-Pferrer-erntet-Kritik-fuer-Foto-an-gefaehrlichem-Naturpool.html). Abgerufen am 08.10.2020.

Welt (2020g): Königspaar entschuldigt sich bei empörtem Volk für Urlaubsreise in der Corona-Krise (https://www.welt.de/vermischtes/article218309070/Niederlande-Warum-sich-Willem-Alexander-und-Maxima-beim-Volk-entschuldigen.html). Abgerufen am 22.10.2020.

Welt (2020h): Lufthansa führt Corona-Testpflicht für Passagiere ein (https://www.welt.de/wirtschaft/article219481098/Lufthansa-Fliegen-nur-noch-mit-negativem-Corona-Test.html). Abgerufen am 17.11.2020.

Welt (2020i): Skigebiete fürchten Verluste in Milliardenhöhe (https://www.welt.de/wirtschaft/article221869216/Corona-Skigebiete-fuerchten-Verluste-in-zweistelliger-Milliardenhoehe.html). Abgerufen am 09.12.2020.

Welt (2020j): Die Deutschen gieren nach Urlaub – und werden ihn teuer bezahlen (https://www.welt.de/finanzen/article222213394/TUI-hebt-Preise-an-2021-koennten-Reisen-deutlich-teurer-werden.html). Abgerufen am 18.12.2020.

Welt (2020k): Trotz Corona gibt es beim Tourismus in Deutschland auch Gewinner (https://www.welt.de/reise/deutschland/article220261374/Urlaub-2020-Wie-sich-der-Tourismus-in-Deutschland-entwickelte.html). Abgerufen am 28.12.2020.

Welt (2020l): Chaos und Corona-Verstöße bei Ansturm auf deutsche Wintersportorte (https: //www.welt.de/vermischtes/article223321432/Chaos-und-Corona-Verstoesse-bei-Ansturm-auf-deutsche-Wintersportorte.html). Abgerufen am 29.12.2020.

Welt (2021): Die Dienstreise wird zum Privileg – Was sich jetzt in deutschen Konzernen ändert (https://www.welt.de/wirtschaft/karriere/article228601119/Ende-des-mobilen-Jahrzehnts-Was-jetzt-aus-der-Dienstreise-wird.html). Abgerufen am 19.03.2021.

Wilderness Safaris (2020): Jao Rates (https://wilderness-safaris.com/our-camps/camps/jao-camp/rates). Abgerufen am 26.12.2020.

Winsky, Nora (2020): Reiseblogs und New Urban Tourism – Stadttouristische Praktiken in Blogposts über Berlin. In: Reif, Julian; Eisenstein, Bernd (Hrsg.), Tourismus und Gesellschaft: Kontakte – Konflikte – Konzepte, S. 217–232. Berlin.

Winterbach, Christiaan W.; Whitesell, Carolyn; Somers, Michael J. (2015): Wildlife Abundance and Diversity as Indicators of Tourism Potential in Northern Botswana (https://www.researchgate.net/publication/281291736_Wildlife_Abundance_and_Diversity_as_Indicators_of_Tourism_Potential_in_Northern_Botswana). Abgerufen am 26.12.2020.

Wirtschaftsleben Schwaben (2016): Bürgerentscheid am Riedberger Horn (https://www.b4bschwaben.de/b4b-nachrichten/kempten-oberallgaeu_artikel,-buergerentscheid-am-riedberger-horn-ergebnis-fiel-deutlich-aus-_arid,159035.html). Abgerufen am 04.12.2020.

Wirtschaftswoche (2019): Hoteliers laufen Sturm wegen Mövenpick-Steuer (https://www.wiwo.de/unternehmen/dienstleister/streit-um-spd-grundrente-hoteliers-laufen-sturm-wegen-moevenpick-steuer/24370290.html). Abgerufen am 18.11.2019.

Woll, Artur (2008): Wirtschaftslexikon, 10. Auflage. München.

Wollesen, Anja; Reif, Julian (2017): Reisen für alle. In: Eisenstein, Bernd; Schmudde, Rebekka; Reif, Julian; Eilzer, Christian (Hrsg.), Tourismusatlas Deutschland, S. 94 f. Konstanz/München.

Woyke, Wichard (2015): Internationale Organisationen. In: Nohlen, Dieter; Grotz, Florian (Hrsg.), Kleines Lexikon der Politik, S. 294–296, 6. Auflage. München.

WTTC (World Tourism & Travel Council) (2019): Priorities (https://www.wttc.org/priorities/). Abgerufen am 06.05.2019.

YouGov (2020): 43 Prozent der Deutschen planen keinen Sommerurlaub (https://yougov.de/news/2020/06/10/43-prozent-der-deutschen-planen-keinen-sommerurlau/). Abgerufen am 04.02.2021.

Zacher, Daniel (2018): From resilience thinking to resilience practice – perspectives on destination development. In: Innerhofer, Elisa; Fontanari, Martin; Pechlaner, Harald (Hrsg.), Destination Resilience. Challenges and opportunities for destination management and governance, S. 51–65. Routledge.

Zacher, Daniel (2020): Wie wir Resilienz im Tourismus jetzt neu denken müssen (https://www.ku.de/fileadmin/150306/News/Forschung/Wie_wir_Resilienz_im_Tourismus_jetzt_neu_denken_muessen.pdf). Abgerufen am 04.02.2021.

ZBFS (Zentrum Bayern Familien und Soziales) (2019): Familienerholung (https://www.zbfs.bayern.de/foerderung/familie/erholung/index.php). Abgerufen am 26.10.2019.

Zeit Online (2019): Condor darf weiterfliegen – EU genehmigt KfW-Kredit (https://www.zeit.de/news/2019-10/14/eu-kommission-genehmigt-ueberbrueckungskredit-fuer-condor). Abgerufen am 03.01.2020.

Zentrum für Demokratie Aarau (2015): Politik Begriff (http://politischebildung.ch/fuer-lehrpersonen/grundlagen/politik-begriff). Abgerufen am 01.04.2019.

Zolles, Helmut (2020): Vom Boom zur Pleite – und zurück: Tourismus und Corona. In: Bauer, Richard; Neiß, Andreas; Westreicher, Clemens; Zolles, Helmut (Hrsg.), Tourismus nach Covid-19. Gut durch die Krise kommen und neu durchstarten. Perspektiven und Strategien für eine zukunftsstarke Branche, S. 1–25. Wien.

Zukunftsinstitut (2016): Trend Studie „Slow Business". Frankfurt a. M.

Zukunftsinstitut (2018): Fachkräftesicherung im Tourismus: Resonanz als Erfolgsfaktor (https://www.zukunftsinstitut.de/artikel/tourismus/resonanz-gegen-fachkraeftemangel-im-tourismus/). Abgerufen am 10.01.2020.

Stichwortverzeichnis

https://doi.org/10.1515/9783110663891-008

www.ingramcontent.com/pod-product-compliance
Lightning Source LLC
Chambersburg PA
CBHW071959220326
41599CB00034BA/6835